Frau Fichte
mit den besten
Zukunftswünschen
H.S. (24.1.16)

Hans Sanders
Lebenswelten

Mimesis

Romanische Literaturen der Welt

Herausgegeben von
Ottmar Ette

Band 57

Hans Sanders
Lebenswelten

Imaginationsräume der europäischen Literatur

DE GRUYTER

ISBN 978-3-11-029252-7
e-ISBN 978-3-11-029265-7
ISSN 0178-7489

Library of Congress Cataloging-in-Publication Data
A CIP catalog record for this book has been applied for at the Library of Congress.

Bibliografische Information der Deutschen Nationalbibliothek
Die Deutsche Nationalbibliothek verzeichnet diese Publikation in der Deutschen Nationalbibliografie; detaillierte bibliografische Daten sind im Internet über http://dnb.d-nb.de abrufbar.

© 2013 Walter de Gruyter GmbH, Berlin/Boston
Gesamtherstellung: Hubert & Co. GmbH & Co. KG, Göttingen
Gedruckt auf säurefreiem Papier
Printed in Germany

www.degruyter.com

Inhalt

Einleitung: Die Literatur und das Leben. Grundriss der literarischen Anthropologie —— 1

I Mit den Göttern leben. Zur Struktur der epischen Welt: *Ilias* —— 13

II Der christliche Gott und die Entdeckung der *Memoria*: Augustinus —— 29

III Risikoreiche Entscheidungen. Das Universum des Chrétien de Troyes —— 45

IV Die Welt als Intention und Ereignis. Zur Handlungsstruktur des *Decameron* —— 87

V (Über)Leben im Cinquecento. Autobiographie und Moralistik in der italienischen Renaissance —— 117

VI Subjekt-Objekt in der Fortuna-Welt: Montaigne —— 141

VII Fortuna-Dämmerung: Machiavelli und Descartes —— 171

VIII Apoll und Python bei Gracián —— 193

IX Die Zeichen des Körpers lesen. Zur Strategie der Verführung in Choderlos' *Les liaisons dangereuses* —— 213

X Maschine und menschliche Natur. Zur Mythologie des 19. Jahrhunderts (Hoffmann, Verne, Zola) —— 233

XI Der enttäuschte Parzival, *In Stahlgewittern* —— 261

XII Schlussbetrachtungen: Subjekte und Sachen. Imaginationsräume der europäischen Literatur —— 283

Danksagung —— 307

Literatur —— 309

Register —— 325

Einleitung: Die Literatur und das Leben. Grundriss der literarischen Anthropologie

Es ist wahr. Die Literatur verfügt über ein umfassendes «Wissen» vom Leben. Sie entwirft, wie Ottmar Ette sagt, «fiktionale Lebensmodelle»[1], die einen zeitumspannenden «Speicher» bilden. Auch darin hat Ette Recht, dass Literatur und die Wissenschaft von der Literatur aufgrund ihrer Affinität zum Leben in einen Dialog mit den naturwissenschaftlich ausgerichteten Lebenswissenschaften treten können und auch sollen.

Das setzt nicht nur voraus, dass die Dialogpartner Verschiedenes zu sagen haben, sondern auch, dass sie als unterscheidbare Subjekte in den Dialog eintreten. Eine Form der Kommunikation, in dem die beiden Partner immerzu dasselbe sagen würden und sich bis zur Ununterscheidbarkeit aneinander anglichen, würde nicht die Mindestvoraussetzung eines Dialogs erfüllen: Verschiedenheit der Rede und Verschiedenheit der Redenden. Eine Einebnung der Unterschiede zwischen Geistes- und Naturwissenschaften wäre weder im Interesse der Sache noch im Interesse der am Dialog beteiligten Wissenschaften. Unter dieser Flagge ist die jüngste Geschichte eher zum Nachteil der Geisteswissenschaften verlaufen.

Es liegt auf der Hand, dass sich die Ansichten des Lebens, die Literatur und Literaturwissenschaften entwickeln, zum mindesten in einem grundlegenden Aspekt von den Konzepten der Naturwissenschaften unterscheiden müssen. Während die sogenannten Lebenswissenschaften, sei es nun etwa die Neurobiologie oder die Biochemie, ihre Modelle ohne primäre Rücksicht auf die kulturellen Aspekte des Lebens entwickeln, haben die Geisteswissenschaften eben davon auszugehen. Das verunmöglicht nicht den Dialog, sondern ist eine wesentliche Voraussetzung für seine Fruchtbarkeit.

Kurz: Leben in der Perspektive der Geistes- und Literaturwissenschaften findet im Kontext geschichtlicher Welten und kultureller Deutungen statt. Wir verfügen aus der neueren philosophischen Tradition über einen Terminus, der auf die geschichtliche Verfassung des Lebens abzielt. Ich meine den von Edmund Husserl in seinem späten Essay über *Die Krisis der europäischen Wissenschaften und die transzendentale Phänomenologie (1936)*[2] entwickelten Begriff der

---

1 Ottmar Ette: Literaturwissenschaft als Lebenswissenschaft. Eine Programmschrift im Jahr der Geisteswissenschaften. In: Ders./Wolfgang Asholt (Hg.): *Literaturwissenschaft als Lebenswissenschaft. Programm – Projekte – Perspektiven.* Tübingen: Narr 2010, S. 17.
2 Edmund Husserl: *Die Krisis der europäischen Wissenschaften und die transzendentale Phänomenologie.* Hamburg: Meiner ²1982. Die Zitate aus Husserl beziehen sich auf diese

Lebenswelt. Daran knüpfen die folgenden Überlegungen weitläufig an. Freilich schließt dieses Konzept, übrigens nicht anders als das in den Naturwissenschaften entwickelte Modell, eine Konstruktion des Lebens ein. Keine Wissenschaft kann für sich in Anspruch nehmen, zu sagen, was das Leben «wirklich» ist. Das besagt nur, dass alle Aussagen über das Leben, ob nun in den Literatur- und Kultur- oder in den Naturwissenschaften, nur im Rahmen ihrer theoretischen Voraussetzungen wahr sein können.

Ich versuche im Folgenden, diese Voraussetzungen aus der Sicht des Literaturwissenschaftlers darzulegen; wobei ich mich auf einen Grundriss beschränke. Zunächst zielt der Begriff der Lebenswelt auf einen Lebenszusammenhang oder eine Schicht des Lebens «unterhalb» der systemisch organisierten Praxisfelder wie Politik, Wirtschaft, Wissenschaften, Künste, Religion. Husserl entwickelt seine Auffassung in der Auseinandersetzung mit den modernen Naturwissenschaften. In Bezug auf Galilei fasst er die «Mathematisierung der Natur» (S. 22) als deren Grundprinzip. Damit hebt er auf den Aspekt einer umfassenden Abstraktion im Umgang mit den Objekten der physischen Welt ab. Die Unterscheidung zwischen «primären» und «sekundären» Qualitäten ist dabei von zentraler Bedeutung. Die moderne Physik, so Husserl, interessiert sich nicht für Farbe, Geruch, Geschmack (sekundär) der Körper, sondern allein für ihre messbaren Eigenschaften, wie Gewicht, Umfang, Höhe, Breite (primär) usw. Husserl bezeichnet diese Abstraktion von den ästhetischen Eigenschaften der Objekte als «Idealisation» (S. 35). In seiner Sicht ersetzen die Naturwissenschaften die diffuse sinnliche Fülle der Gegenstände durch idealisierte Qualitäten. Damit rücken sie ihre Gegenstände aus dem Erfahrungszusammenhang der Lebenswelt heraus.

«Lebenswelt» im husserlschen Entwurf bleibt auch einbezogen in den Wahrnehmungszusammenhang der Sinne. So sprechen wir, um ein markantes Beispiel anzuführen, in der Sprache der Lebenswelt davon, dass die Sonne auf- und untergeht. Und das, obwohl wir aufgrund unserer naturwissenschaftlichen Kenntnisse wissen, dass die Dinge sich anders verhalten, als sie sich unserer unmittelbaren sinnlichen Wahrnehmung darbieten. Wie heute jedermann weiß, geht die Sonne weder auf noch unter, sondern dieser Eindruck entsteht durch die Drehung der Erde, wodurch selbige in ein stets wechselndes Verhältnis zur Sonne tritt. Damit soll nicht gesagt werden, dass «Lebenswelt» ein Ort des bloßen Sinnentrugs wäre. Das wäre eine kurzschlüssige Interpretation. Es soll

---

Ausgabe. Die Ausführungen zum Konzept der Lebenswelt und zur Anthropologie der Literatur führen Überlegungen aus Hans Sanders: *Zeitgabe. Für eine Ästhetik der Lebenswelt.* Wien: Passagen 2001 weiter.

vielmehr gezeigt werden, dass wir im Erfahrungszusammenhang der Lebenswelt gewöhnlich keine (mathematischen) Abstraktionen an den Gegenständen vollziehen, sondern sie so nehmen, wie sie sich den Sinnen darstellen.

Mit «Lebenswelt» meinen wir also den Erfahrungszusammenhang alltäglicher Umwelten, in dem wir mit Anderen zusammenleben. Wobei wir z.B. davon absehen, oder wobei von untergeordneter Bedeutung ist, ob jemand Lehrer, Polizist, Politiker, Physiker oder was auch immer ist. Der Mensch, im Horizont der Lebenswelt gesehen, ist Herr Meier, der mit Frau Meier und drei Kindern in einer mittleren Kleinstadt lebt, nach der Arbeit Sport treibt, liest, ins Kino geht oder was auch immer. Und vor allem ist Herr Meier der Mann, der fortfährt, vom Sonnenauf- oder Untergang zu sprechen, auch wenn er Physiker ist. Und sollte Herr Meier trotz glücklicher Ehe für den Charme junger Frauen empfänglich sein, so wird er sich weniger für Messungen ihres Gewichts, ihrer Größe, ihres Umfangs usw. interessieren, als für das, was er ganz unmittelbar wahrnimmt.

Meine zentrale These entfernt sich nun beträchtlich von Husserl. Sie lautet folgendermaßen: Die Literatur, die Literaturwissenschaft und die Geisteswissenschaften insgesamt beziehen sich auf den Erfahrungszusammenhang der Lebenswelt. Das heißt nicht, dass hier nur gesehen, gehört, gefühlt, vorgestellt und nicht abstrahiert würde. Selbstverständlich gibt es in der Literatur Abstraktion, Bezüge zur Wissenschaft, auch zu den Naturwissenschaften, ja selbst, bei Jules Verne zum Beispiel, und er ist nicht der einzige, mathematische Formeln. Ein Beispiel zur Literatur der Gegenwart ist der Amerikaner Pynchon, der sich auf das physikalische Konzept der Entropie bezieht. Jeder kann diese Reihe fortsetzen. Für die Geisteswissenschaften gilt das *mutatis mutandis*. Sie sind durchaus theoriefähig, und es gibt bedeutende geisteswissenschaftliche Theorien. Auch gibt es keine modernen Lebenswelten, die nicht von (natur)wissenschaftlichem Wissen berührt oder sogar imprägniert wären. Lebenswelt ist keine Hinterwelt.

Gemeint ist vielmehr Folgendes: Die Literatur, ebenso wie die Literatur- und die Geisteswissenschaften, verwenden zwar Fachtermini, aber insgesamt, das gilt in besonderem Maße für die Geschichtswissenschaft, beruhen sie auf der Umgangssprache. Nur in Grenzfällen wird mit der Sprache der Mathematik operiert. So gab es in den siebziger Jahren bald wieder, und ich meine zu Recht, vergessene Versuche zum Thema «Mathematik und Dichtung». Wenn im Übrigen Mathematik oder andere Fachsprachen in literarischen Werken vorkommen, dann haben sie eine uneigentliche, d.h. eine ästhetische Funktion. Ein prominentes Beispiel sind etwa die Raisonnements über die schönbergsche Zwölftontechnik in Th. Manns *Doktor Faustus*.

Ich möchte unterstreichen, dass obige These kein kontingentes Faktum bezeichnet. Sie zielt auch auf die besondere Funktion von Literatur und Kunst, der Literatur- und Geisteswissenschaften, freilich journalistisch gewendet, im

Rahmen der bürgerlichen Öffentlichkeit. Hier geht es um die Verständigung der Privatleute über ihre Lebenspraxis im umfassenden Sinne. Allerdings gibt es in den Zeitungen und anderen Medien nicht nur Literaturkritiken und Analysen zu Politik und Geschichte, sondern auch Berichte über komplexe naturwissenschaftliche Sachverhalte. Aber, was letztere betrifft, so ist der (sprachliche) Abstand zwischen Bericht und Gegenstand ungleich größer. Die Sprache der Öffentlichkeit jedenfalls ist die allgemeinverständliche Sprache der Lebenswelt.

Nicht nur verwendet die Literatur die Sprache der Lebenswelt (unter Einschluss gewisser ästhetischer Abwandlungen). Das garantiert ihre Verständlichkeit über alle unterschiedlichen Fachorientierungen und sozialen Lagen der Leser hinweg und entspricht ihrer modernen Funktion als umfassendem Medium der Kommunikation. Sie arbeitet auch mit formalen Arrangements, die in einer Beziehung zu Basisaspekten der Lebenswelt stehen. Das gilt für das lyrische Sprechen und die dramatische Szene ebenso wie für die Form der Erzählung. Ich habe vor allem letztere im Auge und bezeichne ihr Verfahren als Mimesis oder Modellierung (Lotman)[3] ganzer Lebenswelten. Diesbezüglich gibt es nicht nur Unterschiede zwischen Lyrik und Dramatik, sondern auch zwischen Kurz- und Langerzählung. Es ist der Roman, der aufgrund seiner sprachlichen Grundverfassung, aus einer langen Reihe von Sätzen zu bestehen, in der Lage ist, umfassende Räume, lange Zeitverläufe und ganze Lebensgeschichten zu modellieren.

Dazu kommt, dass Literatur solche Gegenstände wie Erinnerung, Krankheit, Angst, Liebe, Tod ganz anders behandelt als wissenschaftliche Abhandlungen. Nicht als Sachverhalte, die in einer Folge von Aussagesätzen traktiert werden, sondern als Szenarien im Vollzug. Kurz: als Mimesis und nicht als Proposition.[4] Darin bezieht sich die Literatur insgesamt und in ihren Redegattungen auf je besondere Weise auf den Zusammenhang lebensweltlicher Wahrnehmung. Neben der allgemein verständlichen Sprache und dem besonderen Dispositiv der Gattung ist schließlich Fiktivität ein weiteres Merkmal der literarischen Rede. Kein Zweifel kann daran bestehen, dass damit ein Heraustreten aus der Lebenswelt verbunden ist. Aber nicht hinsichtlich der Form der Wahrnehmung,

---

3 Nach Jurij M. Lotman: *Die Struktur des künstlerischen Textes*. Frankfurt/M.: Suhrkamp 1973.
4 Vgl. Ekkehard Eggs: *Beispielsweise nämlich so[...] und ihre französischen und englischen Äquivalente*. Unveröffentlichtes Manuskript. Hannover 2010, S. 10f.: «Propositionen sind die inhaltlichen Korrelate von Sätzen, die auf Sachverhalte verweisen. Sachverhalte können wahr oder falsch sein, d.h. faktisch bestehen oder auch nicht. Gelten sie als faktisch bestehend, sind sie Tatsachen oder Fakten. Sachverhalte können auch bloß möglich, wahrscheinlich, erwünscht, erhofft, mit Absicht hergestellt oder auch als mutmaßlich, hypothetisch und dergleichen mehr postuliert oder gesetzt werden.»

sondern nur insofern, als das Realitätsvorzeichen zugunsten des Fiktivitätsvorzeichens ersetzt wird. Der Wechsel des Vorzeichens zeigt an, dass nunmehr alles im autonomen Rahmen der Literatur geschieht, der zugleich als Institution, wie alle Institutionen, auf eine jeweils unterschiedliche (und kulturell definierte) Realität bezogen ist.

Darauf bezieht sich das Konzept des Imaginationsraums, dem in dieser Untersuchung eine tragende Rolle zukommt. An dieser Stelle muss ich betonen, dass ich von Anfang an nicht die Absicht hatte, eine Geschichte der Subjektivität zu schreiben. Mir geht es nicht um das Subjekt als solches und losgelöst von seinem Lebenskontext bzw. diesem sogar entgegengestellt, das cartesianische Arrangement, sondern um die Beziehung zwischen der Konstruktion der Wirklichkeit und dem Entwurf der Person in einer Reihe von Texten, von denen die meisten Erzählungen, einige auch Aphorismen, Essays und Autobiographien sind, sowie – im Falle Machiavellis und Descartes' – Abhandlungen, allerdings mit markanten erzählerischen Einschlüssen. Was ich erzählen möchte, ist eine Geschichte des Menschen im Kontext imaginärer Lebenswelten. «Imaginationsräume» bezeichnet die umfassenden fiktiven oder über eine gegebenen Form des Denkens und Lebens hinausgreifenden diskursiven Lebensentwürfe, wie sie sich in den hier behandelten Texten auffinden lassen.

Das berührt, was wir seit einigen Jahren als anthropologische Funktion der Literatur fassen. Denn Imaginationen als Vorstellungen eines so realiter nicht Vorhandenen sind an die menschliche Natur gebunden, wie sie in der philosophischen und naturwissenschaftlichen Anthropologie gesehen wird. Ich konzentriere mich auf einige zentrale Aspekte. Im Blickwinkel der Anthropologie ist der Mensch eine «normale» Frühgeburt.[5] Deshalb muss er in seinem ersten Lebensjahr viel mehr lernen als ein junges Tier. Das bezeichnet seine unvergleichliche Offenheit gegenüber der Umwelt.[6] Diese schließt ein, dass das menschliche Verhalten nicht so weitgehend wie das tierische instinktgesteuert ist. Hinzu kommt, was die Anthropologie als «mangelhafte» Organausstattung bezeichnet hat. Damit hängt zusammen, dass der Mensch an keine Umwelt so angepasst ist wie das Tier. Das bedeutet, dass er gezwungen ist, die ihm gemäße Umwelt im Rahmen seiner Möglichkeiten selbst herzustellen. «Darum ist er von

---

5 Arnold Gehlen: *Der Mensch. Seine Natur und seine Stellung in der Welt*. Wiesbaden: Aula [13]1986, S. 35, 45, 101; Arnold Gehlen: *Philosophische Anthropologie und Handlungslehre*. In: Gesamtausgabe. Bd. 4. Frankfurt/M.: Klostermann 1983, S. 117, 129.
6 Max Scheler: *Die Stellung des Menschen im Kosmos*. In: Gesammelte Werke 9. Bern/München: Francke 1976, S. 32.

Natur, aus Gründen seiner Existenzform *künstlich.*», sagt Plessner.[7] Anders als das Tier nimmt er die jeweilige vorfindliche Umwelt als einen zu verändernden Ausgangszustand. Deshalb ist er auf die Erfindung von Werkzeugen angewiesen, deren Ensemble wir nach dem griechischen Wort *téchne* als Technik bezeichnen. Und mit der Erfindung technischer Vorrichtungen ist immer auch eine Überschreitung der Gegenwart, als Vorgriff auf Zukunft verbunden.

Am Anfang steht ein in der Organausstattung des Menschen begründetes Ungenügen an der Wirklichkeit, das zur Antizipation nicht nur von Mitteln der Veränderung, sondern auch anderer Wirklichkeiten nötigt, die mit diesen Mitteln herbeigeführt werden sollen. Das bezeichnet in anthropologischer Perspektive den ursprünglichen Funktionszusammenhang von Imagination: die Fähigkeit, idealiter vorzustellen, was es so (noch) nicht gibt. Wir können in diesem Rahmen verstehen, dass die menschliche Anlage, andere Gegebenheiten jenseits von jeweiligen Gegenwarten zu imaginieren, sich nicht auf den Stoffwechsel mit der Natur beschränkt, sondern ausgreift auf die gesellschaftliche und kulturelle Praxis insgesamt. Damit treten auch Kunst und Literatur auf den Plan. Menschliche Imagination ist nicht nur als mentale Arbeit an der physischen und gesellschaftlichen Umwelt, sondern ebenso am symbolischen[8] Bestand zu fassen. Das bezeichnet auch den gemeinsamen Nenner von Technik und Literatur/Kunst.

Was die anthropologische Dimension letzterer betrifft, so ist bisher nur deren erste Hälfte in den Blick gekommen: die Funktion der Literatur unter dem Blickwinkel der *condition humaine*, Anthropologie der Literatur. Literarische Anthropologie zielt demgegenüber auf die besondere Leistung literarischer Werke ab, umfassende Lebenswelten als Mimesis vorzustellen. Sie erzeugen umfassende Bilder des Lebens, in denen das spannungsvolle Verhältnis des Menschen zu seiner Umwelt in Szene gesetzt wird. Damit bestimmt die anthropologische Basissituation die Koordinaten der Erzählung wie der Literatur insgesamt. Es gibt kaum ein literarisches Werk, in dem Sachen ganz ohne Subjekte oder umgekehrt vorkommen, wohl aber viele Bilder. Selbst bei Robbe-Grillet taucht nach der erschöpfenden Beschreibung der Bananenstauden Personal auf.

Die Erscheinung des anthropologischen Grundverhältnisses im Rahmen der Literatur betrifft das Verhältnis des Menschen zu seiner dinglichen, sozia-

---

7 Helmuth Plessner: *Die Stufen des Organischen und der Mensch. Einleitung in die philosophische Anthropologie.* In: Ders.: Gesammelte Schriften IV. Frankfurt/M.: Suhrkamp 1981, S. 385.
8 Ernst Cassirer: *Was ist der Mensch? Versuch einer Philosophie der menschlichen Kultur.* Stuttgart: Kohlhammer 1960. Cassirer bezeichnet den Menschen als «animal symbolicum» (S. 40).

len und kulturellen Umwelt. Was ersteres betrifft, so umfasst es die Beziehung zu den physischen Dingen der Natur ebenso wie die zu den menschlich produzierten Dingen, den Artefakten. Und auf letztere kommt es mir besonders an. Denn wir wissen, dieses ist ein Prozess, der sich bis heute auf immer höherer Stufenleiter fortsetzt, dass es die vom Menschen erfundenen Apparaturen sind, die seine Natur auch verändern können.

Untersuchungen im Paradigma der literarischen Anthropologie haben demnach ihr besonderes Augenmerk auf die anthropologische Basiskonstellation in den fiktiven Lebensentwürfen der Texte zu richten. Damit ist das Interesse dieser Untersuchung im Ansatz, aber noch nicht vollständig charakterisiert. Hinzu kommt: Jede literarische Anthropologie muss historisch verfahren. Aber was heißt das? Die Geschichte ist ein weites Feld. Selbstverständlich können Untersuchungen dieser Art synchron ebenso wie diachron verfahren. Sie können eine Epoche oder einen Epochenausschnitt, selbst einen kurzen Zeitabschnitt in seiner ganzen Breite untersuchen. Aber unter der Voraussetzung, dass einschneidende Veränderungen der menschlichen Kultur-Natur sich eher über längere als über kürzere Zeiträume vollziehen, scheint mir doch der genuine geschichtliche Bezug einer literarischen Anthropologie auf dem Felde der *longue durée* (lange Dauer) zu liegen. Der langen diachronen Reihe wohnt ein Zauber inne. Er besteht in der Faszination daran, Geschichte in großräumiger Bewegung und nicht im Stillstand zu sehen.

Unter diesen Voraussetzungen lag es nicht allzu fern, im Prozess der Modernisierung und Rationalisierung den Rahmen für die Geschichte zu wählen, die ich erzählen wollte. Ich benenne stichwortartig einige wichtige Aspekte, die in dieser Untersuchung eine Rolle spielen: der Übergang vom paganen Polytheismus zum christlichen Monotheismus (*Ilias*, *Confessiones*); Säkularisierung als über Jahrhunderte verlaufender langsamer Rückzug der Religion auf ihre eigene Sphäre, als entstehendes Feld der Innerweltlichkeit schon bei Chrétien greifbar, deutlich hervortretend dann bei Boccaccio in der überwiegend weltlichen Orientierung seiner Protagonisten; Auftritt eines neuen Typus rationalen Handelns und Denkens (Boccaccio, Machiavelli, Gracián), wozu ein Subjekt gehört, das mit seinen rationalen Motiven identisch ist; der Bezug dieses Denkens zu den neuzeitlichen Naturwissenschaften; die Manifestation starker Subjektivität bei Montaigne; schließlich das Hervortreten rational «dysfunktionaler» Verfassungen des Subjekts bei Choderlos, Hoffmann, Zola, Jünger.

Was die zentrale Bedeutung der Säkularisierung in diesem Kontext betrifft, so muss man sich darüber klar sein, dass damit allein die Bewegungsmotive der westlichen, allerdings nur teilweise einschließlich der nordamerikanischen Kultur erfasst werden können. Denn am Beispiel Nordamerikas können wir sehen, dass es Modernisierung ohne Säkularisierung oder doch ohne die durchgreifende Form derselben gibt, wie sie für Europa typisch ist.[9] Meine Geschichte ist eine Geschichte von Europa. Eine literarische Anthropologie Lateinamerikas, Afrikas, Chinas oder der arabischen Kulturen müsste ganz anders konstruiert werden. Wenn also hier von der Geschichte des Menschen die Rede ist, so handelt es sich allein um den okzidentalen Menschen.

Deshalb muss sie den für den europäischen Rationalismus in besonderer Weise charakteristischen Impetus der Verfügung über die Natur, aber nicht nur über diese, sondern auch über die menschlichen Akteure herausstellen. Verfügung ist das stärkste Motiv der westlichen Modernisierung. Das und die Widersprüche, Brüche und Konflikte, die daraus hervorgehen, bestimmt die Reihe der Texte in dieser Untersuchung. Diese Reihe ist weder notwendig, weil durchaus auch anders denkbar, noch zufällig, weil aus diesen Voraussetzungen resultierend. Meine Geschichte des Menschen ist eine Version mehrerer Möglichkeiten, die Geschichte des Menschen zu erzählen.

Im Übrigen ist gesellschaftliche Modernisierung nicht identisch mit dem literarischen Prozess der Modernisierung. Letzterer ist kein Abklatsch ersterer und ihr nicht zu subsumieren. Imaginationsräume sind anders gebaut als Realräume, auch wenn erstere Realität und letztere Imagination inkorporieren. Zwar spielen zum Beispiel das geschichtliche Agens Säkularisierung oder der rationale Habitus auch in den Texten eine Rolle, aber eine ganz andere als in der geschichtlichen Umwelt der Literatur. Die Verfahrensweisen der Texte, und dazu gehören ihre Gattungsdispositionen, bestimmen die besonderen Konstellationen der literarischen Modernisierung. Vor allem in der jeweils unterschiedlichen Formatierung der Imaginationsräume, die sie hervorbringen. Der Prozess der literarischen Modernisierung folgt auch schon vor der Herausbildung der autonomen Literatur einer eigenen Logik. Allein unter dieser Prämisse ist er auf den umfassenden geschichtlichen Rationalisierungsprozess bezogen. Das versuchen *in concreto* insbesondere die Kapitel des Buchs zu zeigen, die auf die Gattung eingehen. So die Form des montaigneschen Essays gegenüber der Autobiographie. Oder die geschichtliche Semantik des moralistischen Aphorismus (Gracián) und des Tagebuchs (Jünger).

Jedenfalls drängte sich mir im Verlauf der Arbeit immer stärker der Eindruck auf, dass Rationalisierung das Bewegungsgesetz der europäischen Gesellschaft, Kultur und Literatur seit ihren Anfängen ist. Muss man nicht die Kritik

---

[9] Vgl. Jürgen Osterhammel: *Die Verwandlung der Welt. Eine Geschichte des 19. Jahrhunderts.* München: Beck 2009: «Die säkularisierende Trendwende, die im protestantischen Europa gegen Ende des Jahrhunderts unverkennbar war, wiederholte sich in den USA nicht, weder in protestantischen noch in katholischen Milieus.» (S. 1253)

des Mythos in der griechischen Logosphilosophie des fünften und vierten Jahrhunderts ebenso dazu rechnen, wie den Übergang vom antiken Polytheismus zum christlichen Monotheismus? Jedenfalls ist es letzterer, der den anthropologischen Selbstentwurf der *Confessiones* im Sinne einer Form der Subjektivität prägt, die in der *Ilias* ausgeschlossen sein muss. Gehört in diesen Zusammenhang nicht das rationalisierte Weltbild, dessen Träger die Kaufmannschaft der italienischen Stadtrepubliken ist und die den Typus der decameronischen Novelle prägt? Oder auch der selbstbewusste Protagonist der italienischen Autobiographien des 16. Jahrhunderts und der montaigneschen *Essais*? Die Imaginationsräume all dieser Texte sind weit vom weberschen Protestantismus[10] und den für Elias[11] so wichtigen Höfen entfernt. Deshalb will mir scheinen, dass die Entwürfe beider, so weit sie auch ausholen, und wie umfassend auch ihr Erklärungsanspruch ist, doch nur partikulare Aspekte ihres Gegenstandes erfassen.

Anders als vor dem zweiten Weltkrieg ist heute die ästhetische Moderne eine hochkanonisierte Epoche. Sie ist derart zum Maß aller Dinge geworden, dass man die Qualität älterer Kunst daran bemisst, ob sie bereits charakteristische Züge der Moderne vorwegnimmt: die späten Streichquartette Beethovens, der späte Liszt, Goya usw. Die Beispiele ließen sich beliebig vermehren. Das ist ein Topos der ästhetischen Wertung. Dem entspricht eine Tendenz der neueren Hermeneutik, das Feld der Moderne immer weiter zurückzuverlagern. So werden auch Autoren in die Moderne umgesiedelt, die eher nicht umzugswillig sind, oder in eine Vorläuferschaft hineingezwungen, die gar nicht auf ihrem Wege liegt. Ist etwa Montaigne modern? Nein, er ist es nicht! Ebenso wenig wie Gracián. Es gibt einen *parti pris* der Hermeneutik für die Gegenwart und eine Tendenz zur Über-

---

10 Max Weber: *Die protestantische Ethik I (1920)*. Hamburg: Siebenstern ³1973. Weber sieht allerdings, dass der moderne okzidentale Rationalismus sich aus dem weit früheren «spezifisch gearteten ‹Rationalismus› der okzidentalen Kultur» (S. 20) entwickelt. In diesem Zusammenhang nennt er den Bürger «im ständischen Sinn» «schon vor der Entwicklung des spezifisch abendländischen Kapitalismus» (S. 18), den «Ständestaat» (S. 12), «die rationale Verwendung des gotischen Gewölbes als Mittel der Schubverteilung» (S. 11). Allerdings werden diese Aspekte nur sehr summarisch in der «Vorbemerkung» abgehandelt.
11 Norbert Elias: *Über den Prozess der Zivilisation. Soziogenetische und psychogenetische Untersuchungen. Bd. 2. Wandlungen der Gesellschaft. Entwurf zu einer Theorie der Zivilisation.* Frankfurt/M.: Suhrkamp ⁵1978. Elias sieht immerhin, ähnlich wie Weber, was nicht im Zentrum seiner Aufmerksamkeit steht, die Existenz einer städtisch-kaufmännischen Rationalität und er stellt fest, dass sich beide «Formen der Langsicht», «verschieden wie sie ihrem Schema nach sind, in engstem Zusammenhang miteinander» (S. 384) entwickeln. Diese Formulierung wirft offenbar mehr Fragen auf, als sie beantwortet. Elias kann sich nicht dazu durchringen, die städtisch-bürgerliche Lebenspraxis als Grundlage einer eigenen Form der Rationalität zu sehen. Was im Rahmen seiner Fragestellung durchaus verständlich ist.

aktualisierung. Die Moderne ist so von sich selbst eingenommen, dass sie sich als Zentrum aller Zeiten sieht. Das führt zu Verarmungen.

Statt ältere Texte in die Moderne zwangseinzuweisen oder ihnen die schwache Rolle einer bloßen Vorläuferschaft aufzuzwingen, dürfte es fruchtbarer sein, insbesondere auch im Sinne einer Erkenntnis unserer Gegenwart, die Alterität der alten Texte anzuerkennen; und sie in ihrer Andersheit wichtig zu nehmen. Es gilt geradezu, das hermeneutische Potential der Alterität freizusetzen. Es geht darum, unser (kulturelles) Selbst aus seinem Anderen zu verstehen, ohne dieses in seiner Andersartigkeit auszulöschen. Dazu gehört ein Surplus an Geschichte, weit über das 19. Jahrhundert hinaus.

Ich gestehe ein, dass es mir um die größtmögliche Entfernung von der Gegenwart ging, was den Anfang meiner Reihe betrifft. Deshalb ging ich nicht von der *Odyssee* aus, sondern von der *Ilias*. Es widerstrebte mir, einen weiteren Beitrag zur Modernität des Odysseus zu schreiben. Damit geht man keineswegs in die Falle des Historismus und gerät auch nicht in den Hinterhalt einer archivalischen Geschichtsbetrachtung, wie sie Nietzsche in seinem Essay *Über Nutzen und Nachteil der Historie für das Leben* kritisiert. Unser heutiges Leben ist so zeitanämisch geworden, dass ihm jede Blutzufuhr gut tut.

Was nun die Religion betrifft. Nach längerem Schweigen wird in Europa wieder von ihr gesprochen.[12] Habermas' Wort von der «postsäkularen Gesellschaft»[13] machte die Runde. Bis dahin hatte ich, wie viele, als selbstverständlich angenommen, Rationalisierung und Säkularisierung seien ein unzertrennliches Geschwisterpaar. Nun stellten sich die Dinge ganz anders dar. Vor diesem Hintergrund begann ich mich dafür zu interessieren, wie eigentlich (imaginäre) Welten mit Göttern funktionieren. Dabei machte ich eine Entdeckung, die mich faszinierte: Mit den Göttern, in einer von Göttern besetzten Welt leben, heißt ohne Sachen und Sachlichkeit im heutigen Sinne auskommen. Das liegt auch daran, dass die Götter können, wozu heute nur technisch hochgerüstete Apparate in der Lage sind. Das war die Morgendämmerung der Frage, die in diesem Buch entfaltet wird. Damit las ich die antiken Texte mit einer weitaus wacheren Aufmerksamkeit als in meinem Studium, wo sie zum pflichtgemäß zu absolvierenden Kanon gehörten. Und ich las sie in ihrer ganzen zeitlichen Entrückung zugleich mit einem auf meine eigene Gegenwart bezogenen Interesse. Das war eine packende Erfahrung, aber zugleich kam ich mir mit schlechtem Gewissen vor wie ein aus der Schule entlaufener Hermeneut.

---

12 Zu diesem Thema neuerlich: Christian Demand: Säkularisierung als Mythos. In: *Merkur* 64 (2010), S. 726–737.
13 Jürgen Habermas: *Glauben und Wissen*. Frankfurt/M.: Suhrkamp 2001, S. 13.

Immerhin gewann die Frage an Kontur: Welcher Prozess musste durchlaufen werden vom Anfangszustand einer Welt mit Göttern zu unserer heutigen götterlosen Wirklichkeit; einer Wirklichkeit, in der vor allem die menschlich hervorgebrachten Dinge, ebenso wie gewisse Verhältnisse, den Schein einer umfassenden Sachlichkeit erzeugen. Und was bedeutet das für die imaginäre Kreativität der menschlichen Natur, deren stärkste Objektivationen die Gebilde der Kunst und Literatur sind. Ich wollte in der Arbeit an der langen Reihe meiner Texte verstehen, wie sie sich zu diesem Prozess stellen, der nicht ohne Aporien, Disharmonien, Gewaltsamkeiten, Pathologien, Ausreißungen und Verzerrungen verlaufen kann; wie sie ihn in ihren Imaginationsräumen bearbeiten, welche Risse sie sichtbar machen und auch, welche menschlichen Selbstbehauptungsstrategien sie eventuell entwickeln. Das Ergebnis ist so etwas wie eine Archäologie der Moderne. Eine Archäologie aber, die in tiefen Schichten operiert und ihren Fundstücken erlaubt, ausführlich von der Vergangenheit Zeugnis abzulegen.

Damit stand mir die Geschichte mit einiger Klarheit vor Augen, die ich erzählen wollte. Eine lange Geschichte. In der Tat. Eine allzu lange? Jedenfalls war klar, dass ich sie nicht im Rahmen der klassischen Literaturgeschichte erzählen konnte. Keine Erzählung kommt ohne eine Konstruktion aus. Selbst wer einfach nur eine Geschichte erzählen will, kann nicht einfach eine Geschichte erzählen. Selbstverständlich ist auch die klassische Literaturgeschichte eine Konstruktion. Sie verfährt, und in ihrem Rahmen völlig legitim und unersetzbar, nach dem *principium individuationis*, selbst da, wo sie übergreifende Strukturen berücksichtigt. Sie muss fragen: Welche Autoren, Werke, Gattungen folgen in gewissen Formationen, Rhythmen der Sukzession aufeinander, die wir als «Epochen» auffassen? Und wie steht das alles zur allgemeinen Geschichte? Hier soll im Idealfall, das gehört zu dieser Konstruktion der Geschichte, nichts Wichtiges ausgelassen werden.

So war ohne Zweifel meine Geschichte nicht zu erzählen. Wohl aber im Rahmen des Rationalisierungskonzepts, das eine Konstruktion ist wie jedes Modell der Geschichte. Dieses Modell hat den Vorteil, dass Lücken erlaubt sind. Und um den Mut zur Lücke kommt man nicht herum, wenn man eine Geschichte dieser Art erzählen will. Im Übrigen gibt es in jeder Erzählung Lücken, mehr oder weniger große allerdings. Und es gibt sie nicht nur, sondern sie gehören dazu. An den Lücken kann man sehen, was der Erzählung wichtig ist. So gewiss auch hier. Immerhin entschied ich mich für Texte mit hohem Repräsentationspotential, die den «Geist» ihrer Epoche, ihre realgeschichtliche Verfassung ebenso wie ihre prägenden Erfahrungen, Hoffnungen, Ängste, Bestrebungen und Wünsche wie in einem Brennglas zusammenfassen. Das gilt allerdings für die *Ilias*, Chrétien, das *Decameron*, den *Sandmann* in ganz anderer Weise als für Jünger etwa. Jüngers *Stahlgewitter* tragen die Zeichen der Moderne, aber sie sind weit davon entfernt, «die» Moderne des zwanzigsten Jahrhunderts zu repräsentieren. Jünger wurde wichtig, weil ein unverzichtbarer Aspekt der Untersuchung an seiner Erzählung besser als an anderen Texten exemplifiziert werden konnte: die Geste der Selbstbehauptung des Subjekts gegen die Eroberung des Territoriums durch den Verbund der Supermaschinen.

Das Ergebnis ist eine Geschichte, deren Ereignisse durch eine Reihe von prominenten Einzeltexten bestimmt sind. Unübersehbar ist, dass es sich um eine Reihe handelt, deren Schwerpunkt gerade nicht in der Moderne, geschweige denn in der Gegenwart liegt, sondern in der frühen Neuzeit. Eben darauf bezog sich anfangs mein Unbehagen an mir selbst als aus der Rolle gefallener Hermeneut. Freilich wendete sich das schlechte Gewissen bald ins Positive. Wie auch immer. Das war das Programm. Das ist das Ergebnis.

Ich will nicht verschweigen, dass ich ohne einige Meisterdenker nicht zum Ziel gekommen wäre, die mir bei meinem Unternehmen als «Sherpas» behilflich waren: Hegel mit seiner Philosophie des epischen Zeitalters, Marx als Analytiker des Fetischs der Waren, Georg Simmel und seine Soziologie der Moderne, Georg Lukács' *Theorie des Romans* und der Ethnologe aus der Durkheimschule, Marcel Mauss, mit *Le don* (*Die Gabe*).

Wenn das Endresultat aller Fragen und Antworten eine Archäologie der Moderne ist, dann auch in dem Sinne, dass ich in ihrem tiefen Untergrund eine Reihe von Grabungen durchführe. Meine Texte sind gleichsam Bruchstücke, aus denen ich, wie der Archäologe, ein Ganzes zu rekonstruieren versuche.

I Mit den Göttern leben. Zur Struktur der epischen Welt: *Ilias*

In der alten Welt sind es die Götter oder der Gott, die den Lauf der Dinge bestimmen. Das heißt: Die Welt hat kaum Gewicht; als *Physis* und Natur, deren Erscheinungen und Verläufe immanenten Gesetzen folgen. Erst in der Dämmerung der Götter beginnt die Welt, sich zu regen: als träge Dinglichkeit, selbstbestimmte Kausalität und als Widerstand der Sachen. Und erst dann kann der Wille des Menschen überhaupt erwachen, dem Druck der Dinge seinen Gegendruck und zwar als Ent-Gegenstand und Angriff der von ihm selbst geschaffenen Dinge entgegenzusetzen.

Technik als Ensemble leistungsfähiger Artefakte ist die dingliche Form, die dem Dinggewicht der Welt ein Gegengewicht entgegensetzt. Aber die durch Technik ermöglichte Herrschaft des Menschen über die Welt ist eine ganz andere als die der Götter und des Gottes. Gemachtes Ding steht gegen gegebenes Ding. Es geht von Anfang an bis heute darum, die Macht des Gegebenen durch die des Gemachten zu brechen. Die Götter hingegen herrschen durchaus als Subjekte. Sie bedürfen keiner Apparate, um die Dinge zu beherrschen. Sie beherrschen alles kraft ihrer Subjektivität. Für sie gibt es nur Intention, aber keine Kontingenz.

In der epischen Welt lebt der Mensch mit den Göttern. Er ist ihnen untertan, wie alle Dinge. Aber da er die Gestalt der Götter teilt, ist er ihr besonderes Objekt. Sie treten ihm auf Zeit Teile ihrer Macht ab oder sie entmächtigen ihn. Sie machen ihn zum Teilhaber und Günstling, oder sie stufen ihn auf die Wehrlosigkeit eines beliebigen Dings herab.

In einer solchen Welt gibt es nur wenig Raum für starke Mittel, die sachhaft auf die Dinge einwirken. Denn alle Stärke ist nur verliehen-geliehen und vikarisch, auf der Macht eines starken Gebers beruhend; Gabe, nicht Habe, die irgend auf dem Einsatz aktionsstarker Artefakte beruhen könnte. Weil die alte Welt wesentlich subjektförmig verfasst ist, ist noch das stummste Ding die Stimme seines Herrn und legt von ihm Zeugnis ab. Ausdruck der Person, ihres Ranges und der Geschichte ihres Lebens, wie die Rüstung Agamemnons: «Die Beinschienen legte er zuerst um die Unterschenkel, / Schöne, mit silbernen Knöchelplatten versehen. / Zum zweiten dann tauchte er mit der Brust in den Panzer, / Den ihm einst Kinyres gegeben als Gastgeschenk.» (S. 173)[1] Und nie

---

[1] Die Zitate aus der *Ilias* beziehen sich auf Homer: *Ilias*. Übs. Wolfgang Schadewaldt. Frankfurt/M.: Insel 1975.

nur Sache, *instrumentum*. Das Ding ist Funktion des Subjekts, nie jedoch dieses Anhängsel des Dings. Das ist prinzipiell und strukturell ausgeschlossen.²

Dieser elementaren Gegebenheit entspricht, dass nicht die Arbeit, sondern der Kampf Mann gegen Mann im Zentrum der homerischen Welt steht. Im Kampf will ein Subjekt oder eine Gruppe von Subjekten haben, was der Andere/die Anderen haben, hervorgebracht, kultiviert haben (Land, Nutztiere, Frauen). Der Kampf ist Aneignung per Gewalt, Obsiegen von kämpfenden Körpern über andere, nicht Stoffwechsel mit der Natur, noch sachliche Einwirkung auf irgend Gegebenes.³

---

2 Das Konzept der Untersuchung nimmt Anregungen von M. Mauss und G. Simmel auf. Beide stimmen in der Auffassung überein, dass in der alten Welt Beziehungen zwischen Personen und Sachen nicht getrennt sind. Es gibt keine ausdifferenzierte Sachsphäre, die dem Bereich des Persönlichen gegenüberstünde: Marcel Mauss: *Die Gabe. Form und Funktion des Austauschs in archaischen Gesellschaften*. Frankfurt/M.: Suhrkamp 1968, S. 33ff., 39, 52, 64 u.a. Simmels umfassende These, die er in seiner *Philosophie des Geldes* sowie einigen vorhergehenden und nachfolgenden Schriften entwickelt, besagt, dass sich durch Arbeitsteilung, entfaltete Geldwirtschaft und maschinelle Produktion eine Mentalität der Sachlichkeit herausbildet, in deren Rahmen nach Sachgesichtspunkten verfahren wird. Vgl. Georg Simmel: *Das Geld in der modernen Cultur*. In: Gesamtausgabe. Band 5. Frankfurt/M.: Suhrkamp 1992: Die Neuzeit hat Subjekt und Objekt «gegeneinander verselbständigt» (S. 178); Georg Simmel: *Philosophie des Geldes*. In: Gesamtausgabe. Band 6. Frankfurt/M.: Suhrkamp ²1991: «Das Altertum war dem Indifferenzzustande, in dem Inhalte schlechthin, ohne zerlegende Projizierung auf Subjekt und Objekt vorgestellt werden, noch nicht so weit entrückt, wie die späteren Epochen.» (S. 31); «Die technische Form für den wirtschaftlichen Verkehr» bildet ein sachliches, überpersönliches Verhältnis zwischen Gegenständen heraus (S. 55). Im Übrigen fasste schon Hegel als Charakteristikum des epischen Weltzustandes einen engen Zusammenhang des «an sich Äußerlichen» «mit dem menschlichen Individuum»: Georg Wilhelm Friedrich Hegel: *Vorlesungen über die Ästhetik III*. In: Werke 15. Frankfurt/M.: Suhrkamp ²1976, S. 341. Dass die marxsche Analyse des Warenfetischismus das Bindeglied zwischen Hegel und Simmel bildet, ist evident. Vgl. auch zu den realhistorischen Gegebenheiten der antiken Wirtschaft in diesem Zusammenhang Dieter Hägermann/Helmuth Schneider: Landbau und Handwerk. 750 v. Chr. bis 1000 n. Chr. In: Wolfgang König (Hg.): *Propyläen Technikgeschichte*. Bd. 1. Berlin: Propyläen ²1997, S. 51: Untergeordnete Rolle von Märkten und Warenproduktion; S. 58: «noch keine voll ausgebildete Geldwirtschaft»; S. 60: noch keine Voraussetzungen für den «Übergang zur Mechanisierung oder Automatisierung der handwerklichen Produktion».

3 Vgl. Matthias Waltz: *Ordnung der Namen. Die Entstehung der Moderne: Rousseau, Proust, Sartre*. Frankfurt/M.: Fischer 1993, der die in den Epen dargestellte Welt im Anschluss an Mauss als Tauschsystem mit der zentralen Konstellation der Rache fasst. Dabei geht es um den Zusammenhang von Beleidigung, Rache oder Wiedergutmachung. Der Kampf ist das «Ereignis, welches das System aus seiner Logik heraus produziert» (S. 130). Waltz arbeitet, darin Mauss folgend, den Vorrang des Subjekts und des Subjektiven vor der Ordnung der Sachen heraus, ist aber im Gegensatz zu dieser Untersuchung am Verhältnis von Menschen und Göttern nicht interessiert.

Anders als der technisch bestimmte Krieg der Neuzeit und der Moderne ist der Kampf ein primär intersubjektives Geschehen. Auch im Kampf erscheint die Welt nicht als ein entgegenstehend Gegebenes. Denn das Entgegenstehende ist nicht ein Ding, das begonnen hat, sich selbständig zu machen oder ein System von Apparaten, sondern ein Subjekt, der Andere. Der Andere hat, was ich haben will. Wenn ich haben will, was er hat, muss ich die Oberhand gewinnen. Der Widerstand im Kampf ist ein Subjekt, nicht das Objekt der Welt. Oder: Das Objekt der Welt erscheint im Kampf als ein Subjektives. Nur unter diesen Voraussetzungen kann es einen zusätzlichen, den «Sachgewinn» des Kampfes übersteigenden Wertgewinn geben, der «Ehre» und «Ruhm» heißt. Im modernen Krieg dagegen gibt es Sieg oder Niederlage, nicht aber oder immer weniger Schande und Ruhm. Seine zentralen Konsequenzen sind Materialgewinne und -verluste und erst aus diesen sekundär sich ergebend, was an sachlicher Macht immer auch ideell ist.

In der Welt der *Ilias* sind die Götter da. Sie haben einen Ort und vor allem haben sie das, was erforderlich ist, um an einem Ort identifizierbar zu sein: Sie haben einen Körper. Darin teilen sie die Gestalt des Menschen. Aber ihr Da ist von anderer Art. Sie leben an Orten, an denen der Mensch nicht leben kann; in der Tiefe des Meeres oder auf den Höhen des Olymps. Und auch ihr Körper ist von anderer Beschaffenheit. Denn er unterliegt nicht der Alteration in der Zeit. Der Körper der Götter hat nicht nur Zeit, wie der Mensch Zeit hat (seine vergängliche), sondern er hat immer Zeit und für immer.

So ist das Leben mit den Göttern von Nähe und Ferne zugleich bestimmt; Ähnlichkeit und scharfer Unterschiedenheit, Berührung und kosmischer Entfernung. Die Nähe kann so weit gehen, dass Menschen- und Gotteskörper sich sexuell verbinden. In den Sprösslingen dieser *liaisons dangereuses* vermischen sich göttliche und menschliche Natur. Allerdings, bei aller Promiskuität und Grenzüberschreitung bleibt doch eine Grenze unüberschreitbar und unaufhebbar; die zeitliche zwischen begrenzter Zeit und Zeitlosigkeit.[4] Die Grenze ist demnach nicht durch Körper und Sexus bezeichnet. Die eigentlich unüberwindliche Grenze ist die Zeitmauer.

Als der Grieche Diomedes versucht, den Trojaner Aineias gegen den Willen Apolls zu töten, ruft der Gott ihn an: «Besinne dich, Tydeus-Sohn, und weiche! und wolle nicht Göttern / Gleich gesonnen sein, da niemals vom gleichen

---

4 Wobei Jean-Pierre Vernant: *Mythe et société en Grèce ancienne.* Paris: Maspéro 1979 bezüglich der Götter präzisierend anmerkt, sie seien unsterblich, aber nicht ewig (S. 113), da sie selbst geschaffen seien, und zwar von Kräften wie Cháos, Gaía, Éros (S. 112). Mit anderen Worten: Sie sind ewig nach rechts in der Richtung des Zeitpfeils, aber nicht nach links.

Stamm / Die unsterblichen Götter sind und die am Boden schreitenden Menschen!» (S. 84) Nicht zufällig spricht er dabei neben der Zeitbeschränkung der menschlichen Existenz ihre räumliche an. Der Körper der Götter ist der zeitenthobene Körper, Physis und Metaphysis zugleich. In der homerischen Welt sind die Götter immer auch Paradoxon.

Freilich ist das Dasein der Götter nicht nur zeitlich, sondern auch räumlich ein anderes. Nicht nur haben sie ihren Sitz an anderen Orten als der Mensch. Vielmehr, weil sie an anderen, weit entfernten Orten hausen, begegnen sich Götter und Menschen nicht einfach so und selbstverständlich, wie Menschen auf ihresgleichen treffen. Neben dem Kampf zählt die Begegnung mit den Göttern zu den fundamentalen Schlüsselereignissen der epischen Welt.

Nähe und Begegnung ereignen sich nicht von selbst, sondern das Ereignis von Begegnung und Nähe muss herbeigeführt werden. Das kommt nicht den Menschen zu. Es sind die Götter, die sich eigens an den Ort der Menschen begeben müssen, um – für kurze Zeit – bei ihnen zu sein. Nicht umgekehrt. Die Götter müssen ihren Götter-Ort verlassen, um dem Menschen in seiner Welt zu begegnen. So Athene, die den Olymp verlässt und sich aufs Schlachtfeld begibt, um dem Trojanerfreund Ares entgegenzutreten:

> Und sie peitschte die Pferde, und die flogen nicht unwillig dahin, / Mitten zwischen der Erde und dem bestirnten Himmel. / Und wie weit durch die Luft ein Mann sieht mit den Augen, / Auf einer Warte sitzend, der schaut über das weinfarbene Meer: / So weit sprangen der Götter hochwiehernde Pferde. (S. 92)

Die Götter sind, anders als die Menschen, universal im Raum beweglich. Amphibisch ebenso wie aviatorisch. Auch wird die Geschwindigkeit ihrer raumdurchmessenden, raumgreifenden, raumauslöschenden Bewegung unterstrichen. Die Götter (und ihre göttlichen Pferde) sind die einzigen schnellen Raum/ob/subjekte in einer insgesamt noch langsamen Welt. Aber nicht ihren physischen oder energetischen Eigenschaften verdanken sie ihre grenzenlose Beweglichkeit, sondern absolute Raumbezwinger sind sie allein kraft ihrer übermenschlichen Subjektivität.

Poseidon übrigens schafft das gleiche Reisepensum zu Fuß, als er ebenso wie seine Götterkollegin ins Kampfgeschehen vor Troja eingreifen will: «Dreimal griff er aus mit dem Schritt, und mit dem vierten erreichte er sein Ziel» (S. 208). Das heißt auch: Der Gott, der an seinem Ort bliebe, der ihn nicht wechselte, nicht sich aufmachte um der Begegnung mit dem Geschöpf willen, wäre (für den Menschen) nicht da. Nur weil die Götter ihre topische Entrückung korrigieren können, sind sie für die Geschaffenen nicht nur gewusst oder geglaubt, sondern leibhaftig da.

Die Götter unterscheiden sich mithin bei aller phänomenalen Ähnlichkeit durch drei grundlegend unterschiedliche Charaktere von den bloß Gemachten: ihre Zeitenthobenheit, ihre Exterritorialität und ihre universale räumliche Mobilität. Was letztere betrifft, sind die Götter Grenzgänger. Sie sind jederzeit in der Lage, ihre exterritoriale und exzentrische Position zu territorialisieren und – menschlich – zu zentrieren. So wie sie sexuell die Grenze zwischen menschlicher und göttlicher Natur überwinden können.

Neben allen anderen Auszeichnungen ist nur die göttliche Existenz polytopisch und der menschlichen Einortigkeit entgegengesetzt. Die Götter sind diejenigen, die nicht nur über die ganze Zeit, sondern auch über alle möglichen Orte zwischen der Weite des Himmels und der Tiefe des Meeres verfügen. Der Mensch ist ephemeres und monotopisches Dasein, einzeitig und einortig, der orts- und zeitbeschränkte Behinderte, räumlich und zeitlich arm, minderbemittelt, minderausgestattet. Die Zeit, über die er einzig verfügt, ist die mehr oder weniger kurze vor der Begegnung mit der Todesgöttin. Der Raum, in dem er sich bewegt, ist der eigentlich enge seiner Umtriebigkeiten und Umgetriebenheiten, immer nur am Boden der Scheibe entlangkriechend, so «schnellfüßig» die Helden der Spezies auch sein mögen. Deshalb, gerade wegen dieser paritätischen Disparitäten, sind die Götter das auratische Gegenüber des epischen Menschen und dieser der Fokus unablässiger göttlicher Aufmerksamkeit. Dieses Wechselverhältnis ist damit so ausgelegt, dass es darin immer darum geht, was die Zeit, was der Raum, was Leben und Tod in Bezug auf Raum und Zeit sind.

Wenn nun ein Gott am Ort des Menschen erscheint, so handelt es sich um eine Erscheinung besonderer Art. So wenn Athene im ersten Gesang die blonde Mähne Achills packt und ihm Mäßigung gebietet. Dann ist die Göttin sichtbar und unsichtbar zugleich; sichtbar für Achill, nicht für die Anderen:

> Und sie trat hinter ihn, und bei der blonden Mähne ergriff sie den Peleus-Sohn, / Ihm allein sichtbar, von den anderen sah sie keiner. / Und es erstarrte Achilleus und wandte sich um, und alsbald erkannte er / Pallas Athenaia, und schrecklich erstrahlten ihm ihre Augen. (S. 12)

Wenn nur Achill sie sehen kann, deutet sich an, dass der Gott eher mit dem inneren Auge gesehen wird als mit dem äußeren, wenn er an den Ort des Menschen kommt. Es ist Achills Götternähe, welche hier die Göttin sich nähern lässt. Zu ihrer Wahrnehmung bedarf es einer inneren Disposition dessen, dem die Begegnung gilt.

Der Gott ist kein «Phänomen» wie alle anderen, sondern Erscheinung auf der Grenze zwischen innerer und äußerer Welt. Zur Zwieschlächtigkeit der göttlichen Verfassung gehört damit auch, dass sie sich bei aller Körperlichkeit,

Berührbarkeit, sinnlichen Tastbarkeit und sexuellen Zugänglichkeit immer auch auf der Grenze zwischen innerer und äußerer Welt bewegt. Der griechische Gott ist keineswegs einfach da und sichtbar, sondern da und nicht da, sichtbar-unsichtbar.[5] Mitten in ihrer Erreichbarkeit sind die Götter immer auch unerreichbar: als der Inbegriff einer nicht teilbaren Verfügung über Ort und Zeit; Inhaber eines absoluten Privilegs. Noch die ergreifendste Nähe, so wenn Thetis den Sohn Achill aus der Entrücktheit ihrer absoluten Existenz zu trösten versucht: «Kind! Was weinst du?» (S.16), ist Teil einer unaufhebbaren Ferne. Achill ist der von Anfang an für ein kurzes Leben Geborene. Und er weiß es! Entscheidend ist freilich mehr als dieses, dass die Erzählung es überhaupt ins Zentrum rückt.

Mit den Göttern leben, heißt in der epischen Welt zunächst: mit einer absoluten Macht oder einer Fülle absoluter Machtinhaber leben. Wo absolute Macht das oberste Prinzip ist, sind Ungleichheit, ein abgestuftes System von Ungleichheiten, die durchaus legitime und nicht nur für die Menschen, sondern auch für die Götter geltende Folge. Denn auch die Götter haben nicht in gleicher Weise teil am Maximum der überhaupt möglichen Macht. Nur Zeus ist im Besitz der höchsten Macht im Raum der absoluten Göttermacht. Alle nachgeordneten Götter bis zum untersten haben sich mit nach unten kleiner werdenden Anteilen zu begnügen. Und unterhalb dieser Schwelle beginnt die menschliche Hierarchie des Anteils an der Macht über Menschen und Dinge. Das Gefälle der Macht verläuft von den höchsten Göttern zu den niedrigsten, von diesen bis zu den höchsten menschlichen Führern bis hin zum geringsten Mann.

In einer insgesamt vermachteten, durch die Hierarchie der Mächte charakterisierten Welt, muss die Super-Macht der Götter Blickpunkt und Faszinosum sein. Denn Macht ist der Inbegriff eines Willens und eines Vermögens zu machen und zum Machen. Und wo immer etwas gemacht wird, sind es personale Instanzen, welche die Machensmacht haben. In diesem Sinne ist die homerische Welt an starken Subjekten orientiert, an dem, was am Subjekt stark ist, stark in einer Hierarchie der Stärke, und so jedenfalls subjektorientiert und subjektbestimmt.

Welche Aufmerksamkeit fällt auf die Dinge, den Lauf der Dinge, Gesetze der Dinglichkeit, Ursache und Wirkung, Kausalität und Zufall in einer solchen Welt? Die Antwort ist: Wenn denn überhaupt ein Platz für sie eingeräumt ist, ist er eng

---

[5] Dieses im Unterschied zu Hans Blumenberg: Wirklichkeitsbegriff und Wirkungspotential des Mythos. In: Manfred Fuhrmann (Hg.): *Terror und Spiel. Probleme der Mythenrezeption.* München: Fink 1971, S. 39, der global von der «Selbstverständlichkeit» der Theophanie im antiken Mythos ausgeht. Dagegen genauer und zutreffender Walter Burkert: *Griechische Religion der archaischen und klassischen Epoche.* Stuttgart: Kohlhammer 1977, S. 284: Die Götter sind «nicht ohne weiteres sichtbar, zeigen sich höchstens einzelnen».

umgrenzt. Eine schmale Marge in einem weiten Feld, das vor allem dem Zugriff eines Willens sich offen zu halten hat. Der physischen Verkettung der Dinge, deren Beobachtung und Nutzung die moderne Welt so viel Gewicht beimisst, bleibt nur wenig überlassen; ihrer internen Verknüpfung und ihrer Eigenlogik. Sei es nun die Natur, oder das Hin und Her des Kampfes, seiner Ausgangs- und Endzustände, wie seine internen Verläufe. Vielleicht nicht alles, aber die Wendepunkte, die bedeutsamen Phasen und Situationen, sind der Eigenlogik der Dinge entrissen. Überall da, wo nach dem Fortgang der Götter Kontingenzen wirken, ist in der homerischen Welt ein Wollen am Werk.[6] Was geschieht, ist gewollt, jedenfalls in seinen wesentlichen Aspekten. Es gibt Gewolltes und Ungewolltes, will sagen Nicht-Gewolltes, aber kaum irgendwann fallen die Dinge in ihrer puren Fallhaftigkeit. Es gibt in dieser Welt noch keine Aufmerksamkeit, keinen Blick, noch Sinn, noch Bedarf für rein sachliche Zusammenhänge.

Die Welt der *Ilias* ist wesentlich personal und intentional definiert. Was geschieht, ist nicht nur gewollt, sondern auch geschickt. Wo die neue, die Nach-Götter-Zeit, Sachliches und die Zwänge der Sachen am Werke sieht, gehört die epische Welt den starken Gestalten, die über das Schicksal gebieten – und denen auch, die das Geschick zu empfangen haben. So ist der Krieg die «Sache» des Ares, der der Gott des Krieges ist, das Meer das Territorium des Meergottes, Poseidons. Das heißt, es gibt weder Krieg noch Meer, wie in der götterlosen Welt: als Ensemble von Ereignissen, in denen Intentionen und Nicht-Intendiertes zusammen mit dem Wirkungspotential von sachlichen Gegebenheiten das nicht Intendierbare hervorbringen. Zwar werden oft Naturphänomene konkret beschrieben, aber es gibt keine physischen Gegebenheiten und physisch bedingten Abläufe, die ihren je besonderen, per Abstraktion festgestellten Gesetzen folgen. In die man eingreifen kann, wenn man sie kennt. Von außen qua intentionale Eingriffe in ein prinzipiell nicht-intentional gedachtes Geschehen: als Gesamtheit geologischer, meteorologischer, physisch-physikalischer und biologischer Determinierung. Es gibt weder Zufall noch Natur als Natur-Gesetz. Genauer: Alle Gesetze in dieser Welt, die es sehr wohl gibt (So etwa: Der Sterbliche soll nicht gegen einen Unsterblichen kämpfen), haben die Form des Gesetzten. Sie sind

---

[6] Freilich gibt es Kontingenz im Schicksal, die Jonas Grethlein: *Das Geschichtsbild der Ilias. Eine Untersuchung aus phänomenologischer und narratologischer Perspektive*. Göttingen: Vandenhoeck & Ruprecht 2006 als «Schicksalskontingenz» von moderner «Beliebigkeitskontingenz» (S. 103f.) unterscheidet. Erstere zeige sich in den «Fehltreffern» (S. 160), wenn in einer Reihe von Szenen der anvisierte Feind verfehlt und ein anderer getroffen wird.

Satzung, subjektiv gegeben, nicht objektiv vorhanden. Oder nur als subjektiv Gegebenes auch objektiv vorhanden.

Wenn den Menelaos der Pfeil des Pandaros trifft und wenn er von der Rüstung aufgefangen wird, so ist dieses gerade nicht einfach deren zweckdienlicher Sachbeschaffenheit (obwohl auch dieses in anderen, aber insgesamt weniger charakteristischen Situationen vorkommt) zuzurechnen, sondern dem Willen und Zugriff der Götter: «Doch nicht vergaßen dich, Menelaos, die seligen Götter, / Die unsterblichen, und als erste des Zeus Tochter, die Beutespenderin, / Die vor dich trat und dir das Geschoß, das spitze, abwehrte.» (S. 61)

Warm müsste es sein in dieser sachfreien Subjekt-Welt, möchte man leicht meinen. Aber warm ist sie nur, weil und insofern ihr die besondere Kälte reiner Sachlichkeiten fehlt. Die Kehrseite dieser Wärme aber heißt Willkür, Grausamkeit und Gnadenlosigkeit. Wo vor allem Wille und Wollen herrschen, ist jede Wahl immer nur eine Willenswahl, eine Kür des Willens und damit Willkür. Denn die Sachlichkeiten fehlen nicht nur qua Verknüpfung der physischen Dinge, sondern auch mental: in der geistigen und ideellen Orientierung des Willens selbst. Das Wollen der starken Subjekte stößt an keine Grenze außer der ihrer Stärke. Es gibt keine Regeln, Prozeduren, keinen Sittenkodex, kein Gesetz, an dem der Wille der obersten Akteure sich auszurichten hätte. Die Götter sind frei, aber nur sie sind frei. Etwas Höheres als ihre Subjektivität gibt es nicht.[7]

Das besagt im strengen Sinne: Die Götter haben keine Kultur. Wenn man unter Kultur den Raum übersubjektiver Normen versteht. Sie sind Institution – als Subjekte. Oder: In der homerischen Welt sind die höchsten Subjekte zugleich Institutionen. In diesem Sinne ist ihr subjektives Wollen zugleich Gesetz. Dann kommt nur dem Menschen Kultur zu. Aber sie besteht einzig in der Annahme göttlichen Gesetzes als Forderung und Aufforderung, Botschaft und Befehl, Satzung, Setzung und Schickung. Man sieht, dass der menschlichen Kultur fehlt, was auch der Natur fehlt: Selbstgesetzlichkeit.

Das Wollen der Götter bemisst sich nach Liebe und Hass. Wen sie lieben, dem können sie geben, was sie wollen. Wen sie hassen, dem nehmen sie alles. Der Mensch in dieser Götter-Wollens-Welt ist ein Gewollter oder nicht. Nie jedoch

---

7 So möchte es scheinen, wäre nicht der Wille der Götter durch die Forderung der Moira eingeschränkt: Hartmut Erbse: *Untersuchungen zur Funktion der Götter im griechischen Epos.* Berlin/New York: de Gruyter 1986, S. 292. Was sich z.B. zeigt, wenn Zeus die Schicksalswaage befragt. In diesem Sinne auch Fritz Graf: Religion und Mythologie im Zusammenhang mit Homer: Forschung und Ausblick. In: Joachim Latacz (Hg.): *Zweihundert Jahre Homer-Forschung. Rückblick und Ausblick.* Stuttgart/Leipzig: Teubner 1991: Die Götter seien in eine «Regelhaftigkeit» (S. 353) eingebunden. Er fügt freilich hinzu, das lasse nicht den Schluss zu, dass Moira mächtiger sei als Zeus.

ein Geworfener, geworfen in eine Welt von Sachkontingenzen ohne *Telos*. Als Gewollter ist er immer auch ein Gelenkter, geleitet so wie begleitet. Was auch besagt: In dem Maße in dem er gewollt ist, kann er (selbst) nicht wollen. Oder sind seinem Wollen Schranken gesetzt.[8]

Noch der Innenraum der Person, wo in der freilich illusionären Perspektive der neuen Zeit das Individuum ganz bei sich und für sich sein soll, ist von göttlichem Willen besetzt, oder jederzeit besetzbar. So «schickt» Zeus dem Agamemnon einen Traum. Nicht also, dass Agamemnon einen Traum hätte. Vielmehr ist auch der Traum göttliches Geschick. Als Einnahme des Inneren durch ein von Außen Kommendes; nicht Hervorbringung aus dem inneren Zentrum des Selbst:[9]

> Und dieses schien ihm in seinem Mute der beste Rat, / Dem Atreus-Sohn Agamemnon einen Unheilstraum zu senden. / Und der begann und sagte zu ihm die geflügelten Worte: / «Eil dich und geh, Unheilstraum, zu den schnellen Schiffen der Achaier! / [...] So sprach er, und der Traum ging hin, als er die Rede hörte, / [...] (S. 23).

Der Traum, nicht nur von außen induziert, sondern auch als solcher kein seelischer Vorgang, vielmehr Begegnung des Königs mit einer vom obersten Gott geschickten Person, weissagt ihm den Sieg über Troja. Und Agamemnons Handeln verläuft «programmgemäß» im Sinne dieser Schicksalsbotschaft. Kein Mensch gehört sich selbst in dieser Welt. Nur die Götter haben sich selbst. Allein der Gott ist ein Selbst. Jeder Sterbliche aber ist als *Ego* immer ein Anderer. Es ist diese Struktur, welche die fortgeschrittene Moderne, nach dem Verschwinden der Götter und des Gottes als inneres Drama in der menschlichen Seele selbst rekonstruieren wird. Rimbauds: «Moi est un autre» (Ich ist ein Anderer).

Das Geschick des Traums ist als Geschicktes kein Sachliches, sondern die durch den Gesandten des Gottes vermittelte Begegnung mit dem Gott, der in die Innerlichkeit eintritt. Es ist kein innerseelisches, sondern ein Geschehen zwischen zwei Subjekten, zwischen denen ein Machtgefälle besteht. Damit auch kein Geschehen, das einer rein psychischen Kausalität gehorcht; vielmehr einer Logik der Intersubjektivität. Der Mensch in dieser Welt ist für die Götter offen.

---

8 Was u.a. einen wichtigen Unterschied zwischen *Ilias* und *Odyssee* bezeichnet, wo menschliches Handeln über einen größeren Spielraum verfügt: Wolfgang Kullmann: Gods and men in the Iliad and the Odyssey. In: Ders.: *Homerische Motive. Beiträge zur Entstehung, Eigenart und Wirkung von Ilias und Odyssee.* Stuttgart: Steiner 1992, S. 249, 251.
9 Vgl. Bruno Snell: *Die Entstehung des Geistes. Studien zur Entstehung des europäischen Denkens bei den Griechen.* Göttingen: Vandenhoeck & Ruprecht ⁴1975 und seine Auffassung, bei Homer fehle ein «Bewusstsein von der Spontaneität des menschlichen Geistes» (S. 36).

Aber als ein Stück «Territorium», das, wie allen Raum, ein Gott jederzeit besetzen kann. Der Mensch gehört zum Territorium der Götter.

Das besagt *in summa* und zugespitzt: In der epischen Welt entstehen aus der Summe allen Verhaltens keine Verhältnisse (im Sinne der simmelschen «Objektivationen»), sondern aus allem Verhalten geht immer nur weiteres Verhalten hervor. Es fehlt die für die moderne Welt charakteristische dichte Schicht autonom gewordener Sachgegebenheiten und durch Sachen vermittelter Beziehungen. Das grenzt diese Welt scharf von der unsrigen ab.

Aber nicht nur ohne die Prosa der Verhältnisse ist sie, sondern auch ohne Alltäglichkeit. Noch jedes an sich Alltägliche hat immer zugleich die Weihe und Würde des Außeralltäglichen: Essen, Trinken, jedes Wort. Erst recht das kriegerische Ereignis, Pfeilschüsse, Schwerthiebe, Speerwürfe. Es geht nicht darum, was sich jeweils sachlich ereignet, sondern die Sachlichkeit des Ereignisses ist immer ausgelegt auf die sie überschreitende Lebensbedeutsamkeit.

Deshalb auch läuft kein Geschehen einfach als solches ab. Vielmehr sind die bedeutenden Kampfereignisse vom Sprechen der Kämpfenden begleitet. Kämpfend sprechen die Kämpfer miteinander. Der Kampf ist immer zugleich Sprech-Kampf und das Sprechen das reflektierende Mehr des reinen Kampfgeschehens. Dazu gehört, dass die erstrangigen Kämpfer mit Namen und persönlicher Auszeichnung genannt werden. So als zentrale Gestalt Nestor, «der Gerenier, der Rosselenker» (S. 127 u.a.). Bei jeder Kampfhandlung erscheint der Held im vollen Ornat seiner herausgehobenen Identität. Zwar wird gelegentlich von der Masse der Kämpfer gesprochen, aber kaum jemals taucht ein Einzelner nur einfach auf, kontingent, als Anonymus.[10] Und was gesagt wird, ist nie nur beiläufig, prosaische Äußerung, Ausruf, Schrei im Kampfgetümmel, sondern immer bedeutungsvolles Wort. Deshalb ist sein festes Epitheton: «geflügeltes» Wort.

Der Sprache als Ritual entspricht der ritualhafte Charakter allen Geschehens. Das zeigt sich vor allem in der immer wiederkehrenden Darstellung der Zweikämpfe. Der Kampf markiert die Grenze zwischen Leben und Tod. Anders als der ritterliche Kampf im mittelalterlichen Turnier, der schon sportlich-spielerische Züge zeigt; in dem der Tod sich ereignen kann, aber auch vermieden wird, wenn der Unterlegene sich dem Sieger ergibt. Diese Grenze ist vor allem eine Zeitgrenze.

---

10 Vgl. Joachim Latacz: *Kampfparänese, Kampfdarstellung und Kampfwirklichkeit in der Ilias, bei Kallinos und Tyrtaios*. München: Beck 1977, der zeigt, dass die Kampfszenen nicht phantastisch sind, sondern der historischen Kampftechnik der Epoche entsprechen. Wobei aber abweichend von der geschichtlichen Wirklichkeit für die *Ilias* eine «Unterrepräsentation» (S. 70) der Masse und eine Hervorhebung des Einzelnen charakteristisch sei.

Aber nicht nur einfach um Sterben oder Überleben geht es hier, wie in jedem, auch dem modernen Kampf um Leben und Tod. Vielmehr wird in der Krisis der Kampfentscheidung die Divergenz zwischen menschlichem und dem Dasein der Götter inszeniert. Im Kampf zeigt sich die Menschlichkeit des Menschen als seine Zeit(be)dürftigkeit. Im Kampf und im Angesicht des Todes wiederholen die epischen Akteure immer wieder die wesentliche Erfahrung ihres Daseins: die unaufhebbare Differenz des menschlichen Lebens gegenüber der Zeitenthobenheit der Götter.

Deshalb ist der Kampf das Zentrum der epischen Welt. In ihm ereignet sich die Begegnung mit dem Tod als Übergang. In diesem Sinne ist er – anders als der ritterliche Kampf – ein *rite de passage* (Übergangsritus).[11] Daher die genaue Beschreibung nicht nur des Kampfgeschehens überhaupt, sondern insbesondere des Todesgeschehens. Im Kampf ist das Leben unmittelbar zum Tode; selbst wenn für dieses Mal die Begegnung mit der «Todesgöttin» vermieden wird. Bei nächster Gelegenheit kann und in absehbarer Zeit wird sie sich ereignen. In jedem Kampf erscheint der Tod, auch wenn er nicht jedes Mal zum Zuge kommt. Weil der Kampf als Ritus gefasst wird, wiederholt sich der Grundrhythmus der Darstellung.

Das Geschehen umfasst zwei oder drei Takte. Das Schwert oder die Lanze treffen auf den ungeschützten Körper auf. Das ist meist der Augenblick des Todes. Besiegelt wird er durch die lakonischen Formeln: «und ihm umhüllte Dunkel die Augen» (S. 71), «und um ihn rasselten die Waffen» (S. 71), «und der Tod umhüllte ihn» (S. 74). Erst durch die Sprache des Rituals wird das Geschehen ritualhaft. Die ritualisierte Sprache exemplifiziert Kampf und Tod als Ritual.[12]

---

[11] Nach Arnold van Gennep: *Übergangsriten (Les rites de passage)*. Frankfurt/M.: Campus 1986, der Bestattung, Initiation, Verlobung und Heirat aufführt, nicht aber den Kampf. In der Tat gestalten alle diese Riten ein kulturell Gewolltes, was für den Kampf qua Übergang vom Leben zum Tode so nicht gilt. Man wird daher besser von «Ritualisierung» im Sinne von David J. Krieger/Andréa Belliger: Einführung. In: Dies. (Hg): *Ritualtheorien. Ein einführendes Handbuch*. Wiesbaden: Westdeutscher Verl. ²2003 sprechen, was besagt, dass in Abgrenzung vom Ritus im engeren Sinne «fast jede Handlung unter bestimmten Bedingungen» (S. 9) ritualisiert werden kann.

[12] Historisch entstehen die immer wiederholten Wendungen aus der Situation der mündlichen Dichtung: Joachim Latacz: Zur Einführung. In: Ders. (Hg.): *Homer. Die Dichtung und ihre Deutung*. Darmstadt: Wiss. Buchges. 1991, S. 4. Zum Zusammenhang von Formelhaftigkeit und Mündlichkeit umfassend: Joachim Latacz: Formelhaftigkeit und Mündlichkeit. In: Ders. (Hg.): *Homers Ilias. Gesamtkommentar. Prolegomena*. München/Leipzig: Saur 2002, S. 39–59. Zum Konzept der Exemplifizierung vgl. Nelson Goodman: *Sprachen der Kunst. Entwurf einer Symboltheorie*. Frankfurt/M.: Suhrkamp 1995.

Oder es wird im Einzelnen gezeigt, welchen Weg die Waffe im Körper nimmt, nachdem sie Schild oder Rüstung durchschlagen hat: «Diesen traf auf den Schild mit dem Speer der gebietende Agamemnon. / Der aber hielt der Lanze nicht stand, sondern durch und durch ging das Erz, / Und unten in den Bauch trieb er ihn durch den Gürtel.» (S. 86). Dann ist der Tod der dritte große Takt nach einer mehr oder weniger langen Reihe von Zwischentakten. Und alles ist ein großes Drama des unmittelbaren Sehens, ein jeweils verdoppeltes Sehen, indem der Blick des Erzählers immer zugleich auch das Sehen der am Kampf Beteiligten inszeniert.

Dutzende Geschichten dieser Art werden erzählt. Auf die Wiederholung kommt es an. Denn sie macht prägnant, worum es geht. Dass es ums Leben geht, wenn es um den Tod geht. Und umgekehrt. Dass es darum geht, was die Welt ist, wenn es um den Übergang vom Leben zum Tode geht. Die (menschliche) Welt ist das Drama dieses Übergangs. Unter solchen Umständen gibt es kein Geschehen als – wenn auch schrecklicher – sachlicher Ablauf, Stoff für bloß aussagende Sätze aller Art, Bericht und Resümee, Prosa der Dinge. Es ist das Leben selbst in der substantiellen Wirklichkeit seiner Todesnähe, das sich in der ständigen Wiederholung der Kampfszenen zu erkennen gibt. Wenn die Dinge so gesehen werden, erhellt, warum das erzählte Geschehen ohne Alltäglichkeit im modernen Sinne sein muss ist. Zu dieser gehört Kontingenz, zum Ritus im Mythos immerwährende Präsenz von letztem Sinn.

Im Ritual wird jede Bewegung zur Geste. Auch der Kampf ist immer bedeutungsvolle Geste. Denn im Todesgeschehen zeigt sich, was das Leben in seinem Wesen ist: die mehr oder weniger lange Zeit vor dem Tode. Wenn aber durch die Panzerung Schlag, Stoß oder Wurf aufgefangen werden, dann lautet eine der prägnantesten festen Formulierungen: ‚Er vermied die Todesgöttin'. Das Leben geht weiter bis zur nächsten Todeschance. Der Tod tritt in den kurzen Ausstand. Woraus, kaum überraschend, erhellt, dass auch der Tod alles Andere als ein physisch sachliches Geschehen am und im Körper ist; vielmehr Begegnung – wie alles Wichtige in der mythischen Welt – und Begegnung mit dem Göttlichen.

Alles ist bedeutungsvolle Geste und alles ist unmittelbar sichtbar und wird von allen – einschließlich der Götter – gesehen. Freilich in sehr unterschiedlicher Weise. Denn nur der Mensch ist *en situation*. Die Götter aber sehen als Externe dem Tod zu, den sie gewollt haben, oder der ihnen gleichgültig ist und den sie unbeteiligt geschehen lassen. Jedenfalls ist der Übergang vom Leben zum Tode als das sinnlich wahrnehmbare Ereignis kollektiver Sichtbarkeit bestimmt. Es gibt nicht den verborgenen Tod und den Tod im Verborgenen, ebenso wenig wie den einsamen Tod. Niemand stirbt für sich allein. Auch das beschreibt die Bedeutung des Kampfes: die Todesaffinität des Lebens jederzeit vor die Augen zu führen. Der Tod im Kampf ist der Inbegriff des sinnlich wahrnehmbaren und kollektiven Ereignisses. Noch im Tode ist das Leben gemeinschaftlich. Man stirbt im Angesicht der Anderen und der Götter. Aber es ist das Angesicht des den Tod wollenden oder gleichmütig zulassenden Todes.

Deshalb ist die Sichtbarkeit der Götter auch bezeichnend für eine insgesamt auf sinnliche Wahrnehmung gestellte Welt. Jeden Augenblick kann ein Gott im Kampfgetümmel oder am Rande desselben auftauchen. Aber oft zeigt sich der Gott, die Göttin nicht unmittelbar als solche/r, wie Athene und Thetis sich dem Halbgott Achill zeigen. Sondern er nimmt menschliche Gestalt, die Gestalt bestimmter und bekannter Menschen an. So wenn Apollon die Gestalt des Periphas annimmt und nur Aineias ihn erkennt: «Und Aineias erkannte den Ferntreffer Apollon, / Ihm ins Angesicht blickend, [...]» (S. 295). In diesen Begegnungen sind die Götter sichtbar, jedoch als Menschen, nicht in ihrer göttlichen Gestalt. Die Sichtbarkeit der Götter setzt Mimikry an den Menschen voraus.

Damit ist der Gott nicht allein das sichtbare Unsichtbare in einer ganz auf sinnliche Gegenwärtigkeit angelegten Welt. Nicht nur erscheinen die Götter in menschlicher Gestalt. Auch dass ihr Erscheinen nicht von jedermann, sondern nur von bestimmten Einzelnen gesehen wird, hat bestimmte Bedeutung. Im präzisen, zweifelsfrei physischen, physikalischen und empirischen Sinne wird der Gott nicht gesehen. Er muss erkannt werden. Manchmal wird er nicht erkannt. So wenn Athene die Gestalt des Laodokos annimmt und Pandaros beredet, einen Pfeil auf Menelaos zu schießen: «Sie aber, einem Mann der Troer gleichend, tauchte in die Menge, / [...] Und sie fand des Lykaon Sohn, [...] / Und sie trat zu ihm heran und sprach die geflügelten Worte: /» (S. 60). Der aber bemerkt gar nichts, bleibt stumpf und dumpf, bloßes Werkzeug: «So sprach Athenaia und beredete ihm die Sinne, dem Sinnberaubten.» (S. 61) Erkennen ist immer auch ein Akt des An- und Zuerkennens. Wachheit und Bereitschaft voraussetzend.

Das unterscheidet den Auftritt des Gottes von dem des Todes. Wenn der Gott sich ihm zeigt, ist der Mensch in den prägnantesten Szenen allein. Ja, es ist die Erscheinung des Gottes, die den Einzelnen in seiner Singularität aufruft, anspricht und aussondert; die sie allererst hervorruft. Dem Gott im Leben begegnen, kann daher auch heißen, aus der Gemeinschaftlichkeit des (Menschen)Lebens heraustreten.

Weder die Erscheinung der Götter noch die Form des Kampfes ist unabhängig von einer bestimmten Organisation des Raums (und einem bestimmten Stand der Waffentechnik) zu denken. Denn der Schauplatz des Kampfes ist vor allem Nah-Raum, durch die Reichweite des Körpers, seine Kraft- und begrenzten Fernwirkungen, vor allem durch das Sehen, die Leistung der Sinne, ausmessbarer Raum.[13] Der Handlungs- und Wahrnehmungs-Raum des Kampfes ist eine Funktion des Körpers, der Körperkraft und der Wahrnehmungsfähigkeit der Sinne.

Das hat mit den Kampfinstrumenten, ihrer Verfassung und mit der Rolle des Körpers im Kampf zu tun. Die Waffe ist vor allem Nah(Kampf)Waffe, körpernah, Annex und auch sie Funktion des Körpers, seiner Kraft, Beweglichkeit und Schnelligkeit; nie aber, wie seit der Entstehung des Zeitalters der Maschinen, umgekehrt, der Körper der Kämpfer in ein System von Maschinen eingefügt, die sich in großräumiger Aktion gleichsam verselbständigen. Zwar gibt es Pfeil und Bogen in der alten Welt, aber die Fernwaffe wird in der Regel (Ausnahme: der zornige Apoll am Anfang des ersten Gesangs, der das Lager an den Schiffen neun Tage lang mit einem Geschosshagel überzieht), gezielt gegen einen bestimmten Gegner eingesetzt. Es gibt keine verirrten Granaten; todbringende Einschläge viele hundert Meter vom Abschussort entfernt. Es fehlt die quasi selbständige Aktivität der modernen Waffensysteme. Nicht nur das Schwert, auch die Wurfwaffe bleibt nahe am Körper des Werfenden und damit im Bereich seiner Wahrnehmung. Treffer und Getroffener, Todesbringer und zu Tode Getroffener befinden sich an einem Ort. So wird der Tod zwar vom Ding bewirkt, aber nie erscheint er als Wirkung des Dings in seiner puren Dinglichkeit. Auch der Tod hat ein menschliches Gesicht. Der Tod ist der Andere. Aber es ist das Gesicht des Schreckens. Im Kampf ist der Andere das Grauen: ‚Schrecklich nickt der Busch'.

So ist der Getroffene nicht in erster Linie ein von einem tödlichen Ding Erschlagener, sondern ein von einem menschlichen Treffer Getroffener; unterlegener Gegner eines ihm gegenüberstehenden Stärkeren, Schnelleren, Geschickteren oder nur gottgeliebt Glücklicheren. Damit ist der Tod im Kampf ein mehrfach zwischensubjektives Geschehen. Der Totgeweihte begegnet seinem überlegenen Gegner, bevor er der Todesgöttin begegnet; ein lückenloses System, allein auf Verflechtungsreihen von Handelnden gestellt, in welchem dem Ding, der Waffe, nur die Rolle der Vermittlung eines essentiell intersubjektiven Geschehens zukommt. Nie ist der Kampf, und er kann es auf dieser Entwicklungsstufe der Kampfwerkzeuge nicht sein, die Summe des vielfältig vermittelten Zusammenwirkens eines Mensch-Maschine-Systems. Der Tod ist gewollt, in jedem einzelnen Falle, individuell und singulär. Fast immer ist der Getroffene auch «gemeint». Nie ist das Sterben abstrakt kalkuliert und als Fernwirkung bewirkt, als Verkettung im Einzelnen unabsehbarer Umstände.

---

13 Dem entspricht der Blick des Erzählers von oben wie auf eine Bühne, so dass er immer das gesamte Schlachtfeld vor Augen hat: Joachim Latacz: *Kampfparänese, Kampfdarstellung und Kampfwirklichkeit in der Ilias, bei Kallinos und Tyrtaios*, S. 97.

Es ist diese Welt, in die der Gott als das *Vis-à-vis*, der jederzeit Begegnen-Könnende einkonstruiert ist. Möglich wird die Begegnung mit ihm dadurch, dass der Gott nicht nur über Raum und Zeit, sondern auch über den Modus der Sichtbarkeit und über den Körper frei verfügt. Er ist nicht an die körperliche Identität des individuellen, nicht austauschbaren (Menschen) Körpers gebunden. Weder ist der Gott sein Körper, noch hat er ihn.[14] Wenn er sich überhaupt zeigen will, legt er sich bei Bedarf und je nach Bedarf einen anderen Körper zu.

Der Gott ist das Gegenüber, vor die Augen tretend, wie immer der Andere und jedes Andere in dieser Welt. Im Unterschied zu allem Anderen und allen Anderen hingegen ist er nicht einfach physische Erscheinung. Zwar muss er in einem Akt der Zurechnung und Identifizierung als Gott erkannt werden, aber auch das Erkennen des Gottes, die Entdeckung seiner wahren Identität in der menschlichen Verhüllung, ist selbst noch ein Akt scharfer Wahrnehmung. So wenn im dreizehnten Gesang einer der beiden Aias Poseidon an seinem Gang erkennt, obwohl er in der Gestalt des Sehers Kalchas erscheint:

> Von den beiden erkannte ihn zuerst der Oileus-Sohn, der schnelle Aias, / Und sogleich sprach er zu Aias, dem Telamon-Sohn: / «Aias! da uns einer der Götter, die den Olympos haben, / Dem Seher gleichend, heißt, bei den Schiffen zu kämpfen – / Denn das ist nicht Kalchas, der Wahrsager, der Vogelschauer! / Denn von hinten habe ich die Bewegungen der Füße und der Schenkel / Leicht erkannt, wie er fortging: sind gut erkennbar doch die Götter! (S. 209f.)

Wie hier ist (trotz der Sicherheit bekräftigenden Schlusswendung, die durch die Gesamtsituation zugleich auch dementiert wird) das Erscheinen der Götter nicht nur einmal in eine gewisse Ambivalenz und Unsicherheit getaucht. «Doch sicher weiß ich nicht, ob er nicht ein Gott ist.» (S. 77), antwortet Pandoros dem Aineias, der ihn auffordert, den mörderisch wütenden Diomedes mit einem Pfeil zu töten: «Warum verfolgst du mich, Sohn des Peleus, mit schnellen Füßen, / Du, ein Sterblicher, den unsterblichen Gott? Hast du mich noch nicht / Erkannt, daß ich ein Gott bin, sondern du eiferst unablässig?» (S. 366), spricht Apollon zu dem ihn verfolgenden Achill. Das Ende des Patroklos naht, als Apollon sich ihm unsichtbar nähert: «Der bemerkte ihn nicht, wie er durch das Gewühl herankam, / Denn von vielem Nebel umhüllt kam er ihm entgegen.» (S. 284)

Die Epiphanie der Überirdischen ist ein sinnlich-übersinnliches Phänomen. Wahrnehmung, Zuschreibung und Deutung zugleich. Die Götter sind sichtbar.

---

14 Nach Helmuth Plessner: *Lachen und Weinen. Eine Untersuchung der Grenzen des menschlichen Verhaltens* (1941). In: Ders.: Gesammelte Schriften VII. Frankfurt/M.: Suhrkamp 1982, S. 240f.

Sie treten in die Sichtbarkeit, aber nicht so wie Pferd, Wagen, Schild, Speer, Rüstung und Mensch. Sie sind Erscheinung einer besonderen Art; auf der Grenze zwischen Immanenz und Transzendenz, Innen und Außen, Sicherheit und Unsicherheit und alle Modi der Sichtbarkeit durchlaufend, von der Verhüllung in der Wolke bis zum Hervortreten als unverwechselbare Gestalt.

Das betrifft auch ihre Vernehmbarkeit. So wenn – wie so oft – durch Anruf eines Gottes Mut erzeugt wird. Dann bleibt offen, ob es nicht die Seele des Ermutigten selbst ist, die hier spricht und ruft und Mut fasst. Schon deutet sich an, dass dem scheinbar so sinnlichen und manchmal auch wie sicheren Dasein der Götter das Unsichere anhaftet. Schwebend auf der Grenze zwischen Wahrnehmung und Wahr-Haben-Wollen. Mit den Göttern überschreitet die homerische Welt das Feld der Sichtbarkeit, in dem sie zugleich sich hält. Da ihre Sichtbarkeit eine Unsicherheit mitführt, treten mit dem Sichtbar-Unsichtbaren nicht nur das Unsichere von Wahrnehmung überhaupt, sondern Deutung und Spekulation an den Rändern dieser Welt auf.

Auch gilt umgekehrt: Die Götter werden im Modus der sinnlichen Präsenz vorgestellt, den sie zugleich überschreiten. Das heißt: Gedacht werden sie als sinnliche Gegenwart. Wenn sie aber gezeigt werden, taucht im Zentrum des Sichtbaren ein nicht ohne Weiteres Sichtbares auf, das auch der Vorschein einer Abwesenheit sein könnte. Die Götter sind Manifestation eines Zweideutigen in einer vom Zweideutigen insgesamt noch nicht heimgesuchten und eingenommenen Welt.

II Der christliche Gott und die Entdeckung der *Memoria*: Augustinus

Der Gott des Augustinus entzieht sich der sinnlichen Wahrnehmung und soll gleichwohl allgegenwärtig sein. Anders als die Götter der *Ilias* hat er sich von allen konkreten Orten gelöst. Seine Ortlosigkeit entspricht seiner Zeitlosigkeit. Er ist ein Wesen ohne besonderen Orts- und ohne singulären Zeitindex. Ein Gott, der nicht sinnlich wahrgenommen werden kann, der ohne konkretes Hier und Jetzt an verschiedenen Orten und zu unterschiedlichen Zeiten ist, muss vorgestellt und gedacht werden. Im Unterschied zu den Göttern der *Ilias* ist der augustinische Gott ein mentales Konstrukt. Ungleich stärker gehört er der menschlichen Innerlichkeit an als der äußeren Welt: «Et quomodo invocabo deum meum, deum et dominum meum, quoniam utique in me ipsum eum vocabo, cum invocabo eum?» (Wie soll ich meinen Gott anrufen, meinen Gott und meinen Herrn, da ich ihn doch in mich hereinrufe, wenn ich ihn rufe?) (I,2,2)[1]

Aber nicht nur hinsichtlich seiner räumlichen und zeitlichen Eigenschaften haftet dem Gott Augustins etwas Ungreifbares, Flüchtiges und Ätherisches an. Er ist einer, der sich insgesamt jedem Versuch einer eingrenzenden Bestimmung entzieht. Er ist

> secretissime et praesentissime, [...] stabilis et inconprehensibilis, inmutabilis, mutans omnia, numquam novus, numquam vetus, [...] semper agens, semper quietus, [...] quaerens, cum nihil desit tibi.
> der Geheime und der Offenbare, [...] der Feste und der Unergreifliche, der Unwandelbare, der alles wandelt: nie bist Du neu, nie bist Du alt, [...] immer bist Du der Wirkende, immer der Ruhende, [...] bist Suchender, obgleich Dir nichts fehlt. (I,4,4)

Indem er ein in seiner Gänze Unerfassbarer ist, ist er ein schwer zu Kennender und auch ein Unbekannter: «An ubique totus es et res nulla te totum capit?» (Oder bist Du überall der Ganze, und kein Ding faßt Dich als den Ganzen?) (I,3,3) Augustinus «kennt» seinen Gott als einen Unbekannten. Er weiß, dass er da ist und immer ist, aber er weiß nicht «genau», wer er ist. Denn sein Sein entzieht sich allen Begrenzungen menschlichen Seins. Damit ist er immer auch ein Fragwürdiger. Einer, der zu Fragen Anlass gibt, Fragen provoziert. Ihm fehlt die «Selbstverständlichkeit» der alten Götter und nicht nur ihre Sichtbarkeit.

---

[1] Die Zitate aus den *Confessiones* beziehen sich auf: Augustinus: *Bekenntnisse*. Lateinisch und Deutsch. Übs. Joseph Bernhart. Frankfurt/M.: Insel 1987. Ich habe den historisierenden Ton dieser Übersetzung vorsichtig modernisiert.

Dieses Minus ist zugleich ein Plus. Jedenfalls ist es kein Zufall, dass sich am Anfang der *Confessiones* die Fragen häufen. Mitten in seiner Gottesgewissheit steht Augustinus seinem Gott als ein Unsicherer gegenüber. Damit bezieht er zugleich eine Position in der Welt, die in der *Ilias* ohne Vorbild sein muss. Dass da fortwährend etwas wäre, das nicht da wäre, im Sinne physischer, sinnlich erfassbarer Gegenwärtigkeit. Das zu denken, ist in der platonischen Tradition vorgedacht. Aber daraus radikale Folgerungen zu ziehen, ist die bedeutende Denk- und schriftstellerische Leistung des Augustinus.[2] Zu einer solchen Leistung und Anstrengung gibt es bei Homer keinen Grund.

Dass der monotheistische Gott als ein Einziger aufgefasst wird, kommt als bedeutsames Moment hinzu. Denn die *Confessiones* führen vor, dass er Einzelner für einen Einzelnen ist. Die Reduzierung des Götterpersonals hat bestimmte Funktion: den Gott zum Adressaten für die Singularität eines Einzelnen zu machen. Nur diesem Einen kann sich Augustinus als dieser Eine, in seiner unverwechselbaren Besonderheit offenbaren. Der Gott des Augustinus ist *Tu, deus meus* (Du, mein Gott). Kein griechischer Gott lässt sich so intim vereinnahmen.[3]

Die sinnlich unfassbare Allgegenwärtigkeit des persönlich als Einzelner angesprochenen Gottes ist unablösbar von einem Selbstentwurf des Sprechenden. Nicht allein darin, dass er als Einzelner zu einem Einzelnen spricht. «Gott ist überall» ist vielmehr darüber hinausgehend das Kürzel für eine doppelte (Selbst)Erfahrung und Annahme. Dass der Sprecher über einen inneren Raum verfüge. Und dass es dieser Raum vor allem sei, den Gott als seinen Ort besitze. Wohl gemerkt: Besitzt, nicht besetzt. Nur ein Gott, der vor allem seinen Sitz im Raum der Innerlichkeit hat, ist im physikalischen Sinne ortlos: «Veritas enim dicit mihi: non est deus tuus caelum et terra neque omne corpus.» (Denn die Wahrheit ist es, die mir sagt: dein Gott sind Himmel nicht und Erde noch alles, was Körper ist.) (X,6,10) Da-Sein als wechselndes Hier- und Dort-Sein wäre ein Hindernis für den spezifischen Charakter seines ubiquitär daseienden Nicht-Da-Seins. So ist das beständige Einsitzen des Gottes im Raum der Innerlichkeit bei Augustinus etwas Anderes als die gelegentliche Besetzung des Inneren durch

---

2 Kurt Flasch: *Das philosophische Denken im Mittelalter. Von Augustin bis Machiavelli.* Stuttgart: Reclam 1988 formuliert bündig, es sei der Augustinus des Jahres 386, der «in sich selbst die Immaterialität Gottes und der Seele» (S. 32) entdecke.
3 Vgl. Armand Jagu: *La conception grecque de l'homme d'Homer à Platon.* Hildesheim/Zürich/New York: Olms 1997, der die platonische Gottesvorstellung folgendermaßen charakterisiert: «Dieu, pour Platon, c'est l'idée du Bien» (S. 118).

den griechischen Gott. Dieser besetzt von außen kommend und als Anstoß von außen den Innenraum der Sterblichen, hebt ihren Mut, lenkt ihren Ratschluss, schickt ihnen Träume, und was dergleichen mehr in der *Ilias* möglich ist.

Der Gott des christlichen Theologen hat seinen permanenten Sitz im Paralleluniversum des inneren Raums. Es ist dieses der nicht-physische Ort eines nicht physisch gedachten Gottes. Die Unsichtbarkeit des augustinischen Gottes und die augustinische Innerlichkeit sind wechselseitige Bedingungen ihrer Möglichkeit. Logisch setzen beide Konstrukte voraus, ein nicht sinnlich Gegebenes gleichwohl als anwesend und überhaupt als seiend, ja als das eigentlich starke Sein denken zu können.

Der Gott, der nur einer ist und der keinen neben sich duldet, ist ein Über-Gott. Er hat keinen Konkurrenten und Teilhaber der Gottesmacht zu fürchten. Wenn unter diesen Umständen ein Widersacher auftritt, dann muss er der Böse sein. Kein Zweifel, der Übergott hat diktatorische Züge. Aber er ist ein subtiler Diktator. Denn was er von den Menschen will, und er ist begierig nach ihnen, ein eifersüchtig Liebender, sind keine Opferfeuer, nicht Wein und fetttriefende Schenkel. Was er will, heißt bei Augustinus: Seele.

Die Seele mausert sich in dem Augenblick zu einem unerhörten Gegenstand, wo sie sich vom Fleische löst, sich als etwas ganz Anderes und Besonderes, als das Eigentliche und Wahre vorkommt. Im Blick auf diese Seele sind sich Augustinus und sein Gott einig. Freilich gelüstet es diese nach nichts mehr als nach ihrer schlechteren Hälfte: dem Fleische. Dem wilden und wüsten Fleische, seiner nicht enden wollenden Gier, der schweifenden Brunst und was dergleichen mehr ist. Keineswegs zufällig verfügt Augustinus über ein reiches Vokabular, um die inkurable Neigung der Seele zum Irrsinn des Körpers zu kennzeichnen und zu brandmarken: So spricht er von den «tagscheuen Liebesfreuden» (umbrosis amoribus) (II,1,1), von der «sumpfigen Begier des Fleisches» (limosa concupiscentia carnis) (II,2,2), der «Finsternis der Wollust» (caligine libidinis) (ebda.), der «Raserei der Lustbegier» (vesania libidinis) (II,2,4), den «Stachelstößen der Begierden» (stimulis cupiditatum) (VI,6,9), der «Sucht des Fleisches» (morbo carnis) (VI,12,21), dem «Abgrund der Fleischeslust» (profundiore voluptatum carnalium gurgite) (VI,16,26) usw.

Zwischen der Seele und dem Körper muss sich dann ein Feld auftun, mit dem der Mensch der *Ilias* bei weitem nicht so vertraut sein konnte: Sünde und eine Sittlichkeit, die um so strenger sein muss, als ihre Gebote dauernd in der Gefahr der Missachtung stehen. Weil das so ist, ist die Erzählung des Augustinus von einem zentralen Motiv beherrscht. Es bestimmt inhaltlich und formal die Geschichte seines Lebens: Irrtum, Irrweg, Verfehlung, Abweichung vom wahren Weg. Dazu gehören notwendig: Erkenntnis der Wahrheit, Kehre, Hinwendung zum Weg der Wahrheit.

Augustinus' Selbstentwurf, die Anlage seiner Autobiographie[4] und der Entwurf seiner Welt müssen dichotomisch sein. Zu ihnen dreien gehören damit prinzipiell eine ausgeweitete Sphäre des Möglichen, Alternativen des Denkens und Handelns als elementare Gegebenheiten, Reduktion von Selbstverständlichkeiten, Fragwürdigkeit und Fraglichkeit, gesteigerte Unsicherheit, Zwang zur Entscheidung, Wahl, zunehmendes Risiko. Freilich all dieses nur im Vorfeld der Kehre. Diese selbst soll alles auf Sicherheit stellen, was vorher auf der Kippe stand. In der Lebensgeschichte Augustins hat die Wende die Funktion, die Risiken einer an Alternativen reicher gewordenen inneren Welt still zu stellen.

Auch wird in diesem Rahmen verständlich, warum der augustinische Gott ein Gott des *Du sollst* ist. Die klare Vorgabe des Wahren und Richtigen ist ein Katalysator der Kehre. Es gibt kein Pathos der lebensgeschichtlichen Wende ohne die Vorgabe eines Sollens. Damit auch ist das ganze Leben einer Sittlichkeit unterstellt. Indem das *Du sollst* ergebnislos verhallen würde, träfe es nicht auf eine sensible Über-Ich-Apparatur, wird die zivilisatorische Leistung des christlichen Gottes deutlich.

Nicht hinreichend geklärt ist aber die Frage, warum nicht nur Unsicherheit und Risiko, sondern vor allem auch der Körper und das Fleisch, Trieb und Begehren Augustinus als die großen Hindernisse gelten, die in der Kehre zu überwinden sind. Umso erklärungsbedürftiger ist diese Frage, als die Moderne ihrem hedonistischen *A priori* bis zum Dogmatismus folgend geneigt ist, darin pauschal falsche Sinnen- und Lebensfeindschaft zu sehen.

In der Tat hat die Geschichte vom Tod der Mutter etwas von «Verdrängung», wie wir heute sagen. Diese «forcierte» Geringschätzung des Leibes, seines Schicksals, des Ortes, wo er seine letzte Ruhe findet (der Mutter ist der Ort ihrer Beerdigung gleichgültig). Die «Fixierung» auf die Seele, die prononcierte Gering-

---

4 Kurt Flasch: *Augustin. Einführung in sein Denken*. Stuttgart: Reclam ³2003 hält die *Confessiones* eher für ein «Thesen- und Erbauungsbuch als eine Biographie» (S. 232) und fügt hinzu, es handele sich nicht um die Beschreibung einer «Privatexistenz» im Sinne des 19. Jahrhunderts. Letzterem ist nicht zu widersprechen, wohl aber ersterem. Flasch und mit ihm eine Reihe von philosophischen und theologischen Forschern verkennen die literarische Dimension der *Confessiones* und verhalten sich damit notwendig indifferent gegenüber der semantischen Dimension der Form. Es handelt sich nicht um eine Autobiographie im Sinne des 18. Jahrhunderts, aber sehr wohl um eine schreibende Erfassung des «eigenen» Lebens als Entwicklungsprozess. Es dürfte kaum von der Hand zu weisen sein, dass die ersten neun Bücher **auch** (nämlich immer wieder unterbrochen von diskursiven Partien) eine lebensgeschichtliche Erzählung darstellen, deren Suchbewegung im *Memoria*-Kapitel seinen Höhepunkt erreicht. Gegen die hypostasierte These vom Thesen- und Erbauungsbuch spricht der markante Erzählzusammenhang der ersten zehn Bücher.

schätzung der gesamten irdischen Existenz (die Mutter habe vor ihrem Tode «de contemtu vitae huius et bono mortis» (IX,11,28), von der Verachtung des Lebens hier und der Wohltat des Sterbens gesprochen). In der Perspektive der neuen Zeit liegt die Antwort auf die gestellte Frage ohne weiteres nahe: Erträglich zu machen, was für die Griechen nur schwer zu ertragen war, Unausweichlichkeit, Grauen des Todes. Die Exkommunikation des Leibes wäre ein Exorzismus des Todes, der mit dem Kunstgriff arbeitet, im Vorhinein schon zu entwerten, was im Sterben verloren gehen muss.

Nur das? Nicht mehr? Keineswegs. Wie immer auch dieses im Spiel sein möge. Augustinus macht eine gewaltige Entdeckung. Und der christliche Gott hilft ihm, diese Entdeckung zu formulieren. Was er entdeckt, ist so etwas wie ein innerer Kontinent der Erfahrung, eine zweite Welt. Etwas in sich, will sagen, dass da etwas in ihm ist, das wie eine Welt ist. Aber eine Welt, die ganz anders ist als die Welt der äußeren Dinge.

Vor dieser Entdeckung steht eine Frage, die kein Held der *Ilias* so formulieren könnte. *Wer bin ich?* Eine solche Frage muss allgemein Fraglichkeit als Basiserfahrung immer schon voraussetzen. Im Folgenden soll gezeigt werden, dass und wie der christliche Gott Augustinus hilft, diese Frage zu formulieren. Vorweg lässt sich sagen: weil dieser Gott ein fragwürdiger ist, ein sinnlich-übersinnlicher, ein Überörtlicher und Überzeitlicher, ein anwesend Abwesender, ein Fremdkörper in der Welt der Körper. Ein Wesen mit ontischem Sonderstatus. Augustinus formuliert seine Frage nicht irgendwie, sondern bezeichnenderweise so:

> Et direxi me ad me et dixi mihi: tu quis es? Et respondi: homo. Et ecce corpus et anima in me mihi praesto sunt, unum exterius et alterum interius. Quid horum est, unde quaerere debui deum meum, quem iam quaesiveram per corpus a terra usque ad caelum quousque potui mittere nuntios radios oculorum meorum? Sed melius quod interius. [...] Homo interior cognovit haec per exterioris ministerium; ego interior cognovi haec, ego, ego animus per sensus corporis mei.
> Und ich wendete mich mir selbst zu und sprach zu mir: wer bist du nun? Und antwortete: Mensch. Und da sind Leib und Seele bei mir, das eine draußen und das andere drinnen. Was von beiden ist's, wo ich meinen Gott suchen soll, nach dem ich auf körperliche Weise schon auf der Suche war von der Erde bis zum Himmel, soweit ich nur als Boten die Blicke meiner Augen schicken konnte? Aber besser ist, was innen ist. [...] Der innere Mensch erkannte es durch den Dienst des äußeren; ich, der Innenmensch, erkannte es, ich, das Seele-Ich durch die Sinne meines Leibes. (X,6,9)

Die Frage nach dem eigenen Ich wird offenbar nicht im Sinne der Autobiographien der frühen Neuzeit (Cardano, Cellini), auch nicht in rousseauscher Weise gestellt: als Frage nach der Besonderheit einer Person, die sich als für sich seiendes Individuum in den Blick nimmt. Wohl fasst Augustinus sich als Individuum, aber dieses strikt in der Beziehung zu seinem großen Gegenüber. Deshalb wird selbst noch die Selbstfrage in der Form des Dialogs gestellt: «tu quis es?» Wer er ist, will er nicht als solches wissen, sondern um zu begreifen, was an ihm, welche Dimension seines Selbst in der Lage ist, seinen Gott zu erfassen. Schon im ersten Buch wird die Leitfrage formuliert: «Itane, domine deus meus, est quicquam in me, quod capiat te?» (Ja ist denn, Herr, mein Gott, etwas in mir, das Dich fassen könnte?) (I,2,2) Augustinus' Frage ist eine Beziehungs-, keine Alleinstellungsfrage (wie bei Rousseau). Seine Antwort lässt an Deutlichkeit nichts zu wünschen übrig. Das unkörperliche Wesen seines Gottes ist nur von einem Wesen fassbar, das zwar einen Körper hat, aber vor allem durch seine Innerlichkeit (animus) bestimmt ist. Den Sinnen wird die präzise definierte Rolle des untergeordneten Mediums (Boten) zugewiesen.

Das bedeutet eine radikale Eingrenzung der Möglichkeiten auf eine einzige. Denn damit ist schon vorausgesetzt, dass die Frage nur auf diesem Wege zu ihrer Antwort kommen könne. Und ein weiterer Aspekt muss freigelegt werden. Wenn der Verfasser der *Confessiones* annimmt, dass die Frage nach dem Sein seiner Person über die Benennung von so etwas wie einem inneren Zentrum führen müsse, so setzt er weiterhin voraus, dass es so etwas gibt, dass er es hat und dass es ihn als Person wirklich ausmacht. Es muss so etwas wie eine Mitte der Selbsterfahrung als noch unartikulierte aber vorhandene innere Erfahrung schon geben, die nach Selbsterkenntnis und Selbstaussprache drängt. Weil sich hier ein neuer Kern des menschlichen Wesens gebildet hat, kann überhaupt das Bedürfnis entstehen, über ihn zu sprechen und ihn sprachlich zu fassen.

Augustinus entwickelt die Antwort auf seine Frage im Rahmen des platonischen Gegensatzes von Seele und Körper.[5] In diesem Zusammenhang versucht er, ein Seiendes zu fassen, das anwesend und abwesend zugleich ist, eine bedeutsame Wirklichkeit, die nicht sinnlich wahrnehmbar ist. Bemerkenswert ist diese Frage nicht zuletzt auch deshalb, weil sie in einer Welt gestellt wird, die von Erfahrungen unmittelbarer sinnlicher Gegenwärtigkeit und physischer Gewaltsamkeit beherrscht ist. Was wäre ein Präsentes, das sich nicht den Sinnen präsentiert? Was kann von größter Gewalt und Intensität sein ohne jede physische Gewaltsamkeit wie Blitz, Donner, Überschwemmung, das Ringen kämpfender Körper? Wie kann ein Nicht-Physisches an Gegenwärtigkeit, Macht und Geltung jedes Physische übertreffen?

---

5 Nach Richard Heinzmann: *Philosophie des Mittelalters*. Stuttgart/Berlin/Köln: Urban ²1992 bestand die grundlegende Idee des Platonismus in der Annahme einer «Eigenständigkeit des mundus intelligibilis» (S. 67), wobei die geistige Welt als in höherem Maße wirklich galt als die sinnlich gegebene (S. 68).

II Der christliche Gott und die Entdeckung der *Memoria*: Augustinus

Augustinus löst das Problem in einer Rückwendung auf sich selbst, die analog zur vorgängigen Zuwendung zu seinem Gott angelegt ist. Erkennbar ist es der Entwurf Gottes als des großen Anderen mit ontischer Apartheit, nicht zurechenbar der Welt der *Phänomena*, die ihm den Weg seiner Suche vorgibt. Die Konstruktion seines Gottes ist das Modell und der Prototyp, nach dem er sich selbst konstruiert.[6]

Nun hatte schon die platonische Tradition die Idee höher gestellt als die sinnliche Erscheinung der Dinge.[7] Darüber geht Augustinus weit hinaus. Denn mit der Frage nach dem Kern seines Wesens verlässt er die allgemeine Ebene ontologischer Basisannahmen. Er gibt der Tradition eine anthropologische Wendung, aber nicht allein im allgemeinen Sinne einer Neubestimmung des menschlichen Wesens, sondern auch im Sinne einer Antwort auf die Frage nach **seinem** Sein als unverwechselbar einzelner Person:[8]

---

[6] Vgl. Charles Taylor: *Quellen des Selbst. Die Entstehung der neuzeitlichen Identität*. Frankfurt/M.: Suhrkamp ²1996 mit seiner These, Augustinus übersetze den platonischen Gegensatz von Materiellem und Immateriellem in den von außen und innen. Er verwende die Sprache der Innerlichkeit, weil Gott als inneres Phänomen definiert werde. Das ist richtig, aber auch Taylor sieht vom literarischen Charakter der *Confessiones* ab. Das zehnte Buch ist nicht der Höhepunkt eines thetischen Diskurses, sondern der Endpunkt einer Erzählbewegung. Das heißt: Die Erfassung des Selbst als *Memoria* bildet den Kontra- und Parallelpunkt zu den Charakterisierungen Gottes im ersten Buch. Das zehnte steht symmetrisch zum ersten Buch. Das ist der zentrale, aber nicht der einzige semantische Aspekt der Form. Dazu kommt die Korrespondenz zwischen der Entdeckung der Zeitform des Subjekts im zehnten Buch und der lebensgeschichtlichen Form der Erzählung selbst. Um die Herausarbeitung dieser in der Forschung kaum gesehenen Aspekte geht es im vorliegenden Essay. Insofern ist sein Ansatz im strikten Sinne literaturwissenschaftlich. Im Übrigen ist Taylors Analyse von bemerkenswertem Scharfsinn.

[7] Platon führt in der *Politeia* das Beispiel eines Bettgestells an. Für das neuzeitliche Bewusstsein ist ein solcher Gegenstand zweifelsfrei wirklich, und zwar deshalb, weil er der sinnlichen Erfahrung gegeben ist. Nicht so für Platon. Er denkt nicht den Gegenstand als wirklich, sondern die Idee von ihm: Platon: *Der Staat*. Übs. Otto Apelt. Hamburg: Meiner 1998, S. 390f.

[8] Johannes Brachtendorf: *Augustins ‹Confessiones›*. Darmstadt: Wiss. Buchges. 2005 räumt in einer freilich schiefen Formulierung ein, die *Confessiones* wiesen eine «sonst in der Antike nicht zu findende Subtilität in der Analyse der eigenen Persönlichkeit» (S. 290) auf (die «eigene Persönlichkeit» ist hier allerdings etwas ganz Anderes als das, was die Moderne sich darunter vorstellt), aber das dominierende Konstruktionselement sei die Darstellung des eigenen Ich als Exemplifikation des ‚allgemeingültigen Schemas des Abfalls der Seele von Gott und ihrer Rückkehr'. Auch hier Abstraktion von der Form des Textes, wodurch es zur undialektischen Entgegensetzung zweier (richtig verstanden) durchaus koexistierender Elemente kommt.

> Quid ergo amo, cum deum meum amo? Quis est ille super caput animae meae? Per ipsam animam meam ascendam ad illum. Transibo vim meam, qua haereo corpori et vitaliter compagem eius repleo: Non ea vi reperio deum meum: [...] quae diversa per eos ago unus ego animus.
> Was liebe ich also, wenn ich meinen Gott liebe? Wer ist er da oben über meiner Seele? Durch meine Seele selbst will ich zu ihm hinaufsteigen. Meine Kraft will ich übersteigen, durch die ich dem Leibe verbunden bin und in seinem Gefüge lebe. Nicht mit dieser Kraft finde ich meinen Gott: [...] In dieser Vielfalt von Empfindungen bin ich es, der durch die Sinne tätig ist: Einer, Ich, Seele. (X,7,11)

Nicht also nur, dass es die Seele ist, welche allein das geistige Wesen des Gottes erfassen kann. Es ist vielmehr das «ago unus ego animus»; die tätige, unverwechselbar einzelne, durch ihre Innerlichkeit bestimmte Person. Als besondere begreift sie sich, indem sie ihrem Gott ihre nur ihr zugehörige Geschichte des Lebens erzählt.

Dass nach allem Augustinus den Kern seines Wesens in der Immaterialität seiner Seele sucht und findet, ist freilich nicht überraschend und bezeichnet auch nicht das Finale seiner Selbstsuche. Dass er eine Seele habe, darin gipfelt seine Entdeckung nicht. Vielmehr darin, dass er jener einen konkreten inneren Ort zuweist, dass er sie lokalisiert. Er bestimmt ihren Ort im Zusammenhang konkret benannter psychischer Funktionen. Wir würden heute in einer ganz anders gerichteten Terminologie von «Gehirnfunktionen» sprechen.

Freilich wäre nichts dem Denken Augustins ferner als der Begriffsapparat der gegenwärtigen Neurobiologie. Jedenfalls ist bedeutsam, dass er den Kern seines Selbst nicht allgemein als Seele bestimmt, sondern ihm einen Ort im Rahmen genau umgrenzter seelischer Tätigkeiten zuweist: *Memoria*:

> Transibo ergo et istam naturae meae, gradibus ascendens ad eum, qui fecit me, et venio in campos et lata praetoria memoriae, ubi sunt thesauri innumerabilium imaginum de cuiuscemodi rebus sensis invectarum. Ibi reconditum est, quidquid etiam cogitamus, vel augendo vel minuendo vel utcumque variando ea quae sensus attigerit, et si quid aliud conmendatum et repositum est, quod nondum absorbuit et sepelivit oblivio.
> Hinausschreiten also will ich auch über dieses Teil meines Wesens [das unmittelbar durch die Sinne vermittelte Empfinden der Seele, wovon er sagt, das hätten auch Pferd und Maultier, H.S.] und auf Stufen mich zu dem erheben, der mich geschaffen hat. Da komme ich denn in die Gefilde und die weiten Hallen des Gedächtnisses, wo die Schätze der unzählbaren Bilder sind, die meine Sinne von Dingen aller Art zusammentrugen. Dort ist auch alles aufbewahrt, was immer wir denken, indem wir mehren oder mindern oder sonstwie umgestalten, was unsere Sinne berührt hat; und all das andere, was nicht schon im Vergessen verschwunden und begraben ist, ruht dort geborgen und verwahrt. (X,8,12)

Das allgemeine «ego animus» (X,7,11) muss auf dem jetzt erreichten Stand der Selbstreflexion präziser definiert werden: «ego sum, qui memini, ego animus.»

(das bin ich selbst, ich bin mein Erinnern, ich bin meine Seele.) (X,16,25) Damit trifft Augustinus eine höchst bedeutsame Entscheidung. Denn als Kern seines Wesens hätte demnach nicht einfach Seele zu gelten, eine innere und immaterielle Entität in seiner Vorstellung, sondern ihre zeitkonstituierende Funktion. Als *Memoria* aufgefasst wäre der Kern des menschlichen Wesens ein *Temporale*.⁹

Freilich ist auch hier Vorsicht bei der leicht sich einstellenden Verwendung einer modernen Terminologie geboten. Augustinus spricht keineswegs von «Funktionen», ein im Rahmen des modernen Konzepts aktiver Erkenntnistätigkeit so naheliegender Begriff, sondern er arbeitet mit den antiken Vorstellungen viel näherliegenden räumlichen Bildern der Felder (campos), der Halle (praetoria) und des Schatzes (thesaurus). Das ist seine erste Antwort: Das Gedächtnis arbeitet wie ein Speicher, der die Bilder vergangener Erfahrungen aufbewahrt. Wobei freilich ein aktives, die Speichermetapher schon überschießendes Moment unübersehbar ist. Das Material der Erfahrung wird nicht nur verwahrt, sondern zugleich vermehrt (augendo), vermindert (minuendo) und vor allem auch – in nicht näher bestimmter Weise – abgewandelt (utcumque variando).¹⁰

Augustinus fasst Erinnerung vor allem als ein Jenseits von physischer Präsenz, unmittelbar sinnlicher Wahrnehmung und Erfahrung. Aber zugleich so, dass sie sich auf die Welt der konkreten Erfahrungen bezieht. Im Gedächtnis wird der sinnlich erfahrbaren Welt etwas abgezogen, was er Bild (imago) nennt. Die im Gedächtnis aufgehobenen Bilder sind die Elemente eines nachzeitigen Metaraums der Erfahrung. In diesem Sinne bezeichnet er das Gedächtnis als Speicher aller vergangenen Erfahrungen.

Zugleich sieht aber Augustinus auch, dass im Gedächtnis «Strukturen» gegeben sind, bzw. immer neu angelegt werden, die nicht aus sinnlicher Erfahrung stammen. So etwa das Wissen davon, was «Sprachlehre» und «Disputierkunst» sind «und wie vielerlei Arten der Frage es gibt» (quot genera quaestionum) (X,9,16), Begriffe und logische Kategorien also. Dabei handelt es sich nicht um Abbilder, sondern um selbständige Gegebenheiten: «nec eorum imagines, sed res ipsas» (ebda.). Diese «Dinge», sagt Augustinus, habe ich nie mit einem Sinn meines Leibes erfasst (neque ullo sensu corporis attigi) (X,10,17). Vielmehr,

---

9 Zutreffend ist die Feststellung des Zusammenhangs zwischen der Form der augustinischen Subjektivität und dem Konzept der Erinnerung (womit Augustinus deutlich über Plotin hinausgehe) bei Johann Kreuzer: *Gestalten mittelalterlicher Philosophie. Augustinus, Eriugena, Eckhart, Tauler, Nikolaus v. Kues*. München: Fink 2000, S.24f.
10 Johann Kreuzer: *Augustinus zur Einführung*. Hamburg: Junius 2005 unterstreicht nachdrücklich, Erinnerung bei Augustinus sei «ein produktiver Akt, der mit seinen Gegenständen nicht zusammenfällt» (S. 62f.). Wobei allerdings zwischen den Implikationen der Speichermetapher und der Auffassung z.B. der Zahlen zu unterscheiden ist.

so sagt er, habe er sie selbst, nicht ihre Bilder, im Gedächtnis aufbewahrt (in memoria recondidi non imagines earum, sed ipsas) (ebda.). Diese Gebilde, fährt er fort, schauen wir inwendig, so, wie sie sind an und durch sich selbst (sicuti sunt, per se ipsa intus cernimus) (X,11,18).

Zu diesen logischen Formen gehören auch Zahlen und Maße. Auch sie sind nicht der sinnlichen Erfahrung entnommen:

> Item continet memoria numerorum dimensionumque rationes et leges innumerabiles, quarum nullam corporis sensus inpressit, quia nec ipsae coloratae sunt aut sonant aut olent aut gustatae aut contrectatae sunt. [...] Sensi etiam numeros omnibus corporis sensibus, quos numeramus; sed illi alii sunt, quibus numeramus, nec imagines istorum sunt et ideo valde sunt.
>
> Ebenso enthält das Gedächtnis unzählige Verhältnisse und Gesetze von Zahlen und Maßen, von denen keines ihm durch einen körperlichen Sinn eingeprägt wurde, weil sie ohne Farbe, Ton und Geruch sind, sich nicht schmecken und nicht tasten lassen. [...] Auch Zahlen habe ich mit allen körperlichen Sinnen an Dingen erfahren, die sich zählen lassen; etwas anderes als diese sind aber die Zahlen selbst, mit denen wir zählen, und sie sind auch nicht die Bilder der gezählten Dinge; und deshalb haben sie ein Sein für sich. (X,12,19)

In seinen Charakterisierungen der Produktivität des Bewusstseins geht Augustinus über den Vorstellungskreis hinaus, der durch die Speichermetapher bezeichnet ist. Erinnerung und Gedächtnis legen nicht nur Bilder vergangener Erfahrung an, sondern sie enthalten auch die mentalen Konstituenten möglicher Erfahrung. Damit erscheint *Memoria* als innerer Kreis eines Ich, das die Welt nicht nur *a posteriori* verwahrt, sondern ihr etwas hinzufügt: das produktive *A priori* von Kategorien der Erfahrung, von Transzendentalien der Erfahrbarkeit überhaupt.[11]

Das Gedächtnis speichert zwar das Material der Erfahrung, aber es bildet dieses auch um – und es bringt die Kategorien hervor, mit denen überhaupt etwas erfahren werden kann. Als Transformator überführt es die Erfahrungsdaten der primären Gegenwarts-Welt in eine sekundäre Nachzeit-Welt, Welt eins der empirischen Gegebenheiten in Welt zwei der mentalen Gebilde. Das Ich also

---

11 Das wird mit unterschiedlicher Terminologie durchgängig in der Forschung erkannt und toposartig wiederholt. Vgl. etwa: Johannes Brachtendorf: *Augustins ‹Confessiones›*, S. 209; John M. Quinn OSA: *A companion to the Confessions of St. Augustine*. New York.: Lang 2002, S.554ff.; Roland Teske: Augustine's philosophy of memory. In: Eleonore Stump/Norman Kretzmann (Hg.): *The Cambridge companion to Augustine*. Cambridge: Cambridge Univ. Press 2001, S. 152, allerdings in allen hier aufgeführten Arbeiten (die Reihe ließe sich fortsetzen) lediglich konstatierend, auf die Einzelstellen im zehnten Buch bezogen, abstrahierend vom Textzusammenhang und von seiner Funktion darin.

und sein Zentrum – Erinnerung und Gedächtnis – sind Sitz und Bedingung der Möglichkeit einer eigenen Welt der Bilder, Spuren und Zeichen. Als Generator enthält und bildet es kategoriale Voraussetzungen möglicher Erfahrung. Das Ich ist die Instanz, die in der Erfahrung der äußeren Welt zugleich in der Lage ist, eine innere Welt mit größerer Komplexität als jene hervorzubringen. Das Ich ist in seinem Wesenskern eine immer auch welthervorbringende Instanz.

Damit, und das ist der wichtige Gesichtspunkt, hat es Teil am schöpferischen Vermögen seines Gottes. Erkennbar wird, dass das sprechende Ich eine Bewegung der Annäherung an seinen Gott vollführt: vom «kümmerlichen Abriss der Schöpfung» (aliqua portio creaturae tuae) (I,1,1), als welchen es sich am Anfang der Autobiographie bezeichnet, hin zum schöpferischen Ebenbild des Schöpfers. Im Prozess seiner Selbst(er)findung fasst sich das Geschöpf des Schöpfer-Gottes schließlich als Schöpfer-Mensch. Die Erarbeitung seines Selbstbildes vollzieht eine geradezu triumphale Aufstiegsbewegung. So spricht es von der «aula ingenti memoriae meae» (dem ungeheuren Raume meines Gedächtnisses) (X,8,14). Und: «Magna ista vis est memoriae, magna nimis, deus meus, penetrale amplum et infinitum Quis ad fundum eius pervenit? Et vis est haec animi mei atque ad meam naturam pertinet, nec ego ipse capio totum, quod sum.» (Groß ist die Macht meines Gedächtnisses, gewaltig groß, mein Gott, ein weites und grenzenloses Inneres. Wer ergründet es in seiner ganzen Tiefe? Diese Kraft gehört meinem eigenen Ich hier an, sie liegt in meiner Natur, und gleichwohl fasse ich selber nicht ganz, was ich bin.) (X,8,15) Nicht zu übersehen ist die zweimalige Verwendung von «vis».

So sah sich das Ich am Anfang seiner Lebenserzählung: «Angusta est domus animae meae» (Eng ist das Haus meiner Seele) (I,5,6). Nunmehr aber hat es vermöge der Weite seines inneren Raums teil an der Unendlichkeit des großen Anderen. Der springende Punkt ist demnach, dass das kleine Ich und das große Du, die am Anfang der *Confessiones* weit voneinander entfernt sind, im Verlauf des ansprechenden Zwiegesprächs sich immer weiter annähern.

Die Ansprache, so muss man deutlicher sagen, hat geradezu die Funktion, diese Annäherung herbeizuführen. Das Zwiegespräch hat Brückenfunktion. Es ist die (Sprach)Brücke, die den anfänglichen Abgrund zwischen sprechendem Ich und angesprochenem Du überbrückt. Insgesamt ist das Sprechen der augustinischen Autobiographie ein Akt der Annäherung und damit zugleich des Aufstiegs der Kreatur zum Gegenüber seines Gesprächspartners. Es ist die Konzeption des christlichen Gottes als geistiges Wesen, die eine analoge Selbstkonstruktion des Geschöpfs auslöst. Das ist auch eine Bewegung der Angleichung der Kreatur an den *Creator*.

Im Fazit muss demnach die Antwort auf die Frage nach dem Sinn des radikalen Spiritualismus in der augustinischen Autobiographie folgendermaßen lauten: Die Abwendung vom Physischen, die Abwehr des Fleisches, die obsessive Ausforschung eines Raums der Spiritualität ist nicht mit der stereotypen Vorstellung der Moderne von falscher Leib- und Sinnenfeindschaft zu verrechnen. Vielmehr ist sie die *conditio sine qua non* einer großen und auf dieser geschichtlichen Stufe kaum anders möglichen Selbstfindung – und Selbsterhebung.

Die Entdeckung der Zeitlichkeit des Ich hat weitere bedeutsame Implikationen. In der Frühzeit der abendländischen Geschichte des Menschen tritt ein Ich hervor, das Du sagt. Und das nicht nur zufälligerweise Du sagt, sondern nur Ich sagen kann, weil es Du sagt.[12] Augustinus wird in dem Maße seiner selbst inne als er seinen großen (stummen) Gesprächspartner anwesend denkt: als jemand, der ihm zuhört. Was immerhin schon der Form nach einschließt, dass er bei aller Anfangsbescheidenheit seiner dem Anderen zusprechenden Erzählung sich selbst als jemand denkt, der jenem überhaupt etwas zu sagen hat. Das ist das Dispositiv der augustinischen Autobiographie.

Der Sprechende erzählt seinem Gegenüber seine Geschichte, obwohl der alles wissen muss, was er ihm zu sagen hat. Das zeigt, dass es darauf nicht ankommt. Es geht nicht um das Gesagte, sondern um das Sagen selbst, die Situation des persönlichen Ansprechens eines persönlichen Gegenübers.

Nun erscheint ja der göttliche Adressat nicht nur als allgegenwärtig, sondern auch als allzeitig. Er ist das ewige «Ist» und damit ohne Geschichte. Geschichtslos und damit auch veränderungslos: das überzeitig identische Wesen. Das unterscheidet den großen Anderen von seinem Gesprächspartner. Denn dieser hat eine Vergangenheit; eine Vergangenheit überdies, in der er nicht der war, der er ist. Im Gegensatz zu seinem Gott sieht sich das Geschöpf als ein Wesen mit Geschichte. Er ist vor allem das über seine Lebenszeit hin nicht identische Ich. Es ist eine Geschichte ohne Kontinuität. Eine Geschichte mit Bruch und Kehre.

Aber nicht nur das. Denn es handelt es sich um eine Vergangenheit, die der Sprechende zum Teil nicht «hat», weil er unfähig ist, sich an sie zu erinnern. Die frühen Jahre der Kindheit, «cuius nulla vestigia recolo» (von der ich keine Spur mehr finde) (I,7,12) sind seinem Gedächtnis entfallen. Was nicht weiter verwunderlich wäre, wäre nicht auch der Übergang in die Adoleszenz von einem gewissen «Vergessen» betroffen – als allmählicher Verlauf nämlich. Erinnert wird nur eine schlagartige Veränderung:

---

12 Diesen Aspekt unterstreicht Peter Bürger: *Das Verschwinden des Subjekts. Eine Geschichte der Subjektivität von Montaigne bis Barthes*. Frankfurt/M.: Suhrkamp 1998. Er fasst die Anrede Gottes bei Augustinus als «Formel der Konstitution des Ich» (S. 30), «das ohne sie nicht von sich zu sprechen vermöchte.» (S. 30f.) U.a. ist es diese Struktur der Selbsterfahrung, welche die *differentia specifica* der augustinischen gegenüber der rousseauschen Lebenserzählung bezeichnet.

Nonne ab infantia huc pergens veni in pueritiam? Vel potius ipsa in me venit et successit infantiae? Nec discessit illa: quo enim abiit? Et tamen iam non erat. Non enim eram infans, qui non farer, sed iam puer loquens eram.
Bin ich nicht von der Kindheit in das Jugendalter vorgerückt, vielmehr dieses in mich, auf meine Kindheit folgend? Aber die Kindheit ist doch nicht verschwunden: wohin ist sie denn gegangen? Und dennoch, sie war nicht mehr. Denn nun war ich nicht mehr das Kind, das noch nicht sprechen konnte, sondern schon der Junge, der redete. (I,8,13)

Der Eintritt in das Alter der Jugend ebenso wie die Gegenwart der Gottnähe nach der Kehre erscheinen der Erinnerung als Ergebnis eines unvermittelten Umschlags. Die Lebenswende wird inhaltlich als plötzliches Verschwinden aller Düsternis des Zweifels (omnes dubitationis tenebrae diffugerunt) (VIII,12,29) gefasst. Beide sind gleich konzipiert. Wobei das Umschlagende und im Umschlag Umgeschlagene in Bezug auf Kindheit und Jugendalter als das in seinem Verlauf Unbekannte, das gerade nicht Erinnerte, weil nicht Fassbare hingestellt wird. Bewusst ist dem Erzähler aber, dass es das Falsche war: «Quis me commemorat peccatum infantiae meae» (Wer macht der Sünde meiner Kindheit mich gedenk?) (I,7,11)

Die Vergangenheit in ihrer konkreten Lebensgeschichtlichkeit ist dem Gedächtnis teilweise entfallen. Das ist keineswegs zufällig so. Vielmehr wird deutlich, dass sie insgesamt nicht zum Gegenstand der Aufmerksamkeit werden kann. An die Stelle durchgängiger Erinnerung tritt und hat zu treten die Prägnanz des umfassenden Verdikts. Dessen Inszenierung wäre anders nicht möglich. Im Verdikt ist Vergangenheit global als das Falsche, die falsche, und damit nicht im Einzelnen erinnerungswürdige Vorgeschichte einer Wendung zum Wahren abgewertet. Zum Vorteil, im Sinne einer Hochwertung, Herausmodellierung und Auratisierung derselben. Nur das Leben nach der Wandlung erscheint dem Sprechenden als erfüllte Gegenwart gerechtfertigt.

Nicht also auf die Kontinuität des gelebten Lebens kommt es hier an (die durchaus, wie das Beispiel Rousseaus zeigt, mit Kehre und Kehren vereinbar ist!), die Temporalität des Lebens als an sich bedeutungsvoller Lebensgeschichtlichkeit. Die Erfindung dieser Figur bleibt der Zukunft vorbehalten.[13] Sondern auf seinen Bezug zum als unverrückbar gesetzten Lebenssinn des christlichen Glaubens. Dieser und nichts Anderes muss im ekstatischen Augenblick der Kehre aufleuchten. Deshalb kann Augustinus nicht daran interessiert sein (Desinteresse und Nichtkönnen sind diesbezüglich eins), die Geschichte seines Lebens

---

13 Vgl. Hans R. Jauß: *Ästhetische Erfahrung und literarische Hermeneutik.* Frankfurt/M.: Suhrkamp 1997: Bei Rousseau gehe es um die «Konsistenz seiner Lebensgeschichte». Die Formel dafür ist das «damals wie jetzt». Dem steht das «damals und jetzt» Augustins mit der Klage über das «Irren des alten Ich» (S. 236) gegenüber.

als Kontinuum zu konstruieren. Wohl entdeckt er die Zeitlichkeit der Person – aber als abstrakte Kategorie. Das ist nicht einfach ein Manko, wie festzustellen naheliegend für den auf die Moderne fixierten Blick, sondern die Kehrseite einer später kaum noch zur Verfügung stehenden Möglichkeit: unverbrüchlichen Lebenssinn als Heilsgewissheit auszuweisen.

Das Ich hat seine Vergangenheit also nicht nur deshalb nur als Irrweg vor der Kehre zum Weg der Wahrheit, weil es sie einfach vergessen hätte, oder weil es ihren Verlaufscharakter nicht zu begreifen vermöchte. Letzteres ist sicher auch so. Aber vor allem will es sie nicht haben, es interessiert sich nicht für sie, weil es sie als seinem jetzigen wahren Ich nicht positiv zugehörig fassen kann. Sie wird durch die Kehre gleichsam ausgelöscht.

Sie ist als konkrete partiell von der Erinnerung ausgeschlossen, weil sie ihm nur als misslungenes Vorprogramm der allein wahren Lebenshöhe erscheint. Für den erinnerten Teil aber gilt: «recolens vias meas nequissimas in amaritudine recogitationis meae» (ich überblicke meine nichtswürdigen Wege in der Bitterkeit meiner Erinnerung) (II,1,1). Die augustinische Erinnerung arbeitet ausgrenzend, wie ein Filter des Wahren. Deshalb muss die als solche gesetzte Heilsferne der Anfänge als Junk und Spam des Lebens erscheinen, der einer nicht abwertenden Aneignung unwürdig ist.

Damit wiederholt sich auf der Ebene der Zeit die schon anderweitig bekannte (und beseitigte) Asymmetrie zwischen der Kümmerlichkeit des *Ego* und der Größe des Anderen. Denn der Sprechende steht als unitemporales, auf wahre Gegenwärtigkeit zusammengenommenes, aber damit zugleich zeitarmes, weil zeitamputiertes (teilweiser Ausschluss der Vorgeschichte) Wesen der wandlungslosen Omnitemporalität des großen Du gegenüber.

Aber auch dieses Ungleichgewicht wird – wenn auch nicht ausdrücklich – korrigiert; und zwar wiederum als Aufhebung der Ausgangssituation in einem entgegengesetzten Endzustand. Das bezeichnet die Entwicklungslogik der augustinischen Autobiographie.[14] Die Vergangenheit, die als vorzeitiges falsches

---

14 Schlicht abwegig ist die These Neumanns, Uwe Neumann: *Augustinus*. Reinbek: Rowohlt ²2004, ein mentalitätsgeschichtlicher Umbruch, gar das Abrücken von der «antiken Anthropologie» (S. 88) in den *Confessiones* sei in einer Erniedrigung des Sprechenden zu sehen: «In diesem Text spricht zum ersten Mal ein Mensch von sich, der sich konsequent erniedrigt, indem er sich mit den Augen und dem Maßstab des richtenden Gottes zu betrachten versucht» (S. 86). Wenn man auf konsequente Ignorierung des Erzählaufbaus verzichtet, muss die allerdings vorhandene Selbsterniedrigung des Sprechenden vielmehr als prä-sequent gefasst werden. Sie bezeichnet den Ausgangspunkt der Lebenserzählung, wird bis hin zur Kehre durchgehalten und geht der zweiten Kehre, der Kehre der Selbstsicht voraus, wie sie emphatisch und textstrukturell kon-sequent im *Memoria*-Kapitel entworfen wird.

Leben «voll Sudel und Geschwür» (maculosus et ulcerosus) (VIII,7,16) nicht positiver Teil des Ich werden kann, ist in ihrem materialen Gehalt zu unterscheiden von der mit dem großen Thema von Gedächtnis und Erinnerung gegebenen Entdeckung von Vergangenheit als bedeutsamem (Struktur)Aspekt von Lebensgeschichte überhaupt. Dann ist wichtig, dass das Ich weiß, dass es Vergangenheit hat, die positiv oder nicht, jedenfalls für seine Gegenwart von Bedeutung ist.

Damit ist es möglich, schärfer zu fassen, was die abstrakte Temporalität des autobiographischen Arrangements leistet. Sie lässt eben diesen Aspekt erkennen! Auf dieser Ebene der Selbstreflexion heißt Ich-Sagen, zu wissen, dass das Ich eine Vergangenheit hat, ohne die seine Gegenwart anders wäre. Dass es überhaupt immer auch Vergangenheit hat, dass der Raum der Innerlichkeit mehr umfasst als nur das «Ist» der Gegenwärtigkeit. In der Entdeckung von Gedächtnis und Erinnerung als dem inneren Kern seines Wesens erschließt sich Augustinus die Zeitlichkeit der Person als die Form der Verknüpfung verschiedener Dimensionen der Zeit überhaupt.

Dass das Ich immer mehr als sein «Ist» ist, ganz gleich wie sein «War» beschaffen war. Und darin wiederum, auf einer anderen Ebene, nähert es sich ein weiteres Mal seinem großen Zuhörer an: Indem es trotz aller Nicht-Identität seiner Geschichte doch, wenn auch in bescheidenem Maße, teilhat an der umfassenden Zeitlichkeit des großen Anderen: «Ibi [in aula ingenti memoriae meae, H.S.] mihi et ipse occurro meque recolo, quid, quando et ubi egerim quoque modo, cum agerem, affectus fuerim.» (Dort [im ungeheueren Raum meines Gedächtnisses, H.S.] begegne ich auch mir selbst und erlebe noch einmal, was und wann und wo ich etwas getan habe und was ich bei diesem Tun empfunden habe) (X,8,14). Das Gedächtnis als Raum der Selbstbegegnung zwischen einem vergangenen und einem gegenwärtigen Ich, das in der Rückwendung auf sich selbst bei aller Zeit-Selbst-Veränderung doch seiner Selbst-Gleichheit inne wird und auch darin sich dem ewigen Selbst-Gleich-Sein des großen Du vergleichbar stellt.

Im Prozess einer Ansprache, die ihren Adressaten ins Innere aufnimmt, wandelt sich die Kreatur vom kümmerlichen *Partial* der Schöpfung zu einem ihrem Schöpfer Ähnlichen. Ähnlich in dreifacher Hinsicht: als spirituelles Wesen mit Innerlichkeitskern, als Person, die mit Gedächtnis und Erinnerung über kreatives Potential verfügt und als Ich, das mehr hat als nur den Augenblick, das damit Anteil an der Fülle der Zeiten hat und das selbst über das Fundamentalereignis der Kehre hinweg über ein zeitübergreifendes Selbst-Bleiben verfügt. Was im Übrigen auch das Künftige einschließt. Denn die Wende zum wahren Gott ist zugleich eine maximal ertragreiche Investition in die Zukunft.

Der christliche Gott ist der Über-Gott. Die Kreatur, die in sich eine zweite Welt entdeckt, ist eine erste Gestalt des Über-Menschen. Nicht nur verträgt sich seine Übermenschlichkeit mit der Anwesenheit Gottes. Diese ist vielmehr seine Existenzbedingung. Der Gott des Augustinus ist ein Geburtshelfer und ein Steigbügelhalter.

III Risikoreiche Entscheidungen. Das Universum des Chrétien de Troyes

Augustinus hebt die Welt auf, um seinem Gott nahe zu sein. Zwischen Gott und Welt setzt er eine Hierarchie der Bedeutung, die ganz auf Kosten letzterer geht. Da Augustinus die Fülle der Wirklichkeit nicht braucht, um zu seinem Gott zu gelangen, ist seine Entscheidung für die autobiographische Rede konsequent. Der Roman aber kommt, darin stimmt er mit dem Epos überein, nicht ohne konkrete Realität aus. Auch aus diesem Grunde kann es bei Chrétien keinen direkten Zugang der Helden zu ihrem Gott geben. Vielmehr muss der Weg durch die Komplexität der Dinge hindurchgehen, der äußeren wie der inneren.

1 Die Erfahrbarkeit der Welt

Chrétiens letzter und unvollendeter Roman setzt mit dem heiteren, weltbejahenden und für seine Zeit so charakteristischen Bild der fruchtbaren Erde und des Ertrags im Überfluss ein. Er überträgt es auf die Tätigkeit des Dichters. Er selbst, der Dichter, präsentiert sich als der Sämann, der reiche Ernte erhofft, weil er sicher ist, das Korn in fruchtbare Erde zu säen.

Der Grund für seine Hoffnung liegt, auch darin spricht die Epoche, nicht in irgendeiner sachlichen Gegebenheit, sondern in seinem Dienstverhältnis zum Grafen Philipp von Flandern. Diesen erhöht er noch über Alexander den Großen und stattet ihn mit allen Vorzügen aus, die in seiner Zeit für den großen Herrn nur gelten können. Dazu gehören nicht zuletzt Gerechtigkeit, Treue, die Liebe zur Kirche und vor allem die vom Evangelium geforderte Freigebigkeit.[1]

So werden eine Atmosphäre und eine Aura aufgebaut: einer Welt, in der es auf das rechte Handeln ankommt. Wo, wer einer ist, sich daran zeigt, was er tut. Und an welchen Vorgaben er sich ausrichtet. Dass diese nicht einfach sittliche, sondern transzendent-sittliche sind, das kann nicht übersehen werden. Damit tritt notwendig ein dritter Akteur ins Spiel ein, unsichtbar, aber immer präsent. Gott selbstverständlich. Und der ist einer, welcher das Innere bis in die innersten Winkel hinein sieht: «Et Dex, qui toz les segrez voit / Et set totes les repostailles

---

[1] Insbesondere Freigebigkeit (largesse) gehört zum «code moral» des Ritters. Neben der Tapferkeit und der Orientierung an den Geboten der Kirche. So Georges Duby: *Le moyen âge. De Hugues Capet à Jeanne d'Arc 987–1460*. Paris: Hachette 1987, S. 194.

Qui sont es cuers et es antrailles.»² [und Gott, der alle Geheimnisse sieht/ und alle verborgenen Gedanken kennt, / die in den Herzen und im Innern sind.]³ (V. 34–36) Eine Fähigkeit des Seeleneinblicks wird ihm zugesprochen, die dem Menschen gerade abgeht. Auf das Innere also kommt es an.⁴ Und auf das stete göttliche Wissen von ihm, wie immer es dem menschlichen Blick entzogen sein mag. Nun hat der Leser begriffen, dass er es mit einer Welt zu tun hat, die durch gewisse Beziehungen bestimmt ist. Deren erste ist die weltliche zwischen dem Herrn und seinem Gefolgsmann. Diese aber ist bezogen auf den obersten Herrn und seine Institution in der Welt.

Es folgt der Auftritt der fünf Ritter. Perceval, der noch nie einen Ritter zu Gesicht bekam, versucht sich rückgreifend auf das bei der Mutter Gelernte einen Reim auf die für ihn seltsamen Gestalten zu machen: «Ce sont ange que je voi ci. / [...] / Ne me dist pas ma mere fable, / Qui me dist que li ange estoient / Les plus beles choses qui soient / Fors Deu, [...]» [Das sind Engel, was ich hier sehe. / [...] / Meine Mutter hat mir nichts vorgefabelt, / als sie mir sagte, daß die Engel / die schönsten Wesen seien, die es gebe / außer Gott, [...]] (V. 138, V. 142–145). Der Held der Geschichte tritt als der Nicht-Wissende, der Unerfahrene und der Nicht-Erwachsene in ihre Welt ein. Zum ersten Mal zeigt sich auch seine Neigung, Unsicherheiten durch den Rekurs auf Autorität zu beseitigen. Wir wissen jetzt, dass es unweigerlich darum gehen wird, ob und wie aus dem Unwissenden ein Wissender, dem Unerfahrenen ein Erfahrener, dem Adoleszenten ein reifer Mann werden kann.

Mit diesem Szenario ist nicht nur ein vorläufiger und besonderer Akzent auf die Entwicklung des Helden, sondern überhaupt auf Entwicklung gesetzt. Dass etwas nicht einfach immer schon da ist, sondern dass es werden muss, um etwas Richtiges zu sein, darum wird es gehen. Es liegt somit auf der Hand, dass ein solches Arrangement nicht nur psychologisch die Figur, sondern zugleich die Welt betrifft, in der sie agiert. Es muss sich um eine Welt handeln, die in bestimmter Weise Zeit hat. Indem sie nämlich Zeit braucht. Kurz eine Welt, die nicht nur unter dem Vorzeichen des Jetzt, sondern zugleich des Künftigen steht.

---

2 Folgende Ausgabe wird zugrundegelegt: Chrétien de Troyes: Œuvres complètes. Paris: Gallimard 1994.
3 Deutsche Übersetzung der Zitate aus Perceval nach: Der Percevalroman. Übs. Monica Schöler-Beinhauer. München: Fink 1991. Die Stelle bezieht sich auf Matthäus VI, 2–4.
4 Vgl. den Hinweis von Marc Bloch: La société féodale. Paris: A. Michel ⁵1968, dass in der «culture nouvelle» des «deuxième âge féodal» (S. 157) die Innenperspektive an Bedeutung zunehme, wobei er als Indiz die Ausbreitung der Ohrenbeichte im 12. Jahrhundert über die Grenzen des Klosters hinaus anführt.

Es beginnt das Spiel der Fragen und Antworten. «Estes vos Dex?» [Seid ihr Gott?] (V. 174), fragt Perceval schließlich, der die Ritter erst für Teufel, dann für Engel gehalten hatte. Nicht nur der Junge, sondern auch die Ritter haben Fragen. Aber offensichtlich ist letzteren ganz Anderes fraglich als ersterem. Während der Sprecher der Ritter nur wissen will, ob sein Gegenüber eine Gruppe von anderen Rittern gesehen hat, muss dieser nach allem fragen, was die Ritter überhaupt, den Ritter und die Ritterschaft betrifft. Ihm fehlt selbst das elementare Wissen über die Welt, in der er lebt. Sein Unwissen ist nachdrücklich vom Nicht-Wissen des Ritters abgehoben. Die Fragen des jungen Mannes betreffen das Wesentliche. Sie zielen nicht auf irgendwelche kontingenten und ephemeren Umstände, sondern auf das Wesen des Rittertums selbst.

Danach hat der Ritter nicht zu fragen, weil er schon in das Wesen des Rittertums eingeweiht ist, weil er die Schwelle zum Rittertum schon längst überschritten hat. Der Ritter ist initiiert, dem Adoleszenten aber steht die Initiation erst bevor. Was auch besagt, dass man nicht einfach so Ritter ist oder wird, sondern dass es eines Wissens, Wollens und eines Gangs mit Anfang und Ende bedarf, um zum Rittertum zu gelangen. Die Ritterschaft ist dem Helden nicht in die Wiege gelegt. Ritterschaft setzt eine Geschichte des Lebens voraus, die jene erstrebt, auf sie ausgerichtet ist und sich ihr anzunähern hat.

Zwei Sorten von Fragen also stellen sich in der Welt der Erzählung. Die Fragen der Ritter betreffen Einzelnes, im Allgemeinen kennen sie sich aus. Bei Perceval liegen die Dinge umgekehrt. Wohl weiß er dies und das, was zur Welt im Umkreis seiner Mutter gehört. Aber er ist ahnungslos im Grundlegenden. Offenbar kommt es auch auf diesen Unterschied zwischen zentralen und nachgeordneten Fragen an. Die angemessene Kenntnis der Dinge ist geradezu auf diesen Unterschied hin angelegt.

Nun ist Perceval nicht einfach einer, der Fragen stellt. Vielmehr fragt er auch dann, wenn eigentlich eine Antwort von ihm erwartet wird. Er ist ein von seinen Fragen so Eingenommener, dass er auf die Fragen seines Gegenübers nicht eingehen kann. Er steht im Bann seiner Fragen. Damit verfehlt er das angemessene Verhalten in einer Gesprächssituation. Er ist nicht nur der Unwissende, sondern auch derjenige, der sich falsch verhält. Der Ritter formuliert das untertreibend so, dass er nicht alle Usancen kenne: «– Ne set mie totes les lois, / [...]» [«Er kennt sich noch in nichts aus», [...]] (V. 236).

Dass Perceval die Antwort auf die Fragen des Ritters überspringt, zeigt, wie drängend seine Fragen sind. Bevor er antworten kann, muss sein Hunger auf Antworten gestillt werden. Er ist die Gestalt, die weiß und fühlt, dass ihr etwas fehlt und auch, was ihr fehlt. Was ihr fehlt, ist das Wissen um das zentrale Phänomen des Rittertums. So ist zugleich die ganze Welt daraufhin entworfen, was eigentlich Rittertum ist.

Unübersehbar ist, wie sehr sich das mit dem Stand des Ritters verbundene Ethos vom Habitus des epischen Helden unterscheidet, der einfach tapfer, kampfestüchtig und womöglich beredt und klug zu sein hat wie Achill oder Odysseus oder Nestor. Die Welt muss in einem an Hindernissen reichen Prozess zum Bewusstsein kommen – und umgekehrt, bevor sie überhaupt «da» sein kann und gegeben; bevor das Individuum in ihr seinen Platz einnehmen kann.

Welt und Bewusstsein werden als Prozess vorgeführt. Jeder Prozess ist ein Verlauf, in dem man sich verlaufen kann. Dass Bewusstsein, Verhalten und Welt risikoreiche Vorgänge einschließen, wird somit schon in der Exposition der Erzählung angedeutet. Was ihren Zeithorizont betrifft, so bedeutet das auch, dass hier keineswegs von einem statischen Jetzt ausgegangen wird, das gelegentlich zu einem ebenso statischen Vergangenen (die genealogischen Reihen der *Ilias*) in Beziehung tritt. Das Verhältnis zwischen Welt und Person ist ethisch und temporal ungleich beweglicher geworden als in der Welt der *Ilias*.

Die Welt, die durch die Figur des Adoleszenten vermittelt wird, erscheint von Anfang an als unbekannte Wirklichkeit, die erst zu kennen und zu erfahren ist. Eine Wirklichkeit dieses Typs ist nicht gegeben, wie die der *Ilias;* ebenso wenig wie die Rolle der Handelnden in ihr, sondern sie erschließt sich allmählich. Welt und Held werden unter ein markantes Zeitvorzeichen gestellt. Es ist die Zeit der allmählichen Entwicklung, nicht die Zeit einer gegebenen Vergangenheit noch einer selbstverständlich anwesenden Gegenwart.

In diesen Zusammenhang einer insgesamt komplexer gewordenen Welt gehört die Spannweite der Wahrnehmungsalternativen des Anfangs. Perceval hält den Ritter nacheinander für den Teufel und für Gott. Der unbekannte Andere kann der Allerhöchste oder der Inbegriff des Bösen sein. Hinter der konkreten Gestalt des Unbekannten kann sich alles Mögliche verbergen; d.h. das Allergegensätzlichste.

Äußerste Unsicherheit taucht als Ingredienz der Erfahrung auf. Das unterstreicht nicht einfach nur die Unwissenheit des weltlosen Muttersohns. Da die Welt hier aus seiner Sicht gegeben wird, wird die Spannbreite der Möglichkeiten unterstrichen, die überhaupt der Wirklichkeit zugesprochen werden können. Zweifellos handelt es sich unmittelbar nur um die Unsicherheiten eines Unerfahrenen, der Schwierigkeiten hat, die Dinge als das wahrzunehmen, was sie sind. Es sind zunächst die Wahrnehmungen des jungen Helden, die unsicher sind und nicht die Wirklichkeit selbst. Denn dass es sich bei dem Gegenüber um einen Ritter handelt, ist durch den Erzähler garantiert. Aber indem die Erzählung die Unerfahrenheit des Unerfahrenen in ihrem vollen Ausmaß und als das bedeutsame Phänomen vorführt, stellt sie zugleich die Erfahrbarkeit der Welt überhaupt als das Nicht-Selbstverständliche hin. Dass das rechte Urteil über die Dinge sich keineswegs von selbst versteht, sondern dass es dazu einer gewissen

Reife des Individuums bedarf. Der Zustand der Person, der hier vorausgesetzt wird, ist ein Entwicklungsstand.

Man sieht, wie in dieser Konstruktion eine bestimmte Auffassung der Welt und der Person zusammenspielen. Beide sind auf eine dynamische Vorstellung der Zeit bezogen. Der entscheidende Aspekt besteht darin, die Wirklichkeit aus dem Blickwinkel einer wahrnehmungsunsicheren Figur zu zeigen. Wirklich, wahr und bedeutsam ist dann aber nicht nur die objektive Verfassung der Dinge, sondern auch die Unsicherheit dieses weltunsicheren Helden. Diese wiederum ist dann mehr als nur ein Mangel. Vielmehr auch das Korrelat eines Zustandes der Welt.

2 Akte und Sprechakte

Die Begegnung mit den Rittern ist der erste Takt einer Folge von Begegnungen, die für Percevals Erfahrung, Entwicklung und Identität wichtig werden. Die Reihe der Begegnungen hat ihre Zäsur in der Initiation zum Rittertum durch Gornemanz. Diese unterteilt die Zeit der Erzählung in das «Vor» und das «Nach» der Initiation. Sie markiert die Schwelle zwischen der Vorzeit des Adoleszenten und der Nachzeit des ins Rittertum Eingeweihten. Nun finden die Begegnungen nicht an einem, sondern an verschiedenen Orten statt. Und zwar so, dass jede Begegnung ihren eigenen Ort im Kontinuum der Zeit hat.

Die Erzählung fasst Erfahrung und die Konstitution der Identität des Helden als Funktion der Bewegung im Raum, des Zurücklegens einer Strecke im Raum auf. Nur auf diese Weise kann es zu den Begegnungen kommen, in denen sich zeigt, wer Perceval am Anfang seines Weges ist, was aus ihm in der Initiation wird und wie er sich anschließend als Ritter bewährt. Die Bewegung im Raum ist die Bedingung der Entscheidungssituationen. Beide zusammen konstituieren die Identität des Protagonisten. Damit ist jenes andere Modell der Identitätsbildung ausgeschlossen, wo alle Begegnungen und Ereignisse, welche die Identität formieren, an einem Ort oder in einem eng umgrenzten Areal stattfänden. Die Reihe der Ortswechsel hat ihren markanten Ausgangspunkt im Verlassen des Orts und der Sphäre der Mutter. Der Übertritt über diese Schwelle muss der Überschreitung der Schwelle zum Rittertum vorausgehen. Denn es ist die Mutter, welche der Überwindung beider Schwellen im Wege steht.

Nun werden von Anfang an gewisse Defizite des Helden herausgestellt. Sie zeigen sich nicht nur vor, sondern auch nach der Initiation. Sie werden durch diese nicht beseitigt. So fehlt es ihm an der Fähigkeit und an der Neigung zur Einfühlung in die (seelische) Lage des Anderen. Die Serie seiner Empathieaussetzer beginnt nicht zufällig beim Abschied von der Mutter. Der Sohn sieht, dass sie zusammenbricht, reitet aber mit Entschlossenheit weiter, ohne sich um sie zu kümmern. Freilich unterstreicht die Gewaltsamkeit und Rücksichtslosigkeit des Abschieds vor allem auch die Schwierigkeit der Herauslösung aus der mütterlichen Sphäre.[5]

> Qant li vaslez fu esloigniez / Le giet d'une pierre menue, / Si regarda et vit cheüe / Sa mere au chief del pont arriere, / Et jut pasmee an tel meniere / Com s'ele fust cheüe morte; / Et cil ceingle de la reorte / Son chaceor par mi la crope, / Et cil s'an va qui pas ne çope, / Einz l'an porte grant aleüre / Par mi la grant forest oscure; / Et chevalcha des le matin / Tant que li jorz vint a declin.
>
> Als der Knabe um die Wurfweite / eines kleinen Steines entfernt war, / blickte er [zurück] und sah seine Mutter hinter [sich], / die auf dem oberen Ende der Brücke gestürzt war; / und sie lag ohnmächtig in solcher Weise, / als ob sie tot umgefallen wäre. / Doch er peitscht mit der Weidengerte / auf die Kruppe seines Jagdpferdes; / und es geht davon ohne zu straucheln, / vielmehr trägt es ihn eilig fort / mitten durch den großen dunklen Forst; / und er ritt vom Morgen an / so lange, bis der Tag zur Neige ging. (V. 620–632)

Der, der hier Abschied nimmt, schaut sich um. Die Ablösung fällt nicht leicht. Was er in diesem Augenblick sieht, müsste ihn zur Rückkehr bewegen. Zumal der Sturz der Mutter, der in seine Perspektive gestellt wird, den Gedanken an ihren Tod weckt. Die seelische Bewegung wird in heftiges motorisches Agieren umgesetzt; aber in Entfernungs- statt Rückkehrenergie, die über Stunden hin nicht nachlässt.

Die mütterlich-weibliche Welt bildet den Gegenpol zur Sphäre des Rittertums, der Perceval sich nun annähert. So ist die Reaktion des Helden auf die Ohnmacht der Mutter (und diese Ohnmacht selbst) doppeldeutig. Die Mutter, die ihn vom Rittertum fernhalten will, muss ihre Macht über ihn verlieren, damit er sich dem Ziel des Rittertums überhaupt annähern kann. Die Härte des jungen Mannes im Augenblick des Abschieds ist also kein nur psychologisches Faktum. Zugleich tritt ein weiteres Manko zum ersten Mal hervor, das schwerwiegende Folgen für sein Leben haben wird: Percevals Schwierigkeiten, in konkreter Situation richtig zu handeln.

Diese zeigen sich schon deutlicher in der Begegnung mit der jungen Frau im Zelt. Einerseits begreift der Unreife nicht, dass die junge Frau sich überhaupt nicht auf ihn einlassen will und kann. Er ignoriert alles, was sie ihm diesbezüglich sagt. Aber nicht nur, dass er die Innerlichkeit des Gegenübers verfehlt.

---

5 Zur Rolle der «Mutterimago» in der Gralserzählung vgl. Erdmuthe Döffinger-Lange: *Der Gauvain-Teil in Chrétiens Conte du Graal. Forschungsbericht und Episodenkommentar.* Heidelberg: Winter 1998, S. 108.

Auch wendet er die Lehren, die ihm die Mutter mit auf den Weg gab, falsch an. Beides ist miteinander verknüpft. Perceval raubt den Ring des Mädchens und küsst es mit Gewalt, während die Mutter Freiwilligkeit zur Bedingung gemacht hatte. Er tritt mit der für ihn typischen Autoritätsformel ins Zelt: «Et li vaslez, qui nicez fu, / Dist: ‹Pucele, je vos salu / Si com ma mere le m'aprist.› [...]» [Und der Bursche, welcher einfältig war, / sagte: «Jungfer, ich grüße euch, / so wie es mir meine Mutter beigebracht hat: [...]»] (V. 681–683). Der Kommentar des Erzählers ist unmissverständlich. Aber keineswegs ist der junge Mann einfach ein Einfaltspinsel, weil er sich wie ein Kind auf die Vorgaben der Mutter bezieht. Vielmehr zeigt sich, dass er ihre Belehrungen zudem nicht (richtig) verstanden hat. Die Mutter gab ihm mit auf den Weg:

> Dames et puceles servez, / Si seroiz par tot enorez; / Et se vos aucune an proiez, / Gardez que vos ne l'enuiez; / Ne fetes rien qui li despleise. / De pucele a mout qui la beise; / S'ele le beisier vos consant, / Le soreplus vos an desfant, / Se lessier le volez por moi. / Mes s'ele a enel an son doi, / Ou a sa ceinture aumosniere, / Se par amor ou par proiere / Le vos done, bon m'iert et bel / Que vos an portoiz son anel.
> Dient den Damen und jungen Mädchen, / so werdet ihr überall geehrt werden; / und wenn ihr eine um etwas bittet, / achtet darauf, daß ihr ihr nicht lästig fallt; / tut nichts, was ihr mißfallen könnte. / Von einem Mädchen hat viel, wer sie küßt; / wenn sie euch den Kuß gewährt, / untersage ich euch alles Weitergehende, / wenn ihr es um meinetwillen unterlassen wollt; / doch wenn sie einen Ring an ihrem Finger hat / oder eine Tasche an ihrem Gürtel, / und sie es euch aus Liebe oder auf [eure] Bitte hin / schenkt, soll es mir belieben und gefallen, / daß ihr ihren Ring mitnehmt: (V. 541–554).

Unser Held jedoch ignoriert systematisch alle Voraussetzungen, die in der inneren Verfassung der Dame, ihrer Einstellung zu ihm, ihren Bedürfnissen und Wünschen liegen, überhäuft die heftig sich Wehrende mit Küssen und, was den Ring betrifft, nimmt er sich mit Gewalt, was er hätte als Gabe in Empfang nehmen sollen. Sein Kommentar bringt auf den Punkt, woran es ihm fehlt: ««Encor, fet il, me dist ma mere / Qu'an vostre doi l'anel preïsse, / [...]»» [«Außerdem», sagt er, «hat mir meine Mutter gesagt, / daß ich den Ring an eurem Finger nehmen, [soll, H.S.]: / [...]] (V. 712f.). Das «an vostre doi» überträgt umstandslos auf die konkrete Situation, was von der Mutter als allgemeine Maxime formuliert und an präzise Bedingungen gebunden worden war.[6]

In der ständigen Berufung auf die Lehren der Mutter, die nachdrücklich und deutlich negativ herausgestellt wird, erweist sich Perceval als derjenige, der

---

6 Zum Zusammenhang zwischen Erwachsenwerden und dem Verzicht auf die mechanische Anwendung von Ratschlägen vgl. auch Jean Charles Payen: *Le moyen âge I. Des origines à 1300*. Paris: Arthaud 1970, S. 162.

(noch) nicht eigenständig entscheiden und handeln kann. Damit unterstreicht die Erzählung *ex negativo*, dass In-der-Welt-Sein auch Selbst-Sein erfordert; also gerade nicht nur ein Kennen der Dinge, Erfahrung als Welt-Wissen, sondern eine bestimmte Verfassung der Person: Sie selbst muss, immer im Bezug auf orientierende Vorgaben freilich, urteilsfähig sein. Dazu gehört ein gewisses Maß von Selbst- statt automatisierter Fremdbezüglichkeit. Das setzt Lösung aus allzu engen Abhängigkeiten voraus. In diesem Sinne muss die Person Unabhängigkeit von der Sicht der Anderen gewonnen haben. Sie muss eine gewisse innere Abgrenzung von allen anderen Personen ihrer Umgebung durchlaufen haben. Perceval aber ist dem Anderen zugleich zu fern und zu nahe. Er ist *nice* (einfältig), weil er «Mutter» sagt, wo er «ich» sagen sollte.

Vorsicht ist allerdings vor der umstandslosen Projektion moderner Vorstellungen auf den Text geboten. Es steht außer Frage, dass Autorität in der Welt Chrétiens unabdingbar ist. Dabei steht die Unterscheidung zwischen legitimer und illegitimer Autorität an der Stelle der für die Moderne typischen zwischen Autorität und Emanzipation. Als Perceval Abschied von seinem ritterlichen Lehrer nimmt, rät ihm dieser, er möge sich in Zukunft nicht mehr auf die Lehren der Mutter beziehen. Erst nachdem der Jungritter die für ihn bezeichnende Frage stellt: «– Et que dirai ge donc [d.h. statt des Bezugs auf seine Mutter, H.S.], biau sire?» [«Und was soll ich also sagen, lieber Herr?»] (V. 1685), sagt Gornemanz, er möge sich auf ihn beziehen. Der in seiner Antwort mitschwebende Sinn ist offenbar auch: «Wenn Du Dich schon auf eine Autoritätsperson beziehen musst, um Dein Handeln zu begründen, dann berufe Dich, nach der Initiation, doch schon eher auf mich, der ich Dich zum Ritter machte als auf die Mutter.»

Angesichts dieser Schwächen stechen allerdings seine körperlichen Fähigkeiten und die mentalen Dispositionen (Kampfeslust, Kühnheit) hervor, derer man zum Gebrauch der Waffen im Kampf bedarf. In dieser Hinsicht erscheint der junge Held wie selbstverständlich für die Rolle des Ritters bestimmt. Durch die zentrale Stellung der Initiationsszene in der Erzählung ist diese insgesamt auf den Verhaltenskodex des Rittertums bezogen. Es kann kein Zweifel daran bestehen, dass das, was Perceval ist, sich nur im Bezug zum Ethos seiner Bezugsgruppe zeigen kann. Letzterer versteht sich allerdings nicht von selbst, sondern er wird durch die Verhaltensauffälligkeiten des Adoleszenten fortwährend dramatisiert und problematisiert. Er muss fortwährend angesprochen, unaufhörlich reflektiert werden. Das Verhältnis zwischen Person und Norm muss zur Sprache kommen. Dieses Zur-Sprache-Kommen ist der Angelpunkt des Ganzen.

Das zeigt sich insbesondere auch in den Kampfszenen mit Anguinguerron und Clamadeu. Vor allem mit dem oben Gesagten hängt zusammen, dass die Kämpfe ganz anders präsentiert werden als in der epischen Welt der *Ilias*. Wenn dort der Tod im Kampf vermieden wird, dann etwa deshalb, weil die Waffe ihr

Ziel verfehlt, oder weil ein Gott eingreift, oder weil der Held sich durch die Flucht entzieht. Hier tritt ein drittes und vermittelndes Element zur gleichsam mechanischen Beziehung zwischen Kampf und Tod in den Kampfszenen der *Ilias* hinzu: das ritterliche Ethos, nach dem der Besiegte einen Anspruch auf Gnade hat. Jedoch erst dann, wenn er seine Niederlage eingesteht. So lautete eine der beiden Lehren, die Gornemanz dem jungen Ritter mit auf den Weg gab:

> «Biau frere, or vos sovaingne, / Se il avient qu'il vos convaingne / Conbatre a aucun chevalier, / Ice vos voel dire et proier: / Se vos an venez au desus / Que vers vos ne se puisse plus / Desfandre ne contretenir, / Einz l'estuisse a merci venir, / Qu'a escïant ne l'ocïez.
>
> «Lieber Bruder, seid dessen eingedenk, / wenn es geschieht, daß ihr mit / einem Ritter kämpfen müßt, / will ich euch dies sagen und [euch darum] bitten, / wenn ihr die Oberhand gewinnt, / so daß er sich gegen euch nicht länger / verteidigen oder halten kann, / sondern er sich ergeben muß, / daß ihr ihn nicht absichtlich tötet. (V. 1639–1647)

Nachdem er Anguinguerron besiegt hat und ihn zunächst töten will, erinnert sich Perceval an Gornemanz' Lehre und begnadigt ihn: «Si li sovint il ne porquant / Del prodome [...]» [da erinnerte er sich jedoch / an den Edelmann, [...]] (V. 2238f.). Wobei auffällt, dass hier überhaupt Erinnerung von Nöten ist. Das verweist einmal mehr auf das charakteristische Defizit Percevals, nicht «aus sich heraus» handeln zu können, sondern nur in der Besinnung auf die Autorität.[7] Jedenfalls handelt er hier richtig. Was aber auch nicht schwierig ist, weil diese Vorgabe des Lehrers ausnahmslos für alle Fälle gilt, in denen die Bedingung (Bitte um Gnade) erfüllt ist.

Es sind also eine Kampfpause und ein Sprechakt erforderlich. Die ritterliche Regel, der Aufschub und der sprachliche Akt der eingestandenen Niederlage funktionieren als Tötungshemmung. In den Kämpfen der *Ilias* ist der Tod die Norm, in der ritterlichen Welt des mittelalterlichen Dichters – nicht übrigens realiter[8] – verwehrt die Norm dem Tod ein quasi selbstverständliches Recht.

---

7 Die ihm hier quasi zu Hilfe kommt. Altfr. *sovenir* entwickelt sich aus lat. *subvenire*, das die Bedeutung «von unten kommen» und dann auch «zu Hilfe kommen» hat. Nach Walther v. Wartburg: *Französisches etymologisches Wörterbuch*. Bd. 12. Basel: Zbinden 1966, S. 376.

8 Während Joachim Bumke: *Höfische Kultur. Literatur und Gesellschaft im hohen Mittelalter*. Zwei Bände. München: DTV ²1986 annimmt, dass gelegentlich der ritterliche Ehrenkodex zur Schonung besiegter Gegner führte (S. 439), formuliert Rolf Schneider: Herr über Mund und Hand: Der Adel. In: Dieter Hägermann (Hg.): *Das Mittelalter. Die Welt der Bauern, Bürger, Ritter und Mönche*. München: RM-Buch-und-Medienvertrieb 2001 in Bezug auf die Grausamkeit im Kampf recht drastisch: «Von Ritterlichkeit kaum eine Spur: Es wurde abgeschlachtet». In der Regel sei keine Gnade gewährt worden. Gefangene seien meist sofort getötet worden. Bis auf sehr Hochrangige und zwar wegen des Lösegeldes (S. 299).

Das Verhalten des Ritters richtet sich nicht allein an den Sachnotwendigkeiten des Kampfes aus. Vielmehr wirkt eine von der unmittelbaren Situation des Kampfes «entfernte», eine kampfexterne Verhaltensregel auf das Kampfgeschehen ein. Im Kampf wird der Kampf zugleich transzendiert. Bei Chrétien wird dem Unterlegenen aufgegeben, an den Hof des Königs Artus zu ziehen und vom Ruhm seines Bezwingers zu künden. Abermals spielen in diesem idealen Ritual der Todesvermeidung Zeitverschiebung und ein sprachlicher Akt die zentrale Rolle.

Es genügt nicht, dass man den Gegner besiegt hat. Die höchste Instanz muss vom Siege erfahren. Dieses ist aber nur im Aufschub möglich, indem dem Besiegten auferlegt wird, sich auf den Weg zu Artus zu machen, der *post festum* vom Ruhm «seines» Helden erfährt. Die Unmittelbarkeit der Situation wird zweifach überschritten: durch den Aufschub des Todesstoßes, der Raum schafft für das Eingeständnis der Niederlage und durch den Aufschub[9] der Reise, an deren Ende der Ruhm des Siegers zur Sprache kommen kann. Das Ziel des Kampfes ist nicht der Tod des Besiegten, sondern der Ruhm des Siegers. Das zeigt, in welchem Ausmaß die Welt der mittelalterlichen Erzählung von zivilisierenden Regeln bestimmt wird, die alles reine Geschehen und Tun überwölben.

Dazu kommt ein weiterer Aspekt. Die ritterliche Vorschrift sorgt auch dafür, dass die nach ihr Handelnden sich an anderen Verhaltensmustern ausrichten als an ihrem unmittelbaren Vorteil. So geben die unterlegenen Gegner Anguinguerron und Clamadeu Perceval ihr Wort, dass sie an den Hof des Königs gehen und dort den Ruhm des Helden verkünden werden. Ein weiteres Mal spielt ein sprachlicher Akt eine zentrale Rolle. Und sie halten ihr Wort! Sie halten es fest, sie halten an ihm fest und es hält sie, bindet sie und zwar über den gesamten Zeitraum der Reise hinweg. «Halten» bezeichnet hier eine Haltung, in der man sich ver-hält, was meint: jedes unmittelbaren und zuwiderlaufenden Agierens

---

[9] Meine Aufmerksamkeit für die Bedeutung von Aufschubphänomenen im Text wurde durch das derridasche Konzept der «différance» angeregt, wobei ich von dessen philosophischen Implikationen absehe, wie Jacques Derrida: La différance. In: Ders.: *Marges de la philosophie*. Paris: Ed. de Minuit 1972, S. 1–29 sie entwickelt. In seiner Darlegung handelt es sich dabei weder um ein Wort noch um einen Begriff («ni un mot ni un concept», S. 3), überhaupt um nichts Seiendes («la différance n'est pas, n'existe pas», S. 6). Was den Philosophen keineswegs davon abhält, positive Bestimmungen dieses *ens non ens* zu entwickeln. So – und für mich interessant trotz allem – «la temporisation: Différer en ce sens, c'est temporiser, c'est recourir, consciemment ou inconsciemment, à la médiation temporelle et temporisatrice d'un détour suspendant l'accomplissement ou le remplissement du ‹désir› ou de la ‹volonte›» (S. 8). In diesem Sinne spricht Derrida auch von der «structure du retardement (Nachträglichkeit) [deutsch im Text, H.S.]» (S. 21).

sich enthält, eine Ausrichtung des Verhaltens nicht am unmittelbaren Handlungsimpuls, sondern am von der Regel gesetzten Fernziel.

Der Aufschub der Sprechakte und der Akte des Versprechens sind Objektivationen einer Norm, die Anderes als immer nur Kampf und Tod will. Und zwar deren Aufhebung in einer Spiritualität. In Wirklichkeit allerdings dürften die meisten Ritter recht wüste Gestalten gewesen sein. So sagt Elias in Bezug auf die ritterliche Triebstruktur:

> Sie [die Triebe, H.S.] sind wild, grausam, zu Ausbrüchen geneigt und hingegeben an die Lust des Augenblicks. [...] Wenig in ihrer Lage zwingt sie dazu, sich selbst Zwang aufzuerlegen; wenig in ihrer Konditionierung, das auszubilden, was man ein strenges und stabiles Über-Ich nennen könnte.[10]

Eben daran arbeitet aber die Imagination der Erzählung! Das verweist auf die Rolle der Fiktion im Prozess der Modernisierung, die bei ihren historischen und soziologischen Theoretikern unterbelichtet ist.

Mit der ritterlichen Norm tut sich übrigens auch ein weiter Raum der Innerweltlichkeit auf; darin zunächst, dass das Ethos des Ritters nicht unmittelbar und auch nicht zur Gänze religiös und theologisch (weltliche Tradition der Vasallenbindung) ist. Aber vor allem insofern, als es eine verinnerlichte Form der Verhaltenssteuerung bezeichnet. Man erinnere sich demgegenüber daran, wie Zeus das Handeln des Agamemnon lenkt, indem er ihm einen Traum «schickt», wie es im Epos heißt. Im Epos hat der Mensch seine Steuerung als sein göttliches Pendant. Hier ist er mit sich allein. Deshalb muss er handelnd auf sich selbst, seine innere Welt zurückgreifen. Damit ist der Gott keineswegs seines Amtes enthoben, sondern so, wie die ritterliche Norm, der inneren Welt zugeschlagen.

Das hat bedeutsame Konsequenzen für die Form der Subjektivität in der Welt Chrétiens. Denn Internalisierung hat auch etwas mit Alleinsein zu tun. So gehören zur intensiven Reisetätigkeit Percevals (und auch der anderen Helden des chrétienschen Werks) die prägnant markierten Abschiede vom jeweiligen Kollektiv (der Gastgeber). Sie sind eines ihrer prägenden Strukturmerkmale. Die Situation ist mit Varianten immer gleich. Die Gastgeber versuchen, den Helden zum Bleiben zu überreden. Der jedoch besteht auf der Notwendigkeit, abzureisen und reist dann tatsächlich ab. Die Begründung für die Abreise ist immer eine Absicht und ein Vorhaben, ein jenseits der jeweiligen Gegenwart zukünftig ins Auge Gefasstes. So als Perceval beschließt, zum Hause der Mutter zurückzukehren. Die Abschiede sind nicht einfach das *A dieu* vor der Abreise. Im Abschied

---

10 Norbert Elias: *Über den Prozess der Zivilisation,* S. 96.

trennen sich die Wege. Der starke Abschied steht für die Differenz zwischen Bleiben und Gehen, Ortsfestigkeit und Ortsflüchtigkeit. Im Abschied scheidet sich der Held im wörtlichen und im übertragenen Sinne vom jeweiligen Kollektiv ab. Der Abschied als Ablösung, Loslösung und Trennung ist die Voraussetzung dafür, dass der Held ein nur für ihn charakteristisches, nur mit ihm in enger Verbindung stehendes Ziel verfolgen kann. Im Abschied erobert die Figur einen Raum für sich. Als Raum im weiten Raum. Weit von derjenigen Form der Individualisierung entfernt, die sich in der Verfügung über einen eigenen Raum im mit den Anderen geteilten Haus realisiert. Im Abschied muss der Held den Ort der Anderen verlassen, um für sich sein zu können.[11] Und wiederum zeigt sich in der Absicht des Abschieds die Figur des Aufschubs. Sie erscheint als die zivilisatorische und zivilisierende Figur der Erzählung *par excellence*.

Auch während der Reise ist Perceval (wie auch andere Helden bei Chrétien) allein. Das unterscheidet übrigens die Welt der Erzählung von der Wirklichkeit ihrer Zeit. Aber während er allein dahinzieht, bleibt er auf das Kollektiv, seine soziale Gruppe und ihr Ethos bezogen. Das Kollektiv der Gefährten ist aber anders als in der Welt der *Ilias* nicht *bei* ihm, sondern *in* ihm.[12] Die Gruppe und ihr Kodex ist, wie der Gott, internalisiert. Unübersehbar ist der Zusammenhang zwischen der problematischen Reifung des Helden und der Verinnerlichung derjenigen zentralen Instanzen, die in der *Ilias* noch äußere Gegebenheiten sind.

3 «Nominalistische» Urszene

Nun lässt sich Percevals Entwicklung kaum abgelöst von der Geschichte Gauvains verstehen.[13] Beide stehen im Verhältnis wechselseitiger Erhellung zueinander. Zunächst möchte man Gauvain einfach als positives Gegenbild zu Perceval sehen: Dann erscheint ersterer als der reife Ritter, der dem Ethos des Rittertums

---

11 Die Figur des Aufbruchs ins einsame Abenteuer ist eine der starken imaginären Umarbeitungen der geschichtlichen Wirklichkeit durch diesen Erzähltyp, während «le chevalier dans les réalités de la guerre et de la chasse n'osait jamais s'évader d'une équipe». So Georges Duby: *Les trois ordres ou l'imaginaire du féodalisme*. Paris: Gallimard 1978, S. 369. Vgl. auch Georges Duby: *Guillaume le Maréchal oder der beste aller Ritter*. Frankfurt/M.: Suhrkamp 1997: «Die einsame Ausfahrt gab es nur im Ritterroman.» (S. 97)
12 Sehr allgemein zur verinnerlichten Gruppenbindung des mittelalterlichen Menschen Aaron J. Gurjewitsch: *Das Weltbild des mittelalterlichen Menschen*. München: Beck 1997, S. 344.
13 Der erste Teil der Perceval-Handlung endet mit der Szene beim Einsiedler. Danach setzt die Gauvain-Erzählung ein. Die durch den Erzähler in Aussicht gestellte Fortsetzung der Perceval-Geschichte wurde von Chrétien nicht verwirklicht.

vollkommen entspricht. Gauvain ist derjenige, der alles richtig macht, während Perceval immer wieder und sich wiederholende Schwächen zeigt. Mehr noch: Percevals Werdegang ist auf eine zentrale Verfehlung und ihre Wiedergutmachung bezogen. Auch hat Gauvain extreme Proben zu bestehen, denen Perceval in solcher Art nie ausgesetzt wird. So begegnet er im Zauberschloss abgründig und unheimlich bösen Mächten, ohne zu flüchten und ohne zu unterliegen. Auch zeigt er weder Angst noch Zögern.

Im Gegensatz zu seinem Pendant verfügt Gauvain auch über die Fähigkeit der Einfühlung. Er verhält sich nicht gleichgültig gegenüber dem Schmerz. Dass er alle Bewährungsproben brillant besteht, zeigt auch, dass der ritterliche Kodex, den er perfekt verkörpert, vollkommen auf die Welt passt. Nicht also nur eine fugenlose Passung zwischen Person und Norm zeigt sich hier, sondern zugleich die restlose Deckung zwischen Norm und Wirklichkeit.

Um so auffallender und bedeutsamer ist, dass die Erfolgsbilanz Percevals nicht annähernd so glänzend ausfällt. Zwar erweist er sich als ebenso vortrefflich wie sein Kompagnon in der elementaren Situation des Kampfes *cors à cors*. Aber er versagt bei der Lösung von Problemen, die darin übereinstimmen, dass sie nichts mit Kämpfen zu tun haben.

In der Begegnung mit dem Mädchen im Zelt verkennt der Held, dass die Voraussetzung für sein Handeln nicht gegeben ist. Er ignoriert die Ausführungsbestimmungen der mütterlichen Vorgabe. Diese fixieren deren Anwendungsbedingungen. Alles gilt nur in bestimmten Fällen. Damit tritt die Kasualität und Okkasionalität des Handelns in den Blick, die konkreten Umstände, unter denen ein Tun angemessen ist oder nicht.

Auf der Burg des Fischerkönigs liegen die Dinge z.T. anders. Die Ermahnung Gornemanz' lautete:

> Et gardez que vos ne soiez / Trop parlanz ne trop noveliers. / Nus ne puet estre trop parliers / Que sovant tel chose ne die / Qu'an li atort a vilenie, / Et li saiges dit et retret: / «Qui trop parole pechié fet.» / Por ce, biau frere, vos chasti / De trop parler, [...].
> Und hütet euch, daß ihr nicht / allzu redselig seid und ein allzu großer Neuigkeitskrämer; / niemand kann allzu gesprächig sein, / ohne daß er oft etwas sagt, / was man ihm als Gemeinheit zur Last legen mag, / und der Weise sagt und verkündet: ‹Wer zuviel redet, begeht eine Sünde.› / Deshalb, lieber Bruder, warne ich euch davor, / zuviel zu reden. (V. 1648–1656)

Das ist zunächst eine allgemeine Vorgabe, die im Prinzip immer gilt. Aber sie enthält, ähnlich wie die Maximen der Mutter, eine Einschränkung, freilich anderer Art. Es geht nicht um die Gegebenheit bestimmter Bedingungen beim Anderen (wie Bitten, Freiwilligkeit), auf die zu achten ist; sondern um Konstellationen, die auf das angemessene Maß der Rede hin zu prüfen sind. Man soll nicht das Reden, sondern das Übermaß desselben vermeiden. Das setzt voraus, dass der Handelnde über einen Maßstab verfügt. Die angemessene Applikation des Ratschlags erfordert eine Abwägung, ein Er-Messen und ein Urteil. Letzteres aber setzt Urteilsfähigkeit voraus.[14] Der Lehrer also hatte nicht nur einen Rat erteilt, sondern zugleich implizite eine Aufgabe gestellt. Wie auch die Mutter, nun aber ungleich schwieriger. Es ist diese Aufgabe, die den Schüler überfordern muss, weil just hier sein schwacher Punkt liegt:

> Li vaslez vit cele mervoille, / Qui leanz est la nuit venuz, / Si s'est de demander tenuz / Comant cele chose avenoit, / Que del chasti li sovenoit / Celui qui chevalier le fist, / Qui li anseigna et aprist / Que de trop parler se gardast; / Si crient que s'il li demandast / Qu'an li tornast a vilenie, / Et por ce n'an demanda mie.
> Der Bursche, der am Abend dort / hereingekommen war, sah dieses Wunder, / doch er hat sich davon zurückgehalten zu fragen, / wie diese Sache zustande kam; / denn er erinnerte sich der Weisung / dessen, der ihn zum Ritter machte, / der ihn belehrte und ihm beibrachte, / daß er sich davor hüten solle, zuviel zu reden, / so fürchtet er, wenn er danach fragte, / daß man es ihm als Schimpf auslegte; / deshalb fragte er überhaupt nicht danach.
> (V. 3202–3212)

Er verspürt sehr wohl den Drang zu fragen, als die blutende Lanze vorbeigetragen wird, denn er muss sich zurückhalten. Aber er vollzieht nicht den Sprung über seinen Schatten, der hier von ihm erwartet wird: den Sprung des mechanischen Anwenders zu einem Urteilsakt. Es bleibt, wie in allen vorhergehenden Situationen, beim bloßen Memorieren. Aber das ist exakt der Fall unter allen bisherigen Fällen, wo *Memoria* zur Lösung des Problems am ungeeignetesten ist. Erkennbar folgt die Reihe seiner kampfexternen Prüfungen dem Prinzip der Gradation. Es ist eine Steigerung von der bloßen Anwendung auf der Basis von (richtiger) Erinnerung zur Erfassung der besonderen Gegebenheiten eines *Kasus*. Scharf tritt der Unterschied zwischen bloßen Akten der Erinnerung und Urteilsakten hervor.[15] Erstere repräsentieren etwas im Inneren, letztere hätten aus einer Instanz des Inneren hervorzugehen. Das ist die verhängnisvolle Leerstelle.[16] Die Situation wiederholt sich als der *graal* vorbeigetragen wird:

---

14 Auf den Mangel an Urteilsfähigkeit abhebend, aber ohne Aufmerksamkeit für die nominalistische Problematik: Cathérine Blons-Pierre: *Lecture d'une œuvre. Le conte du Graal de Chrétien de Troyes. Matière, sens et conjointure.* Paris: Ed. Du Temps 1998, S. 107.
15 Diesen Aspekt und auch die Dimension der Okkasionalität verfehlt man, wenn man, wie Philippe Walter: *Chrétien de Troyes.* Paris: Pr. Univ. de France 1997 Percevals mechanische Befolgung der Maxime lediglich als fehlendes Unterscheidungsvermögen zwischen «sens littéral» und «sens spirituel» fasst (S. 102f., 109).
16 Es wird deutlich, dass die Initiation im *Perceval* weit mehr ist als eine rituelle Veranstaltung, deren Zweck eine bruchlose Fortschreibung der Tradition wäre. So – und allgemein wohl nicht falsch – Erdheims, Mario Erdheim: *Die gesellschaftliche Produktion*

> Et li vaslez ne demanda / Del graal cui l'an an servoit. / Por le prodome se dotoit, / Qui dolcemant le chastia / De trop parler, et il a / Toz jors son cuer, si l'an sovient. / Mes plus se test qu'il ne covient.
> und der Bursche fragte nicht, / wen man mit dem Gral speiste; / wegen des Edelmannes hielt er sich zurück, / der ihn sanft davor gewarnt hatte, / zu viel zu reden, und er hat es immerfort / im Sinn, so erinnert er sich daran. / Aber er schweigt mehr als es sich geziemt, [...] (V. 3292–3298).

Der junge Mann schwankt zwischen Furcht und Zweifel (se dotoit), wie auch während der Szene mit der Lanze schon (se crient). Wovor er sich fürchtet, wird oben deutlich gesagt: *vilenie*; das anständige Verhalten zu verfehlen. Was aber gleichwohl geschieht, wie der Kommentar des Erzählers unterstreicht.

Der junge Ritter hat in beiden Szenen keinen Sinn für die besonderen Umstände, die bei der Anwendung allgemeiner Lehren zu beachten sind. Das ist sein Dauer- und Kardinalfehler. Er stiftet eine verhängnisvolle Kontinuität zwischen seiner Geschichte vor und nach der Schwelle der Initiation. Insofern ist dieses Fehlverhalten hervorgehoben. Es bezeichnet eine lebensgeschichtliche Fehleinstellung. In beiden Fällen wird der Unterschied zwischen der Allgemeinheit der Regel und der Besonderheit einer Situation unterstrichen (in der sie eigentlich nicht anzuwenden wäre). Das impliziert eine ebenso scharfe Unterscheidung zwischen der allgemeinen Geltung einer Verhaltensregel und ihrer möglichen und dann notwendigen Suspendierung *in concreto*. Da in beiden Fällen die Fehlhaltung des Protagonisten nicht etwa das Allgemeine, sondern vielmehr das Konkrete verfehlt, wird dieses als das herausgestellt, was im Verhalten getroffen werden muss. Percevals Probe ist eine Probe aufs *hic et nunc*. Das Besondere ist der springende Punkt, um den es geht.

---

von Unbewusstheit. Eine Einführung in den ethnopsychoanalytischen Prozess. Frankfurt/M.: Suhrkamp ²1988, S. 187, 286 Konzept der Initiation, das im übrigen diesen Ritus an «kalte» [d.h. beharrende, noch nicht in beschleunigten Wandel eingetretene] Kulturen bindet. Bezüglich der schon in geschichtlichen Wandel eingetretenen Kulturen sind die Äußerungen Erdheims eher vage. Es gäbe in diesem Kontext Initiation im Sinne etwa des Erwerbs von gesellschaftlich wichtigen Fähigkeiten und den entsprechenden Prüfungen. Dann ließe die in Gornemanz' Lehre des «trop» anvisierte Fähigkeit entsprechende Rückschlüsse zu. Auf den allerhöchsten Allgemeinheitshöhen des Widerspiegelungsparadigmas bewegt sich Jean Flori: Pour une histoire de la chevalerie. L'adoubement dans les romans de Chrétien de Troyes. In: *Romania* 100 (1979), S. 21–53, wenn er den Ritus des Ritterschlags bei Chrétien als Ausdruck des Widerspruchs zwischen den sozioökonomischen Gegebenheiten und der Ideologie des Rittertums fasst. Womit Kritik an der Textferne dieses Argumentationstypus geübt wird und nicht etwa historisch in Frage gestellt werden soll, dass das Rittertum des 12. Jahrhunderts durch das aufkommende Geldwesen bedroht war. So u.a. Georges Duby: *Guillaume le Maréchal oder der beste aller Ritter,* S. 117.

Indem er sich entscheidet, der Verhaltensregel seines ritterlichen Lehrers ohne Abwägung des «trop» zu folgen, subsumiert er die konkrete Situation unter die allgemeine Maxime. Er kennt nicht den Unterschied zwischen jederzeit Angemessenem und nur jetzt, im besonderen Fall Angemessenem. Damit wird über das Bewusstsein des Helden hinaus ein Überschuss des Konkreten über die allgemeine Regel angezeigt. Und umgekehrt auch ein Konkretionsdefizit jeder allgemeinen Regel, ihre Auslegungsbedürftigkeit also. Was besagt: Anwendung setzt Auslegung voraus. Und Auslegung muss sich auf eine Lage und eine Ge-Legenheit beziehen. Wer nicht erkennt, wie die Dinge im gegebenen Augenblick liegen, muss daneben greifen. Wenn das Problem so zugespitzt wird, wie die Erzählung das hier tut, dann sieht sie im Überschuss des Konkreten über das Allgemeine einen entscheidenden Aspekt der Wirklichkeit.

Ich kann nunmehr den Sinn der Probe präzise charakterisieren. Es geht in ihr zunächst allgemein um die Unterscheidung zwischen einem Allgemeinen und einem Besonderen. Diese ist im Blickwinkel des Helden alles Andere als selbstverständlich gegeben und offen zutage liegend. Vielmehr ist die Unterscheidung nur durch eine Entscheidung zu erfassen. Diese geht fehl, weil der Unterschied verfehlt wird. Damit wird aber ein wesentlicher Aspekt der Welt verfehlt, denn die implizierte Differenz ist nicht nur eine logische, sondern auch eine ontologische.

Man könnte geradezu sagen: In beiden Szenen, aber insbesondere in der Gralszene, erscheint die Welt als die Differenz zwischen allgemeiner Maxime und singulärer Situation. Der so aufgefassten Realität gewachsen ist nur der, der überhaupt in der Lage ist, die Besonderheit einer konkreten Lage zu erkennen und entsprechend dieser Erkenntnis zu handeln. Und noch etwas: Wenn in den entscheidenden Prüfungen, und das sind in der Perceval-Geschichte (und auch anderswo) die kampfexternen, die Welt auf unvordenkliche Besonderheit ausgelegt wird, dann tritt ein (notwendiges) Defizit aller allgemeinen normativen Vorgaben zutage. Dass sie nicht in der Lage sind, dem je Konkreten, Besonderen, Einzelnen und das heißt der Kontingenz des Konkreten Rechnung zu tragen. Dieses kann nur und muss im konkret bezogenen Urteilsakt der auslegenden Anwendung geschehen.

Nun gibt aber Gornemanz zwei Ratschläge: einen, der immer gilt und immer zu befolgen ist, wenn die – klar erkennbaren – Bedingungen erfüllt sind (man soll den Gegner nicht töten, wenn er seine Unterlegenheit eingesteht und um Gnade bittet) und einen, der ein Ermessen erfordert (das Gebot, nicht zu viel zu sprechen, das kein Schweigegebot ist). Übrigens gehören auch die Ratschläge der Mutter betreffend den Umgang mit jungen Damen zum ersten Typus. Beide gelten nur unter konkreten Umständen, okkasionell, aber im zweiten Falle sind die Umstände ihres Geltens ungleich schwieriger auszumachen. Auf diesen

Unterschied kommt es an. Denn nur die Vorgaben des zweiten Typs sind auf Auslegung angelegt und angewiesen. Die Befolgung der Regel mit klarer Bedingung misslingt Perceval in der Begegnung mit dem Mädchen im Zelt und sie gelingt ihm beim Kampf mit Anguinguerron. Auf diesem Feld scheint er – nach der Initiation – Fortschritte gemacht zu haben. Um so dramatischer und um so bedeutsamer das Scheitern bei der Vorgabe mit Ermessenszwang.

Allerdings geht es auf der Gralsburg nicht einfach um den Gegensatz von Reden und Schweigen. Die Situation ist komplexer. Denn der junge Ritter fragt sich, ob er fragen soll. Es geht um eine doppelte Frage, eine, die nach innen gerichtet ist und eine die nach außen zu richten wäre. Die Realisierung der zweiten hängt von der Antwort auf die erste ab.

Das Drängen der Frage ist mehr als der (logische) Imperativ des Ermessens. Denn Perceval ist ja der Frager *par excellence*. Das Fragen gehört in ausgezeichneter Weise zu seiner (unvollendeten) Identität. Von Bedeutung ist demnach zuallererst, dass die Lage sich überhaupt in diesem Sinne durch Fraglichkeit und Fragwürdigkeit auszeichnet. Im Kampf *cors à cors* gibt es nichts zu fragen. Es siegt, wer siegt. Hier aber hat der junge Held es mit einer Situation zu tun, deren Sinn er nicht erfasst. Er ist abwesend, dem Ritual nicht ablesbar, unbekannt. Es geht aber nicht um das Unbekannte überhaupt. Denn auch Gauvain weiß nicht, welche böse Macht ihn mit einem Pfeilhagel unter Beschuss nimmt. Aber der Sinn dieses schweren Angriffs ist vollkommen gegeben: Es ist die äußerste Bewährungsprobe für den ritterlichen Menschen; eine, die ihn einem Maximum an Bedrohung, Angst und Unheimlichkeit aussetzt. In beiden Fällen hat das Konkrete einen allgemeinen Sinn. Aber dieser ist im ersten Falle opak, im zweiten nicht. Auch wird darin eine Dialektik des Konkreten deutlich, dass es in diesen Szenen ebenso um die Besonderheit des Einzelnen wie seine allgemeine Bedeutung geht. Aber nur in der Gralsszene werden beide problematisch und werden beide verfehlt.

Die Situation Percevals ist mithin durchaus rätselhafter. In beiden Ereignisreihen taucht das Unbekannte auf. Aber im Falle Percevals handelt es sich um ein qualitativ anderes Unbekanntes. Auch spielt das Unbekannte in Gauvains Welt eher eine untergeordnete Rolle. Oder: Noch in der Begegnung mit dem Unbekannten bleibt er auf bekanntem Terrain. Denn alles, was ihm begegnet, kann fraglos auf der Basis des ritterlichen Ethos bewältigt werden. Percevals Welt ist demgegenüber stärker vom Unbekannten als vom Bekannten bestimmt. Um so bedeutsamer ist es, wenn in einer überhaupt vom Unbekannten bestimmten Welt ein radikal oder substantiell Unbekanntes auftaucht. Denn die Frage an sich gehört (und gehörte immer schon) zu seiner Welt. Seine Welt ist überhaupt die fragliche.

Was die Gralszene und ihre Fraglichkeit betrifft, so ist auch zu bedenken, dass Percevals Fragen bis zu diesem Augenblick seines Lebens beantwortet werden. Auch deshalb, weil er immerzu fragt, ohne Hemmungen und bis zum Übermaß fragt. Perceval ist der Fragende und der obsessionelle Frager, der mit einem Male schweigt. Zur Gralsszene gehören also ihre bis zum Äußersten getriebene Fragwürdigkeit ebenso wie Percevals Fragehemmung. Denn er fragt nicht, obwohl er eigentlich fragen will. Seine Fragehemmung ist das lebensgeschichtliche Ausnahmeereignis, die fundamentale Abweichung von der Identität des Fragers. Damit werden auch das Fragehindernis und seine Bedeutung nachdrücklich herausgestellt.

Dazu kommt, dass Perceval nicht fragt, obwohl er hätte fragen sollen. Die Frage, die er nicht stellt, ist die erste Frage seines Lebens, die unter dem Vorzeichen eines Sollens steht. Denn die Ritter in der Anfangsszene hätte er nicht nach ihrem So und Wie fragen müssen. Wäre er ein gehorsamer Sohn gewesen, so hätte er sogar diese Fragen unterlassen können oder gar müssen. Wenn die Frage, die er nicht stellt, unter dem Vorzeichen eines Sollens steht, dann geht es offenbar nicht einfach um Abwägung, Bewertung und Ermessen; auch nicht um Wissen oder Nicht-Wissen, Wissen-Wollen oder Nicht-Wissen-Wollen. Vielmehr, was es hier als Antwort auf die Frage zu wissen gilt, soll gewusst werden. Es soll gewusst werden in dem Maße, in dem der Fragende ein Interesse an der Antwort an den Tag legen und vorher in seinem Inneren verspüren soll. In diesem Sinne geht es um ein Wissen-Sollen.

Es zeigt sich in aller Deutlichkeit, dass nach der Überschreitung der Schwelle der Initiation die Frage und das Fragen an Bedeutung und Gewicht zunehmen, substantieller und vor allem risikoreicher werden. An den Helden, zu dessen Identität das Fragen gehört, werden immer höhere Ansprüche hinsichtlich der Qualität seines Fragens gestellt. Auch ist jetzt der lebensgeschichtliche Augenblick ein anderer. Vor der Schwelle der Initiation fragte der unmündige Adoleszent. Jetzt hätte der ins Rittertum schon Eingeweihte zur richtigen Zeit die richtige Frage zu stellen. Eine Probe dieser Art hat Gauvain nie zu bestehen.

Bedeutsam ist die Unsicherheit Percevals. Dass er sich nach einem Moment unsicheren Zögerns entscheidet, nicht zu fragen. Das besagt zunächst, dass er überhaupt eine lebensgeschichtlich bedeutsame Entscheidung zu fällen hat (und nicht nur eine logische Operation zu bewerkstelligen), dass sich ihm der Zwang der Wahl aufdrängt, dass das richtige Verhalten nicht von sich aus klar ist. Gauvain hat zwischen Flüchten und Standhalten zu wählen. Aber dieses ist keine konfliktreiche innere Entscheidungssituation, weil es für ihn keine Unsicherheit über das richtige Verhalten gibt. Die Alternative, zwischen der er sich zu entscheiden hat, ist nur objektiv, nicht subjektiv gegeben. Flüchten kommt für den vollkommenen Ritter nicht infrage. Und mag ihm eine Welt von Feinden oder das Böse selbst begegnen. Eben das unterscheidet Percevals Welt von der Gauvains.

In Gauvains Welt gilt die Subsumtionsregel, nach der alle konkreten Fälle immer nur Varianten der Norm sind. In der Geschichte Percevals wird aber das Verhältnis zwischen allgemeiner Vorgabe und konkreter Wirklichkeit zum Problem. Es taucht eine Wirklichkeit auf, die den Rahmen der Norm überschreitet, weil sie sich jeder schlichten Anwendung derselben entzieht. Dann muss jede Norm angesichts der Unvordenklichkeit des Konkreten «versagen». Oder aber: Es ginge gerade darum, im konkreten Fall die Anwendbarkeit der Norm zu prüfen. Dann hülfe es nicht, die Regeln eines Kodexes, welcher das auch wäre, zu lernen. Sondern es ginge darum, in wechselnden und je konkreten Situationen risikoreiche Entscheidungen zu treffen. Verhalten hätte in erster Linie situationsangemessen und nicht einfach normtreu zu sein. Das verweist auf eine Schwächung jedes normativen *Apriori* zugunsten einer Erfahrung der Welt, in der das Problem der Angemessenheit ans normativ Unkommensurable im Bewusstsein auftauchte.

In dieser Sicht würde nicht einfach das Versagen der ritterlichen Norm herausgestellt.[17] Diese Auffassung läge gewiss näher, wenn es sich bei Perceval um einen vollendeten Ritter handelte und nicht um einen handlungsunsicheren Adoleszenten. Vielmehr ginge es um die Entdeckung und die erzählerische Bearbeitung einer Lücke zwischen der Konkretheit des Konkreten und der Allgemeinheit der Norm. Worin nun aber auch die Frage des ritterlichen Ethos eingeschlossen ist. Insofern als an Perceval fundamental andere Anforderungen gestellt werden als an sein Pendant. Kurz: Die Gralsszene ist die «nominalistische» Urszene.[18] Sie konfrontiert den Repräsentanten des Rittertums mit einer

---

[17] So umstandslos Mechthild Albert: Gesellschaftliche Symbolik bei Chrétien de Troyes. Zum Verhaltenscode von chevalerie und courtoisie im Conte du Graal. In: *Archiv für das Studium der neueren Sprachen* 239 (2002), S. 330, die mit dieser These das Problem der Unreife des Adoleszenten übergeht. Albert folgt u.a. Erich Köhler: *Ideal und Wirklichkeit in der höfischen Epik*. Tübingen: Niemeyer ³2002, der folgendermaßen formuliert: «Percevals Vergehen ist, da seine unmittelbare Ursache die falsch verstandene Verbindlichkeit der höfisch-ritterlichen Ethik ist, das Versagen dieser Ethik selbst.» (S. 194) Dieses Argument kann ich, bei allem Respekt vor dem verehrten Meister, nicht nachvollziehen, denn mit dem falschen Verständnis des ritterlichen Ethos durch den unreifen jungen Mann wird ja nicht dieses selbst falsch.

[18] Der Begriff der Urszene ist von Freud angeregt, wird aber nicht im freudschen Sinne verwendet. Vgl. Jean Laplanche/Jean-Bertrand Pontalis: *Das Vokabular der Psychoanalyse*. Zwei Bände. Frankfurt/M.: Suhrkamp ⁴1980, Zweiter Band, S. 576, wo folgende Bestimmung gegeben wird: «Szene der sexuellen Beziehung zwischen den Eltern, die beobachtet oder aufgrund bestimmter Anzeichen vom Kind vermutet und phantasiert wird.» (S. 576) Mir kommt es auf das lebensgeschichtlich Prägende der «Urszene» an, nicht ihre sexuelle Basis und ihre frühkindliche Situierung. Sodann auch auf ihren hohen Imaginationsanteil. Dieses aber im Sinne des literarisch Imaginären. Ich fasse also die Szene in erster Linie als literarisches,

bis dahin unerhörten Erfahrung. Es ist eine Erfahrung, die sich mit bloßer Treue zur Norm nicht bewältigen lässt.

Das ist nicht nur formal – im Sinne der Formel «nominalistische» Urszene – sondern zugleich inhaltlich zu verstehen. Es geht nicht zuletzt um das Leiden des schwer verletzten Fischerkönigs. Aber auch vorher schon spielt das Motiv des Schmerzes, körperlich und seelisch, eine herausgehobene Rolle: die Mutter mit ihrem Kummer um den davonreitenden Sohn. Nach der Gralsszene: die junge Frau mit dem geköpften Geliebten im Arm. Der Schmerz hat größte Bedeutung in dieser Welt. Nicht nur die Mutter und die junge Frau mit dem toten Geliebten,

---

nicht als psychologisches Faktum auf. Die Anführungszeichen beim Adjektiv «nominalistisch» wollen zum Ausdruck bringen, dass der Bezug zum sogenannten Nominalismus in einem übertragenen Sinne zu verstehen ist. Der philosophiegeschichtliche Begriff bezeichnet eine erkenntnistheoretische Position, die in der Frühscholastik hervortritt (Roscinus, gest. ca. 1120; Abälard, gest. ca. 1142) und in der Spätscholastik, bei Wilhelm von Ockham, ihren prominentesten Repräsentanten hat. Im Gegensatz zum erkenntnistheoretischen Realismus geht der Nominalismus davon aus, dass nur Einzeldinge wirklich sind, nicht aber Allgemeinbegriffe. Schönheit z.B. existiert nicht, nur schöne Objekte. Allgemeinbegriffe existieren nach Wilhelm von Ockham *in mente* oder *in anima*, nicht außerhalb des Geistes. Vgl. Guillelmus de Ockham: *Summa logicae*. St.Bonaventure, New York: St. Bonaventure Univ. 1974: «universale est quaedam qualitas mentis» (I, 14, 15f.); «Quod universale non sit aliqua res extra animam» (I, 15, 1). Vgl. auch Ekkehard Eggs: Res-verba-Problem. In: Gert Ueding (Hg.): *Historisches Wörterbuch der Rhetorik*. Band 7: Pos-Rhet. Tübingen: Niemeyer 2005, S. 1254–1257. Bezeichnend für den Nominalismus ist sein Interesse an der «Existenz der einzelnen Dinge»: Hans Julius Schneider: Nominalismus. In: Joachim Ritter/Karlfried Gründer (Hg.): *Historisches Wörterbuch der Philosophie*. Bd. 6. Darmstadt: Wiss. Buchges. 1984, S. 876. Von Bedeutung ist, dass die nominalistische Erkenntnistheorie von Anfang an eine Tendenz zur Überschreitung des erkenntnistheoretischen Feldes hat. So wirkt sie z.B. auf Ontologie und Theologie ein. Wie soll nun aber eine genuin erkenntnistheoretische Konzeption in die Literatur kommen? Sicherlich nicht so, dass Chrétien Roscinus oder Abälard gehört oder gelesen haben müsste. Der Nominalismus liegt im 12. Jahrhundert in der Luft, wie Erich Köhler: *Ideal und Wirklichkeit in der höfischen Epik,* S. 1 sagt. Wenn das der Fall ist, dann liegt er nicht nur in der Höhenluft der Erkenntnistheorie, sondern auch in den erdnäheren Luftschichten der lebensweltlichen Erfahrung. Weil in der Lebenswelt die Aufmerksamkeit für das Einzelne, Konkrete zunimmt, so sehe ich den Zusammenhang, nimmt sich die Philosophie des neuen Problem- und Erfahrungsstandes an. Die Eule der Minerva fliegt in der Dämmerung! In der Literatur erscheint das lebensweltliche und philosophische Problem in der subjektbezogenen und performativen Gestalt einer (ethischen) Erfahrung und einer handlungsbezogenen Szene. Im Verhältnis zur lebensweltlichen Erfahrung steht die literarische aber unter dem Vorzeichen einer imaginären Umarbeitung. Das erklärt die eigenartige Zuspitzung der Beziehung zwischen allgemeiner Vorschrift und konkretem *Kasus* im *Perceval*. Unter all diesen Umständen ist es übrigens nicht verwunderlich, dass der Nominalismus sich auch auf die Kasuistik des späteren Mittelalters ausgewirkt hat. Vgl. Frieder O. Wolf: Kasuistik. In: Joachim Ritter/Karlfried Gründer (Hg.): *Historisches Wörterbuch der Philosophie*. Bd. 4. Darmstadt: Wiss. Buchges. 1976, S. 704.

auch Artus und die Königin leiden. Chrétiens Erzählung entwirft eine Welt mit Empfindlichkeit für den Schmerz. Offenbar ist mit dem Motiv des Schmerzes auch eine Akzentuierung innerer Welten verbunden. Diese können nur in Akten der Einfühlung erfasst werden.[19] Damit aber hat der junge Held Schwierigkeiten von Anfang an.

In der Sicht der jungen Frau mit dem kopflosen Geliebten beging Perceval eine Sünde, indem er der Mutter beim Abschied großen Schmerz zufügte. Und deswegen war er unfähig, die Frage zu stellen: «Por le pechié, ce saches tu, / de ta mere t'est avenu, / Qu'ele est morte de duel de toi.» [Wegen der Sünde an deiner Mutter / ist dir das geschehen, dies sollst du wissen; / denn sie ist aus Kummer um dich gestorben.] (V. 3593–3595) Dem entspricht, noch deutlicher ausformuliert, die Deutung des Geschehens durch den Einsiedler: «Por le pechié que tu en as [durch den der Mutter zugefügten Schmerz, H.S.] / Avint que tu ne demandas / De la Lance ne del Graal, / [...] Pechiez la lengue te trancha, / [...]» [Um der Sündenschuld willen, die du daran hast, / geschah es dir, daß du weder nach der Lanze / noch nach dem Gral fragtest, / [...] [Die Sünde schnitt dir das Wort ab, / [...]] (V. 6399–6401, V. 6409).

Der Schmerz ist demnach nicht einfach ein innerweltliches Phänomen. Vielmehr bezieht sich jedes Leiden in der Welt letztlich auf den Schmerz des leidenden Gottes. Deshalb sagt die Mutter dem von ihr gehenden Sohn: «Traïz fu [Christus, H.S.] et jugiez a tort, / Si sofri angoisse de mort / Por les homes et por les fames, / Qu'an anfer aloient les ames / Quant eles partoient des cors, / Et il les an gita puis fors.» [er wurde verraten und zu Unrecht verurteilt, / so erlitt er Todesqual / um der Männer und der Frauen willen; / denn die Seelen fuhren in die Hölle, / wenn sie von den Körpern schieden, / und er errettete sie später von dort.] (V. 583–588) Leid und Schmerz erscheinen als charakteristisches Merkmal der *conditio humana*. Darin ist die menschliche Existenz auf das Leiden des Gottes bezogen und umgekehrt. In diesem Horizont offenbarte Percevals mehrfach sich äußernde Gleichgültigkeit gegenüber dem Schmerz nicht nur einen

---

19 Der epochale Kontext dieser neuen Sensibilität für den Schmerz ist der Humanismus des 12. Jahrhunderts und die in diesem Kontext stattfindende «Entwicklung der Innerlichkeit». So Jacques Le Goff: *Die Geburt Europas im Mittelalter*. München: Beck 2004, S. 115, dessen Hinweise auf die «Entwicklung einer neuen Kultur und Geisteshaltung» in dieser Epoche für meine Argumentation wichtig sind. Dazu gehört eine «Veränderung des Christentums, das zunehmend von der Hinwendung zum Weiblichen und einer Annahme des Leidens geprägt wurde». Auch der Zusammenhang zwischen dem «Aufschwung des Marienkults» und der «Umgestaltung der Christusverehrung», «die nicht mehr dem siegreichen Christus galt, der den Tod bezwungen hatte, sondern einem leidenden Christus, dem Christus der Passion und der Kreuzigung.» (S. 108)

innerweltlichen Mangel an Einfühlung. Sie wäre nicht nur eine seelische Gegebenheit, sondern eine fundamentale Blindheit, Verfehlung und Verkennung mit transzendenter Bedeutung. Kurz: Das Fehlverhalten des Helden angesichts des Schmerzes bezeichnet auch seine Gottferne.[20]

In der Gralsszene erscheint der Schmerz als die ausgezeichnete und zugleich transzendenzbezogene Gegebenheit des Konkreten. Und Perceval verpasst eine herausgehobene Möglichkeit seines Daseins: sich im angemessenen Umgang mit dieser Wirklichkeit als «Individuum» zu erweisen. Das meint im Horizont der Epoche nicht mehr und nicht weniger als sich in der Erfassung und Bewältigung eines Besonderen als ein Besonderer zu erweisen.[21]

---

20 Über die Gründe für das Schweigen Percevals gibt es eine jahrzehntelange Diskussion. Als prominente Positionen sind die Kellermanns und (in Anschluss an ihn) Köhlers zu nennen: Wilhelm Kellermann: *Aufbaustil und Weltbild Chrestiens von Troyes im Perzevalroman*. Darmstadt: Wiss. Buchges. ²1967 zufolge ist die Sünde gegenüber der Mutter die Ursache für das Schweigen Percevals. Im Sinne der augustinischen Ethik, von der auch Kellermann ausgeht, sei Perceval, so Erich Köhler: *Ideal und Wirklichkeit in der höfischen Epik* «im Zustand des non posse non peccare» (S. 189). Charakteristisch für diese, aus heutiger textnäherer Sicht, vereindeutigende Auffassung, ist die Privilegierung der religiösen Deutung des Einsiedlers. Diese ist aber nur eine von insgesamt fünf Stellen, die sich auf das verhängnisvolle Schweigen beziehen. Davon sind nur zwei klar religiös. Außer der Deutung des Einsiedlers die der Nichte. Dagegen spricht die *demoisele* auf dem Maultier von einer verpassten Gelegenheit, was jedenfalls eine zweite Möglichkeit voraussetzt. Perceval selbst macht sich die religiösen Aspekte der Deutung durch die Nichte nicht zu eigen, als er dem Einsiedler von seinem Fehler berichtet. Und schließlich hebt der Kommentar des Erzählers ausschließlich auf die innerweltliche Motivierung von Percevals Handeln ab. Entsprechend der komplexen und mehrstimmigen Behandlung des Themas durch den Text geht denn die neuere Forschung auch von einer Verbindung transzendenter und innerweltlicher Aspekte aus. Unentscheidbarkeit ist der entscheidende und historisch bezeichnende Textbefund. So etwa bei Jean Frappier: *Chrétien de Troyes*. Paris: Hatier 1968, S. 174, 168. So auch bei Pierre Gallais: *Perceval et l'initiation*. Paris: Ed. du Sirac 1972, S. 45. Zu nennen ist hier auch Urban T. Holmes: *Chrétien de Troyes*. New York: Twayne 1970 mit seiner Feststellung, dass «in the theology of the Middle Ages an event can have both an immediate and a distant cause» (S. 108). Es kann also die Sünde gegenüber der Mutter ebenso eine Rolle spielen wie die schematische Befolgung der Lehre Gornemanz'. Ein Nachzügler ist Daniel G. Hoggan: Le péché de Perceval. Pour l'authenticité de l'épisode de l'ermite dans le conte du Graal de Chrétien de Troyes. In: *Romania* 93 (1972), S. 50–76, S. 244–275, der noch einmal – mit den bekannten Argumenten – versucht, die rein religiöse Schuldthese stark zu machen.

21 Vgl. Jan A. Aertsen: Einleitung: Die Entdeckung des Individuums. In: Ders./Andreas Speer (Hg.): *Individuum und Individualität im Mittelalter*. Berlin/New York: de Gruyter 1996, S. IX–XVII, der eine Beziehung zwischen *individuum* und der nominalistischen Idee des Einzelnen herstellt. Das scheint mir überzeugend zu sein, auch wenn die von ihm genannten Philosophen Roger Bacon (gest. 1292) und Wilhelm von Ockham (ca. 1280–1349) nach der Abfassung unseres Textes lebten und schrieben. Der Nominalismus liegt, das sei hier noch einmal

4 Einsamkeit und Entscheidung

Es gibt ein unübersehbares gemeinsames Element aller Erzählungen Chrétiens. Man könnte es die Obsession des Richtigen nennen. Ihre Kehrseite ist eine Perhorreszierung des Falschen. Und zwar nicht nur als ihr logisch erschließbares Pendant. Denn die chrétienschen, wie alle Erzählungen in Rahmen traditionaler Kulturen, zeichnen sich dadurch aus, dass der normative Bezug des Handelns gleichsam mit Pedal gespielt, herausgehoben, unterstrichen, immer wieder expliziert und reflektiert wird. So etwa als ein markantes Beispiel am Anfang von *Erec und Enide* die Jagd auf den weißen Hirsch. Als verpflichtende *coustume* ist sie nicht einfach irgendein Tun, das sich immer wiederholt. Sie ist vielmehr ein Brauch von hohem Rang, auf dessen Beachtung der König auch gegen Einwände besteht.

Chrétien komponiert seine Erzählungen in zentralen Partien – wie der Gralszene – auf das Kernproblem der Wahrung des Richtigen oder aber des Falls ins Falsche hin. Der Normbezug des Handelns und damit die Antinomien der Sittlichkeit bestimmen alle Inhalts- und Formaspekte des chrétienschen Romans. So wird auch der Verstoß Erecs gegen die Norm der Ritterlichkeit mit all seinen Folgen in dramatischen Szenen entwickelt.[22]

Die Verfehlung liegt im «Verliegen» (Versäumen der ritterlichen Pflichten) Erecs. Der Aufbruch in die Abenteuerreihe zielt auf die Korrektur seines Fehlverhaltens, die Wiederherstellung der verletzten Norm. Die Abreise ist zugleich als Rückkehr zum rechten Weg angelegt. Was heißt genau, die Verletzung einer Norm zu korrigieren? Das meint die Wiederherstellung der Kongruenz zwischen dem Handeln der Person und den Imperativen der Norm. Sie ist unabdingbar, denn auf ihr beruht die Identität der Person. In diesem Sinne ist die Identität einer Person in der chrétienschen, und wiederum in der Erzählung der traditionalen[23] Kultur überhaupt, im Prinzip (das freilich durchbrochen werden kann!)

---

erwähnt, auch im 12. Jahrhundert schon in der Luft: Vg. Erich Köhler: *Ideal und Wirklichkeit in der höfischen Epik,* S. 1. Hier ist auch, und in diesem Zusammenhang, von der Krise des Hochmittelalters, vom Aufbrechen der «Gott-Welt-Einheit» die Rede.

22 Erec heiratet Enide, nachdem er in einem schweren Kampf gegen den unbekannten Ritter gesiegt hat. Aus Liebe zu seiner Frau versäumt er seine ritterlichen Pflichten. Als diese ihn in einer dramatischen morgendlichen Szene an selbige erinnert, bricht er mit ihr auf, um Abenteuer zu suchen und seine Schmach zu tilgen. Nach einer Reihe von Kämpfen, insbesondere dem siegreichen gegen den Ritter Mabonagrain in der *Joie de la Cort,* kehren beide an den Artushof zurück. Nach dem Tode des alten Königs tritt Erec die Königsherrschaft an.

23 Im Sinne von Jürgen Habermas: *Technik und Wissenschaft als Ideologie.* Frankfurt/M.: Suhrkamp ²1969. Nach Habermas bezieht sich der «Ausdruck ‹traditionale Gesellschaft› [...] auf

eine Funktion der Norm.²⁴ Das zeigt, in welchem Ausmaß das Über-Ich, der Über-Ich-Anteil oder das Normbewusstsein die Identität der Person bestimmen muss. Denn es liegt auf der Hand, dass Identitätsprofile anders aussehen, je nachdem ob sie mehr oder weniger von einer der drei von Freud unterschiedenen Instanzen des psychischen Apparates bestimmt werden.²⁵

Nun ereignet sich in der Reihe der Abenteuer etwas Überraschendes, das selbst nicht unter die Kategorie des (ritterlichen) Abenteuers fällt. Es betrifft die Rolle Enides und die Bedeutung des Sprechens. Auch betrifft es den Punkt, dass der Held nicht, wie sonst häufig im höfischen Roman, allein ausreitet, sondern von seiner Frau begleitet wird. Es ist die Begleitung durch die Frau, wodurch das außergewöhnliche Ereignis jenseits des «normalen» Abenteuers möglich wird.

Bedeutsam ist, wie im *Perceval*, die Alternative von Reden und Schweigen. Nach der morgendlichen Szene, in der Enide ihren Mann auf die Vernachlässigung seiner ritterlichen Pflichten aufmerksam gemacht hatte, hatte dieser begonnen, an ihrer Treue zu zweifeln. Auf der Reise erteilt er ihr ein absolutes Sprechverbot, was immer auch sich ereignen möge, um ihre Treue auf die Probe zu stellen: «‹Alez, fet il grant aleüre, / Et gardez ne soiez tant ose / Que, se vos veez nule chose, / Ne me dites ne ce ne quoi. / Tenez vos de parler a moi, / Se ge ne vos aresne avant. [...]›» (V. 2780–2785) («Vorwärts,» sagt er, «im Galopp, und hütet Euch, so kühn zu sein, mir irgendetwas zu sagen, wenn Ihr etwas bemerkt. Hütet Euch, zu mir zu sprechen, es sei denn, ich richte zuerst das Wort an Euch. [...]») (165).²⁶ Enide durchbricht mehrfach das Verbot, um ihren Mann vor drohender und von Wiederholung zu Wiederholung sich steigernder Gefahr für Leib und Leben zu warnen. Am Ende erkennt Erec, dass sich gerade in der Übertretung seines Verbots die Liebe seiner Frau zu ihm zeigt.

Zunächst scheint es sich so zu verhalten, dass Perceval zu wenig, Enide aber zu viel spricht. Das beginnt mit der Aufwachszene, wo die Ehefrau über die Ver-

---

den Umstand, dass der institutionelle Rahmen auf der fraglosen Legitimationsgrundlage von mythischen, religiösen oder metaphysischen Deutungen der Realität im ganzen – des Kosmos ebenso wie der Gesellschaft – ruht.» (S. 67)

24 Vgl. das Konzept des «kleinen» Subjekts in Hans Sanders: *Das Subjekt der Moderne. Mentalitätswandel und literarische Evolution zwischen Klassik und Aufklärung*. Tübingen: Niemeyer 1987, S. 16f., 27 u.a.

25 *Das Ich und das Es*. In: Sigmund Freud Studienausgabe. Bd. III. Frankfurt/M.: Fischer 1975, S. 273–330. Ich verwende die freudschen Kategorien heuristisch, was nicht die Annahme ihrer Geltung im streng empirischen Sinne einschließt. Letztere ist bekanntlich von verschiedenen Seiten mit mehr oder weniger triftigen Gründen bestritten worden.

26 Deutsche Übersetzung der Zitate aus *Erec et Enide* nach Chrétien: *Erec und Enide*. Übs. Ingrid Kasten. München: Fink 1979.

nachlässigung der ritterlichen Pflichten durch den Ehemann klagt, was dieser im Halbschlaf hört. Aber Gornemanz formuliert eine allgemeine und auslegungsbedürftige Maxime, Erec jedoch gibt einen konkreten Befehl, der ausdrücklich in jeder nur denkbaren Lage gelten soll. Beide, allgemeine Maxime und absolutes Verbot, sind auf den Augenblick angelegt, wo sich zeigen muss, ob sie (richtig) befolgt werden. Das manifestiert auch einen Entwurf der Welt auf das Ereignis von Regelkonformität oder Regelabweichung hin. Was in dieser Anlage offenbar ausgeschlossen wird, ist die fraglose und unproblematische Befolgung (und Befolgbarkeit) der Vorgabe. Diesbezüglich stellt auch *Lancelot* keine Ausnahme dar.

Es muss jedenfalls zu einer bedeutsamen Situation kommen, wo sich die Person zu entscheiden hat, ob sie der Vorgabe folgen will oder nicht. Nun wäre es denkbar, dass sie sich im fraglichen Augenblick mit Entschiedenheit, also ohne Zagen, Zögern und Unsicherheit entschiede. Auch das wird ausgeschlossen. Beide Figuren sind unsicher. In ihrer Unsicherheit geraten sie in ein inneres Dilemma. Sie haben Gründe *pro* und Gründe *contra* abzuwägen. Aber diese Abwägung ist kein nur logisches Operieren. Sie lässt die Person nicht kalt. Sie ist, Enide freilich noch mehr als Parzival, mit ihren Gefühlen, mit ihrem ganzen Wesen involviert:

> An tot le cors de li n'ot vainne / Don ne li remuast li sans, / Si li devint pales et blans / [...] / Mout se despoire et se desconforte, / [...] / De deus parz est mout a male eise, / Qu'ele ne set lequel seisir / Ou le parler ou le teisir. / A li meïsmes s'an consoille; / [...] / Car de peor estraint les danz, / A li a prise grant bataille / Et dit: « [...] Je n'oseroie, / Que mon seignor correceroie, / Et se mes sires se corroce, / Il me leira an ceste broce / Seule et cheitive et esgaree, / Lors serai plus mal eüree. / Mal eüree? Moi que chaut? / Diax ne pesance ne me faut / Ja mes, tant con je aie a vivre, / Se mes sires tot a delivre / An tel guise de ci n'estort / Qu'il ne soit mahaigniez a mort. / [...] Lasse, trop ai or atandu! / Si le m'a il mout desfandu, / Mes ja nel leirai por desfansse: / Je voi bien que mes sires pansse / Tant que lui meïsmes oblie. / Donc est bien droiz que je li die.» / Ele li dit. (V. 3726–3728, V. 3730, V. 3734–3737, V. 3741, V. 3746f., V. 3752–3762, V. 3767–3773)
>
> Jede Ader in ihrem Körper geriet in Wallung, ihr Gesicht wurde ganz bleich und weiß, [...]. Sie ist völlig verzweifelt und verzagt, [...]. Beides verursacht ihr großes Unbehagen, so daß sie nicht weiß, wie sie sich entscheiden soll, zum Sprechen oder Schweigen. Sie hält mit sich selbst Rat, [...] denn aus Angst beißt sie die Zähne aufeinander [...] Sie hat sich einen schweren Kampf geliefert und sagte: «[...] Ich würde nicht wagen, meinen Gemahl zu erzürnen; wenn mein Gemahl erzürnt ist, wird er mich allein, elend und hilflos in diesem Gestrüpp zurücklassen. Dann werde ich noch unglücklicher sein. Unglücklich? Was kümmert mich das? Schmerz und Ungemach werden mich nie verlassen, so lange ich zu leben habe, wenn mein Gemahl nicht ganz ungehindert von hier entkommt, ohne zu Tode verletzt zu werden. [...] Ja, Ich habe schon zu lange gewartet! Er hat es mir wohl streng verboten, aber ich werde es nicht lassen, auch wenn es verboten ist. Ich sehe wohl, dass mein Gemahl so in Gedanken versunken ist, dass er sich selbst vergisst. Da ist es gewiß recht, wenn ich es ihm sage.« Sie sagte es ihm, [...] (S. 217, 219).

Die extremen körperlichen Reaktionen zeigen Enides angstvolle Anspannung an. Ein innerer Kampf findet statt. Keineswegs fällt die Entscheidung, wie immer bei Perceval, einfach nach einem Akt der Er-Innerung. Sie wägt die Gründe ab, die für Schweigen (Zorn des Ehemannes, Risiko, von ihm verlassen zu werden) oder Reden (Verlust Erecs, wenn er ungewarnt von den Angreifern getötet würde), Befolgung und Zuwiderhandlung sprechen. Schließlich siegt die Liebe zu Erec über die Furcht vor Strafe und Verstoßung, indem Enide sich darüber klar wird, dass das Unglück, den Ehemann zu verlieren für sie schlimmer wäre als das Unglück der Bestrafung und der Verstoßung.

Nicht nur entscheidet sich die Frau, gegen den Befehl des Eheherrn zu verstoßen. Sie trifft eine widerständige, darin selbständige, zugleich von ihrer Liebe bestimmte und vernünftige Entscheidung. Denn die widersprüchlichen Ängste und Gefühle werden nicht einfach erlebt, sondern zugleich gegeneinander abgewogen. Dabei wird der herausragende Gefühlsaspekt zur Grundlage einer rationalen Schlussfolgerung. Zwar setzt sie sich einem Sturm widersprüchlicher Gefühle aus, aber sie beherrscht sie schließlich auch im Sprachspiel der schlussfolgernden Ratio. Und zwar so, dass die rationale Beherrschung äußerste Klarheit des Bewusstseins über ihr stärkstes Gefühl (die Liebe zu ihrem Mann) einschließt. Entschiedenheit, Selbsterkenntnis und Selbstbewusstsein fallen im Akt der Entscheidung zusammen. In der Entscheidung, das Leben ihres Mannes zu retten, findet Enide ihr Selbst im Vordringen zu sich selbst, zu ihren innersten Antrieben.[27]

Nicht, dass sie dem kategorischen Redeverbot des Ehemannes zuwiderhandelt, ist der wesentliche Punkt. Wo Perceval der Maxime ohne Rücksicht auf die besonderen Gegebenheiten folgt, trifft Enide eine der Situation angemessene Entscheidung. Dass die Übertretung des Verbots unter den konkreten Umständen akuter Bedrohung vernünftig und im Sinne ihrer ureigensten Motive als

---

27 Was, wie bisher schon deutlich geworden sein dürfte, nicht im modernen Sinne zu verstehen ist, denn das Selbst bleibt immer in die Bezugsgruppe integriert. So Caroline W. Bynum: *Jesus as mother. Studies in the spirituality of the High Middle Ages*. Berkeley/Los Angeles: Univ. of Calif. Press 1982, die «the discovery of the self» (S. 87) nach 1050 zu Recht strikt abhebt von «our twentieth-century awareness of personality or our stress in uniqueness» (S. 90). Edith Feistner: Bewusstlosigkeit und Bewusstsein: Zur Identitätskonstitution des Helden bei Chrétien und Hartmann. In: *Archiv für das Studium der neueren Sprachen* 236 (1999), S. 241–264 belehrt mich darüber, dass in der deutschen Mediävistik der Begriff des Individuums bezogen auf den Helden des Artusromans geradezu verpönt sei. In der Tat ist auch Enide kein modernes Individuum. Aber das Alternativkonzept der «Definition des Einzelhelden als Rollenträger mit generalisiertem Ich» (S. 241) trifft ebenso wenig die Form des Selbst, wie sie sich in den singulären Entscheidungssituationen Chrétiens zeigt.

ihren Mann über alles liebende Frau auch unausweichlich ist, wird ihr selbst, dem Leser und schließlich auch Erec deutlich. In dieser Entscheidung kommt die Person als autonomes, was besagt: als der Autonomie und Besonderheit der Situation entsprechend handelndes «Individuum», zu ihrer Identität.

Das meint zunächst die Übereinstimmung des Handelns mit der Lage, in der gehandelt werden muss; im Handeln die konkreten Gegebenheiten zu treffen, auch wenn dabei die Vorgabe verfehlt wird. Damit tritt in der Situation der Entscheidung eine andere Dimension der Identität hervor als bei den Gelegenheiten, wo nur normentsprechendes Verhalten erwartet wird: mit sich selbst übereinstimmen im situationsangemessenen und gegebenen Falles auch verbotswidrigen Handeln. Und eben dieses erscheint gerade deswegen als wirklich gebotenes und damit auch vernünftiges Handeln. Die alternativlose Vernünftigkeit der Entscheidung in ihrer Angemessenheit an die Besonderheit der Situation, die Unausweichlichkeit einer Entscheidung überhaupt, die tiefsten Motive und die Einsamkeit der Figur im Augenblick der Entscheidung bilden eine Einheit. In der «nominalistischen» Szene zögert die Person angesichts einer ausgezeichneten Möglichkeit ihres Daseins: anders zu handeln, als ihr vorgegeben war. Allein in diesem Zögern schon kommt zum Vorschein, was eine Person sein könnte, die mehr wäre als eine perfekte Repräsentanz der Norm. Und das gilt für Enide, die im richtigen Augenblick ihren Ab- und Aufsprung findet, ebenso wie für Perceval, der gar nicht erst springt.

In Percevals Verfehlung meldet sich die Erwartung an eine Identität, die mehr wäre als nur normkongruentes Handeln. Das konfrontiert den Leser mit der Zweipoligkeit einer Obsession der Norm einerseits und einer Erfahrung, die man als Aufdämmern eines Horizontes «jenseits der Norm» fassen könnte. Es ist kein Zufall, dass Perceval, und dramatischer noch Enide, diese Erfahrung als seelisch belastendes Alleinsein erfahren. Auch Gauvain ist im Zauberschloss auf sich allein gestellt. Aber noch in äußerster Not hat er einen starken «Freund» an seiner Seite, der ihn nicht verlässt: das fraglos eindeutige Bild des Ritters, das er in sich trägt. Auf nichts dergleichen können Enide und Perceval sich stützen. Ihre Entscheidung kann nicht anders als gegen die Vorgabe bzw. in Abwägung derselben gegen die Gegebenheit getroffen werden. Deshalb sind sie gleichsam doppelt einsam. Sie ahnen (Perceval) und werden sich darüber klar (Enide), dass die Vorgabe nicht «trägt» und dass sie gegen dieselbe handeln müssen/müssten. Deshalb geraten sie in einen inneren Konflikt, der Gauvain erspart bleibt, weil er von seinem ritterlichen Ethos konfliktsicher getragen wird.

Wobei freilich der Einwand kaum abzuweisen ist, ob die Sensibilität für den Schmerz nicht gerade zum ritterlichen Ethos gehört. Und eben darum geht es auch auf der Gralsburg. Dann lägen die Dinge genau gefasst so: Perceval hätte zu entscheiden, welche Regel unter den besonderen Bedingungen auf der Gralsburg zu gelten hätte: das Schweige- oder das Mitleidgebot. Das wäre kein Konflikt zwischen Norm und Nicht-Norm, sondern zwischen zwei im konkreten Fall konkurrierenden Normen.[28] So auch im Falle Enides, wo im Augenblick äußerster Gefahr zwischen absolutem Gehorsam und u.a. einer höheren Verpflichtung gegenüber dem Wohlergehen des Ehemannes gewählt werden muss. Das tut der Kategorie Besonderheit und der Singularität der Situation keinen Abbruch. Nur befindet letztere sich streng gefasst nicht im normfreien Raum. «Jenseits der Norm» bezeichnet eine Lage, in der man keiner Norm einfach folgen kann, ohne sie zu prüfen. Die Prüfung aber kann nicht auf dem Boden der Norm selbst erfolgen, sondern nur auf der Basis einer Abwägung zwischen *Kasus* und Norm.[29]

Womit erneut die Frage nach der Rolle Gottes in dieser Welt aufgeworfen ist. Denn es handelt sich in keinem Fall um rein innerweltliche Probleme des Geltens von Normen. Vielmehr sind alle zentralen Normen des höfischen Romans in letzter Instanz transzendent legitimiert.[30] Die – freilich unsichtbare – Anwesenheit des Gottes in dieser Welt steht außer Zweifel. Nirgends tritt er spektakulär und als individuelle Gestalt auf wie in der Welt der *Ilias*. Gleichwohl zeigt sich seine Präsenz in gewissen Repräsentanzen. Dazu gehören das Ethos des Rittertums, so weit es christlich begründet ist[31], insbesondere in dieser Epoche auch die Aufmerksamkeit für den Schmerz. Und sicherlich die Verpflichtung der Gatten gegeneinander im Rahmen der Institution Ehe.

---

28 Vgl. Colin Morris: *The discovery of the individual. 1050–1200*. Toronto u.a.: Univ. of Toronto Press ³1991 zum umfassenden wirtschaftlichen, sozialen und kulturellen Wandel nach 1150. Dieser führt auf der Ebene individuellen Handelns zu einer Erweiterung der Wahlmöglichkeiten (S. 121), weil kein Rückgriff auf so etwas wie eine «clear or simple ethic» möglich ist. Morris spricht von einem Wertekonflikt und bilanziert: «This awareness of a conflict of values forced the individual to make his own decisions» (S. 122).
29 Diese Konstellation bezeichnet den zentralen Unterschied zwischen der Struktur der Überschreitung bei Chrétien und der in der *Princesse de Clèves* inszenierten. Vgl. Hans Sanders: *Das Subjekt der Moderne*, S. 51–67. Die Reflexionen der Princesse bewegen sich zwischen der Wahrnehmung ihres individuellen Begehrens und dem Willen, dem Ethos ihrer Gruppe zu entsprechen. Bis hin zur Selbstsetzung der für sie geltenden Norm nach dem Tode des Ehemannes.
30 Was für das ritterliche Ethos insgesamt gilt. Vgl. Wim Blockmans/Peter Hoppenbrouwers: *Introduction to medieval Europe. 300–1550*. London/New York: Routledge 2007, wo die Vorstellungen des «miles Christi» und des «miles Sancti Petri» (S. 118) angeführt werden.
31 Das gilt z.B. für die Schwertleite nur in einem eingeschränkten Sinne. Diese stand nie so wie die Königskrönung unter kirchlichem Einfluss. So Maurice Keen: *Das Rittertum*. Düsseldorf: Albatros 2002, S. 115f., 119. Es gelang der Kirche, nach Keen, niemals, «die Grundlagen des weltlichen Loyalitätsprinzips [Herrendienst, H.S.] zu erschüttern» (S. 119).

Auch die Rede bezieht sich andauernd auf den Gott. So in Redewendungen des Alltags wie «Se Dex t'aist» [So wahr Dir Gott helfe, [...], *Perceval]* (V. 278). Gott erscheint beständig in Diskursgesten, die noch nicht zur Floskel geworden sind. Alles hat Bezug auf ihn oder ist auf ihn beziehbar. Aber die Einsamkeit der Handelnden im Augenblick der Entscheidung eröffnet einen problematischen innerweltlichen Handlungsraum.[32] Allein mit dem Zwang der Wahl sind die Protagonisten wirklich, in ihrer Wirklichkeit allein. Chrétiens Welt hängt noch am Himmel, aber sie beginnt, sich im Wind der Innerweltlichkeit zu bewegen.

Reden und Schweigen im *Kasus* sind Checkpoints, wo das normativ geschlossene und gesicherte Territorium der ritterlichen Welt so oder so überschritten wird. Ob die Person nun springt oder nicht, nachher ist sie eine andere. Und auch die Wirklichkeit. Das unterstreicht die Bedeutung der Schwelle in der Imagination Chrétiens. Die Schwelle kann den Eintritt in das normative Universum dieser Welt (Percevals Initiation) bezeichnen, aber auch den Austritt aus ihr und den Übertritt in einen Raum, in dem schlichte Normtreue keine Sicherheit mehr verbürgt. Dann sind Alleinsein, Einsamkeit, innerer Konflikt, Unsicherheit und Qual der Wahl unvermeidlich. Und es ist keineswegs zufällig, dass weder Enide noch Perceval ihre Zuflucht zum Beten nehmen.

Im *Cligès* fehlt das Motiv des Sprechverbots.[33] Nicht aber das des Übertritts und der Überschreitung. Deren Medium ist hier nicht die Frage oder das verbotene Sprechen, sondern die Liebe. Darin ist die Liebe äquivalent mit der Situation der versäumten Frage im *Perceval* und dem verbotenen Sprechen in *Erec et Enide*. Denn auch in der Liebe, die freilich ein Alleinsein zu zweit ist, sind die Personen allein; im Sinne des Heraustretens (und zwar immer nur zeitweise, das ist wichtig) aus dem Schutz- und Sicherheitsraum der Norm. In der Liebe wollen die Akteure etwas, was die Norm nicht gewähren kann. So ist Fenice *modo institutionale* die Frau des Königs. Die Überschreitung ist in dieser Erzählung konkret versinnlicht durch den simulierten Tod Fenices (als scheinbarer

---

[32] Freilich nicht nur in diesen Situationen, denn die ritterliche Welt als ganze ist, so Maurice Keen: *Das Rittertum*, von einem Ethos bestimmt, «bei dem kriegerische, aristokratische und christliche Elemente miteinander verschmolzen sind.» (S. 31) Keen weist auf die Rolle der Fürstenhöfe im Frankreich des 12. Jahrhunderts bei der Herausbildung ritterlich-höfischer Sitten hin. Diese waren «Zentren einer säkularen literarischen Kultur» (S. 53), zu der «eine neugewonnene weltlich-kulturelle Freiheit» (S. 70) gehörte.
[33] Cligès liebt Fenice, die mit König Alis verheiratet ist. Alis wird durch einen Zaubertrank der Magierin Tessala am Vollzug der Ehe gehindert. Nach einer Reihe von Kämpfen entführt Cligès Fenice. Schließlich kommt ein weiterer Zaubertrank Tessalas zum Einsatz. Fenice täuscht ihren Tod vor und sie wird zum Schein in einem Turm bestattet. Cligès flieht mit ihr und kehrt erst nach dem Tode Alis' zurück, um den Thron von Byzanz zu besteigen.

Herauslösung aus dem Bereich der Lebenden) und durch den Rückzug in die gesellschaftlich exterritoriale Enklave des Turms. Dieser steht in der Reihe der wunderbaren Begebenheiten, ist also zusammenzusehen mit dem Gralsschloss, der Zauberburg und dem Zaubergarten. Aber der Liebesturm als Refugium der Liebenden ist gerade kein Ort ritterlicher Bewährung, sondern ein Raum jenseits der höfischen Welt. Er ist auch nicht das Werk unbekannter Mächte des Bösen, sondern ein Spitzenprodukt menschlich-handwerklicher Tüchtigkeit. Er ist ein Ort für das Begehren des liebenden Paares.

Wobei der Magierin Tessala und ihrer Kunst eine Schlüsselrolle zukommt. Sie stellt die übertechnisch-technischen Mittel – den Zaubertrank – bereit, wodurch der Überstieg der Liebenden als Erfüllung ihres persönlichen Liebesprojekts gelingen kann. Durch die zweimalige Verwendung des Zaubertranks fallen die Repräsentanten der Ordnung einer doppelten Täuschung anheim. Der König träumt nach der Verabreichung derselben nur, Fenice in der Hochzeitsnacht besessen zu haben. Fenice ist nach der Einnahme nur scheinbar tot. Aber beides wissen nur die Liebenden und ihre Mitwisserin, deren Wissen im Unterschied zur Täuschung der Anderen ihre Abgrenzung von der Gemeinschaft symbolisch verdoppelt.

Der Zaubertrank bewirkt, dass das Begehren der Liebenden erfüllt wird und zugleich beschafft er die Legitimität der Erfüllung. Denn der König hat Fenice in Wahrheit nicht körperlich besessen. Cligès und Fenice haben somit keinen Ehebruch begangen. Der vorgetäuschte Tod Fenices führt zum Wahnsinnstod des Königs, wodurch für Cligès der Weg zur Königsherrschaft und zu seiner legitimen Ehe mit Fenice frei wird.

Entfernung aus dem Raum der Gemeinschaft, im wörtlichen und übertragenen Sinne, Liebe, Kampf für ihre Verwirklichung, Plan und Täuschung treten in dieser Erzählung an die Stelle der Entscheidungssituationen von Sprechen und Schweigen. Identisch ist der zentrale Aspekt einer substantiellen Grenzüberschreitung, die entsprechende fundamentale Entscheidungen der Akteure erfordert. Das misslingt im falschen Schweigen Percevals, gelingt im richtigen Sprechen Enides und gelingt auch im *Cligès*. Als Versöhnung zwischen Norm und normkonträren Begehren der Person.

5 Jenseits des *cors à cors*

Im *Perceval*, ebenso wie in *Erec et Enide*, muss eine Entscheidung zwischen Reden und Schweigen getroffen werden. *Cligès* ist das Drama der verbotenen Liebe, das eine sozialverträgliche Lösung findet. Im *Yvain* geht es um das gebrochene Versprechen. In allen Fällen entsteht oder droht ein moralischer Schaden, der repariert oder verhindert werden muss. Das berührt auch das zentrale erzählerische Organisationsprinzip der Abenteuerreihe. Die einzelne *avanture* ist zufällig. Das jeweilige Abenteuer kann immer auch anders ausfallen. Es ist in seinem je konkreten Charakter, Eintreten, seinem Verlauf und in seinen besonderen Umständen nicht prognostizierbar. Identisch sind aber seine Funktion (im Rahmen der Gesamterzählung) und sein Sinn (im Zusammenhang der Lebensgeschichte des Helden). Auch muss die Bewährungsprobe, welche das Abenteuer dem Helden auferlegt, immer im Rahmen des ritterlichen Kodexes gelöst werden. Seinem Wesen nach ist die Prüfung also immer eine Probe auf die Tragfähigkeit der entsprechenden Regeln und das Niveau der Beherrschung derselben durch den Helden. Die Abenteuerreihe ist der Raum-Zeit-Organisator der Bewährung.

Das bedrohliche Ereignis kann durchaus im Raum der Gemeinschaft entstehen oder diese betreffen (die von den Riesen bedrohte Burg). Aber es muss in jedem Falle vom auf sich gestellten Helden bewältigt werden. Das Problem, das die Abenteuerreihe produziert, appelliert – im Gegensatz zur historischen Wirklichkeit der Epoche – an die «Individualität des Individuums».[34] Es handelt sich aber um ein Individuum, dass tief im normativen Repertoire der Gruppe Fuß gefasst, Wurzeln geschlagen haben muss, um überhaupt in der Lage zu sein, sich dem Ereignis zu stellen. Insofern ist das Ereignis keineswegs beliebig. Es ist immer Ereignis im institutionellen Raum. Sein Zentrum oder seine Ränder betreffend.

Letzteres gilt für die Prüfungen jenseits des Kampfes. Sie sind in die Reihe der Kämpfe integriert. Sie tauchen an irgendeiner Stelle in der Reihe der Abenteuer auf. Aber sie sind nicht durch Kampfkraft und Kampfesmut zu bemeistern. Die Bewährungsprobe im Kampf gelingt den Helden in fast allen Fällen. Mit Ausnahme etwa im *Yvain*, wo der Protagonist einem übermenschlichen Gegner (Riesen) gegenübertreten muss.

Im Kampf geht es darum, dem ritterlichen Ethos möglichst vollkommen zu entsprechen. In den Bewährungsproben des zweiten Typs aber reicht bloße Übereinstimmung mit der Norm nicht aus. In Situationen dieser Art gerät die Person in ein Feld auf der Grenze zwischen Norm und normativ nicht präskribiertem

---

34 Was, es sei noch einmal unterstrichen, nicht im modernen Sinne zu verstehen ist, sondern etwa im Sinne der folgenden glücklichen Formulierung Köhlers: Erich Köhler: Le rôle de la «coutume» dans les romans de Chrétien de Troyes. In: *Romania* 81 (1960), S. 386–397: «L'aventure est, dans le roman arthurien de Chrétien, le moyen qui permet au chevalier, en tant qu'individu, d'atteindre à une compréhension complète de soi-même et à l'harmonisation de son existence avec l'image idéale qu'il s'en fait.» (S. 396)

Einzelfall. Darin hat sie eine des öfteren seelisch stark belastende Entscheidung zwischen widerstreitenden Normen zu treffen. In dieser Entscheidung, ganz gleich, ob sie in angemessener Weise gelingt oder nicht, tritt eine andere Dimension ihrer Individualität hervor als im elementaren *cors à cors*: nicht perfekte Normkongruenz, sondern Urteilsfähigkeit[35] im Singulären. Oder – Cligès – der unbedingte Wille zum eigenen Glück.

Im Kampf *cors à cors* steht der Held in der Regel allein seinem Gegner gegenüber. Auch in der Konfrontation mit der kampfesjenseitigen Konstellation ist er allein, aber in einem ganz anderen Sinne. Denn darin ist er nicht nur «auf sich» gestellt (weil er sich dem einzelnen Gegner als Einzelner entgegenzustellen hat), sondern er muss «in sich» gehen, um das Problem einer unvordenklichen Gegebenheit überhaupt nur angehen zu können. Und zwar indem er sich befragt, Argumente abwägt, sich mit Zweifeln und Ängsten auseinandersetzt. Probleme dieser Sorte sind nur im Rückgang auf sich selbst als Eintritt in die eigene Innerlichkeit lösbar. Im kampfentfernten Problem tut sich ein anderer Raum der Innerlichkeit auf als in der kämpferischen Bewährungsprobe. In dieser hat sich zu zeigen, ob die ritterliche Norm, körperlich und mental, die Person ganz erfüllt. In ersterem aber, ob sie in der Lage ist, den unvordenklichen Gehalt von konkreten Gegebenheiten zu erkennen, die dadurch hervorgerufene Angst innerer Einsamkeit durchzustehen und sich zu entsprechendem Handeln durchzuringen.

---

35 Welchen Begriff ich ausdrücklich vom kantschen Begriff der Urteilskraft abgrenze. Denn Kant: Immanuel Kant: *Kritik der Urteilskraft*. In: Werkausgabe. Band X. Frankfurt/M.: Suhrkamp ³1978 definiert «Urteilskraft» als «Vermögen der Subsumtion des Besonderen unter das Allgemeine» (S. 15). Ein Überschuss des Konkreten über das Allgemeine, zentrales Implement in den chrétienschen Schlüsselszenen und der für meine Argumentation zentrale Interpretationsgedanke, ist bei Kant ausgeschlossen. Das hängt mit seiner Orientierung am «Paradigma der neuzeitlichen Erfahrungswissenschaften» zusammen. So Günther Buck: Über die Identifizierung von Beispielen – Bemerkungen zur ‚Theorie der Praxis'. In: Odo Marquard/Karlheinz Stierle (Hg.): *Identität*. München: Fink ²1996, S. 62f. Wohl aber ist dieser Aspekt bei Aristoteles: *Nikomachische Ethik*. In: Philosophische Schriften in sechs Bänden. Bd. 3. Hamburg: Meiner 1995 herausgestellt: «Was aber dem Bereich des sittlichen Handelns und des im Leben Nützlichen angehört, hat nichts an sich, was ein für allemal feststände, [...]. Und wenn das schon für die allgemeinen Regeln gilt, so lässt das Einzelne und Konkrete noch weniger genaue und absolut gültige Vorschriften zu, [...] Hier muß vielmehr der Handelnde selbst wissen, was dem gegebenen Fall entspricht» (1104 a 3–8). Die Urteilsfähigkeit im Singulären heißt bei Aristoteles *Phronesis*. Sie bezeichnet die praktische Vernunft, «die in jedem einzelnen Entscheidungsfall [...] den 'richtigen und rechten' Rat zu geben vermag.»: Ekkehard Eggs: *Die Rhetorik des Aristoteles. Ein Beitrag zur Theorie der Alltagsargumentation und zur Syntax von komplexen Sätzen (im Französischen)*. Frankfurt/M.: Lang 1984, S. 73.

Perceval versagt, weil er mittelbar im Zustand der Schuld und unmittelbar in seiner mechanischen Anwendung der Maxime die Besonderheit der Situation verfehlt. Enide, in spiegelbildlicher Verkehrung, entscheidet richtig, weil sie sich nach den besonderen Umständen richtet und nicht nach dem absoluten Imperativ Erecs. Cligès und Fenice lösen ihr Liebesproblem durch planvoll-vorausschauendes Handeln: Täuschung des Königs, Scheintod und zeitweilige Emigration in die Exterritorialität des Turms. Yvain[36] wird durch das Vergessen des Versprechens in schwerste innere Erschütterung (bis hin zum Wahnsinn) gestürzt und er korrigiert seinen Fehler durch Wiederholung der Ausgangssituation: Herbeiführung einer Überschwemmung, vor deren Folgen er die Schlossherrin schützen kann, die ihm daraufhin verzeiht.

Yvains Problem ist nicht die verbotene Liebe. Auch nicht das beim jungen Perceval fehlende Verständnis für den Schmerz des Anderen (er leidet ja sogar mit dem Schmerz des verwundeten Löwen mit). Auch nicht Reden und Schweigen zu angemessener Zeit. Sondern die Beachtung einer Frist. Denn so spricht streng die Ehefrau beim Abschied: «Je vos creant / Le congié jusqu'a un termine. / Mes l'amors devanra haïne, / Que j'ai en vos, toz an soiez / Seürs, se vos trapassïez / Le terme que je vos dirai;» (V. 2564–2569) («Ich gewähre Euch Urlaub für eine bestimmte Zeit, aber dessen seid sicher, die Liebe, die ich Euch entgegenbringe, wird sich in Haß verkehren, wenn ihr die Frist überschreitet, die ich Euch setzen werde.») (S. 135)[37] Es wird deutlich gesagt, dass es die von Kämpfen erfüllte ritterliche Gemeinschaft mit Gauvain ist, die ihn den Zeitpunkt der Rückkehr vergessen lässt. Yvains Versagen steht in umgekehrter Beziehung zu Erecs Fehlverhalten. Dieser vergeht sich an den Geboten der Ritterlichkeit, indem er sich verliegt. Yvains Vergessen ist auch ein illegitimes «Verliegen» als ein das angemessene Maß überschreitendes Verweilen im ritterlichen Leben, während doch der Aufbruch zur gesetzten Zeit am Platze gewesen wäre. Wie auch im *Perceval* stehen die Sphäre der Frau und die männliche der ritterlichen Gemeinschaft in einem Spannungsverhältnis.

Dem Aspekt der Zeit kommt in diesem Roman eine besondere Bedeutung zu. Im *Perceval*, ebenso wie in *Erec et Enide*, geht es um richtiges Verhalten in konkreter Lage; die Angemessenheit des Verhaltens an die Augenblicklichkeit der

---

36 Yvain besteht das Abenteuer an der Zauberquelle, tötet den Burgherren und heiratet dessen Ehefrau. Schließlich bricht er mit Gauvain zu Abenteuern auf. Vorher muss er seiner Frau Laudine versprechen, binnen Jahresfrist zurückzukehren. Er lässt den Termin verstreichen, die Ehefrau kündigt ihm die Treue auf, Yvain fällt in Wahnsinn und wird durch eine Salbe geheilt. Nach einer Reihe von Abenteuern, bei denen er von einem Löwen unterstützt wird, kehrt er zur Zauberquelle zurück. Es kommt zu Versöhnung mit Laudine.
37 Deutsche Übersetzung nach Chrétien: *Yvain*. Übs. Ilse Nolting-Hauff. München: Fink ²1983.

Situation. Im *Cligès* und im *Yvain* ist etwas Anderes wichtig: das Festhalten einer Intention über einen längeren Zeitraum hinweg. Das ist die Funktion des Plans und des simulierten Todes in ersterer Erzählung. Das ist auch der Sinn der an die Person gestellten Forderung in letzterer. Wobei letztere erst am Ende der Frist auf die Punktualität eines Jetzt bezogen ist. Diesen Bezug, der im Versprechen anvisiert ist, zwischen der Dauer des Zeitablaufs und dem Zeitpunkt des Jetzt der Rückkehr als Einlösung des Versprechens, verfehlt das Vergessen. Es ist das falsche Vergessen im Gegensatz zum falschen «Behalten» Percevals; während der Langzeitplan Fenices gerade in diesem Punkt sein Ziel nicht verfehlt, indem das erhoffte gemeinsame Leben nach dem vorgetäuschten Tod ins Auge gefasst wird und schließlich, nach dem Tod des Königs, auch verwirklicht werden kann.

Somit lassen sich die Bewährungsproben im Werk Chrétiens auch zeitlich genauer charakterisieren. Sie umfassen einerseits die Zeitdimension der augenblicksadäquaten Entscheidung vor dem Hintergrund einer Vorgabe, die ausgelegt werden muss bzw. von der abzuweichen ist. Andererseits – im *Yvain* – eine Vorgabe, die als Absicht und Vorhaben über einen längeren Zeitraum beizubehalten und in einem zukünftigen Jetzt einzulösen ist. Der Zusammenhang zwischen der Reflexion von Handlungsnormen und der Konstruktion von (Raum und) Zeit im erzählerischen Universum Chrétiens[38] tritt deutlich hervor.

Im *Lancelot*[39] spielt die Beziehung zur Frau eine besondere Rolle. Die Spannung zwischen Liebe und ritterlicher Tat (*Erec et Enide*, *Yvain*) ist hier dadurch aufgelöst, dass die Liebe selbst die stärksten Motive für die ritterlichen Taten des Helden hervorbringt. Denn Lancelot kämpft von Anfang an für die Sache der Königin. Auch in diesem Roman sind risikoreiche Entscheidungen von Bedeutung, die mit inneren Konflikten des Helden verbunden sind. So etwa als er zwischen sofortiger Hilfe für die bedrohte Frau und dem langfristigen Projekt (die Königin aus den Händen Meleagants zu befreien) zu wählen hat und der Bewährung im Augenblick zunächst den Vorrang gibt. So auch als er entscheiden muss, ob er dem besiegten Gegner Gnade gewähren soll oder ob er dem Willen

---

38 Vgl. Robert W. Hanning: *The individual in twelfth-century romance*. New Haven/London: Yale-Univ.-Press 1977, der sehr scharfsinnig zwischen dem Hier und Jetzt der Situation Enides – «face the challenge [...] at a specific time and place» (S. 78) – und der abstrakteren Zeitaufgabe Yvains unterscheidet: «Yvain must treat time more intellectually» (S. 154f.).

39 Lancelot verfolgt Meleagant, den Entführer der Königin. Dabei geht er seines Pferdes verlustig und entscheidet sich, in ehrloser Weise auf einem Schinderkarren zu fahren. Er besteht eine Reihe von Abenteuern. U.a. gelingt es ihm, die gefährliche Schwertbrücke zu überschreiten. Schließlich findet ein Entscheidungskampf um die Königin statt. Auf ihr Geheiß, sie will ihn auf die Probe stellen, kämpft Lancelot zunächst ehrlos, um dann aber, später, am Artushof, wiederum auf Anweisung der Königin, den Widersacher Meleagant zu töten.

des Fräuleins auf dem Maultier (die den Kopf des Ritters fordert) entsprechen soll. Er versucht es mit einem Kompromiss zwischen beiden Imperativen, indem er dem Unterlegenen eine weitere Chance einräumt. Nachdem er ihn ein zweites Mal besiegt hat, erfüllt er den Wunsch der Dame.

Im gesamten Roman kommt dem Gehorsam gegenüber dem Willen der Frau eine erstrangige Rolle zu. Als die Königin befiehlt, er solle schlecht kämpfen, tut er das. Und umgekehrt. Damit entscheidet die Liebesbindung über die ritterliche Performanz. Das wird in dieser Erzählung, anders als in *Erec et Enide*, aber nicht zum Problem. Denn die Liebe führt nicht zur Entfremdung von der ritterlichen Pflicht, weil sie letztlich die Kampfkraft des Mannes steigert. So spürt Lancelot, von der Liebe gleichsam betäubt, seine Schmerzen nicht, als er die Schwertbrücke überschreitet. Auch ist es die Liebe, die ihn über den höchst gefährlichen Meleagant siegen lässt.

Unter diesen Umständen muss die in den anderen Erzählungen markant bezeichnete Überschreitung des *cors à cors* hier ohne Bedeutung sein. Denn der Kampf selbst ist von Anfang an einem spirituellen Bezug unterstellt. Ritterliche Tat und tatübergreifender Wertbezug sind integriert. Das Spirituelle hat aufgehört, das Andere zu sein. Weil das so ist, wird auch verständlich, warum die Unsicherheit im Augenblick der Wahl von untergeordneter Bedeutung ist. Von Anfang an ist die ritterliche Tat durch die Liebe auf die Ebene des Geistigen gehoben. Das heißt, sie ist im Vollzug immer zugleich ihre Selbstüberschreitung. Es genügt die konsequente Orientierung an den Imperativen der Liebe, um beide Sphären zu verbinden und zu versöhnen. Und dieses Konstrukt führt nicht zu – inneren oder äußeren – Konflikten wie im *Perceval* und in *Erec et Enide*, weil es die Innerlichkeit des Ritters durchaus bestimmt. Er muss nur dieser inneren Macht und Stimme folgen, um letztlich alles richtig zu machen.

6 Sinn und Struktur der Abenteuerreihe. Zur Form des Ereignisses

Wo kein Ereignis ist, ist keine Welt. Das gilt allerdings nur für (literarische) Welten, in denen überhaupt Ereignisse als Widerfahrnisse der äußeren Welt wichtig sind. Dann gilt: Die Welt ist der Inbegriff ihrer Ereignisse. Das zeigt sich in verschiedenen literarischen Gattungen und zu verschiedenen Zeiten auf je andere Weise.

So erweisen die italienischen Autobiographien des 16. Jahrhunderts im Durchgang durch die Reihe der Ereignisse, dass die Person sich (in der Welt) behaupten kann. Dazu muss sie über eine Beweglichkeit verfügen, die dem fortunatischen Charakter dieser Welt entspricht. Das gilt auch bei Montaigne.

Anders stehen die Dinge im *Decameron*. Hier wartet die Figur in vielen Erzählungen nicht darauf, was auf sie zukommt, um wie der geschickte Surfer auf die Welle aufzuspringen und sich oben zu halten. Vielmehr werden Ereignisse herbeigeführt, in Gang gesetzt und provoziert. Und zwar nicht nur Einzelereignisse, sondern auch mehrere, zum Teil selbst Reihen von Ereignissen. Dazu gehört, dass die Gestalt ein Projekt verfolgt. Dann fasst sie das Ziel der Ereignisreihe, ihren Endpunkt und ihr Resultat ins Auge. Dann auch sind die einzelnen Ereignisse Mittel zu einem Zweck, den der Protagonist konzipiert hat. Der Zweck seinerseits ist kein Ereignis, sondern etwas, was die Figur begehrt, Geld, Liebe usw. Das setzt ein Organ, eine Instanz im Subjekt voraus, die etwas an- und erstrebt; die zur Erreichung des Ziels gewisse Mittel einsetzt. Nicht ohne ihre Wirksamkeit und die Chancen ihres Erfolgs zu bedenken. Kalkulierende Vernunft also. Die Reihe der Ereignisse ist dann eine Art Test auf die Richtigkeit des Kalküls. Kalkül und Welt müssen miteinander reagieren. Intention und Ereignis sind Medien, vermöge derer die Person ihr Begehren in ein Verhältnis zur Wirklichkeit bringt.

Die Bedeutung des einzelnen Ereignisses und der Reihe der Ereignisse ist bei Chrétien eine durchaus andere. Freilich ist die Serie der Geschehnisse ein gemeinsames Element. Man stelle sich vor, die Romane Chrétiens wären jeweils um ein einziges Abenteuer herum erzählt. Das wäre denkbar. Dann wäre aber das singuläre Abenteuer das große Ereignis im Leben des Helden. Dann wäre sein ganzes Leben von einer bedeutsamen Erfahrung bestimmt.

Die Reihe bedeutet etwas Anderes. Sie setzt nicht auf eine einzige Erfahrung, sondern sie stellt diese auf unablässige Wiederholung. Der Sinn der Erfahrung ist immer Bewährung. Bewährung oder Scheitern im Rahmen normativer Vorgaben sind aber etwas vollkommen Anderes als der charakteristischerweise auf Normverstößen beruhende Erfolg oder Misserfolg des risikoreich kalkulierenden Protagonisten bei Boccaccio. Aber nicht nur der Sinn, sondern auch die Struktur der Abenteuerreihe ist eine andere als die der Ereignisse im *Decameron*. Das betrifft zunächst ihre Verknüpfung. Zweifellos gehen die Abenteuer nicht in einem Kausalverhältnis auseinander hervor (wie oft in der Novelle). Verbunden sind sie allein durch die Bewegung des Helden in Raum und Zeit. Wobei freilich diese die notwendige Voraussetzung für alle möglichen Abenteuer ist.

Was nun den Inhalt betrifft, so stellen die ritterlichen Kampfabenteuer eine Reihe von Begegnungen dar, in denen es immer um das Gleiche geht: Sieg oder Unterlegenheit im Kampf. Der Held begegnet einem oder mehreren Anderen und besiegt sie in der Regel. Daraufhin erfolgen Trennung vom Gegner (der sich gegebenen Falles verpflichtet, den Ruhm des Helden am Artus-Hof zu melden) und neuer Aufbruch. Die Begegnung bleibt für die Folge der Ereignisse folgenlos. Jedes Ereignis hebt neu an.

Allerdings trägt jedes erfolgreich gemeisterte Widerfahrnis, ob nun im Kampf oder auf anderer Ebene, dazu bei, den Ruhm des Helden zu akkumulieren (oder, im negativen Falle, seine Schande). Das Abenteuer ist ein Arrangement zur Akkumulation spirituellen Kapitals.[40] Im Wortsinne kommt es dabei auf den Aspekt der Aufhäufung an. Das erworbene Prestige wird gleichsam thesauriert. Diejenigen aber, denen der Ritter begegnet, treten nur für die flüchtige Zeit der Probe ins Leben des Helden ein, um danach umgehend wieder daraus zu verschwinden. Der Andere tritt als Medium für die Anhäufung des Prestiges ins Bild.

Übrigens ist Ruhm ein ganz anderer Stoff als Geld oder der Körper des Anderen etwa, die typischen Wunschobjekte der Helden in der Novelle des Italieners. Denn letztere sind nicht nur konkrete oder an konkrete Personen gebundene Objekte. Sie werden auch von einem Individuum zur Befriedigung seines individuellen Verlangens angeeignet. Sein gesellschaftlicher Status ändert sich dadurch mitnichten. Der Ritter aber ist nach jeder Bewährung ein Anderer in der Gemeinschaft der Ritter. Die Objekte des decameronischen Helden verbleiben auf einer Ebene der individuellen Konsumption. Der geschickte Entwurf des Projekts ist die zu ihrer Verwirklichung zu tätigende Investition. Der Ritter aber investiert das Ensemble seiner ritterlichen Fähigkeiten um eines spirituellen Objekts willen, das prinzipiell seinem nur individuellen Konsum entzogen ist. Ruhm und Ehre bleiben letztlich in den Händen der Gemeinschaft (Artus-Hof), die sie zu vergeben hat. Der Held muss immer wieder neuen Gegnern begegnen, sich neuen Herausforderungen jenseits des Kampfes stellen.

Die erfolgreich gemeisterten Abenteuer tragen wie aufeinandergeschichtete Bausteine zum – im idealen Modell – stets wachsenden Ruhm des Helden bei. Deshalb ist die *avanture* als selbständige Partial- und Mikrogeschichte im Rahmen der Gesamtgeschichte angelegt. Was nicht mit der relativ selbständigen Position der Einzelnovelle im Gesamtkorpus der Novellen zu vergleichen ist. Denn das Abenteuer ist Element eines einzigen und geschlossenen Erzählkontextes. Die Abenteuer-Reihe also ist nicht wie die Ereignisreihe in den Novellen des *Decameron* Teil einer geschürzten Handlung, die sich aus einer Ausgangssituation über verschiedene Zwischenstadien zu einem Endzustand hin entwickelt. Die Ereignisreihe der Abenteuer ist parataktisch strukturiert, die Verknüpfung des Geschehens im *Decameron* hypotaktisch.

---

40 Die Verwendung des Begriffs ist von Bourdieus Konzept des symbolischen Kapitals angeregt, sieht aber von dessen soziologischen Implikationen ab. Vgl Pierre Bourdieu: *La distinction. Critique sociale du jugement*. Paris: Ed. de Minuit 1979, S. 271–287 u.a. Auch: Pierre Bourdieu: *Zur Soziologie der symbolischen Formen*. Frankfurt/M.: Suhrkamp 1974, S. 42–74.

Der Form des Ereignisses entspricht eine bestimmte Form der Subjektivität. Die Parataxe ist eine Funktion der Ausrichtung der Erzählung am Immer-Gleichen: Ehre oder Schande. Dazu gehört, dass der Held immer in der Position des Geprüften ist. Die Prüfung wird ihm im jeweiligen Ereignis vorgegeben. Auf das, was ihm zufällt, hat er zu reagieren. Das Ereignis ist Prüfung. Die Welt ist der Inbegriff der in ihr vorkommenden Ereignisse als einer Reihe von Prüfungen. Das zeigt: die Welt ist immer schon im Horizont der Norm ausgelegt. Die Norm ist der Agent der Welt.

Deshalb führt der Held keine Ereignisse herbei.[41] Außer dem Umstand allerdings, dass er sich auf den Weg macht. Dann werden Ereignisse wahrscheinlicher als im geschlossenen Raum. Man hat sich ihnen zu stellen, wenn sie eintreten. Freilich können die Figuren, wie in *Cligès*, Pläne entwerfen. Aber das geschieht außerhalb der Abenteuerreihe. Und es geschieht im institutionell vorgegebenen Raum der höfischen Ordnung.

Für den typischen, den aktiven Helden des *Decameron,* ist aber ein Umgang mit der Welt charakteristisch, wo die bloße Erwartung eines Kommenden der aktiven Herbeiführung des Begehrten untergeordnet ist. Indem etwa die Voraussetzungen geschaffen werden, welche die Erfüllung des Begehrens begünstigen. Deshalb tritt der aktive Held der Novelle in ein ganz anderes Verhältnis zur Welt als der chrétiensche Protagonist. Nicht nur, dass er Ereignisse produziert, Ereignisreihen in Gang setzt. Vielmehr reagieren diese auf und mit Ereignissen und Ereignisreihen, die der konkurrierende Andere in Gang setzt. Das Resultat der Summe dieser Reaktionen bezeichnet die hypotaktische Struktur des decameronischen Ereignisses.

Das bestimmt auch den Entwurf des Anderen. Der Andere ist in diesem Arrangement über längere Handlungsketten hinweg und in vielfältigen Rollen (Adressat, Mitspieler, Konkurrent, Objekt der Begierde) involviert und nicht nur als punktueller Widersacher. Der Andere ist nicht der Gegner, der im Kampf oder in einer Situation der Hilfsbedürftigkeit begegnet und dann verschwindet, um dem Nächsten Platz zu machen. Im *Decameron* ist der Andere andauernd da. Und zwar als einer, der über einen längeren Zeitraum (mit)agiert und reagiert;

---

41 In diesem Charakteristikum sieht Hans R. Jauß: Epos und Roman – eine vergleichende Betrachtung an Texten des 12. Jahrhunderts (Fierabras – Bel inconnu) (1962). In: Henning Krauß (Hg.): *Altfranzösische Epik.* Darmstadt: Wiss. Buchges. 1978, S. 314–337 den zentralen Unterschied zwischen Epos (Chanson de geste) und höfischem Roman: «Denn für den neuen Romanhelden der *Table ronde* gilt, dass er auf seinem unvertretbaren Weg paradoxer- – oder wundersamerweise nicht eigentlich handelt, sondern mit märchenhafter Sicherheit einfach alles besteht, was ihm das Geschehen zuträgt.» In diesem Sinne spricht Jauß von der in der *Aventüre* waltenden ‚Sinnerfüllung des Zufalls' (S. 328).

der auf die Produktion von Ereignissen seinerseits mit der Produktion von Ereignissen antwortet.

Die hypotaktische Struktur der Ereignisserie ist ebenso Konsequenz wie Bedingung dieser gänzlich anderen Konstruktion des Anderen. Wenn hier eine vielfältige Verschränkung von Phasen der Handlung an die Stelle einer Serie gleichartiger Takte tritt, so bedeutet das nicht, dass es kein einfaches Nacheinander gäbe oder nicht den Eintritt neuer Figuren ins Spiel einer Novelle. Aber durch die aktive Intentionalität der Protagonisten ergibt sich eine andere Struktur des Umgangs mit dem Anderen und des Umgangs mit der Welt. Der decameronische Held ist kein Prüfling. Er ist vielmehr derjenige, der seine Strategien an der Welt ausprobiert. Er versucht, der Agent seiner Welt zu sein.

Die Ereignisreihe des *Decameron* ist also auch in dem Maße hypotaktisch, als sie auf ständiger Interaktion von mindestens zwei Figuren beruht. Das sieht in der Welt Chrétiens ganz anders aus. Denn Alleinsein und Aufsichgestelltheit bezeichnet die Situation des Helden. Der chrétiensche Held tritt immer nur von Fall zu Fall in Kontakt mit dem Anderen. In der Begegnung mit dem Anderen tritt er kurzzeitig aus seiner Einsamkeit heraus, um sogleich wieder in sie einzutreten. Das Ereignis und die Sequenz der Ereignisse werden wesentlich durch das Alleinsein der Protagonisten in ihre parataktische Form gebracht.

Während das einzelne Abenteuer in der Regel immer nur ein Exempel des immer Gleichen ist, zeigen die Ereignisreihen des *Decameron* durchgängig Wirklichkeit als kontingenten Raum unvordenklicher Konstellationen, Ausgänge, Verläufe und Finales. Deshalb sind die Ziele des decameronischen Helden immer konkret, während das einzelne Abenteuer nie als einzelnes intendiert ist. Das Einzelne taucht als besonderer Fall und zwar in den kampfexternen Situation nur an den Grenzen des chrétienschen Universums auf. Aber dort ist es gewissermaßen eingekreist, Gegenstand einer wachsamen Aufmerksamkeit und mit nachdrücklicher Bedeutung versehen. Die Abenteuerreihe ist ein Erzählschema der traditionalen Welt. Die hypotaktische Serie der Ereignisse beginnt, diese Welt zu überschreiten. Der unterschiedlichen Struktur der Ereignisreihe bei Chrétien und Boccaccio liegt die Differenz eines je anderen epistemischen *Apriori* zugrunde.

Wie kommt überhaupt ein Korpus von Erzählungen dazu, die Welt im *cors à cors* als eine Folge von Kampfbegegnungen zu organisieren, die freilich an bestimmten Stellen der Abenteuerreihe von gewissen nicht kampfbezogenen Erfahrungen und Bewährungsproben unterbrochen wird? Die Antwort ist naheliegend, denn der Kampf als Krieg und als Kampfspiel (Turnier) bestimmt das Leben des Ritters. Beide Formen des Kampfes kommen auch in Chrétiens Romanen vor.

Wenn Realkampf und Kampfspiel naheliegenderweise als Substrate des Erzählschemas Abenteuerreihe gelten können, so fallen sogleich die fiktiven

Umarbeitungen der lebensweltlichen Basiserfahrung ins Auge. Denn zunächst finden Krieg und Turnier an zwar wechselnden, aber dann immer an sporadisch verschiedenen Orten statt. Mal hier, mal dort. Sie fügen sich nicht in das Organisationsschema der kontinuierlichen Reihe ein. Auch kämpft im wirklichen Kampf wie im Turnier ein Ritter kaum jemals allein.[42] Kämpfe und Turniere sind in erster Linie Massenveranstaltungen.[43] Lediglich im Vorprogramm letzterer kommen Einzelkämpfe, die sogenannten Tjoste vor.[44] Bei Chrétien werden aber auch die Turniere von der strahlenden Tapferkeit des einzelnen Helden beherrscht.

Die prägnante Hervorhebung des Abschieds von der Gruppe beim Eintritt in die Abenteuerreihe und die Bewährung des ganz auf sich gestellten Ritters im Kampf wie im kampfexternen Abenteuer geben sich somit als starke Modellierungen zu erkennen. Dazu gehört, dass das Zeitverhältnis zwischen ritterlicher Bewährung und Ruhm in der Wirklichkeit einerseits und im Erzählschema der Abenteuerreihe andererseits verschieden ist. Denn das Turnier z.B. findet realiter (und in der Erzählung) vor den Augen aller statt, während der in der Abenteuerreihe erkämpfte Ruhm typischerweise *post festum* am Artus-Hof bekannt wird. Das Erzählschema ist zeitlich komplexer angelegt als die Realsituation und das Turniermotiv im Text, indem es einen zeitlichen Aufschub organisiert. Dieser beinhaltet zusätzlich eine «zweite» Erzählung durch den unterlegenen Gegner. Durch die «Struktur der Nachträglichkeit» (Derrida) und die verstärkende Erzählung des Unterlegenen werden die Großtaten des Helden doppelt unterstrichen.

Auch wird ja die Botschaft vom Ruhm des Helden von einem Ort, dem des Geschehens, zu einem anderen, dem Adressaten der Kunde, dem Hof des Königs, dem Ort der Gratifikation übertragen. Dadurch wird das spirituelle Schema von normgebender und Ruhm gratifizierender Instanz auf der einen Seite und dem individuellen Akteur als Erfüller der Norm zugleich in sinnlich wahrnehmbaren Szenen symbolisiert. Die nachträgliche Erzählung sorgt dafür, dass die Leistun-

---

42 Vgl. Joachim Bumke: *Höfische Kultur*: «Die gesamte Konstruktion des ritterlichen Einzelkampfes war extrem wirklichkeitsfremd.» (S. 233). Die feudalen Kriegstechniken waren nicht auf den Einzelkämpfer abgestellt, sondern auf «Reiten in geschlossenen Verbänden» (S. 366).
43 Bei denen es übrigens in erheblichem Maße um Geld geht. Vgl. Georges Duby: *Guillaume le Maréchal oder der beste aller Ritter*, S. 127–133. Auch dieser Aspekt wird bei Chrétien bis auf die Erwähnungen erbeuteter Gegenstände durch den erfolgreichen Turnierkämpfer ausgeblendet. Bei Duby auch zur Gefährdung des ritterlichen Ethos durch das aufkommende Geldwesen (S. 117).
44 Nach Keen, Maurice Keen: *Das Rittertum*, S. 134.

gen des Helden in erzählender Verdoppelung konkret an dem Ort zur Geltung kommen, der sie zu sanktionieren hat.

Weiterhin hat die Reihe der Abenteuer nicht wie der Kampf, das Turnier oder das Fest zyklische, mit dem Alltag alternierende Form. Das Abenteuer ist vielmehr als kontinuierliche, diachrone Reihe angelegt, in deren Verlauf sich zeigt, wer der Held ist. Mit einem Wort: Im Erzählschema der Abenteuerreihe sind die diskontinuierlichen, gelegentlichen und verstreuten Kampf(spiel)erfahrungen der Lebenswelt in die sukzessive Zeitform der Biographie überführt.

In diesem Zusammenhang wird auch die besondere Bedeutung der kampfexternen Situationen erkennbar. Der Kampf im Leben wie das Turnier erfordern die Bewährung im *cors à cors* und weiter nichts. Indem gewisse Abenteuer jenseits des Kampfes in die Abenteuerreihe hineinkomponiert sind, wird die Bedeutung dieses Typs von Prüfungen unterstrichen. Angesichts ihrer erscheint die Bewährung im Kampf Mann gegen Mann als bloß partikulär. Positiv formuliert: Die Abenteuerreihe, die beides umfasst, modelliert auch das Konzept eines ganzen (ritterlichen) Lebens, das mehr wäre als Tapferkeit im Angesicht des Gegners.

Die Helden Chrétiens haben risikoreiche Entscheidungen zu treffen. Dabei geht es um Ruhm oder Schande. Noch nicht aber um Erfolg oder Misserfolg jenseits von Gut und Böse. Dafür ist die Zeit noch nicht reif.

IV Die Welt als Intention und Ereignis. Zur Handlungsstruktur des *Decameron*

Chretiens Erzählung verfügt noch über einen obersten Garanten, der für eine transzendente sittliche Ordnung steht und sie gegen Verstöße sichert.[1] Deshalb muss letztlich das Gute die Oberhand behalten. Das ist der Rahmen, der allen Akteuren und allen Ereignissen vorgegeben ist. Im *Decameron* gibt es keinen Wahrer der Sittlichkeit mehr. Das bedeutet, dass der Mensch und die Dinge ohne Mediator aufeinandertreffen. Das könnte die Katastrophe sein. Sie wird aber durch den Entwurf einer Welt vermieden, die für den Menschen offen ist, wenn dieser für jene offen ist.

Der Leser des *Decameron* stößt auf eine Reihe von Erzählungen, die ein höchst variantenreiches Bild der Welt entwickeln. Kurze und lange, solche, die gut und solche, die schlecht ausgehen. Manchmal mit energischen Akteuren, die ein taktisches oder strategisches Projekt entwickeln. Manche aber auch mit Helden, die ins Unglück fallen und durch eine Reihe von Zufällen daraus wieder befreit werden. Es reüssieren gute ebenso wie böse Charaktere, aktive wie passive und auch solche, die beides sind. Es sind erfolgreich die Zukunftsplaner ebenso wie diejenigen, die einfach nur an der richtigen Stelle postiert sind, wenn Fortuna ihnen zulächelt. Und nicht zuletzt auch die, welche von der Natur mit einem gefälligen Äußeren ausgestattet wurden. Was die Ontologie der Ereignisse betrifft: Zufälle, glückliche wie unglückliche. Auch Katastrophen. Gelegentlich selbst Zufälle, die eigenartig providentiell wirken. Schließlich vorweggenommene, vorausgesehene, geplante, kalkulierte und herbeigeführte Geschehnisse und solche, die halb geplant, halb ungeplant und/oder unplanbar eintreten. Die Phänomenologie der Ereignisse: Betrug, Ausplünderung, Verleumdung, Überlistung, Mord, schließlich auch Sturm, Schiffbruch und was dergleichen mehr ist.

Eine chaotische Welt, möchte man meinen. Eine, in der einfach alles möglich ist. Aber so stellen sich die Dinge nur *prima vista* dar. Buntheit, *varietà*, Vielfalt und Wechsel sind keineswegs grenzenlos. Zunächst bemerkt der Leser gewisse Wiederholungen, formal und inhaltlich. Daraus entsteht die Frage: Was begrenzt die Kontingenzen dieser Welt? Das ist die Frage, der ich nachgehen will. Dabei fasse ich vor allem die Struktur der Handlung und die Form des Ereignisses ins Auge.

---

[1] Eine erste Fassung dieses Kapitels erschien in: *Romanistische Zeitschrift für Literaturgeschichte* 33 (2009), S. 169–194.

1 Das Feld der Vielfalt

Ich beginne mit der ersten Novelle des ersten Tages. Cepparello ist ein Erzbösewicht. Noch auf dem Sterbebett täuscht er den Pater, der ihm die Beichte abnimmt und ihm die Sterbesakramente spendet. Es ist eine Geschichte über das radikal Böse, die Macht der Täuschung, den Gegensatz von Wesen und Erscheinung. Und vor allem den möglichen Erfolg des Bösen in der Welt. Auch über die Macht einer sittlich gleichgültigen und rein diesseitigen Erfolgsorientierung.

Der schwerkranke Notar täuscht den Priester, um zu verhindern, dass die beiden Kaufleute, bei denen er unterkam, ihn noch vor seinem Tode aus ihrem Hause werfen. Er erkennt rechtzeitig die ihm drohende Gefahr, als er zufällig deren Gespräche zu hören bekommt und sie belauscht. Das ist seine Chance und er nutzt sie konsequent.

Die Schlussdeutung des gesamten Geschehens ist religiös. Sie bezieht sich aber nicht unmittelbar auf das Handeln des Helden, sondern auf die Täuschbarkeit derer, denen er etwas vorgemacht hat. Gott nehme dem Menschen nicht übel, wenn er sich über das Böse, bzw. den Bösen täusche: «E se cosí è [d.h. wenn der Übeltäter nicht noch im letzten Augenblick seines Lebens bereut hätte, sondern in der Hölle gelandet wäre, H.S.], grandissima si può la benignità di Dio cognoscere verso noi, la quale non al nostro errore ma alla purità della fé riguardando, [...]» (S. 70).[2] [Verhält es sich aber so, dann können wir deutlich erkennen, wie unermeßlich Gottes Gnade gegen uns ist, die nicht unseren Irrtum, sondern die Lauterkeit unseres Glaubens betrachtet, [...] (S. 46)]. Das bezieht sich darauf, dass Cepparello die Mönche und das Publikum so erfolgreich täuscht, dass er nach seinem Tode als Heiliger gezeigt und verehrt wird. Diese transzendente Deutung, die schon am Anfang der Geschichte ins Spiel gebracht wird, steht eigentümlich quer zur radikalen und sittlich indifferenten Innerweltlichkeit des Protagonisten.

Der Held ist ebenso böse wie gescheit und aktiv. Er erkennt den fruchtbaren Augenblick des Handelns und weiß ihn zu nutzen. Das verbindet ihn mit dem jungen Mönch in I,4.[3] Dieser wird vom Abt seines Klosters dabei belauscht, wie er sich mit einem Bauernmädchen in seiner Zelle vergnügt. Er entgeht der Strafe

---

2 Zitiert wird nach folgender Ausgabe: Giovanni Boccaccio: *Decameron*. Torino: Einaudi ²1992. Übersetzungen aus: Giovanni Boccaccio: *Das Dekameron*. Übs. Karl Witte. Düsseldorf/Zürich: Artemis & Winkler 2005.
3 Ausführlich zu dieser Erzählung vgl. Hans Sanders: Der beobachtete Beobachter: Béroul und Boccaccio. In: Ekkehard Eggs/Ders. (Hg.): *Sprach- und Sinnstrukturen in Erzähltexten. Von Boccaccio bis Echenoz*. Frankfurt/M.: Lang 2008, S. 13–31.

dadurch, dass er den Vorgesetzten in die gleiche Situation bringt, worauf dieser, seinerseits von dem jungen Mann beobachtet, ihm keine Vorwürfe mehr machen kann. Am Ende – so deutet die Erzählung an – einigen sich die beiden Lüstlinge darauf, sich abwechselnd am Gegenstand ihrer Lust zu erfreuen: «onestamente misero la giovanetta di fuori e poi piú volte si dee credere ve la facesser tornare.» (S. 88)[4] [Dann aber schafften sie die Dirne vorsichtig aus dem Kloster, in welches die beiden sie vermutlich oft zurückgeholt haben. (S. 58)]

Der Vorteil des jungen Mönchs liegt nicht nur darin, dass er den Beobachter seinerseits beobachten kann. Darüber hinaus entwickelt er einen Wahrscheinlichkeitskalkül auf dessen zukünftiges Verhalten: Der Abt werde den Reizen der jungen Frau nicht widerstehen können, wenn er mit ihr alleine sein werde. Der Kalkül erweist sich als richtig. Er geht aber nur deshalb auf, weil der Mönch selbst die Bedingungen seiner Realisierung herbeiführt. Indem er nämlich vorgibt, sich aus dem Kloster zum Holzholen im Walde zu entfernen und damit dem Abt die Gelegenheit verschafft, seine Zelle zu inspizieren, wo er das Bauernmädchen zurückgelassen hatte. Richtige Einschätzung der Begehrlichkeit des Abtes und taktische Herbeiführung der entsprechenden Situation ergänzen einander. Die Sequenz der Ereignisse lässt sich wie folgt schematisieren: 1. Entdeckung und Belauschung des Liebesspiels der jungen Leute durch den Abt. 2. Die Beobachtung dieses Vorgangs durch den Beobachteten. 3. Die schnelle Entwicklung des Kalküls und der Strategie seiner Verwirklichung. 4. Der Erfolg beider. 5. Die Übereinkunft zwischen Abt und Mönch.

Ich halte die Übereinstimmungen zwischen beiden Erzählungen fest. Da ist zunächst die kritische Situation. Beide Protagonisten werden einer akuten Gefahr inne. Dieses geschieht auf eine bestimmte und übereinstimmende Weise. Es ist ihre Wachheit, die Verbindung von sinnlicher Präsenz und Geistesgegenwärtigkeit, die sie die Bedrohung wahrnehmen und spontan auf sie reagieren lässt. Sinnliche Wahrnehmung der Gefahr und geistesgegenwärtiges Ersinnen einer Lösung des Problems folgen unmittelbar aufeinander. Sie bilden eine

---

4 Man kann das Agreement zwischen den beiden Akteuren als Tausch interpretieren: Der Abt verzichtet auf die Strafe und bekommt dafür einen Anteil am Genuss der jungen Bäuerin, der Mönch entgeht der Strafe und teilt das Objekt seines Begehrens mit dem Abt. Die Herstellung von Äquivalenz an Stelle einer blutigen und katastrophalen Lösung ist **ein** charakteristisches Deeskalationsverfahren des *Decameron*. Zur Rolle des Tausches vgl. Peter Brockmeier: *Lust und Herrschaft. Studien über gesellschaftliche Aspekte der Novellistik. Boccaccio, Sacchetti, Margarete von Navarra, Cervantes*. Stuttgart: Metzler 1972, S. 35. Offenbar unzutreffend ist allerdings Todorovs, Tzvetan Todorov: *Grammaire du Décaméron*. The Hague/Paris: Mouton 1969, Behauptung, das Thema des Tausches sei der «dénominateur commun» (S. 81) aller Novellen des Korpus.

kurze Zeiteinheit. Darauf folgt in beiden Geschichten ein deutlich längerer Takt, wo sich, und zwar nicht irgendwie, auf einen Schlag, sondern in einer Folge von Ereignissen die Realitätstauglichkeit der ersonnenen Strategie zeigt.[5] Der Kurzzeitigkeit des mentalen Geschehens steht die relative Langzeitigkeit des objektiven Geschehens gegenüber. Beide Zeitebenen konvergieren im Augenblick des Erfolgs der Strategie. Dieser besteht hier darin, dass der Andere sich so verhält, wie vom jeweiligen Protagonisten antizipiert und auch praktisch herbeigeführt.

Die erste Geschichte des zweiten Tages ist umfangreicher und komplexer als die bisher präsentierten. Um in die Nähe eines in Treviso ausgestellten, sogenannten heiligen Leichnams zu gelangen, spielt ein gewisser Martellino, der in Begleitung zweier Freunde ist, den Lahmen und dringt so tatsächlich in die Nähe des vom Volke umdrängten Heiligen vor. Er wird aber von jemand erkannt, der weiß, dass er seine Krankheit nur vortäuscht. Das hat eine Reihe unangenehmer Folgen, endet aber schließlich gut.

Als erstes gerät unser Held in die Hände der lynchbegierigen Menge. Die Freunde befreien ihn, indem sie behaupten, er sei ein Dieb. Daraufhin wird er festgenommen und einem Richter überstellt. Dieser will ihn hängen lassen. Damit ist der Protagonist unbeabsichtigt vom Regen in die Traufe geraten. Die Kumpane wenden sich an den Wirt ihrer Herberge, der zufällig jemand kennt, der wiederum den Herrn der Stadt gut kennt. Jener kontaktiert diesen. Letzterer wiederum verwendet sich beim Richter für Martellino. Worauf der glücklich freikommt.

Wohl haben wir einen gescheiten und aktiven Protagonisten vor uns, wie in den beiden vorhergehenden Erzählungen. Seine Handlungsfähigkeit wird durch die seiner beiden Freunde noch verstärkt. Aber es zeigt sich etwas Neues. Die Intentionen der Akteure haben teils die erwünschten, teils aber gerade nicht gewollte, nicht vorhergesehene und so auch nicht vorhersehbare Konsequenzen. Damit tritt der Zufall als Agens auf. Das Ereignis zeigt sich in seiner Unvordenklichkeit. Dieses aber gerade nicht als einzelnes, sondern als Folge von Geschehnissen. Etwas, das gewollt war, mündet in eine Spirale ungewollter Folgewirkungen.

Durch diesen Verlauf stellt die Erzählung den Unterschied zwischen intendierten und nicht intendierten Situationen heraus. Die List Martellinos ist unmit-

---

5 Vgl. zur Geistesgegenwart vieler Helden des *Decameron* Peter Brockmeier: *Boccaccios Decameron.* Darmstadt: Wiss. Buchges. 1974, S. 370, 377. Dabei darf die Beziehung zwischen der wachen Augenblicksoffenheit der Figuren und ihrer Fähigkeit zur langzeitigen Voraussicht nicht übersehen werden. Die Verbindung beider Elemente prägt das charakteristische Erzählmuster einer Reihe von Novellen der Sammlung.

telbar erfolgreich. List und Erfolg, Absicht und Wirkung bilden zwei unmittelbar aufeinanderfolgende Takte. Die Intention geht bruchlos in die Verwirklichung über. Subjekt und Objekt sind quasi kurzgeschlossen.

Das gilt zunächst auch für die Diebstahlslist der Freunde. Auch hier treten Intention und Resultat in das gleiche Strukturverhältnis. Gleichwohl gibt es einen wichtigen Unterschied. Anders als die Lüge der Lahmheit hat die Diebstahlslüge über die unmittelbare und beabsichtigte Folge der Befreiung aus der Gewalt der Masse eine Konsequenz, die nicht gewollt, nicht bedacht und so nicht vorhersehbar war: die Strenge des Richters, der Florentinern feindlich gegenübersteht, und die daraus resultierende Todesgefahr für Martellino. Während im ersten Falle eine und die ins Auge gefasste Folge eintritt, folgt im zweiten Fall auf die gewollte eine ungewollte Konsequenz. Hier schiebt sich etwas zwischen Subjekt und Objekt, Intention und Wirkung: das Eigen-Ereignispotential der Wirklichkeit selbst. Das wird den beiden Freunden deutlich bewusst: «‹Male abbiam procacciato; noi abbiamo costui tratto della padella e gittatolo nel fuoco.›» (S. 138) [«Das haben wir übel angefangen. Wir haben ihn aus der Pfanne geholt und ins Feuer geworfen.» (S. 88)] Freilich rechnen sie in der bildhaften sprichwörtlichen Wendung sich selbst zu, was sich gerade ihrem Zutun entzogen hatte.

In eben diesem Sinne der nicht intendierbaren Verkettung der Zufälle aber folgt hier zugleich aus dem Problem die Lösung. Indem die Bekanntheit des Wirts mit dem Bekannten des Stadtherrn, die den Freunden vorab nicht bekannt war, zur Befreiung Martellinos führt. Freilich das Ganze nicht ohne das Zutun der Freunde, indem es ja ihrer Initiative bedarf, den Wirt überhaupt auf das Problem Martellinos anzusprechen. Im Fazit: Die Erzählung stellt nachdrücklich den Unterschied zwischen intendierten Handlungsfolgen und nicht intendierten noch intendierbaren Konsequenzen heraus. Dass beide schließlich zugunsten des Betroffenen zusammenwirken, ist ein weiterer bedeutsamer Aspekt.

Die Welt, so könnte man vorläufig und hypothetisch sagen, kommt dem Glück, dem Interesse und Wohlergehen des Protagonisten entgegen. Und zwar, indem sie sich unmittelbar seinen Intentionen öffnet oder indem sie ihm ihr von seinen Absichten unerreichbares Ereignispotential gleichsam zur Verfügung stellt. Fortuna scheint tatkräftige Klugheit zu prämieren, und zwar selbst dann, wenn der Handelnde Prozesse in Gang setzt, die er nicht beherrscht. So etwas wie eine grundsätzliche Zugeneigtheit der Dinge kann in die Lücke zwischen den Bestrebungen des Helden und deren Verwirklichung eintreten. Das geschieht hier nach einem Schneeballprinzip der positiven Zufälle.

Die bisherigen Beispiele stimmen im Merkmal des handlungsfähigen und gescheiten Protagonisten überein. Sie unterscheiden sich aber hinsichtlich der Natur der Ereignisse, die in ihnen eine Rolle spielen. Denn in I,1 und I,4 treten die Ereignisse exakt so ein wie vom vorausschauenden Helden gewollt und geplant, vorher- und vorgesehen. Insofern und in diesem Sinne sind sie insgesamt die Folge einer (menschlichen) Vor-Sehung. Sie sind human-providentiell, ratio-providentiell. Das gilt nicht für die Martellino-Geschichte. Hier klafft zwischen Absicht und Wirkung eine Lücke, die durch die – ich nenne es so – «Menschenfreundlichkeit» des Zufalls geschlossen wird.

Es ist die relativ lange Reihe der Geschehnisse, welche für die Handlungsstruktur dieser Erzählung charakteristisch ist. Lang ist die Serie der Ereignisse in dem Maße, wie eine deutlich höhere Anzahl von Figuren, und zwar aktiv handelnd und passiv betroffen, in sie eingebunden sind. Das hier erkennbare Gesetz des Handelns ist dieses: je mehr Akteure, desto größer die Möglichkeit nicht-intentionaler und nicht-intendierter Handlungsfolgen. Das gilt, wie jeder weiß, im alltäglichen Leben, und nicht nur im *Decameron*. Es ist also nicht spezifisch für unseren Text. Spezifisch ist aber das Interesse, das er an derartigen Konstellationen des Handelns hat.

In der zweiten Novelle des zweiten Tages begegnet uns nun aber ein Held, der weder gerissen noch besonders tatkräftig ist. Zum mindesten am Anfang kommt ihm die Rolle des passiven Opfers räuberischer Gewalt zu. Es ist ein braver und gottesfürchtiger Kaufmann namens Rinaldo, der zunächst großes Unglück, dann aber noch größeres Glück hat. Das geht so: Der von Räubern mitten im Winter bis aufs Hemd Ausgeplünderte wird von einer jungen Witwe in ihr Haus aufgenommen, die just an diesem Abend vergeblich ihren Geliebten erwartet hatte. Er kommt in den Genuss des für diesen schon vorbereiteten Bades und speist mit der Dame. Diese ist von seiner Ansehnlichkeit mehr als angetan. Dann gehen die Dinge ihren für Rinaldo höchst erfreulichen Weg. Er, von dem gesagt wird, er sei nicht auf den Kopf gefallen: «che mentacatto non era» (S. 150), geht auf das erotische Angebot der liebeshungrigen Witwe ein. Sie verbringen die Nacht miteinander. Morgens schenkt sie ihm einen Beutel Geld und zu allem Überfluss werden die Räuber gefangen, wodurch er seine geraubte Habe vollständig zurückerhält. Damit hat er am Ende mehr als vorher.

Hier geht es nicht um vielschichtige Ereignisverkettung mit mehreren aktiven Figuren, sondern um eine Serie von günstigen Umständen, bei denen nicht ganz klar ist, ob sie religiös-providentiell oder rein innerweltlich als Zuwendung einer freundlichen Welt verstanden werden müssen. Ist es der Heilige Julianus (und damit eine transzendente Instanz), den Rinaldo als seinen oft angebeteten Schutzheiligen erkoren hat, oder nur der Zufall, der ihm so viel Glück im Unglück verschafft? Immerhin sagt der Erzähler: «Ma san Giuliano avendo a lui riguardo, senza troppo indugio gli apparecchiò buono albergo.» (S. 146f.) [Der heilige Julianus aber hatte ihn nicht vergessen und bereitete ihm schnell eine gute Herberge. (S. 92)] und beglaubigt damit die gläubige Perspektive des Kaufmanns.

Nun ist allerdings die religiöse Lesart der Ereignisse keineswegs zwingend. Denn die Herberge, die Rinaldo findet, und der Rückgewinn seiner Barschaft bezeichnen nur einzelne Aspekte einer Folge von glücklichen Zufällen, deren Bewandtniszusammenhang insgesamt doch recht innerweltlich ist.[6] Denn zwar hat die junge Frau, die ihn in ihr Haus aufnimmt, zweifellos ein mildtätiges Herz. Aber zugleich folgt sie umstandslos ihrem heftigen sinnlichen Verlangen. Ebenso erfreut sich Rinaldo *sans façon* zuerst an der Wärme des Bades und dann an der Hitze des jungen Weibes.

Ein Überschießen der weltlichen Aspekte über das Frömmigkeitsmotiv ist unübersehbar. Aber ohne Zweifel sind die Dinge denen günstig, die gegen kein (moralisches) Gesetz verstoßen haben. Das sind Rinaldo und die Frau, die als sittlich positive Figuren der Reihe der sittlich negativen Gestalten (Räuber) gegenüberstehen. Letztlich ist keine Entscheidung zwischen einer innerweltlich-sittlichen und einer religiösen Deutung des Geschehens möglich. Die Dinge bleiben in der Schwebe. Eindeutig ist aber, dass das Glück hier nicht einem Bösewicht wie dem betrügerischen Notar und auch nicht zwei Filous wie dem Abt und dem Mönch hold ist.

Der Geschäftsmann Alessandro (II,3) ist wie Rinaldo einer, dem das Glück lebenslang gewogen bleibt, nachdem er anfangs Unglück zu erleiden hatte. Und wie dieser ergreift er ohne Umstände die Chancen, die sich ihm bieten. Freilich ist er, ebenso ansehnlich wie der Kaufmann, doch auch um einiges tatkräftiger. Das ist, weil ihm die Ereignisse, in die er verwickelt wird, auch mehr Tatkraft abfordern. Er ist der Neffe von drei Brüdern, die ihr ererbtes Gut verprassen, nach England gehen, sich dort durch Wuchergeschäfte ein neues Vermögen aufbauen und nach ihrer Rückkehr Alessandro ihre englischen Geschäfte anvertrauen. Dieser geht in Folge eines dort zwischen dem englischen König und seinem Sohn ausbrechenden Krieges seiner Geschäftsbasis verlustig, wodurch die drei Florentiner Brüder ein zweites Mal Bankrott machen, enteignet werden und in Schuldhaft genommen werden.

Auf der Heimreise nach Florenz begegnet er einem Abt mit reichem Gefolge, der sich im entscheidenden Augenblick als junge hübsche Frau entpuppt. Von da an reißt Alessandros Glückssträhne nicht mehr ab. Der überaus günstige Zufall will es, dass die junge Frau die Tochter des englischen Königs ist. Er heiratet sie. Seine drei Onkel werden ausgelöst und in ihre Besitzungen wieder einge-

---

6 Zum Nebeneinander verschiedener Fortuna-Konzeptionen vgl. Andreas Kablitz: Zur Fortuna-Konzeption in Boccacios Decameron. In: *Italienische Studien* 12 (1990), S. 7–25: Fortuna als «Personifikation der Kontingenz» (S. 19), die providentielle Fortuna mit Bezug zum göttlichen Heilsplan und auch Fortuna als bösartige, unberechenbare Gestalt (S. 23).

setzt. Das Paar kehrt nach England zurück. Der König macht ihn zum Ritter und Herren über Cornwall. Schließlich wird er durch List und Tapferkeit ebenso wie mit der Hilfe seines königlichen Schwiegervaters König von Schottland. Wie auch Rinaldo bekommt Alessandro mehr zurück als er verlor: Kompensation mit Mehrwert. Hier mit recht beträchtlichem Mehrwert.

In dieser Novelle ist zunächst der Unterschied zwischen selbstverschuldetem Unglück (die verschwenderischen Brüder) und höherer Gewalt (Alessandros anfängliches Schicksal) wichtig. Was letzteren betrifft, so ist es nicht in erster Linie sein kluges Verhalten, das ihn aus seiner misslichen Lage befreit, sondern eine Reihe von günstigen Umständen. Die er freilich geschickt zu nutzen weiß. Als die junge Frau, von der er in diesem Augenblick noch nicht weiß, dass sie die Tochter des Königs von England ist, ihm die Ehe anbietet, entscheidet er sich prompt, angesichts ihrer offensichtlichen Vornehmheit, ihres Reichtums und ihrer Schönheit (in dieser Reihenfolge!): «lei stimò dovere essere nobile e ricca, e bellissima la vedea: per che senza troppo lungo pensiero rispose che, se questo a lei piacea, a lui era molto a grado.» (S. 162) [[...] sie müsse vermögend und von gutem Stande sein, und daß sie schön war, sah er selbst. So antwortete er denn, ohne sich eben lange zu besinnen, wenn es ihr lieb sei, so sei es ihm höchst erwünscht. (S. 102)]

Bemerkenswert ist, wie genau die Reihe der Zufälle auf die Schwierigkeiten Alessandros und der Brüder passt. Alles geschieht exakt zur rechten Zeit. Die Reihe der Notlagen und die Serie der glücklichen Umstände folgen in einer Art prästabilierter Harmonie aufeinander. Von allen möglichen Zufällen treten gerade diejenigen ein, die zur restlosen und überaus vorteilhaften Lösung aller Probleme führen. Zwischen Bredouille und glücklichem Ausgang aus derselben passt kein Blatt Papier. Das hat (nach modernen Maßstäben) etwas Unwahrscheinliches. Als wäre ein providentielles Element in die Kette der Zufälle eingebaut: Providenz-Kontingenz. Das erinnert an das Märchen.

Die Wiederherstellung des Glücks der drei verschwenderischen Brüder ist übrigens ein «Nebenprodukt» von Alessandros steilem und unaufhaltsamem Aufstieg. Auffallend ist, dass deren fortgesetztes Fehlverhalten nicht auf Dauer zum Scheitern führt, sondern zum *happy end*. Glück ist hier das Resultat einer Kombination von günstigem Zufall, Gescheitheit, Wendigkeit und körperlicher Wohlgeratenheit des Protagonisten. Ein Charakter passt perfekt auf die Welt und umgekehrt. Unter diesen Umständen misst Fortuna nicht mit der strengen Elle des Verdienstes aller von ihr Beglückten. Ohne Zweifel geht es in dieser Welt nicht nach der strengen Messlatte der Sittlichkeit. Was nicht heißt, dass sie das Böse belohnte. Aber sie lässt Fünfe gerade sein angesichts einer geglückten Natur wie Alessandro. Wobei das tüchtige und segensreiche Wirken des Helden in seiner neuen Heimat England nicht zu übergehen ist, indem es ihm schließlich auch noch gelingt, den königlichen Vater mit seinem aufsässigen Sohn zu versöhnen. Offensichtlich berücksichtigt Fortuna hier im weitesten Sinne moralische Gesichtspunkte, ohne ihnen aber das ausschlaggebende Gewicht beizumessen.

Ruffolo (II,4) wiederum ist ein höchst aktiver Held, aber er ist weder gut wie Rinaldo noch ein Bösewicht wie Cepparello. Die Geschichte geht so: Der Held bankrottiert als Kaufmann, erwirbt ein Vermögen als Seeräuber und wird seinerseits von Seeräubern ausgeraubt. Das Schiff, auf dem er gefangengehalten wird, geht im Sturm unter. Unser Held kommt auf eine Kiste zu liegen, wird am Strand von Korfu angespült und von einer alten Frau gerettet. In der Kiste entdeckt er Edelsteine, die er in einen Sack steckt, ohne sich über ihren genauen Wert im Klaren zu sein. Auf der Heimreise wird er von Kaufleuten, die ihn für arm halten, unterstützt. In der Heimat angekommen entdeckt er, dass «egli era il doppio piú ricco [Überkompensationsschema, H.S.] che quando partito s'era.» (S. 174) [dass [...] er [....] mehr als doppelt so reich war, wie bei seiner Abreise. (S. 110)] und belohnt seine griechische Retterin ebenso reich wie die beiden mildtätigen Kaufleute.

Ruffolo ist ein gemischter oder ambivalenter Charakter. Er schreckt vor Seeräuberei (Türken!) nicht zurück, erweist sich allerdings letztlich als rechtschaffen, da er diejenigen belohnt, die ihm in der Not beigestanden haben. Auch ist er ein vitaler Mann, der im Seesturm mit allen Kräften um sein Leben kämpft. Die Reihe der wechselvollen Umstände, in die er gerät, ist lang. Wie in der Erzählung von Martellino und seinen Freunden geht es nicht um eine punktuelle Krise, die durch Klugheit gemeistert werden kann (I,1,4), sondern um eine komplexe Verknüpfung von Ereignissen. Es ist ein Hin und Her zwischen negativen und positiven Zufällen. Dabei fallen die bedrohlichen Ereignisse in die erste, die förderlichen in die zweite Ereignissequenz. Die für das Glück des Helden positive Reihe wird durch moralisch positives Handeln des Protagonisten abgeschlossen. Dagegen fallen die negativen Ereignisse der ersten Phase mit dem eher wenig skrupulösen Handeln des Helden (Seeräuberei) zusammen.

Bedeutet das, dass die Erzählung eine sittlich bestimmte Welt entwirft? Wohl kaum. Denn Ruffolo handelt zwar am Ende moralisch gut, aber er ist nicht eigentlich ein guter Charakter. Er kann und konnte anders. Sein Dank hätte auch entfallen können, ohne den Leser zu überraschen. Er ist eine Art Zugabe. Aber dass es dahin kommt, verändert zweifellos das Gesamtbild. Dieses muss nunmehr als Arrangement von Zufall, Glück und Moral erscheinen. Die Kontingenz der Dinge ist ohne jedes sittliche Vorzeichen. Sie erweist sich vielmehr erst am Ende, in letzter Instanz, als das Glück, das alles in allem keinem bösen Menschen zuteil wurde.

Ruffolo ist zur Skrupellosigkeit ebenso fähig wie zur Dankbarkeit. Er ist nicht nur ein gemischter, sondern vor allem ein beweglicher Charakter. Sein

Handeln ist beweglich wie Fortuna selbst. Er ist ein fortunatischer Charakter. Oder genauer noch: Er ist überhaupt kein Charakter. Ruffolo handelt nicht auf der Basis einer stabilen Identität. Vielmehr antwortet sein Handeln auf die Wechselfälle der Welt. Was er tut und was er lässt, ist dem Fallen der Fälle äquivalent, dem er sich ausgesetzt sieht. Der fortunatische «Charakter» schwingt mit im Schwung der Dinge. Er kommt der Welt entgegen, ebenso wie diese ihm. Beide sind für einander offen. Die höchst bewegliche Grenze zwischen ihnen ist schwach markiert.

Übrigens handelt es sich um eine der relativ seltenen Erzählungen des *Decameron*, wo die Natur als Widerpart des menschlichen Glücks eine ebenso große Rolle spielt wie das menschliche Gegenüber.[7] In der Regel ist es der Andere, der dem Begehren der Person entgegensteht und zuwiderhandelt. Nur in der Rahmenerzählung spielt Natur, als unbeherrschbare Katastrophe der Pest, die Hauptrolle. Dazu später.

Der Held der nächsten Geschichte ist Pferdehändler. Im Gegensatz zu allen bisher aufgetretenen Akteuren ist er einer, der aus Schaden klug wird, der lernt und sich verändert. Das unterscheidet ihn auch vom bloß versatilen Naturell Ruffolos. Die Reihe der Ereignisse gipfelt in der Belohnung eines Helden, der sich zunächst nicht eben durch besondere Gescheitheit auszeichnet. Andreuccio geht einer sizilianischen Prostituierten auf den Leim, die ihn ausnimmt. Dann schließt er sich einigen Dieben an, die beabsichtigen, das Grab eines verstorbenen Bischofs auszuplündern, wobei sie es besonders auf dessen kostbaren Ring abgesehen haben. Der Pferdehändler steigt in das Grabmal hinab, nimmt den Ring an sich, reicht die Kleider der hochgestellten Leiche nach oben, behauptet aber, keinen Ring gefunden zu haben. Schließlich kommt er glücklich und im Besitz des Rings als reicher Mann aus der Begräbnisstätte frei, in der ihn seine Kumpane eingeschlossen hatten.

Nachdem er sich von der Sizilianerin hat übertölpeln lassen, lernt er dazu und gibt seine Vertrauensseeligkeit auf. Er begreift, dass die Grabräuber ihn betrügen wollen und täuscht sie seinerseits: «Andreuccio [...] pensò seco: ‹Costoro mi ci fanno entrare per ingannarmi, [...]› E per ciò s'avisò di farsi innanzi tratto la parte sua; e ricordatosi del caro anello [...] e miselo a sé;» (S. 197) [Andreuccio [...] dachte [...] bei sich selbst: die haben mich hineingeschickt, um mich zu betrügen. [...] So beschloß er denn, im voraus für sich selbst zu sorgen, und dachte dabei an den kostbaren Ring, [...] und steckte ihn sich selbst an. (S. 122f.)] Obwohl er dazugelernt hat, kann er nicht verhindern, dass er im Grab eingeschlossen wird. Daraus errettet ihn der Zufall, indem andere Räuber dazu-

---

7 Andere Novellen, in denen die widrige Natur eine Rolle spielt: II,6; II,7; V,1.

kommen und die Grabplatte anheben. Fazit: Er verliert sein Geld, gewinnt aber den Ring. Ersteres, weil er sich unklug verhält, das Zweite, weil er inzwischen durch Erfahrung gewitzigt ist.

Es ist deutlich, dass die Erzählung den Lernprozess des Helden belohnt. Obwohl er in eine Gaunerei gegenüber Gaunern mündet. Weniger darauf kommt es an, als auf den Fortschritt zur Schlitzohrigkeit. Damit gelangt er sozusagen auf Augenhöhe mit Verhältnissen und Verhaltensweisen, die sich nicht an Moralprinzipien ausrichten. Er wird mundan geschäftsfähig. Und zwar, indem er das Verhalten des bösen Anderen so gut nachzuahmen weiß, dass er schließlich diesbezüglich besser ist als dieser. Das zahlt sich aus. Auf die Entwicklung der Novelle bezogen heißt das: Andreuccio nimmt gegenüber den Grabräubern die gleiche Position ein, die im Auftakt der Erzählung die sizilianische Prostituierte ihm gegenüber eingenommen hatte.

In dieser Geschichte kommt ein Moment hinzu, das wir schon kennen: Das Motiv der Ersetzung des Verlorenen. Wir kennen es aus der Geschichte Rinaldos wie aus der Ruffolo-Erzählung. Hier handelt es sich aber um eine einfache Kompensation. Es fehlt der Überschuss eines Mehrwerts des Verlorenen. Das Kompensationsschema als solches sagt etwas über die Wirklichkeit aus: Dass sie offen ist für Revisionen, für erneute Anläufe, wiederholte Versuche. Das setzt voraus, dass sie ständig in Bewegung ist. Der Rückgewinn des Verlorenen, mit oder ohne Mehrwert, ist möglich, weil die Realität funktioniert wie ein Kartenspiel, in dem die Karten ständig neu gemischt werden. Das Schema der Rückerstattung (mit und ohne Mehrwert) ist die gestufte Verlockungsprämie einer dem Menschen zugeneigten Welt: Weltprofit, ebenso Ausdruck der Subjektoffenheit der Welt wie der Weltoffenheit des Subjekts.

Der Held jedenfalls gewinnt unbeschadet der Tatsache, dass er nicht zimperlich in der Wahl seiner Mittel ist. Der Übergang vom (ehrlichen) Pferdehandel zum Grabraub ist nur die Überschreitung einer schwachen Grenze. Sittliches Handeln und sein Gegenteil sind nicht wie zwei Welten voneinander getrennt. Auf die hier entworfene Anthropologie bezogen: Der Held ist weder gut noch böse, lediglich aufs Geld aus: «piú cupido che consigliato» (S. 194) [mehr der Gewinnsucht als der Vernunft gehorchend (S. 121)], schließlich ist er Kaufmann. Vielmehr ließe sich sein Habitus als okkasionell beweglich beschreiben. Das verbindet ihn mit Ruffolo, von dem er sich zugleich durch seine Lernfähigkeit unterscheidet. Diese impliziert ja diachrone Veränderlichkeit und nicht nur einfach mit der Gelegenheit wechselndes Hin und Her.

Bezogen auf beide zentrale Episoden der Erzählung (Betrug durch die Sizilianerin, Wandlung des Pferdehändlers zum Gauner unter Gaunern) fällt auf, dass in beiden Fällen sittlich negatives Verhalten nicht bestraft wird. Die sizilianische Prostituierte behält straflos das gestohlene Geld. Ebenso straflos bleibt der Pferdehändler im Besitz des gestohlenen Rings. Erfolg ist wichtiger als Redlichkeit. Auf den mehr oder weniger großen Input an Gerissenheit kommt es an. Und eben daran lässt es die Hure nicht fehlen, wohl aber am Anfang Andreuccio, der im Rahmen dieser Logik folgerichtig mit dem Verlust seines Beutels bestraft wird.

Die Novelle vom Grafen von Antwerpen (II,8) präsentiert wie die vom Kaufmann Rinaldo (II,2) ein unschuldiges Opfer ungünstiger Umstände (was in beiden Fällen heißt: menschlicher Bosheit), der wie dieser alles verliert und am Ende alles zurückgewinnt. Was aber hier verloren geht und zurückerstattet wird, ist nicht in erster Linie Geld und Gut, sondern der soziale Status des Aristokraten. Der Graf, hoher Administrator des französischen Königs, wird als Vergewaltiger denunziert. Er flieht mit seinen beiden Kindern, Tochter und Sohn, nach England. Durch Armut gezwungen gibt er seine Kinder an hochstehende Familien ab. Nach Jahren des Elends wird seine Unschuld offenbar. Er wird mit seinen Kindern, die das Glück einer hohen sozialen Position gefunden haben, wiedervereinigt. Zudem wird er in all seine Güter wieder eingesetzt und mit größerer Würde ausgestattet als vorher: «il quale il re avea in ogni suo ben rimesso, e maggior fattolo che fosse già mai» (S. 282) [den der König in alle seine Güter wieder eingesetzt und mit größeren Würden begabt hatte als je zuvor. (S. 178)] Ein Schluss mit Surplus also.

Auch taucht in dieser Erzählung ein Motiv auf, das außer in der Geschichte vom Kaufmann Ruffolo bisher keine oder keine bedeutende Rolle spielte: der Wechsel der Orte, die weiträumige Bewegung im Raum. Hier ausgelöst durch die Flucht des Helden, der nur so der ihm drohenden Gefahr entkommen kann. Die Novelle besteht aus einer vielfältigen und nicht ganz leicht zu überschauenden Reihe von Ereignissen, denen der Erzähler mehrfach das Ordnungsprinzip des göttlichen Willen zuspricht.

Die Wende zum Guten, die auf die Gesamtheit der Erzählung bezogen providentielle Wiedergutmachung ist, setzt schon unmittelbar nach der Katastrophe ein. Die nun folgenden Ereignisse bewirken zunächst das Glück der Kinder des Grafen, sodann dessen eigenes. Gott bzw. Fortuna, so wird abwechselnd gesagt, lenken die Dinge zum Guten. Die Kinder werden von hochgestellten Familien aufgenommen. Insofern finden sie ein Asyl, das ihrer sozialen Position entspricht. Unübersehbar ist der Parallelismus: Zwei aufeinanderfolgende Ereignisse sind im Resultat gleichwertig. Beide Kinder des Grafen gewinnen den Sohn bzw. die Tochter ihrer Gastfamilien als Ehepartner. Damit wird der verlorene soziale Rang wiederhergestellt. Auffallend dabei ist, dass die Eltern des Sohns glauben, das Mädchen (die Tochter des Grafen) sei niedrigen Standes und sich doch um der Liebe des Sohnes zu der jungen Frau willen über diese ständischen Erwägungen hinwegsetzen. Im letzten Schritt erreicht die Serie der Wiedererstattungen des Verlorenen den Grafen. Das geschieht, nachdem er immerhin eine Reihe von Jahren in subalterner Position leben musste. Er leidet am meisten, aber die Wiedereinsetzung in seinen Stand fällt auch am triumphalsten aus. Eine Symmetrie der Kompensationen mit (im Falle des Grafen) und ohne (im Falle der Kinder) Überschuss ist offensichtlich.

Sittlich gerichtete Vorsehung und Wahrung des Standes aller Figuren gehen hier Hand in Hand. Deklassierung tritt zwar ein, wird aber umfassend korrigiert. Das Glück besteht insgesamt vornehmlich darin, auf Dauer seinen Stand nicht zu verlieren. Ortswechsel und Statusstabilität gehen eine merkwürdige Verbindung ein. Die Ortswechsel (vor allem des Grafen) sind geradezu dem sozialen Telos der letztendlichen Wahrung von Standesbeständigkeit unterstellt. Ohne Zweifel arbeitet hier die providentielle Reihe der «Zufälle» am Glück der verfolgten Unschuld.

Das fällt *in puncto* ständische Ausrichtung der Geschichte aus dem Rahmen des bisher Präsentierten und unterstreicht damit, welche Vielfalt die Sammlung integrieren kann. Was die Frage explizit aufwirft, welche die Überschrift des Abschnitts schon andeutet. Bildet die Vielfalt ein Feld? Dann ist sie gerahmt. Oder hat sie keine Grenzen? Dann ist sie unbestimmt plural.

2 Weltvertrauen und Katastrophe. Zum Ethos des *Decameron*

Wie immer markant der Unterschied zwischen sittlichkeitsorientierten und moralisch gleichgültigen Novellen ist, solchen mit guten, bösen oder ethisch unfixierten Helden, aktiven und passiven, kurzen oder langen Erzählungen, solchen mit relativ einfacher oder intrikater Ereignisverkettung, so fällt doch ein alle Gegensätze überbrückender Aspekt ins Auge. Im Durchlauf durch die Reihe der Ereignisse wird ein *bonum* garantiert. So wäre das *bonum* in der Geschichte von den beiden geistlichen Filous (I,4) die Geistesgegenwart und erfolgreiche strategische Klugheit des jungen Mönchs. Auch der Rechtsverdreher in I,1 ist zwar ein Gauner der übelsten Sorte, aber er ist noch auf dem Sterbebett gescheiter und handlungsfähiger als seine gesamte geistliche und nichtgeistliche Umgebung. Dagegen werden in der Geschichte vom frommen Rinaldo und dem Grafen von Antwerpen Figuren belohnt, die unverschuldet in Unglück gerieten. Was in beiden Fällen und nicht zufällig heißt: Es sind Gestalten, die eine höhere Gewalt erleiden (Raub, Denunziation), welche im sittlich negativen Sinne wirksam wird und gegen die sie nichts unternehmen können. Immerhin halten sich beide wacker im Unglück und Rinaldo nimmt alle sich bietenden Chancen wahr. Die Reihe der Beispiele ließe sich lange und über die hier präsentierten Geschichten hinaus fortsetzen.

Das *bonum* ist von erheblicher Spannweite. Es ist geradezu das Prinzip der Überbrückung aller Differenzen, Gegensätze und Varietäten. Es ist ein mentales Apriori, das vorauszusetzen scheint, dass der Gang der Geschehnisse ein Positivum zutage fördert oder doch prinzipiell zutage fördern kann. Es ist die allgemeine Voraussetzung, dass die Welt für den Menschen offen ist. Vor allem, wenn der Mensch für die Welt offen ist. Dass dann die Welt dem Menschen und seiner sinnlich-bewussten Natur entgegenkommen kann, sei er nun gut und gescheit, oder nur vor allem gut und ein wenig klug, oder sei er gut und nur zu Unrecht leidend, oder sei er mal skrupellos, mal gut. Wenn man den Elementarsatz dieses *bonum* benennen sollte, so wäre es der vom Lauf der Dinge, der nicht gleichgültig am menschlichen Glück vorbeiführte. Seine allgemeine Voraussetzung könnte man Weltvertrauen nennen. Es ist ein Vertrauen, das der Vorstellung einer Heilsordnung nicht mehr bedarf. Es ist ein Vertrauen in die (Inner) Weltlichkeit der Welt.

Offenbar bedarf das *bonum* des Ereignisses oder genauer der Reihe der Ereignisse, um hervortreten zu können. Es ist eine Funktion der Ereignisreihe. Es ist die Reihe der Ereignisse, in der sich die Offenheit der Welt für das Begehren der Subjekte und die Weltoffenheit der Subjekte zeigt. Dabei kommt es gerade nicht auf die ethische Beschaffenheit der Charaktere an. Denn wohl sind Bösewichter und gemischte Charaktere erfolgreich, neben den Tugendsamen wie Rinaldo, kaum aber jemals Dummköpfe, Faulpelze und Schlafmützen.

Das *Decameron* prämiert Mitgehen mit, Zugehen auf, bewegliches Umgehen mit der Welt. Tölpel aber oder die, die sich nicht wandeln, Tölpel bleiben, haben offenbar die schlechtesten Karten.[8] Ob unglücklich oder nicht, gut oder weniger gut, mit großen Handlungschancen versehen oder nicht, die Dinge stehen nicht ganz zum schlechtesten, wenn der Betreffende sich im Takt der Welt oder im Takt gewisser Möglichkeiten der Welt bewegt. Die Welt ist damit diejenige stets in Bewegung befindliche Wirklichkeit, die prinzipiell Chancen und Möglichkeiten für jedermann und jedefrau bereithält. Aber nur der Aktive oder wenigstens nicht gänzlich Untätige, nur wer nicht von allen guten Geistern der Geistesgegenwärtigkeit verlassen ist, kann sie ergreifen. Die Schnittstelle zwischen Mensch und Welt ist nicht durch die Antinomien der Sittlichkeit, religiös oder weltlich, markiert, sondern durch eine Idee der Passung zwischen beiden Instanzen.

Die Serie der Ereignisse, die letztlich, an ihrem Ende, ein *bonum* garantiert, basiert auf einer Elementargrammatik der Wirklichkeit. Deren Basisaxiom ist die Definition der Welt als Inbegriff der von ihr präsentierten und zu ergreifenden oder doch jedenfalls nicht abzuweisenden Möglichkeiten. Welt ist, was in

---

[8] Der Prototyp des Tölpels ist Calandrino. Vgl. VIII,6; IX,3,5.

ihr möglich ist. Und nicht nur, was der Fall ist. Die Welt des *Decameron* ist noch keine moderne, bloß faktische, empirische Wirklichkeit prinzipiell aller, auch aller sinnfernen Gegebenheiten. Sie ist prinzipiell positive Möglichkeitswelt. Darin liegt ihr Sinnbezug.

Deshalb kann sie nur im Ereignis zeigen, was sie ist. Im Ereignis zeigt sich die Möglichkeitsnatur der Welt. Es ist deshalb an der Zeit, die Form des decameronischen Ereignisses ins Auge zu fassen. Wobei zunächst die Übereinstimmungen mit allen ereignisbestimmten Erzählungen, zumal der Novelle, in den Blick treten. Zunächst ist der streng progrediente Charakter der Ereignissequenzen hervorzuheben. Es gibt kein Zurück. Das scheint trivial zu sein. Es meint aber: Der Sinn zeigt sich erst am Ende. Seine Erscheinung setzt den Anfang voraus. Aber diesen nur, weil er der Ausgang der Reihe ist. Der Sinn kann sich nur am Ende zeigen, weil die Reihe nicht nur ihren Anfang und Ausgang, sondern vor allem ihren Durchgang benötigt. In diesem Sinne ist der Endsinn Funktion nicht dieses oder jenes Ereignisses in der Reihe der Ereignisse, sondern der Reihe selbst.

Aus einer einfachen Ausgangssituation entwickeln sich handlungsbezogene Erzählungen über die mehr oder weniger lange Ereignisreihe hin zu einer einfachen Schlusssituation. Ein Einfaches ergibt über ein Vielfaches wiederum ein Einfaches. Die Welt ist damit immer auch definiert als die Entwicklung von einem einfachen Ausgangszustand über ein unterschiedliches breites und vielfältiges Zwischenfeld zu einem einfachen Endzustand. Die Welt ist ein Dreischritt, unter das Gesetz der Irreversibilität des Zeitpfeils gestellt. Man nehme die Ästhetik, Symmetrie, die Rationalität dieser elementaren Konstruktion der Wirklichkeit wahr. So weit zu den Übereinstimmungen mit der Struktur aller handlungsintensiven Kurzerzählungen.

Ein Spezifikum des *Decameron* ist aber die Grundtendenz der (ratiooffenen) Weltpositivität. Die Orientierung nach vorne der handlungsorientierten Erzählung überhaupt und die decameronische Semantik der positiven Welt gehen eine Verbindung ein. Wie aus dem Gegensatz etwa zur gewaltsamen Tendenz der kleistschen Novellen oder auch zur düster-strengen Sittlichkeit vieler Erzählungen des *Heptaméron* erhellt.

Dem Prinzip strikter Progredienz widerspricht übrigens nicht, dass in einigen Erzählungen am Ende der Anfangszustand wiederhergestellt wird. Das ist oft bei den Figuren der Fall, die ins Unglück geraten und wieder zum Glück finden. Wie Rinaldo oder der Graf von Antwerpen. Hier hat die Ereignissequenz die Funktion der Wiederherstellung des Verlorenen, mit exakter Kompensation oder Überkompensation, mit oder ohne Surplus. In den Geschichten dieses Typs tilgt die Serie der Ereignisse das Unglücksereignis, von der sie ihren Ausgang nahm. Sie macht nicht ungeschehen, was geschah, aber sie hebt es auf.

Das Unglück kann nicht geleugnet und zurückgenommen werden, aber es war nur ein erster Takt. Im unglücklichen Ereignis zeigte sich eine Möglichkeit der Welt. Im Durchgang durch die Folgeereignisse aber zeigen sich ganz andere. So dass die Folgemöglichkeiten die Möglichkeiten des Ausgangs gleichsam majorisieren, korrigieren, ins rechte Licht rücken. Aufheben heißt, etwas bestehen lassen, aber mit anderer Qualität.

Jedenfalls haben die Figuren, wie auch immer der Ausgang ist, keine andere Wahl als mit dem Fortgang der Ereignisse mitzugehen, ihrer strikt diachronen Logik zu entsprechen. Woran man sieht, dass in dieser Welt der vielfältigen Möglichkeiten zum mindesten eine Möglichkeit weitgehend ausgeschlossen ist: Nicht mit den Ereignissen mitgehen. Von den Ereignissen abschweifen, sich ausklinken. Durch die Arbeit von Reflexion und Erinnerung, Umgehen mit und in sich selbst beispielsweise.

Das Bewusstsein der Protagonisten ist auf das Rad der strikt vorwärtsgerichteten Ereignisse geflochten. Das unterscheidet die Welt der frühen Novelle überhaupt und auch der decameronischen Erzählung von der späteren, auch der des Romans, des neueren zumal, wo dem Bewusstsein gewisse achronologische (Zeit)Freiheiten eingeräumt werden. Das ist, weil in den Erzählungen der späteren Zeit die Welt nicht mehr nur als der Inbegriff der in ihr möglichen Ereignisse als ihrer Möglichkeiten definiert ist. Das gilt für das *Decameron* freilich mit der nicht bedeutungslosen Ausnahme der Geschichten mit Erzählung in der Erzählung. Hier wird der schnelle Gang der Ereignisse unterbrochen, verlangsamt, ein Moment der Reflexivität wird eingefügt. Nicht zufällig gehört daher die Form der Erzählung in der Erzählung zu den Deeskalationsstrategien, die für das *Decameron* so typisch sind.[9]

In der weitaus größten Zahl der Novellen aber ist das Bewusstsein der Akteure eine Funktion der Chronologie der Ereignisse. Das moderne Spiel von Protentionen und Retentionen[10] des Bewusstseins ist ausgeschlossen. Jedenfalls als Hin und Her und Wechselspiel. Vielmehr ist Protention als solche und in besonderer Weise, als Antizipation, Vorausschau und Vorlaufen konstitutiv für die Welt des *Decameron*. Denn in der strategischen Vorwegnahme (Paradigma: Die Mönchgeschichte, I,4) bedenkt die Person, welche Möglichkeiten der

---

9 Erzählungen in der Erzählung finden sich z.B. in I,3; I,6; I,7; V,6; V,7; V,8.
10 Die Begriffe «Retention» und «Protention» in Anschluss an Edmund Husserl: *Zur Phänomenologie des inneren Zeitbewusstseins*. In: Husserliana X. The Hague: Nijhoff 1966, S. 23–35, aber in einem weiteren Sinne verwendet. Husserl geht vom Beispiel der Wahrnehmung einer Tonfolge aus, woraus erhellt, dass das Begriffspaar hier nur das kurzzeitige, an die konkrete Wahrnehmung gebundene Vor- und Zurücklaufen des Bewusstseins meint.

Welt realisierbar sind, wenn die Weichen in bestimmter Weise gestellt werden. Progredienz des Bewusstseins ist möglich und unabdingbar, weil sie der progredienten Richtung der Ereignisreihen entspricht. Das erfolgreichste Bewusstsein im *Decameron* ist das vorwärtsgewandte Bewusstsein. Darüber verfügen in ausgezeichneter Weise seine aktivsten Helden. Darin macht das *Decameron* besonderen Gebrauch vom Formschema der handlungsorientierten Erzählung.

Zweifellos geht der stärkste Einwand gegen die These von der Realisierung eines *bonum* von den Geschichten mit katastrophalem und letalem Ausgang aus. Diese sind zwar minoritär (überwiegend vorkommend in den Erzählungen des vierten Tages), aber keineswegs bedeutungslos. Eine der markantesten dieses Typs ist die Geschichte von Ghismunda (IV,1). Tancredi, der seine Tochter über alles und über alle Maßen liebt, lässt ihren Geliebten töten. Dessen Herz lässt er ihr in einer Schale überreichen. Worauf diese sich umbringt, indem sie das vorher vorbereitete, vergiftete Wasser in das Gefäß gießt und es trinkt. Der erschütterte Vater, der nicht mit der Entschlossenheit seiner Tochter gerechnet hatte, lässt beide zusammen bestatten.

Das Movens der Geschichte ist ein latent inzestuöses Begehren des Vaters. Tancredi, der die Verheiratung seiner Tochter immer wieder hinausgeschoben hatte, gibt sittliche und soziale Gründe für sein absonderliches Verhalten vor. Dass die Tochter sich mit einem Mann eingelassen habe, der sozial unter ihr stehe und mit dem sie nicht verheiratet sei. Die Tochter hält dem entgegen, Adel sei eine Frage des Charakters und nicht der ererbten sozialen Stellung. Auch wirft sie dem Vater vor, er habe seine Pflicht versäumt, sie rechtzeitig zu verheiraten.

Was die Beziehungen zwischen den Figuren betrifft, ist eine Art Umkehrung der Geschlechterrollen hervorzuheben. Der Herzog weint wie eine Frau. Die Tochter aber handelt mit der Entschlossenheit und Durchsetzungsfähigkeit eines Mannes («vincendo il suo animo altiero [über ihren Drang zu weinen, H.S.], il viso suo con maravigliosa forza fermò, [...] Per che, non come dolente femina o ripresa del suo fallo, ma come non curante e valorosa, con asciutto viso e aperto e da niuna parte turbato» S. 478) [Dennoch besiegte sie die Schwäche, behielt die Züge ihres Gesichtes mit wunderbarer Festigkeit in der Gewalt [...]. Darum antwortete sie ihrem Vater nicht wie ein betrübtes oder eines Vergehens bezichtigtes Weib, sondern fest und unbekümmert, mit trockenen Augen und sicheren, unveränderten Zügen [...]. (S. 315f.)] Die Sequenz der Ereignisse folgt einer Logik der Katastrophe. Sie ist als *Crescendo* zum katastrophalen Ende hin gestaltet. Der Herzog will und bewirkt den Tod des jungen Mannes und verursacht damit auch, aber ohne es zu wollen, den Selbstmord der geliebten Tochter. An dieser Stelle entgleitet ihm das Gesetz des Handelns, die Hoheit über den Ausnahmezustand, den er selbst herbeigeführt hatte.

Das gesamte Geschehen beruht auf den außergewöhnlichen seelischen Dispositionen der Handelnden. Das betrifft zunächst die abnorme Tochterliebe Tancredis und seine gleichsam weibliche Leidenschaftlichkeit. Diese entwickelt ihre Sprengkraft aber erst in der Reaktion mit der wie männlichen Härte, Intelligenz, Entschlossenheit und Handlungsfähigkeit der Tochter.

Letztere erleidet zwar die überlegene Gewalt der väterlichen Überliebe. Aber niemals gibt sie das Gesetz des Handelns aus der Hand. Ihr Tod ist Untergang und Triumph zugleich. Denn im Sterben noch vermag sie den Vater zu bewegen, *post mortem* ihren Willen (gemeinsame Bestattung) auszuführen. Am Ende ist der vordergründig Handlungsmächtige der Entmächtigte und all seines Lebensglücks Beraubte. Während die ebenfalls all ihres Glücks verlustige junge Frau noch im Durchgang durch das äußerste Unglück ihren unbeugsamen Willen manifestiert, den der Vater zu vollziehen hat. Aus dem übermächtig Handelnden wird der Handlungsbeauftragte, der seine Prokura aus der Hand der Tochter empfängt.

In der Regel enden diejenigen Erzählungen katastrophal, in denen die für das *Decameron* bezeichnenden Verfahren der Gewaltvermeidung, Dialog, Verhandlung, Interessenausgleich, auch Erzählung in der Erzählung, versagen. Dann ist der Ausgang blutig und letal. Dann drängt der dunkle Grund der Welt an die Oberfläche. So auch in IV,5. Die Brüder einer jungen Frau töten ihren Geliebten. Sie gräbt den verscharrten Leichnam aus, trennt den Kopf ab, steckt ihn in einen Topf, bedeckt diesen mit Erde, pflanzt Basilikum darauf und begießt ihn mit ihren Tränen. Als die Brüder ihr den Topf wegnehmen, stirbt sie. Das Mädchen scheint nur ein Opfer zu sein. Sein Tun zeigt eine verzweifelte und in ihren Äußerungen auch maßlose (und bizarre) Liebe an. Die extreme Konstellation verbindet diese Geschichte mit der von Ghismunda und Tancredi.

Es ist kein Zufall, dass die Phänomenologie des zerstückelten Körpers in diesen «aus dem Ruder» laufenden Geschichten eine bedeutsame Rolle spielt. So das in der Schale aufbewahrte Herz des Geliebten in der Ghismunda-Geschichte. So hier der vom Körper abgetrennte Kopf des Geliebten. Verfehlen des Maßes und vernünftiger Ausgleich sind unvereinbar (Vgl. auch IV,9).

Das bestätigt die vierte Geschichte des vierten Tages. Wiederum führt eine sozial nicht akzeptierte Liebe zur Katastrophe. Gerbino, Enkel des Königs von Sizilien, verliebt sich in die Tochter des Königs von Tunis und sie sich in ihn, obwohl sich beide nie zuvor gesehen hatten. Der König von Tunis will seine Tochter an den König von Granada verheiraten. Da ihm zu Ohren kommt, dass Gerbino beabsichtigt, die junge Frau zu entführen, beschafft er sich von dessen Großvater, der von den Plänen des liebestollen Enkels nichts ahnt, die Zusicherung einer sicheren Überfahrt. Der junge Liebhaber setzt sich bewusst über das Wort des Großvaters hinweg und greift das Schiff der Sarazenen an. Diese töten die junge Frau. Gerbino wütet in rasender Wut unter der Besatzung («non altramenti che un leon famelico nell'armento de' giovenchi venuto or questo or quello svenando prima co'denti e con l'unghie la sua ira sazia che la fame, [...] crudelmente molti n'uccise Gerbino;» S. 523f.) [Nicht anders wie ein hungriger Löwe, der unter eine Schar junger Stiere gerät, bald diesen, bald jenen erwürgt und mit Zähnen und Krallen eher seine Wut als seinen Hunger befriedigt, [...] tötete [Gerbino, H. S.] ihrer viele. (S. 345)] Der Großvater lässt den Enkel hinrichten.

Die Entwicklung der Erzählung ist wie in den beiden vorhergehenden als Gradation zur Katastrophe angelegt. In den Blickpunkt tritt die Spannung zwischen Liebe als legitimem Ausdruck der sinnlichen Natur des Menschen (Ghismunda und viele andere Geschichten) und Liebe als maßlose Leidenschaft (Tancredi), die alle Vernunft überwältigt, und damit, im Rahmen der decameronischen Semantik, desaströse Wirkungen zeitigen muss. In diesem Sinne bricht Gerbino das Versprechen des Großvaters. Das Ethos und die Rationalität des gegebenen Wortes werden durch die zur Raserei gesteigerte Liebe zerstört – und wiederhergestellt, indem der Großvater den Enkel hinrichten lässt, um nicht als wortbrüchig dazustehen: «[...] volendo avanti senza nepote remanere che esser tenuto re senza fede.» (S. 524) [[...] denn er wollte lieber ohne Enkel sterben als für einen Fürsten gelten, der sein Wort brach. (S. 346)]

Zweifellos schließen der katastrophale Ausgang dieser Erzählungen und die Gewährleistung eines *bonum* einander nicht aus. Denn es ist deutlich, dass die Ghismunda-Geschichte die außerordentliche Entschlossenheit und Handlungsfähigkeit der Protagonistin positiv fasst. Das gilt *mutatis mutandis* auch für die Novelle vom begossenen Blumentopf. In beiden Fällen werden die liebenden Frauen von männlicher Macht überwältigt, aber gerade im Verlust des Objektes ihrer Liebe manifestieren sie auch die Unbesiegbarkeit der Liebe selbst, die Integrität und Unberührbarkeit des innersten Kerns ihrer Subjektivität. Mag das Handeln Lisabettas ansonsten noch so befremdlich sein.

Anders liegen die Dinge in der letzten Erzählung. Hier werden die Ratio und das Ethos des gegebenen Wortes über eine Liebe gestellt, die keine Grenzen kennt, indem sie in einer Orgie der Gewalt endet. Noch in der Katastrophe bewa/ährt sich ein Positives. Aber es ist das eingeschränkte *bonum* unter der Bedingung der Katastrophe. Das höchste und «wahre» *bonum* des *Decameron* liegt zweifellos in der Vermeidung von Blut, Gewalt, Tod und Zerstückelung des Körpers.[11]

---

[11] Damit ist unterstrichen, dass die Konstruktion der Wirklichkeit in unseren Texten weder religiös noch einfach areligiös, weder moralisch noch einfach das Gegenteil ist. Das in einer langen Reihe von Novellen garantierte *bonum* bezeichnet einen Standpunkt der Weltpositivität,

Die Semantik des *bonum* ist an ein Repertoire typischer Erzählsituationen und -entwicklungen gebunden. Das meint zunächst die Funktion der Ereignisreihe in ihrem linearen Verlauf. Hinzu kommen Parallelismen und Reduplikationen. Ein bestimmtes Element des Erzählaufbaus wird wiederholt. So in der Mönchsgeschichte die Situation der Beobachtung. Und zwar dergestalt, dass zuerst der Abt in der Beobachterrolle ist, sodann der Mönch. In der Geschichte von Andreuccio nimmt der Pferdehändler gegenüber den Grabräubern die Position ein, die in der ersten Phase der Erzählung die betrügerische Sizilianerin ihm gegenüber eingenommen hatte. Besonders reich an Parallelismen ist die Geschichte vom Grafen von Antwerpen. Schließlich die Typologie der Schlüsse. Elementar ist der Gegensatz zwischen positivem und negativem Ausgang. Positiv besetzt sind vor allem Ausgänge, die zur Einigung zwischen den Handelnden führen.[12] In diesen

---

der religiöse und moralische Aspekte ebenso ein- wie ausschließen kann. Insofern lässt sich so etwas wie ein gemeinsamer Nenner aller Erzählungen auch nicht in einem Standpunkt «jenseits der Moral» situieren. So Giuseppe Petronio: Vorurteilslosigkeit und Weisheit (1935). In: Peter Brockmeier (Hg.): *Boccaccios Decameron*. Darmstadt: Wiss. Buchges. 1974, S. 59. Es ist deutlich, dass die ältere Forschung, auf Einheit ausgehend, Schwierigkeiten mit der Vielheit der Texte hat, während die neuere umgekehrt sich schwer tut, die Grenzen der Vielheit (d.h. dialektisch Aspekte der Einheit in der Vielheit) zu erfassen. Im Übrigen ist es auch problematisch, die Einheit einfach im Moment des Zufalls zu sehen. In diesem Sinne bilanziert Francesco de Sanctis: Der Decamerone. In: Peter Brockmeier (Hg.): *Boccaccios Decameron*. Darmstadt: Wiss. Buchges. 1974, S. 17–44 schon im 19. Jahrhundert: «Der endgültige Eindruck ist der, dass der Zufall Herr der Welt ist.» (S. 19). Das *Decameron* entzieht sich globalisierenden Aussagen dieser Art, die auf einem binären Schema beruhen. Einen Versuch der Vermittlung von Vielheit und Einheit unternimmt Stierle, greift aber darin zu kurz, das Moment der Einheit allein im Rahmen zu sehen: Karlheinz Stierle: Montaigne und die Erfahrung der Vielheit. In: Wolf-Dieter Stempel/Ders. (Hg.): *Die Pluralität der Welten. Aspekte der Renaissance in der Romania*. München: Fink 1987, S. 417–448: «Was bei Boccaccio die Vielheit zusammenhält, ist aber nicht mehr eine substantielle Bindung, sondern der Rahmen einer auf wenige Tage bemessenen Übereinkunft.» (S. 420). Die neuere Forschung tendiert dazu, im retrospektiven und gattungsbezogenen Blick auf die Epoche vor dem 14. Jahrhundert Kontingenz im Gegensatz zum Exemplarischen der älteren Novellentradition zu fassen. Aber im prospektiven Blick auf den Modernisierungsprozess der frühen Neuzeit (Machiavelli u.a.) erscheint aktives Fortunabewältigungshandeln (virtù) als Kontrapunkt der Kontingenz. Dieses manifestiert sich freilich nicht nur in der Novelle, sondern es bezeichnet ein gattungsübergreifendes mentales Schema.

12 Der Bezug zur Mentalität der Kaufleute liegt auf der Hand und wird in der älteren Forschung verschiedentlich betont. Vgl. z. B. Vittore Branca: Traditione medievale e epopea mercantile nel Decameron. In: Natale Tedesco (Hg.): *La prosa del Boccaccio. Crestomazia della critica*. Caltanissetta/Roma: S. Sciascia 2002, S. 47–55, der von «la chanson de geste dei paladini di mercatura» (S. 55) spricht und Guiseppe Petronio: La posizione del «Decameron». Ebda., S. 57–70: «concezione borghese della vita» (S. 63). Mir geht es nicht vorrangig um die Zurechnung

Zusammenhang gehören die Erzählungen in der Erzählung. Die Binnenerzählung führt ein Moment von innehaltender Reflektivität in den schnellen Gang der Ereignisse ein, das zur Vermeidung eines gewaltsamen Schlusses beiträgt. Dazu kommen auch die Erzählungen mit (quasi) providentiellem Zufall. Unschuldig in Unglück geratene Helden bekommen zurück, was ihnen genommen wurde (Kompensation). Mit und ohne Überschuss. Dieser Typus gipfelt in der mehr oder weniger variierten Wiederherstellung des Ausgangszustandes.

Den Kontrapunkt bilden die Erzählungen mit Katastrophenschluss. Die Katastrophe tritt ein, wenn die Affekt- und Triebnatur der Charaktere nicht beherrschbar ist, oder wenn Verhandlung und Ausgleich aus anderen Gründen ausgeschlossen sind.[13] Zwischen diesen Extremen liegt eine breite Palette von Schlüssen zwar ohne Ausgleich und Verhandlung, deren gemeinsames Merkmal aber auch der Ausschluss von Gewalt, Blut und Zerstückelung ist. Etwa die erfolgreiche Übertölpelung des weniger Gescheiten durch den Gescheiteren. Prototyp (neben den Calandrino-Geschichten) ist die Übertölpelung des Ehemanns durch die gescheite Frau. Diese Form findet sich häufig in den Erzählungen des siebten Tages. So auch die Reihe der Geschichten, wo der Held/die Heldin sich durch Geistesgegenwart, wozu die kluge Bemerkung oder Rede gehören kann, aus einer *fausse position* befreit.[14]

3 Negatives Subjekt, positive Anthropologie. Die Figur des Projekts

In der Geschichte von Gerbino (IV,4) wie in einer Reihe anderer Novellen dieses Typs, so der schon angeführten vom Grafen von Antwerpen (II,8) und der vom Kaufmann Ruffolo (II,4), sind übrigens die Ereignisse in bestimmter Weise mit dem Wechsel weit voneinander entfernter Orte verbunden.[15] Ereignisfolge und Ortswechsel korrespondieren miteinander. Die Serie der Ereignisse entspricht der Serie der Orte. Die Ereignisse haben ein markantes Ortsvorzeichen. Ihre

---

dieses und anderer einzelner Textelemente zu einer sozialen Gruppe, sondern um ihren strukturellen Zusammenhang: Dieser entwickelt eine Konstruktion der Wirklichkeit, die ich auf den säkularen Prozess der Modernisierung beziehe. Auf diesen verweisen die Texte nicht als eine ihnen externe Gegebenheit, sondern indem sie zugleich zu seinen Konstituenten gehören.
13 Zur Bedeutung des «rational control of natural instinct» und von «the regulation of violent passion» vgl. Robert Hastings: *Nature and reason in the Decameron*. Manchester: Manchester Univ. Press 1975, S. 76.
14 Solche sind z.B. VI,2; VI,3; VI,4; VI,5; VI,6; VI,7; VI,9; VI,10.
15 So etwa neben einigen Erzählungen des Zweiten Tages I,2; VIII,10; X,1; X,2; X,3; X,9.

Situierung an wechselnden Stellen im Raum ist unterstrichen. Die Vervielfachung der Ereignisse wäre hier ohne ihre Bindung an die Vielfalt der Orte nicht möglich. Man muss also zwischen den Erzählungen unterscheiden, die in einem eng umgrenzten Areal (Dorf, Haus, Garten, Zimmer) spielen – das ist die Mehrheit – und denen, wo der Gang der Ereignisse an weitläufige Bewegung im Raum gebunden ist.

Weiträumigkeit als bedeutsame Möglichkeit ist keineswegs Zufall. Sie bezeichnet einen wesentlichen Aspekt des Entwurfs der Wirklichkeit im *Decameron*. Denn Wirklichkeit ist nicht nur der Inbegriff der in ihr stattfindenden Ereignisse, sondern auch der Orte, an denen sie stattfinden können. Die Welt ist auch die Vielfalt ihrer Orte. Und eben dieses zeigt sich nirgendwo deutlicher als im Zusammenhang von Erfahrung und weiter Fahrt. Die Fernwelten sind der markante Kontrapunkt der Nahwelten.

In der Vielfalt der zu Land und zu Wasser durchreisten Orte tritt Welt als räumliche Erstreckung hervor. Welt als weiter Raum. Weit im doppelten Sinne der geographischen Erstreckung und der dadurch potenzierten Möglichkeit von Möglichkeiten. Das zeigt: Nicht nur die Zeit, sondern auch der Raum (als Nah- und Fernraum) wird auf Möglichkeit ausgelegt. In diesem umfassenden Sinne erscheint die Welt zugleich als Ereignis- und Möglichkeitsraum.

Erfahrung in diesen Erzählungen heißt somit immer auch Er-Fahrung, Überwindung von Räumen, Zurücklegung von Strecken. Jedenfalls, auch in den Geschichten, die in nahen Räumen spielen, Bewegung im Raum oder im Umfeld von Räumen. Die Ereignisse spielen sich an starken Orten (neben den Fernräumen auch die markanten Nahräume wie Schlafkammer, Garten, Marktplatz usw.) ab. So gefasst sind Raum und Zeit dem decameronischen Ereignis wesentlich. Das Leben der Menschen ist eine Funktion der Raum-Zeit-Realisierung der vorwärtsgerichteten und auf Möglichkeiten des Handelns ausgerichteten Ereignisreihe.

Demnach beruht die Phänomenologie der Welt im *Decameron* auf der Verbindung einer strikt progredienten Chronologie und einer mit der Progredienz der Ereignisse verbundenen Topologie. Sie ist Chrono-Topologie[16] in diesem Sinne. Ihr Gesetz ist Zentrierung auf starke, möglichkeits- und aktivitätsoffene

---

16 Michail M. Bachtin: *Formen der Zeit im Roman. Untersuchungen zur historischen Poetik.* Frankfurt/M.: Fischer 1989, S. 7 versteht unter Chronotopos den «grundlegenden wechselseitigen Zusammenhang der in der Literatur künstlerisch erfassten Zeit-und-Raum-Beziehungen». Dass der Raum-Zeit-Zusammenhang des *Decameron* aktivitäts- und möglichkeitsoffen ist, unterscheidet ihn vom Chronotopos des griechischen Romans, wo «der Mensch immer nur jemand [ist], mit dem etwas geschieht.» (S. 31)

Orte und darin Multiplikation, Fortschreiten, Entfaltung, Wechsel, Vielfalt im Fortschreiten und aus Fortschritt und Entfaltung. Das ist die chronotopische Weltformel des *Decameron*.

Welt derart als Zeit-Raum offener Möglichkeiten wie auch als die Möglichkeit weit offener Räume und starker Orte gefasst, arbeitet mit einer Fülle durchaus unterschiedlicher Figuren, aber sie hat ein vollkommen zu ihr passendes subjektives Gegenstück. Es ist der möglichkeitsoffene, hellwache, die Chancen nutzende Held (wozu freilich das Komplement des Tölpels gehört: Prototyp Calandrino). Manchmal reagiert er einfach nur auf den Wechsel der Dinge, tut alles, um zu obsiegen oder wenigstens nicht unterzugehen. Oft und charakteristischerweise aber versucht er mit einer List, einem Plan, Projekt, den Gang der Dinge zu seinem Vorteil zu beeinflussen, mehr noch, ihn zu lenken. Das jeweils Beabsichtigte kann kurz- oder langfristig angelegt sein. Mit allen Zwischenstufen. Dabei gilt: Je größer die Zahl der Handelnden, desto länger die Verflechtungsreihen der Ereignisse, desto höher auch die Wahrscheinlichkeit, dass Verhaltenskontingenzen (Was tut der Andere?) in Sachkontingenzen (Welche Konstellationen und Verhältnisse entsehen daraus?) umschlagen. Das ist die qualitative Seite der Quantität (Kürze oder Länge der Erzählungen).

Oft werden aus anfänglich nur Re-Agierenden durchaus tüchtige Akteure. Diese Gestalten geraten ohne ihr Zutun in eine schwierige Situation und machen das Beste daraus. Wenn auch die übermächtige Wirklichkeit ihnen zunächst das Heft aus der Hand genommen hatte, so reagieren sie geschickt so auf die neue Situation, dass die Dinge ihnen wieder günstig sind. Dabei lernen sie und sind veränderungsfähig. Gewissermaßen stehen sie auf Abruf für den Gang der Dinge bereit, dabei selbst zum Gehen und zur Selbstveränderung bereit. Sie sind jederzeit willens, die Vorlagen der Welt zu verwandeln – und damit die Welt zu verwandeln.

Wachheit, Handlungsbereitschaft, Vorausschau, Fähigkeit zur rationalen Selbstkontrolle, ein elementarer Optimismus hinsichtlich der Machbarkeit der Welt, der Prognostizierbarkeit wie der Herbeiführbarkeit von Zukunft, und wenn nicht das, so wenigstens ein Wille zum Durchhalten, Durchstehen und Überstehen bezeichnen die charakteristische Anlage vieler (vor allem, aber nicht ausschließlich der erfolgreichen) decameronischen Gestalten.[17] Dem entspricht ein Konzept der Welt als nicht festgelegte, kontingente, aber intentionsoffene Wirk-

---

17 Vgl. Salvatore Battaglia: *Giovanni Boccaccio e la riforma della narrativa*. Napoli: Liguori 1969, der die Bedeutung der «spiriti inventivi» herausstellt und auch die Passung ihrer Wachheit auf die Welt: «Tra loro e la vita c'è come una ‹simpatia›» (S. 202). Darin sieht er zu Recht eine Antizipation «dell' ideale machiavellico» (S. 203).

lichkeit.[18] Dieses ist auch am elementaren Vorstellungsbild des Anderen als *alter ego* festgemacht. Empathie(fähigkeit) gehört zur Grundausstattung des decameronischen Charakters. Ihr Prinzip ist: Der Andere ist ein Sinnen- und Triebwesen wie ich selbst. Er will, denkt, fühlt, was ich wollen, denken und fühlen kann. Deshalb ist sein Handeln prinzipiell vorhersehbar – und gegebenenfalls auch lenkbar. Sei er nun ein Tölpel oder ein Schlaukopf. Vor allem in den schlichteren Übertölpelungsgeschichten ist Einfühlung kaum mehr als eine Wette auf die Dummheit des Anderen.[19] In diesen wie den aufwändigeren Formen der Empathie geht es nicht darum, wer der Andere ist, sondern darum, was er tun wird. Wenn ich haben will, was er hat oder haben will oder seiner Attacke ent-

---

18 Joachim Küpper: Affichierte ‚Exemplarität', tatsächliche A-Systematik. Boccaccios Decameron und die Episteme der Renaissance. In: Klaus W. Hempfer (Hg.): *Renaissance – Diskursstrukturen und epistemologische Voraussetzungen*. Stuttgart: Steiner 1993, S. 47–93 spricht von einem «Weltmodell im Zeichen irreduktibler Kontingenz» (S. 71). Er folgt damit in seinem terminologisch recht aufwändigen und überaus angestrengt wirkenden Beitrag im Wesentlichen Hans-Jörg Neuschäfer: *Boccaccio und der Beginn der Novelle. Strukturen der Kurzerzählung auf der Schwelle zwischen Mittelalter und Neuzeit*. München: Fink 1969, der allerdings deutlicher sieht, dass die «eigene Voraussicht der handelnden Person» (S. 21) ein Gegengewicht nicht nur zur providentiellen, sondern auch zur zufälligen Ereignisfügung bildet. Mit anderen Worten: Kontingenz ist reduktibel und sie wird auch reduziert. Küpper neigt dazu, das nominalistische Weltmodell (W. v. Ockham) und die von ihm beeinflussten Texte kurzzuschließen. So schon Ders.: *Diskurs-Renovatio bei Lope de Vega und Calderón*. Tübingen: Narr 1990, wo u.a. die italienische Renaissance-Novelle und die cervantinische Novelle als Texte gefasst werden, «die das nominalistische Konzept in ästhetische Konkretion überführen» (S. 272). Bezogen auf Montaigne heißt es dann sogar: «Montaignes *Essais* lesen sich in vielerlei Hinsicht wie eine in spielerisches Erzählen überführte Fortführung der Gedanken Ockhams.» (S. 281) Wären die literarischen Texte lediglich eine Erscheinungsform, Objektivation, Variante des philosophischen Diskurses? Unter solcher Voraussetzung muss übersehen werden, dass die Novellen Boccaccios zwar eine kontingente Welt entwerfen, ohne deshalb aber auf Verfahren der Beschränkung von Kontingenz zu verzichten. Deren charakteristischste aber keineswegs einzige sind List, Plan, Kalkul, Antizipation, die vorwegnehmende und das Ergebnis herbeiführende Ratio und ihre erzählerische Realisierung in der Reihe der Ereignisse. «A-systematisch» ist allenfalls (der Begriff ist auf Literatur bezogen wenig glücklich) die in vielen Novellen entworfene Welt, aber keineswegs die Form ihres Entwurfs in den jeweils konkreten Beziehungen zwischen Protagonist und Wirklichkeit. Oft bezeichnet das typische «avvenne que» das zufällige Ereignis, auf das die Figur mit zufallsbewältigendem Handeln zu reagieren versucht. Auch die *Essais* lassen sich nicht auf den Entwurf einer «Welt unverrechenbarer ‹diversité›» (S. 283) reduzieren. Im Übrigen taucht der an sich durchaus erhellende Bezug zur Philosophie W. v.Ockhams schon in der älteren Forschung, charakteristischerweise im Kontext globaler Charakterisierungen Boccaccios auf. So bei Carlo Muscetta: Struttura e forma del «Decameron». In: Natale Tedesco (Hg.): *La prosa del Boccaccio*. Caltanissetta/Roma: S. Sciascia 2002 (zuerst 1972), S. 89.
19 So vor allem in einigen Erzählungen des Siebten Tages.

gehen will, muss ich an dieser Basissituation ansetzen. Gegebenenfalls, wenn der Andere anders nicht zu besiegen ist, muss die Übereinkunft gesucht werden.

Kurz: Es gibt so viele Helden wie Lebenslagen und Weltumstände in unserem Korpus, aber es ist der aktive Held, der dem Weltmodell des *Decameron* am meisten entspricht und der es am meisten prägt. Sein Kompass ist auf Erfolg (als dem, was schließlich er-folgt, Rolle des Zeitfaktors!) in der Welt ausgerichtet, mit welchen Mitteln auch immer er herbeigeführt werden muss.[20] Auf der Spur dieses Typus kann man demnach in den inneren Kreis der decameronischen Episteme gelangen.[21] Ich gehe also näher auf die Konstellation der Erzählungen mit überwiegend aktivem Helden ein, der ein in der Zukunft liegendes Ziel verfolgt.[22]

Das bedeutet, man muss die **Figur des Projekts** analysieren. Die Protagonisten haben ein Ziel, das sie in der Regel allein, auf sich gestellt verfolgen. Es kollidiert regelmäßig mit den Interessen des Anderen. In vielen Geschichten wird das Projekt taktisch oder strategisch, im Rahmen eines Zweck-Mittel-Kalküls verfolgt. Mit ihren Absichten bringt die Person sich in die Welt ein. Und zwar als Ich, das etwas Anderes will als der Andere und damit so oder anders auf die Dinge einwirken will. In diesem Sinne ist, wie Kojève über das Selbstbewusstsein sagt, das *Ego* des *Decameron* negatives Subjekt. Es ist ein «Selbst der Begierde» (S. 142), weil es «negierendes Tun» (S. 143) ist.[23] Es zielt auf Endzustände, die sich von Ausgangszuständen unterscheiden. Das bezeichnet die positive Anthropologie des *Decameron*.

---

20 Andreas Kablitz: Boccaccios Decameron zwischen Archaik und Modernität. Überlegungen zur achten Novelle des zehnten Tages. In: Ders./Ulrich Schulz-Buschhaus (Hg.): *Literarhistorische Begegnungen. Festschrift zum sechzigsten Geburtstag von Bernhard König.* Tübingen: Narr 1993, S. 147–181 fasst die «Orientierung des Handelns an einem pragmatischen Kriterium der Zweckrationalität» (S. 160) als eine Konsequenz des Ockhamschen Weltmodells, das u.a. zur Herauslösung der Ratio aus einem «Katalog der virtutes» (S. 157) geführt habe.
21 Wobei dieses freilich nur mit der Einschränkung gewisser «aus der Grammatik herausfallender» Novellen gilt. Deren prägnanteste ist wohl X,10 (Griselda). Vgl. Ulrich Schulz-Buschhaus: Griseldas «Magnificenzia» – Zur Interpretation von «Decameron» X,10. In: Dieter Messner/Wolfgang Pöckl (Hg.): *Romanisches Mittelalter. Festschrift zum 60. Geburtstag von Rudolf Baehr.* Göppingen: Kümmerle 1981, S. 285–303. Die «virtù» Griseldas zeige sich nicht im Sinne Machiavellis als frühbürgerliche Bewältigung des Schicksals, sondern als heroisches Ertragen desselben. Wobei allerdings der Ehemann ein Langzeit-Experiment mit ihr anstellt!
22 Diesem Typus entspricht eine lange Reihe von Helden, die vor allem auf die Erzählungen des Ersten bis Neunten Tages verteilt sind. Es handelt sich insgesamt um etwa zwei Drittel aller Erzählungen, wo diese Form des Handelns eine Rolle spielt.
23 Alexandre Kojève: Zusammenfassender Kommentar zu den ersten sechs Kapiteln der «Phänomenologie des Geistes». In: Hans F. Fulda/Dieter Henrich (Hg.): *Materialien zu Hegels «Phänomenologie des Geistes».* Frankfurt/M.: Suhrkamp 1973, S. 133–188.

Wobei zu unterstreichen ist, dass typischerweise in der Intention des Helden nicht in erster Linie bestimmte Verhältnisse (also Sachumstände im weitesten Sinne) vorweggenommen werden, sondern Verhaltensweisen. Wenn aus der Verflechtung einer langen Reihe von Verhaltensweisen verschiedener Gestalten Sachkonstellationen resultieren, so sind diese zumeist nicht als solche vorweggenommen. Der decameronische Mensch entwirft Welt als Raum der Kommunikation, d.h. vor allem der Widerständigkeit des Anderen und nicht der Sachwiderstände. Die Widerständigkeit der Welt ist im vorausschauenden Plan in erster Linie als Widerständigkeit des Anderen gesetzt. Davon ist selbstverständlich unberührt, dass es sachliche Widrigkeiten der verschiedensten Art (Sturm, Schiffbruch usw.) gibt.

Das strategische oder taktische Projekt setzt einen mehr oder weniger vielschichtigen Kalkül auf die ansonsten gerade nicht prognostizierbare, kontingente Welt (des Anderen) voraus. Alles, was geschieht, ist der Frage unterstellt, ob Taktik und/oder Strategie Erfolg haben oder nicht. Ob das kalkulierende Subjekt obsiegt oder nicht. Wenn letzteres der Fall ist, heißt das: Es trifft die Logik der Dinge. Seine Logik trifft sich mit der Logik der Dinge. Dann zeigt sich, dass die Person in die Welt passt. Das ist manchmal, aber durchaus nicht immer der Fall.

Wenn die Reihe der Ereignisse der erfolgreiche Test auf die Richtigkeit eines Kalküls ist, dann zeigt sich, dass ein Prinzip der Rationalität in sie eingelassen ist und in ihr wirksam ist. Dann ist Ratio nicht nur im Kopf, sondern auch in den Dingen. Oft aber zeigt sich, dass die Wirklichkeit keineswegs mit der Vorwegnahme ihres Verlaufs kongruent ist. Das bezeichnet den irrationalen Überschuss der Welt über den Versuch, ihr das Prinzip einer kalkulierenden Ratio aufzuprägen.

Jedenfalls zeigt sich dann aber eine Grenze bloßer Kontingenz. Die Welt ist nicht chaotisch. Die Anzahl der Möglichkeiten ist durch menschliche Vorausschau auf Alternativen reduzierbar. Dann wird Welt auf Risiko ausgelegt. Risiken aber sind nicht nur kalkulierbar, sondern notwendig immer auch begrenzt und damit überschaubar. Das besagt auch: Der Verlust einer religiös gestützten metaphysischen Ordnung, überdeutlich in vielen Novellen des *Decameron* signalisiert, wird durch die Installierung eines Modells vernünftiger Innerweltlichkeit auch kompensiert.[24]

---

[24] Dass die kalkulierende und antizipierende Ratio ein kontingenzreduzierendes Element ist, wird durch das Argument (Vgl. Joachim Küpper: Affichierte ‚Exemplarität', tatsächliche A-Systematik, S. 74, 92), sie sei in einigen Erzählungen erfolgreich, in anderen nicht, bestätigt und nicht widerlegt. Denn der Misserfolg ist im Kalkul, der das Modell

Was nun das deutliche Übergewicht der personalen über die Sachhindernisse als Projektresistenzen betrifft, so fällt der Unterschied zwischen Rahmen und Binnenerzählungen ins Auge. Der Rahmen geht von einer realen Situation aus, die von einem nicht lösbaren Sachproblem (Pest) bestimmt ist. Die Pest ist (in der Epoche) der Inbegriff der Katastrophe, konkret nicht vorhersehbar, zu unbestimmter Zeit einfallend, gegeben, unvermeidlich, unbeherrschbar, insgesamt menschlicher Intention unzugänglich. Demnach kann man feststellen, dass im Verhältnis zwischen Rahmenerzählung und Binnenerzählungen eine Verschiebung stattfindet: von (unbeherrschbarer) Weltwiderständigkeit zu im Prinzip beherrschbarer zwischenmenschlicher Kontingenz. Das zeigt eine Besitznahme der Wirklichkeit an. Aber gerade nicht als Natur- und Sachzusammenhang, sondern als Welt der Zwischenmenschlichkeit. Nur als interpersonale Welt ist sie durch Zweck-Mittel-Kalküle beherrschbar. Damit ist die soziale Welt, nicht aber die naturale, als technomorpher Raum entworfen.

Mit dieser Verschiebung wird Wirklichkeit behandelbar, praktizierbar, machbar, offen für Intentionen. Sie stellt eine Konstruktion und Umkonstruktion der Realität dar, die auf Ausweitung der Spielräume des Handelns zielt. Offenbar ist mit der «Verschiebung» auch eine «Verdrängung»[25] verbunden. Denn verdrängt werden die Gegebenheiten der Wirklichkeit, gegen die (noch) kein Kraut gewachsen ist. Will sagen, wogegen es noch keine Mittel gibt. Die Gesamtheit dieser Mittel heißt Technik im umfassenden Sinne (einschließlich – auf die Pest bezogen – medizinischer Technik).

Verdrängung und Verschiebung im Übergang vom Rahmen in den Raum der Einzelerzählungen bewirken eine soziale Auslegung der Welt anstelle einer

---

einer offenen Welt voraussetzt, als eine von zwei fundamentalen Möglichkeiten immer schon einkalkuliert. Der Misserfolg gehört als Risiko zur mentalen Struktur des Kalküls. In modernisierungstheoretischer Perspektive substituiert Scharfsinn die verlorene sittliche Ordnung der Dinge. Bezogen auf den Prozess der literarischen Modernisierung kann man formulieren: Der Scharfsinn des Klugen ist das psychische Äquivalent derjenigen Vielfalt nicht konkret, sondern nur formal antizipierbarer Lebenslagen, welche die neue Welt bürgerlicher Lebensformen zunehmend bestimmen wird. Vgl Hans Sanders: Scharfsinn. Ein Trauma der Moderne: Gracián und La Rochefoucauld. In: *Iberoamericana* 37/38 (1989), S. 20, 26f. Diese mentale Disposition ist auch nicht einfach ein thematisches Element (Küpper, ebda., S. 92), sondern sie bestimmt die Struktur der Handlung ebenso wie die Form des Ereignisses bzw. der Ereignisfolge in einer langen Reihe von Erzählungen.

25 «Verdrängung» und «Verschiebung» sind zentrale freudsche Kategorien, die hier an die Psychoanalyse anklingend aber nicht im strikt psychoanalytischen Sinne verwendet werden. Vgl. zur Bedeutung im Rahmen der Psychoanalyse Jean Laplanche/Jean-Bertrand Pontalis: *Das Vokabular der Psychoanalyse*. Zwei Bände. Frankfurt/M.: Suhrkamp ⁴1980. Bd. 2, S. 582–587 (Verdrängung) und S. 603–606 (Verschiebung).

Auffassung der Wirklichkeit als Gegenstandswelt, als Inbegriff der in ihr vorkommenden, im weitesten Sinne objektiven Lagen. Welt als (soziale) Praxis oder als Arbeit am Anderen gefasst tritt in der Verschiebung an die Stelle von Welt als Inbegriff dessen, was sachlich der Fall ist. So ist jede Ereignisreihe, die auf eine planmäßig verfolgte Absicht folgt, ein Test und Experiment auf die Frage, ob die Welt offen ist für ein (sozial)technisches Handlungsmodell. Das bezeichnet einen bestimmten Entwicklungsstand der Ratio. Dass sie in prononcierter Beschränkung auf die Beherrschung des zwischenweltlichen Feldes erscheint und gerade noch nicht übergreift auf die Entwicklung sachlicher Mittel zur Beherrschung der sachlichen Widerstände der Welt. Da, wo, wie in I,4 der Kalkül restlos aufgeht, zeigt sich die Welt als rationales Analogon der Zweck-Mittel-Ratio des Helden. Hier und nur hier kommen beide in einer (wenngleich nicht prästabilierten) Harmonie zur Deckung.

Was will das Subjekt des *Decameron*? Oft zielt sein Begehren auf knappe Güter. So Geld oder Liebe, Frau oder Mann des Anderen. Dadurch gerät es in scharfe und bisweilen letal ausgehende Konkurrenz mit diesem.[26] Die Frage ist: Kommt es zum Ausgleich oder zur Katastrophe? Wichtiger als die Alternativen der Sittlichkeit ist das Zusammenspiel, die «chemische» Reaktion von Projekt, Strategie und dem Lauf der Ereignisse.

Dabei ist deutlich, dass im Vor-Wurf des Projekts selbst schon die Welt auf Vor-Gang, Progress und Zukunft ausgelegt ist. Die Person, die einen Plan fasst, rechnet mit Zukunft, die auf sie zukommt. Im Projekt wird Welt gerade nicht einfach auf die Gesamtheit ihrer Möglichkeiten hin ausgelegt. Vielmehr zielt die kalkulierende Antizipation auf deren eine. Das Projekt setzt Welt als Raum ihrer Möglichkeiten voraus, um eben diese Möglichkeiten auf diejenige zu reduzieren, welche die Figur (verwirklichen) will. Kurz: Die vorauslaufende Imagination zielt auf die Angleichung der Welt ans Begehren des Subjekts. Es will Welt subjektkompatibel machen. In Bezug auf Zeit heißt das: Indem es einen Plan entwirft, spielt das Subjekt auf Zukunft. Wenn es auf Zukunft spielt, überschreitet es das sinnlich gegebene Hier und Jetzt zugunsten eines nur imaginär gegebenen Dann und Da. Aber dabei will es selbstverständlich nicht einfach Zukunft, sondern bestimmte Zukunft. Es verwandelt also unbestimmte in bestimmte Zukunft. Was jetzt «so» ist, soll dann «anderswie» werden.

Damit werden alle Möglichkeiten der Welt auf nur zwei begrenzt: Kongruenz oder Disparität von vorgestellter (Plan-) und realer Weltsequenz. Alles, was

---

26 Von diesem Schema weicht eine Reihe von Erzählungen des Zehnten Tages ab. Hier spielt die großmütige Gabe eine wichtige Rolle. Das Prinzip Gabe ist der Kontrapunkt des Prinzips Äquivalenz, das im *Decameron* insgesamt die größere Bedeutung hat.

dann geschieht, ist Funktion der zeitlichen Reaktion zwischen mental vorweggenommener Sequenz des Plans und tatsächlicher Entwicklung der Ereignisse. Das bezeichnet ihre Logik. Sie ist das ganz Andere eines uferlos Möglichen und seiner unbegrenzten Pluralität. Die Figur des Projekts setzt eine wechselseitige Offenheit von Mensch und Welt füreinander voraus, die nicht nur die durchlaufende Determinierung einer providentiellen Heilsordnung, sondern auch Chaos ausschließt. Kontingenz ist nicht das letzte Wort des *Decameron*.

V (Über)Leben im Cinquecento. Autobiographie und Moralistik in der italienischen Renaissance

In einer Welt ohne obersten Garanten der Sittlichkeit bedeutet Leben vor allem Überleben. Denn der Mensch ist einer Welt ausgeliefert, in der weder «Gut» noch «Böse» die Hauptrolle spielt, sondern starke Ereignisse das Spiel bestimmen.[1] Unter diesen Umständen heißt am Leben bleiben, Mimikry an die Übermacht der Dinge betreiben. Das schließt energische Selbstbehauptung nicht aus. Das decameronische Subjekt verfügt über geschmeidige Beweglichkeit und schnellen Verstand, um die Dinge zu seinen Gunsten zu beeinflussen. Die Autobiographien des 16. Jahrhunderts beschreiben einen anderen Weg: Ihre Protagonisten halten dem massiven Ansturm der Dinge stand und setzen ihm zugleich das künstlerische und wissenschaftliche Lebenswerk als ihre autonome Tat entgegen. Die moralistischen Reflexionen Guicciardinis wiederum folgen den Spuren der decameronischen Helden. In der *discrezione* als wachem Unterscheidungsvermögen mit Augenmaß versucht der Mensch, den Dingen ihre Tendenz abzulauschen.

In seinem *Überblick über den Gang der italienischen Literatur*[2] charakterisiert Hugo Friedrich den Umbruch zwischen Humanismus und Renaissance. Es geht ihm um eine neue Form der Erfahrung, die statt an *Exemplum* und vorgegebener Norm an der Konkretheit, Heterogenität und Besonderheit des Einzelnen orientiert ist. Nicht nur in den moralistischen Texten Guicciardinis, sondern auch in den Autobiographien Girolamo Cardanos und Benvenuto Cellinis begegnet man dieser Erfahrung. Sie ist der Gegenstand meines Interesses.

Cardano war Arzt und Naturforscher. In seiner am Ende des Lebens verfassten Schrift *Della mia vita*[3] erzählt er die Geschichte eines schwierigen Lebenskampfes, zunächst um das nackte Auskommen, später gegen eine Welt von Widersachern, Feinden und Neidern, eines Lebens, das schließlich irreversibel vom Tode des Sohnes überschattet wird, der wegen Ermordung seiner Frau angeklagt und hingerichtet wird.

Wirft man einen ersten Blick in das Inhaltsverzeichnis der cardanoschen Autobiographie, so stößt man auf eine eigentümliche Disparatheit und Desintegration. Freilich ist dieser erste Zugang bereits normativ geleitet. Man kann heute

---

1 Eine erste Fassung dieses Kapitels erschien in: *Poetica* 26 (1994), S. 284–307.
2 Hugo Friedrich: Überblick über den Gang der italienischen Literatur (1954). In: Ders.: *Romanische Literaturen II. Italien und Spanien.* FrankfurtM.: Klostermann 1972, S. 23.
3 Die folgenden Zitate aus der (lateinisch verfassten) Autobiographie Cardanos gehen von folgender italienischer Ausgabe aus: Gerolamo Cardano: *Della mia vita.* Milano: Serra e Riva 1982.

kaum umhin, den cardanoschen Text vor dem Hintergrund der repräsentativen Form moderner Autobiographie wahrzunehmen. Ich denke natürlich an Rousseaus *Confessions*. Es gilt aber schon eingangs, dieses bewusst zu machen.

Dieses aber nicht, um das cardanosche Werk als unreif, unentfaltet usw. hinzustellen, sondern, im Gegenteil, um seine Eigentümlichkeit überhaupt erst in den Blick zu bekommen.[4] Hat man sich über die unvermeidliche Konditionierung unserer Wahrnehmung Rechenschaft abgelegt, so ist man zunächst überrascht, dass Zeit, Zeit als Kontinuum und als Entwicklung, keineswegs der Fluchtpunkt dieser Lebenserzählung, sondern nur ein Aspekt unter anderen ist. Der zeitliche Verlauf des Lebens wird nur in zwei von insgesamt vierundfünfzig Kapiteln angesprochen. So trägt das zehnte Kapitel die Überschrift «Scelta del genere di vita» [Mein Lebensweg].[5] Das vierte Kapitel stellt ebenfalls den Zeitverlauf des Lebens heraus: «Breve narrazione della mia vita dal suo inizio fino ad oggi, fine ottobre del 1575» [Kurze Erzählung meines Lebens von seinem Anfang bis heute, Ende Oktober 1575]. In diesem Kapitel wird ein Abriss des gesamten Lebens gegeben, der aber neben einer Fülle anderer Überschriften, wie «Statura e aspetto fisico» [Gestalt und Aussehen], «La mia salute» [Meine Gesundheit], «Scacchi e dadi» [Spiel und Würfelspiel] oder auch «Vestiario» [Kleidung] steht.

Ganz offensichtlich ist die Vita des Cardano nicht in der Integrationsform eines Bildungsgangs gefasst. Vielmehr wird das Leben auf die zwar durchaus nicht atemporale, aber eben auch nicht Zeit als biographisches Kontinuum auffassende Folie von Reisen, Charakterzügen, Körpermerkmalen, sozialen Beziehungen usw. projiziert. Dabei stehen zentrale Gesichtspunkte, im Sinne des rousseauschen Modells, wie: «Cattive abitudini», «vizi innati», «errori» [schlechte Angewohnheiten, angeborene moralische Schwächen, Irrtümer] neben Einzel-

---

4 Das misslingt weitgehend bei Franziska Meier: Überlegungen zum autobiographischen Schreiben in der Renaissance. Benvenuto Cellinis *Vita* und Girolamo Cardanos *De vita propria*. In: *Romanische Forschungen* 116 (2004), S. 34–65. So schließt die Verfasserin aus der Tatsache, dass beide Autobiographen ihren Lebensbericht mit Bezügen zur Familie beginnen: «Individualistisch sind Cardano und Cellini somit nicht» (S. 40). Offenbar wird mit dem eher groben Gegensatz individualistisch/nicht individualistisch gearbeitet. Etwas später heißt es dann: «Die beiden Autoren erfahren sich nicht in ihrer unhintergehbaren Individualität» (S. 42). Wiederum ein globales Gegensatzpaar: hintergehbar/unhintergehbar, dessen Terme unbestimmt sind. Die Probleme dieser Arbeit entstehen nicht nur aus vager Terminologie, sondern auch daraus, dass Meier die einschlägige Forschung akribisch kompiliert und über die Texte hinwegliest. Als hätte es nie ein *close reading* gegeben.
5 Deutsche Übersetzungen nach Girolamo Cardano: *Des Girolamo Cardano von Mailand (Buerger von Bologna) eigene Lebensbeschreibung*. Übs. Hermann Hefele. Jena: Eugen Diederichs 1914. An einigen Stellen habe ich die Übersetzung näher an den Text herangeführt.

aspekten wie «Pensieri che mi ispirava il mio desiderio di gloria»⁶ [Vorstellungen, die mir meine Ruhmbegier eingab]. Es fehlt eine Klammer, ein vereinheitlichender Gesichtspunkt, man vermisst einen Fluchtpunkt, eine zentrale oder eine Zentralperspektive.

Besser: Sie scheinen zu fehlen. Sie entziehen sich dem Blick, der diesen Fluchtpunkt und diese zentrale Perspektive in der Zeitform der Identität sucht. Aber der durch die rousseausche Autobiographie formierte Blick ist auch durch eine weitere Beobachtung überrascht. Er ist mit einem Ich konfrontiert, das ihm, um den Sachverhalt pointiert zu formulieren, weniger als Seele denn als Körper, ja man müsste sagen, als ein Körperding gegenübertritt. Es ist der eigenartig gegenständliche und dinghafte Charakter dieses Ich, das Verwunderung hervorruft. Wobei vor allem auch gemeint ist, dass das hier von seinem Leben und von sich selbst sprechende Ich so von sich spricht, als wäre es Ding und Gegenstand wie andere Elemente der gegenständlichen Welt auch.

Dieser Eindruck entsteht aus einem bestimmten Grund. Von Anfang an wird diese *Vita* dem Vorzeichen der Dinge und Begebenheiten unterstellt, die dem Ich zugestoßen sind. So führt Cardano sein Projekt in der Vorrede mit folgenden Worten ein:

> [...] ho composto il libro, per quanto m'è stato possibile, citando degli episodi cui sono stati presenti dei miei allievi, [...] integrandoli con altri che ho già raccontato altrove. [...] Se un privato cittadino e un ebreo hanno potuto far questo senza che gliene venisse disonore, penso di poterlo fare anch'io: la mia vita non ha conosciuto avvenimenti altrettanto importanti, ma mi sono comunque accadute molte cose degne di nota. (S. 33)
> Ich habe das Buch nach den mir zur Verfügung stehenden Möglichkeiten verfasst; wobei ich auf Ereignisse zurückgegriffen habe, die meine Schüler miterlebt haben und die ich mit anderen vervollständigt habe, die ich schon anderswo erzählt habe. [...] Was ich hier unternehme, das ist jedem Privatmann, selbst einem Juden erlaubt, ohne dass er sich Tadel zuzöge. In meinem Leben gab es keine gar so wichtigen Ereignisse, aber mir sind doch manche Dinge zugestoßen, die Aufmerksamkeit verdienen. (S. 1)

Das Leben wird von Anfang an nicht als Prozess der Entfaltung individueller Identität, sondern als Inbegriff der Begebenheiten gefasst, die ihm zugestoßen sind. Auch dass Ereignis und Begebenheit als das Zufallende und in seiner

---

6 Seit Jacob Burckhardt gilt die Ruhmesliebe als wesentliches Merkmal der Mentalität der Renaissance: August Buck: Das Lebensgefühl der Renaissance im Spiegel der Selbstdarstellung *Petrarcas* und *Cardanos*. In: Guenter Reichenkron (Hg.): *Formen der Selbstdarstellung. Festgabe für Fritz Neubert*. Berlin: Duncker & Humblot 1956, S. 40, 50f.; vgl. Jacob Burckhardt: *Die Kultur der Renaissance in Italien* (1860). Frankfurt/M.: Dt. Klassiker-Verl. 1989, Kap. 2: «Entwicklung des Individuums», S. 148–159.

Zufälligkeit Bedeutende gefasst werden, ist ersichtlich von Bedeutung. Denn in dieser Perspektive erscheint das Ich als der Ort des auf es Zukommenden, des ihm Zufallenden. Mehr noch: Es ist geradezu dadurch bestimmt, dass die Dinge auf es zugehen, gewissermaßen auf seinem Körper auftreffen und ihm zufallen, als würden sie auf es fallen. Es sind die Dinge, die in Gang sind, sich bewegen, sich auf das Ich zubewegen. Dieses aber steht gewissermaßen still. Es wartet, erwartet, harrt der Dinge, die da kommen müssen. Wenn solchermaßen Erfahrung als Auftreffen und Zustoßen der Dinge auf das Ich erscheint, dann muss das Ich in erster Linie in Analogie zu den Dingen oder doch als ein ihnen Ähnliches gefasst werden. Das Ich muss sich Körper sein, bevor überhaupt Seelisches an ihm in den Blick treten kann.

Es ist darum konsequent, dass Cardano seinen Lebensbericht mit Schilderungen von Körpern beginnt. Am Anfang steht der Körper des Vaters:

> Mio padre vestiva di rosso, secondo un costume insolito per la città, ma portava un cappuccio nero; era balbuziente e pieno d'interessi. Di colorito rubizzo, aveva gli occhi bianchi, e vedeva anche di notte: fino alla morte non ebbe bisogno di occhiali. (S. 38)
> Mein Vater kleidete sich in Rot, nach einer für die Stadt ungewöhnlichen Sitte, aber er trug eine schwarze Kappe. Er stotterte und hatte vielerlei Interessen. Von munterer Gesichtsfarbe hatte er weißgraue Augen, die nachtsichtig waren und brauchte bis an sein Lebensende keine Augengläser. (S. 6)

Freilich ist die Seele in diesem Porträt keineswegs abwesend. Aber sie ist dem Körper unterstellt. Sie blickt aus den Falten des Körpers hervor. Nicht aber so, als zielte die Beschreibung des Körpers auf Seele, sondern wie zufällig untergemischt, mitlaufend und unterlaufend, als heterogenes Einsprengsel. So wie ganz Verschiedenes eben zufällig in dieselbe Ablage geraten kann.

Erst nach der Präsentation des Vaters ist von der Mutter die Rede, hier nun auffallenderweise vom Charakterlichen ausgehend: «Mia madre era incline all'ira, ricca di intelligenza e memoria, piccola di statura, grassa, devota.» (S. 39) [Meine Mutter war jähzornig, von gutem Gedächtnis und klarem Verstand, klein von Gestalt, fett, fromm. (S. 6)]

Zwar geht dieses knappere Porträt vom Charakter aus, aber die Struktur des Tableaus als bloßes Nebeneinander von Körperlichem und Seelischem ist identisch. Im Übrigen befinden wir uns hier am Schluss des kleinen Kapitels, das überschrieben ist: «Alcuni caratteri comuni ai miei genitori» [Einiges Allgemeine aus dem Leben meiner Eltern], das bezeichnenderweise erst hier, nach der Beschreibung der vor allem körperlichen Erscheinung des Vaters auf seelische Beziehungen, die Liebe der Eltern zu ihrem Kinde, zu sprechen kommt. An dieses Kapitel schließt sich ein Überblick über das ganze Leben des Autobiographen an, der wiederum vom Körper ausgeht. Wir erfahren, dass Cardano in Pavia geboren wurde und unmittelbar im nächsten Satz, dass er im ersten Monat seines Lebens seine Amme verlor. Aber der Verlust, von dem hier die Rede ist, bezeichnet keinerlei Seelisches. Er steht im Kontext einer Geschichte vom Körper:

> Nato dunque a Pavia, persi nel primo mese la balia, che, come mi è stato raccontato, s'ammalò di peste e il giorno stesso ne morì; mi allattò allora mia madre e mi spuntarono sul viso cinque piccoli foruncoli a forma di croce, di cui uno sulla punta del naso; (S. 39).
> Ich bin also in Pavia geboren. Im ersten Monat meines Lebens verlor ich meine Amme, die, wie man mir erzählt hat, an der Pest erkrankte und am selben Tage starb. Dann säugte mich meine Mutter und ich bekam im Gesicht fünf Karbunkeln in Form eines Kreuzes, von denen mir einer auf der Nasenspitze saß; (S. 7).

Der gesamte Lebensabriss ist vor allem eine Geschichte von Körpererfahrungen. Wir hören, dass er oft von Vater und Mutter ohne jeden Grund so geschlagen wurde, dass er dem Tode nahe war, dass er im achten Lebensjahr an Ruhr und Fieber litt, wieder gesund wurde, alsbald aber «cascai da una scala [...] con un martello che mi procurò una contusione alla parte alta della fronte» (S. 40) [[...] fiel ich die Treppe herab, einen Hammer in der Hand, der mich oben an der Stirn traf. (S. 8)] Als auch diese Malaise eben überstanden ist, «dal tetto di un palazzo vicino, altissimo, cadde una pietra, lunga e larga come una noce ma sottile come una corteccia, che andò a colpirmi la sommità della fronte» (S. 40) [da fiel vom Dache des sehr hohen Nachbarhauses ein Ziegelstein, in der Länge und Breite wie eine Nuß, aber dünn wie ein Stückchen Rinde, und verwundete mich oben am Kopf, [...] (S. 9)]. In Mailand erlebte er zweimal Pest und Hungersnot. Eine weitere schwere Krankheit folgte. Auch diese überwindet Cardano. Aber die eigenartige Verkettung der Angriffe des Lebens auf den Körper ist damit keineswegs beendet. Am Ende seines Lebens, im Zusammenhang mit der Hinrichtung seines Sohnes, wird Cardano noch als Siebzigjähriger eingekerkert.

Keineswegs ist dieses die Geschichte eines Pechvogels, Lebensschwachen, Hypochonders oder Paranoikers. Und freilich erwähnt der Lebensabriss auch Anderes, wie seine Promotion, die Geburt seiner drei Kinder, die Aufnahme ins mailändische Ärztekollegium, die Universitätslaufbahn. Aber im Zentrum steht der gefährdete Körper. Dazu kommt nun der eigenartige Lakonismus dieses Berichts, der ganz auf die Präsentation des Faktischen ausgerichtet ist. Es sprechen, so könnte man sagen, die Fakten und der Körper. Neben der außerordentlichen Beredtheit des Körpers aber wird das eigenartige Schweigen der Seele umso deutlicher vernehmbar.

Dass vor allem der Körper spricht, wird verständlich, wenn man die Basiserfahrung dieses Lebens benennt: Lebensnot. Der Körper ist vor allem der stets gefährdete Körper, das vom Ansturm der Dinge ständig bedrohte, in seiner physischen Existenz gefährdete Körperding. Das Leben unter der Geißel der Lebensnot[7] kann kaum anders denn als Verkettung und Serie der Ereignisse und Begebenheiten erfahren werden, die ihm zugefallen sind. Die Zentrierung der Erfahrung auf den gefährdeten und sprechenden Körper ebenso wie die Sicht der Welt als Kette von Begebenheiten bilden einen unauflöslichen und wechselseitig sich begründenden Zusammenhang.

Dazu kommt ein Weiteres. Schweigen der Seele meint auch die über weite Partien dieses Lebensberichts charakteristische Konzentration auf die faktische Seite der Ereignisse. Die Konzentration auf den Körper bedingt ein Übergewicht der Faktizität der Ereignisse über ihre seelische Bearbeitung und Reflexion. Nicht als gäbe es diese nicht. Nicht als fehlten sie vollständig. Aber es kommt ihnen eine untergeordnete Bedeutung zu. Die Klage über den Tod des Sohnes ist die Ausnahme, welche die Regel bestätigt.

Dieser Orientierung am Faktum entspricht eine bestimmte Darstellungsweise und Redeform: Tableau, Katalog, Inventar und Aufzählung. Und zwar werden in dieser Form ebenso die erlebten Ereignisse wie die äußeren und inneren Eigenschaften der erzählenden Person gefasst. Nichts könnte nachdrücklicher die Auffassung des Ich als Körperding unterstreichen wie seine Gleichsetzung mit allen anderen Begebenheiten der Welt, die in der Redeform des Tableaus zum Ausdruck kommt.

Zusammenfassend: Die zentrale Imago dieses Lebensberichts ist der gefährdete und zerbrechliche Körper. Das schließt nicht nur das Schweigen der Seele hinter dem sprechenden Körper ein, sondern ein Grundmuster der Erfahrung: das Modell des Einwirkens. Die Dinge sind vor allem der Inbegriff dessen, was auf den Körper einwirkt. Der Körper ist vor allem der Ort des Einwirkens der Dinge, das Objekt, auf das die Objekte der Welt auftreffen. Sich selbst als Körperding sehen, heißt aber auch: sich selbst wie einem Gegenstand gegenübertreten, das Selbst als Ding in die Logik der Dinge eingliedern. Das Ich nimmt sich zum Gegenstand, meint aber nicht etwa, es nimmt sich zum Gegenstand einer Selbstbeziehung und Selbstreflexion, sondern: Ich ist sich selbst nicht als von der Dinglichkeit der Dinge Unterschiedenes kenntlich. Es erfährt sich nicht als ein Besonderes, indem es zu sich selbst nicht in eine andere Beziehung tritt als zu den Dingen überhaupt. Negativ gefasst: Es fehlt die besondere Auszeichnung einer Selbstbeziehung. Ich macht sich nicht als ein vor allem Nicht-Dingliches aus. Dieses tritt uns in einem autobiographischen Diskurs entgegen, der Ich und

---

7 Das Gefühl der *instabilitas* des Daseins gehört schon zu den Grunderfahrungen Petrarcas: August Buck: Das Lebensgefühl der Renaissance im Spiegel der Selbstdarstellung *Petrarcas* und *Cardanos*, S. 48.

Nicht-Ich, innere und äußere Eigenschaften der Person, ebenso wie Beziehungen zu Anderen, Orte des Lebens, die Kette der Ereignisse in der Form eines Tableaus der Heterogenität anordnet. Als Katalog, Tableau und Inventar des Heterogenen.

Das meint aber auch: Selbst die subjektive Seite des Ich wird wie ein Ding behandelt. Es wird in die Außenperspektive und in die Gegenständlichkeit gestellt. Es hat keinen gegenüber jedweder Gegenständlichkeit privilegierten und hervorgehobenen Charakter. Auch seine Seele fällt dem Subjekt zu wie ihm die Dinge überhaupt zufallen. Man kann das auch so formulieren: Das Ich ist vor allem Objekt, Objekt für die Dinge wie für sich selbst. Die Intensität des Objektseins lässt keine Lücke für ein Selbst-Sein.

Was hier gemeint ist, kann am besten ein Vergleich mit Rousseau deutlich machen. Auch Rousseau erfährt sich als leidendes Objekt einer ihm feindlich gesonnenen Welt. Auch er nimmt sich selbst in gewisser Weise zum Objekt. Aber dieses gerade nicht, indem er sich nur hinstellt, nur sich zeigt, sich auf die Schilderung seiner Eigenschaften, Erlebnisse und Gefühle beschränkt; also nicht, indem er sein Selbst zum Gegenstand eines Berichts macht, sondern indem er in ein Verhältnis, einen Dialog mit sich selbst tritt, indem er sich gleichsam in sich selbst bewegt, zu sich in ein nicht-dingliches Verhältnis tritt. Indem er in einen Prozess mit sich selbst eintritt, in diesem Sinne mit sich ‚prozessiert'. Indem er einen lebenslangen Prozess mit sich führt:

> Me voici donc seul sur la terre, n'ayant plus de frère, de prochain, d'ami, de société que moi-même. Le plus sociable et le plus aimant des humains en a été proscrit par un accord unanime. Ils ont cherché dans les raffinements de leur haine quel tourment pouvait être le plus cruel à mon âme sensible, [...] Les voilà donc étrangers, inconnus, nuls enfin pour moi puisqu'ils l'ont voulu. Mais moi, détaché d'eux et de tout, que suis je moi-même? Voilà ce qui me reste à chercher. (S. 995)[8]
> So bin ich denn allein auf dieser Erde, habe keinen Bruder mehr, keinen Nächsten, keinen Freund, keine Gesellschaft außer mir selbst. Der geselligste und liebevollste unter den Sterblichen ist von seinen Mitmenschen einmütig geächtet worden. In ihrem scharfsichtigen Haß haben sie geforscht, welche Qual meinem gefühlvollen Herzen die grausamste wäre, [...] Von nun an sind sie mir denn Fremdlinge, Unbekannte, kurz: sie bedeuten mir nichts, denn sie wollten es so. Aber ich, losgerissen von ihnen und von der ganzen Welt, was bin ich selbst? Dies ist es, was mir noch zu untersuchen übrig bleibt. (S. 649)[9]

---

[8] Jean-Jacques Rousseau: Œuvres complètes I. Paris: Gallimard 1959.
[9] Übersetzung nach Jean-Jacques Rousseau: *Die Bekenntnisse*. Übs. Alfred Semerau. *Die Träumereien des einsamen Spaziergängers*. Übs. Dietrich Leube. München: Artemis & Winkler 1978.

Das sind die ersten Sätze der *Rêveries du promeneur solitaire*. Auch das Ich, das hier spricht, tritt der Welt gegenüber und erleidet sie. Darin liegt nicht der Unterschied zum Ich Cardanos. Vielmehr vor allem darin, dass es erstens sich als Seele, nicht als Körper erfährt (âme sensible). Zweitens aber darin, dass es für sich eine Welt ist, ein Ort, klar geschieden von allen Orten. Drittens aber auch darin, dass es sich nicht einfach hat im Sinne eines ruhigen Sich-Besitzens, sondern, indem das Leiden an der Welt einen Prozess des Nach-Sich-Fragens, des Sich-Erfragens auslöst. Ich ist nicht nur vor allem Seele, hat nicht nur eine Selbst-Beziehung, die als Besonderes gegenüber allen anderen Beziehungen erfahren wird, sondern Ich erfährt sich in Dissens, Konflikt und Leiden als eine Bewegung und als ein Projekt.

Allerdings stellt auch Cardano die Frage: Wer bin ich? Es ist die Frage jeder Autobiographie. Aber Cardanos Antwort auf die autobiographische Grundfrage besteht in Schilderungen, Tableaus, Inventaren und Katalogen der Gesamtheit seiner inneren und äußeren Lebensumstände. Sich selbst, als ein für sich Seiendes, von der Welt der Objekte klar Unterschiedenes, nimmt er nicht in den Blick. Das Zitat aus den *Rêveries* zeigt, dass das rousseausche Ich nicht vor allem etwas ist, sondern, dass es sich zum Gegenstand einer nach innen gerichteten Arbeit nimmt, und dass es in diesem Sinne sich selbst hervorzubringen hat.

Diese Form der Selbstbeziehung ist bei Cardano nicht möglich. Sie würde den Rahmen seiner Welterfahrung sprengen. Deshalb verzichte ich auf Sätze wie: «Cardano ist noch nicht in der Lage [...], dem Ich der cardanoschen Rede über sich selbst fehlt es an [...]» und Ähnliches. Vielmehr dieses: Cardanos Ich steht in einer Welt, die vor allem übermächtige Dinglichkeit, Welt der Begebenheiten, der Zufälle als des physisch Zufallenden und Zustoßenden ist. Deshalb hat das Ich im Umgang mit sich selbst einer Logik der Dinge zu folgen und vor allem sich als Körper in einer den Körper angreifenden feindlichen Umwelt zu behaupten. Das Gesetz dieser Selbstbeziehung ist Selbstbehauptung als Behauptung des fragilen und dauernd in Gefahr schwebenden Körpers.

Damit kann man ein zweites grundlegendes Merkmal dieser Autobiographie benennen. Sie hat nicht nur die Form eines Tableaus des Heterogenen. Darüber hinaus entwirft sie eine Form der Selbstverfügung und der Ordnung des Lebens. Dieses, indem sie das Leben des Autobiographen – und darin erkennt man die Grundachsen dieses auf den ersten Blick so disparaten Inhaltsverzeichnisses – vor allem in Kategorien des Raums (An welchen Orten befand ich mich?), der Zeit (im Sinne einer Zeit der sich summierenden, zu einer Summe auflaufenden Ereignisse: Wann war was?) und des Maßes (Wie viel? Wie oft?) fasst. Vor allem Cardanos Interesse an Quantifizierung seiner Lebensumstände ist auffallend. So teilt er mit, dass seine Kerkerhaft siebenundsiebzig, sein Hausarrest sechsundachtzig Tage währte, nicht ohne von beidem die Summe zu bilden (hundertdreiundsechzig Tage der Haft überhaupt). Wobei auch auffällt, dass oft Ortsbezeichnungen, Mengenangaben und Zeitdaten miteinander verknüpft sind. Wie an folgender Stelle:

> A ventisette anni fui colpito da una terzana semplice, al quarto e al settimo giorno caddi in delirio e poi mi liberai del morbo. A quarantaquattro anni, a Pavia, soffrii di podagra, poi a cinquantaquattro di una febbre che si presentava due volte al giorno e che durò quaranta giorni, finche guarii grazie ad una crisi d'urina durante la quale ne persi centoventi once, il 13 ottobre 1555. (S. 47f.)
> [...] als ich 27 Jahre alt war, traf mich ein einfaches Tertianfieber; am vierten und siebten Tag fiel ich ins Delirium, und dann befreite ich mich von der Krankheit. Mit 44 Jahren, in Pavia, litt ich an Podagra, dann, mit 54, an einem Fieber, das zwei Mal täglich auftrat und 40 Tage lang anhielt und schließlich wurde ich dank einer Krise gesund, bei der ich, am 13. Oktober 1555, 120 Unzen Urin ließ. (S. 18)

In dem Kapitel seines Lebensberichts, wo von Verleumdungen die Rede ist, stellt Cardano gleich zu Anfang fest: «[...] mi limiterò a riferire solo quattro episodi.» (S. 72) [[...] will ich mich hier mit der Erzählung von vier Fällen begnügen. (S. 50)] Auch die Orte des Lebens werden genau quantifiziert. So enthält der Autobiograph dem Leser nicht vor, dass er «quattro anni a Roma, nove a Bologna, tre a Padova, dodici a Pavia, quattro, i primi, a Moirago, uno a Gallarate, quasi sei anni a Sacco e trentadue, in tre riprese, a Milano» (S. 89f.) [[...] in Rom 4 Jahre, in Bologna 9, in Padua 3, in Pavia 12, in Moirago die 4 ersten meines Lebens, in Gallarate 1 Jahr, in Sacco fast 6 Jahre, in Mailand zu drei verschiedenen Malen zusammen beinahe 32, [...] (S. 73)] Jahre gelebt hat.

Eine gewiss zutreffende, aber als solche nicht eben besonders weiterführende Erklärung dieser Manie der Quantifizierung könnte auf die einfache Tatsache verweisen, dass Cardano Naturwissenschaftler war. Aber erst das Faktum in die Perspektive der Interpretation zu stellen macht Sinn. Dann nähme der Autobiograph gegenüber der Geschichte des eigenen Selbst die Haltung ein, die der Naturwissenschaftler gegenüber den Dingen überhaupt einnimmt. So wäre dann unterstrichen, dass Cardano über keine eigene Sprache des Selbst verfügt, oder dass die Sprache der Selbstaussprache besetzt ist durch die Sprache der Ordnung der Dinge nach Ort, Zeit und Maß. Das cardanosche Ich ist der Aktivität der Dinge ausgesetzt. Die Welt ist der übermächtige Akteur, der unverwandt widerfährt und zustößt. Die Welt ist wie ein feindliches Heer, das ins Territorium des Subjekts eindringt, das Subjekt eines, das sich ein Leben lang gegen die Invasion der Dinge zu behaupten hat. Unter diesen Umständen aber bedeutet Quantifizierung, die Ordnung nach Zahl, Zeit, Maß und Ort, Abwehr und Gegenwehr, den Versuch, eine rationale Verfügung über ein Leben herzustellen, das von der Übermacht der Ereignisse ständig enteignet zu werden droht.

Der Versuch, das Leben in den Kategorien von Ort, Zeit und Maß zu ordnen, zeigt vor allem, dass dieser Ordnungsversuch unter der Vorgabe eines weiteren grundlegenden Erfahrungsmusters steht: dem Übergewicht von Mannigfaltigkeit über jegliche Einheit. Unter diesen Umständen ist verständlich, dass und warum Zeit als Kontinuum einer Lebensgeschichte nicht die Integrationsform dieser Geschichte sein kann. Die Mannigfaltigkeit von Orten, Zeiten und Zahlen lässt die eine Zeit der Lebensgeschichte in den Hintergrund treten.[10] Auf die Bedeutung des Singulären und Mannigfachen gegenüber jeder allgemeinen Norm ist in der Forschung immer wieder verwiesen worden.[11] Es gilt aber zu sehen, dass Mannigfaltigkeit als grundlegende Kategorie Teil einer Phänomenologie der Erfahrung ist, in der das Selbst als gefährdeter Körper, das Übergewicht des Objektpols der Erfahrung und ihre Zentrierung auf die dingliche Logik des Ereignisses eine spannungsvolle Verbindung eingehen.

Nun ist aber dieses Bild nicht vollständig. Es lässt den Nachdruck außer acht, mit dem Cardano sich als besonders begabtes Individuum hinstellt. Es übersieht, dass Selbstbehauptung bei Cardano nicht in der Bewahrung des gefährdeten und zerbrechlichen Körpers aufgeht, mit einem Wort ihre spirituelle Seite. Diese ist an der Berufstätigkeit und am Werk festgemacht. Die triumphale und vor allem den Augenblick überdauernde Manifestation seiner Unvergleichlichkeit, Unverwechselbarkeit und Einzigkeit ist das wissenschaftliche Werk und es ist gewiss kein Zufall, dass ein ganzes Kapitel der Autobiographie der Vorführung seiner Werke gewidmet ist. Selbstbehauptung in den beiden Formen der physischen Bewahrung des Körpers und der spirituellen der Berufstätigkeit und des Lebenswerks bezeichnet unübersehbar ein Moment von Einheit und Integration in einem von der Form der Mannigfaltigkeit sonst weitgehend beherrschten Diskurs.[12]

---

10 Das verbindet (bei sonstigen Unterschieden) die Erfahrung Cardanos mit der Welt des pikarischen Helden: Jaime Ferrán: Algunas constantes en la picaresca. In: Manuel Criado del Val (Hg.): *La picaresca. Origines, textos y estructuras.* Madrid: Fundación universitaria española 1979, S. 53–62: «Nos presenta [el pícaro, H. S.] un mondo abierto, cambiante, imprevisible.» (S. 58)
11 So: Hugo Friedrich: Überblick über den Gang der italienischen Literatur, S. 23, 27f. (zu Guicciardini); ders.: *Montaigne* (1949). Bern/München: Francke ²1967, S. 26, 141, 174 (zu Montaigne und Guicciardini); Gerhard Hess: Guicciardini und die Anfänge der moralistischen Literatur. In: Ders.: *Gesellschaft, Literatur, Wissenschaft. Gesammelte Schriften 1938–1966.* München: Fink 1967, S. 14–29; Georg Misch: *Geschichte der Autobiographie.* Vierter Band. Zweite Hälfte. Frankfurt/M.: Schulte-Bulmke 1969, S. 641; Jean Starobinski: *Montaigne en mouvement.* Paris: Gallimard 1982, S. 32f.
12 Dieses unterscheidet die Geschichte Cardanos von der des pícaro und der Unbeständigkeit seines Lebens. Vgl. Ulrich Wicks: The nature of picaresque narrative: A modal

Dieser Aspekt verbindet die Autobiographie Cardanos mit der Benvenuto Cellinis.[13] Aber erst bei Cellini tritt er in seiner uneingeschränkten Bedeutung hervor. Zunächst sind auch andere gemeinsame Merkmale beider Autobiographien leicht erkennbar. Auch Cellinis Lebensbericht ist beherrscht von der Serie der Ereignisse, raschem und plötzlichem Wechsel der Umstände, ständiger Bedrohung des nackten Lebens. Auch die Welt Cellinis ist eine Welt des gefährdeten, um sein Überleben kämpfenden Körpers. Der Aspekt der physischen Gewalt spielt bei Cellini insofern noch eine bedeutendere Rolle, als der Autobiograph hier nicht nur der Gewalt, die von außen auf ihn einwirkt, standzuhalten hat, sondern als er selbst jederzeit zur Gewalt bereit ist. Cellini erscheint nicht nur wie Cardano als zerbrechlicher und bedrohter Körper, sondern tritt uns vor allem auch als gefährlicher, kämpferischer, den Tod des Anderen in Kauf nehmender und wollender Körper entgegen. Auch für Cellini ist das Leben vor allem die Gefahr seines Verlusts:

> [...] sovvenendomi di molte perversità che avvengono a chi vive; essendo con manco di esse perversità, che io sia mai stato insino a questa età, anzi mi pare di essere con maggior mio contento d'animo e di sanità di corpo che io sia mai stato per lo addietro [...] (S. 7).[14]
> [...] und erinnere mich vieler Widerwärtigkeiten, wie sie wohl jedem in seinem Leben geschehen. Da ich nun zurzeit von solchen Widerwärtigkeiten unbehelligt bin, wie ich in meinem früheren Leben niemals es war, da ich mich größerer Heiterkeit des Geistes und besserer Gesundheit des Leibes erfreue denn je zuvor, [...] (S. 21).[15]

Auch Cellini formuliert die Grunderfahrung Cardanos: «[...] ebbi molte fatiche a difendere la mia povera vita.» (S. 156) [Nur mit großer Mühe konnte ich mich meiner armen Haut wehren. (S. 168)] Wie Cardano erfährt Cellini das Leben als Fatum: «Di poi, giunto a Vinezia, considerato con quanti diversi modi la mia crudel fortuna mi straziava [...]» (S. 401) [Als ich nun nach Venedig kam und

---

approach. In: *Proceedings of the Modern Language Association* 89 (1974), S. 240–249. Hier zum pikaresken Helden: «The *pícaro* is a protean figure who can not only serve many masters but play different roles, and his essential characteristic is his inconstancy [...]» (S. 245). Auch Hugo Friedrich: *Montaigne*, der das Thema eher beiläufig berührt, trifft nicht ins Schwarze mit seiner Bemerkung, die Einheit von Cardanos Autobiographie bestehe «im zusammenhanglosen Aussprechen der Subjektivität» (S. 210).
13 Vgl. auch: Johannes Hösle: Mythisierung und Entmythisierung in den literarischen Selbstdarstellungen der Renaissance (Cellini, Cardano, Montaigne). In: *Neohelicon* 3 (1975), S. 109–127.
14 Zitate nach Benvenuto Cellini: *La vita*. Torino: Einaudi 1982.
15 Deutsche Übersetzung der Zitate aus *La vita* nach Benvenuto Cellini: *La vita*. Übs. Heinrich Conrad. Frankfurt/M./Wien: Büchergilde Gutenberg 1994.

bedachte, wie mein grausames Geschick mich auf alle möglichen Arten verfolgte [...] (S. 397)]. Aber stärker als all dieses, und auch darin offenbart sich die tiefe Mentalität der Epoche, ist das Verlangen, «di vedere il mondo» (S. 19) [die Welt zu sehen (S. 33)]. Man kann demnach so etwas wie ein gemeinsames ‚grammatisches' Gerüst der beiden Erzählungen erkennen. Cellinis Leben präsentiert sich wie Cardanos vordergründig als Summe von Geschichten ohne Geschichte.[16] Das Singuläre beherrscht wie bei Cardano jegliches *Unum*. Unter diesen Umständen forscht die Aufmerksamkeit mit besonderer Intensität nach übergreifenden Zügen und das ganze Leben beherrschenden Grundmotiven. Und man bemerkt bald: Beide, Cardano und Cellini, sind Akteure, die im Strudel der Ereignisse nicht untergehen. Dass das Leben vor allem und schließlich ein Obsiegen ist, bezeichnet ein unterschwelliges Pathos und vielleicht den stärksten Antrieb zum Sprechen in beiden Lebensgeschichten. Das Selbst zeigt sich, bewahrt sich und bewährt sich als das Standhaltende und darin gerade Sich-Durchhaltende. Das Ich erweist sich als Eines, nicht in einem lebenslangen Prozess der Selbstsuche[17], sondern als das dem schnellen Wechsel der Ereignisse Ausgesetzte und darin Sich-Erhaltende und Standhaltende. Die Identität dieses Ich also entspricht der Grundstruktur seiner Welt, das ist, vor allem Ereignis zu sein und nicht Anstoß zur Problematisierung, Infragestellung oder Suche nach dem eigenen Selbst.[18] Das Ich hat sich hier zu erhalten als eines, das sich selbst, aber nicht die Dinge hat.

---

16 Vgl. die gescheite Studie von Dino S. Cervigni: The disenchanted heroes in Cellini's Vita and Cervantes' Don Quijote. In: *Hispano-Italic-Studies* 2 (1979), S. 41–63, der zu Recht die Bedeutung von Zeit und Raum in Cellinis Lebensbericht hervorhebt, den Begriff der Zeit aber ganz allgemein, in Absetzung gegenüber «the atemporal atmosphere in which most chivalric poems seem to transpire» (S. 47) auffasst.
17 Vgl. William L. Howarth: Some principles of autobiography. In: *New literary history* 5 (1974), S. 363–381. Howarth grenzt in einer freilich fragwürdigen Typologie die ‚dramatic autobiography', wozu er auch die *Vita* Cellinis rechnet, von der ‚autobiography as poetry' des rousseauschen Typs ab.
18 Die Besonderheit dieser Identität wird aber gerade verfehlt, wenn man sie wie Jonathan Goldberg: Cellini's *Vita* and the conventions of early autobiography. In: *Modern Language Notes* 89 (1974), S. 71–83 in folgender grober Abgrenzung zu fassen versucht: «In short, whereas modern autobiography unveils a unique, personal and private self, early autobiography presents a universal, depersonalized and public version of the self.» (S. 71) Umgekehrt wird die besondere Form der *Vita* aber auch kaum getroffen, wenn man, und sei es auch in Abgrenzung gegenüber dem *pícaro*, behauptet, sie werde zum Medium der Selbstreflexion. So: Ingrid Schiewek: Autobiographie und Fachtraktat. Bemerkungen zu Cellinis Selbstdarstellung. In: *Beiträge zur Romanischen Philologie* 16 (1977), S. 256f., 258.

Wer aber ist eigentlich der Andere in dieser Welt? Er entspricht vor allem ihrer Logik, einer Logik des Ereignisses. Er begegnet dem Ich wie ein Ereignis, freundlich, feindlich, öfter feindlich. Der Andere ist der Rivale, der im Kampf um Selbstbehauptung im Wege steht. Ein zentrales Motiv des cardanoschen Lebensberichtes sind die «Zweikämpfe» der Disputationen, in denen der Protagonist zu erweisen sucht, was ihm mit schöner Regelmäßigkeit gelingt, dass er der bessere Gelehrte ist. Auch Cellini hat sich sein ganzes Leben hindurch gegen rivalisierende Künstler zu behaupten.[19] Und nicht zufällig bilden die immer wiederkehrenden Szenen seines Obsiegens Grundlinien seiner Lebensgeschichte. Bei Cellini tritt deutlicher noch als bei Cardano die Zweipoligkeit der Selbstbehauptung hervor: als Kampf um die Bewahrung des fragilen Körpers und als Kampf um Anerkennung. Das Problem und der Sachverhalt sind in beiden Autobiographien identisch. Verschieden sind aber die Instanzen, die über die Anerkennung entscheiden: das Publikum der Gelehrten bei Cardano, der sozial hochgestellte Auftraggeber, Papst, König, Herzog bei Cellini.

Hervorzuheben ist zunächst, dass Selbstbehauptung bei Cardano und Cellini etwas durchaus Anderes ist als die Selbstbehauptung der rousseauschen Autobiographie. Selbstbehauptung bei Rousseau heißt, im Übermaß äußerer Anfeindung, sei diese nun real oder nur vorgestellt, sich selbst festzuhalten, sich nicht zu verlieren, vor sich selbst zu bestehen. Und zwar dieses, das ist der wichtige Unterschied, ganz und gar unabhängig davon, ob es nach außen hin erscheint, bzw. vom Anderen wahrgenommen wird. Im Gegenteil: Die rousseausche Selbstbehauptung ist Teil des inneren Umgangs der Person mit sich selbst. Selbstbehauptung bei Cellini heißt, sichtbar werden, sich zeigen und im Angesicht des Anderen als der Bessere dastehen. Selbstbehauptung heißt, im Kampf der Rivalitäten obsiegen. Dabei sind die Positionen festgelegt, die der Andere innehat. Er ist einmal der Rivale, der beansprucht, der bessere Künstler zu sein, und er ist der den Ausschlag gebende Andere, der Schiedsrichter. Diese Position hat immer ein sozial Höhergestellter inne, der Auftraggeber, Herzog, König oder Papst: das Dreieck der Selbstbehauptung und der Anerkennung.[20] Die Tatsache, dass der sozial Höhergestellte der Auftraggeber ist, macht, in eins mit seiner sozialen Stellung, sein Urteil zum letzten, nicht mehr in Frage stehenden

---

19 Dazu: Hans-Günter Funke: Superare gli antichi e i moderni – Das Thema des Wettstreits in der *Vita* Buenvenuto Cellinis. In: Klaus W. Hempfer/Enrico Straub (Hg.): *Italien und die Romania in Humanismus und Renaissance. Festschrift für Erich Loos*. Wiesbaden: Steiner 1983, S. 17–37.
20 Dazu auch: Françoise Duranton-Mallet: Propositions pour une lecture analytique de «La vita» de Benvenuto Cellini. In: *Revue des études italiennes* 29 (1983), S. 223–231.

Akt der Sinnsetzung. Während also Selbstbehauptung bei Rousseau ein inneres Geschehen meint, ein Umgehen des Subjekts in und mit sich selbst, bezeichnet das Dreieck der Selbstbehauptung in der Welt Cellinis einen sozialen Akt und ein symbolisches Geschehen: die in sichtbaren Akten und Konsequenzen sich vollziehende Legitimation eines individuellen Anspruchs im Kontext einer ohne Frage anerkannten und geradezu als Sinngarant funktionierenden gesellschaftlichen Ordnung.

Allerdings ist der Akt der Selbstbehauptung und der Anerkennung durch das Bild des Dreiecks nur unzureichend charakterisiert. Denn es fehlt darin der Gegenstand, den Selbstbehauptung und Anerkennung als ihr *fundamentum in re* zugrundelegen. Ohne das dingliche «Unterpfand» gibt es auch auf der Ebene des Spirituellen keine Selbstbehauptung. Die Fundierung auf das Werk, das – Cellini ist Bildhauer und Goldschmied – eben auch ein Ding ist, unterstreicht, in welchem Ausmaß die Logik der Dinglichkeit die Welt Cellinis beherrscht.

Zu sprechen wäre also über das eigenartige Ding, welches das Werk in dieser Welt der Körper und der Dinge darstellt. Es zeigte sich, dass Erfahrungen ungefährdeter Dauer in beider Welt eigentümlich knapp sind. Dass die Welt vor allem als Ort der fragilen oder kämpferischen Körper wahrgenommen wird, stand in einem Zusammenhang mit der vorherrschenden Zeitform der ephemeren Rhythmen und auf Dauer gestellten plötzlichen Umschläge. Nun aber stößt man auf das Werk als Zeichen einer starken Dauer und Prinzip biographischer Synthesis.

Zunächst ist das «Strukturmodell» zu erweitern. Denn es hat einen klar zutage liegenden Fehler, indem es zwar die Konstellation der am Selbstbehauptungs- und Anerkennungsgeschehen beteiligten Personen abbildet, nicht aber das Ding, auf das sich durchaus auch im buchstäblichen Sinne die Augen aller Beteiligten richten. Ich gehe also nunmehr vom Quadrat der Anerkennung aus und unterstreiche damit den personalen, symbolischen und dinglichen Charakter dieses Geschehens.

Das Werk verkörpert in erster Linie Dauer in einer Welt, die Erfahrungen der Dauer weitgehend vorenthält. Darüber hinaus steht es in einer Beziehung zur Serie der Begebenheiten, die eine der zentralen Achsen der autobiographischen Rede bildet: Es gehört der Welt der Ereignisse zugleich an und nicht an.

Einerseits fügt sich Cellinis Erzählung über die Werke, die er beginnt, in Arbeit hat oder abschließt, in die Kette der biographischen Ereignisse ein, andererseits unterbricht sie diese aber auch. Eine besonders charakteristische Bemerkung, die sich in mehreren Varianten findet:

> Non dico altri particolari [Plural! H. S.]; che se bene sarebbono bellissimi da sentire in tal genere, voglio riserbare queste parole a parlare de l'arte mia [Singular! H. S.], quale è quella che m'ha mosso a questo tale iscrivere; e in essa arò da dire pur troppo. (S. 53)

Ich übergehe andere Geschichten dieser Art, obgleich sie sehr schön anzuhören wären; ich spare meine Worte, um von meiner Kunst zu reden, die mich eigentlich angetrieben hat, dieses Buch zu schreiben und von der ich nur zu viel werde zu sagen haben. (S. 65)

Die Rede war vorher von einer der zahlreichen Raufgeschichten, die zu den charakteristischen Elementen der Erzählung gehören. Umgekehrt heißt es etwas später, deutlich erhellend, wie die Geschichte des Werks und die Geschichten des Lebens ineinander verwoben sind: «Se bene io mi discosterò alquanto dalla mia professione, volendo narrare alcuni fastidiosi accidenti intervenuti in questa mia travagliata vita [...]» (S. 69) [Obwohl ich mich nun ein wenig von dem Bericht über meine Berufsarbeit entfernen muß, so möchte ich doch einige ärgerliche Händel erzählen, die ich in diesem mühsamen Leben zu bestehen hatte. (S. 80)] Man muss auch bemerken, dass nicht nur die Geschichte des Werks in ein Spannungsverhältnis zu den Geschichten des Lebens tritt, sondern dass auch der für letztere fundamentale Zufallscharakter im Werk einen Widerpart hat. An anderer Stelle verzichtet der Autobiograph darauf, sich um das ethisch fragwürdige Betragen eines Bekannten weiter zu bekümmern und kommentiert seine Abkehr von der moralischen Problematik des Lebens mit den Worten: «Io, avedutomi di tal cosa, non me ne curai punto, dicendo che ogni cosa faceva secondo la natura sua; e mi attendevo a'mia studi.» (S. 71) [Ich bemerkte es wohl, kümmerte mich aber nicht darum, sondern sagte, jeder nach seiner Art, und hielt mich an meine Arbeit. (S. 82)]

Das Werk ist das Ereignis, das die Kette der Ereignisse unterbricht. Es ist Ereignis und Nicht-Ereignis. Das Werk ist aber auch das Ereignis, welches das Subjekt nicht erleidet, sondern selbst hervorbringt. Am Werk zeigt sich das Subjekt als eines, das die Welt nicht nur erleidet, nicht nur dem Ansturm der Dinge standzuhalten sucht, sondern ihnen etwas entgegenzustellen hat. Vermöge des Werks vermag der Held in einer Welt zu wirken, die Wirklichkeit und Wirkmächtigkeit vor allem den Dingen (Ereignis, Zufall, Schicksal) eingeräumt hat. Durch das Werk manifestiert sich die Person als *être à part*/Wesen für sich (Rousseau), im Wortlaut, aber durchaus nicht im Sinne der rousseauschen Formulierung. Denn diese bezieht sich gerade nicht auf ein Werk, sie bedarf keines äußeren Unterpfandes. Vielmehr meint sie das ganze Leben als die lebenslange Geschichte des Umgehens eines einzigartigen Individuums in und mit sich selbst.

Dass der Erzähler sich als *être à part* erfahren kann, bedarf des Hervortretens, des Sichzeigens, der Erscheinung und der Materialisierung, der Dingwerdung im Werk. Verdinglichung ist hier die bestimmte Form, sich als ein Selbst in den Dingen zu finden und wiederzufinden. Das Werk ist auch das Ereignis, in dem die Welt nicht als Natur, sondern als soziale Ordnung erfahrbar wird. Denn es erscheint im Blick des Anderen: «[...] m'ero mostro al mondo uomo da qualcosa» (S. 51) [[...] daß ich mich der Welt als einen Mann gezeigt habe, der etwas kann. (S. 63)], ist die zentrale Formel, mit der Cellini sich als Selbst erkennt.

Cellini erfährt sich als *être à part*, indem er, das Werk vorzeigend und den Blicken des Anderen darbietend, aus sich heraus und vor den Anderen hintritt. Seiner Selbsterfahrung fehlt gerade das für Rousseau konstitutive Moment der sozialen Abwendung und des Rückzugs in den unzugänglichen und unsichtbaren Arkanraum des Selbst. Das Werk ist das Ereignis, das sich zeigt und in dem zugleich der Künstler sich zeigt. Für den französischen König macht Cellini ein Salzfass: «Quando questa opera io posi agli occhi del Re, messe una voce di stupore, e non si poteva saziare di guardarla [...]» (S. 356f.) [Als ich mein Werk dem König zeigte, tat er vor Erstaunen einen lauten Ausruf. Er konnte sich gar nicht satt daran sehen; (S. 351)] Michelangelo Buonarroti führt er eine goldene Medaille vor:

> [...] e in mentre che io lo lavorava, venne Michelagnolo Buonaarroti piú volte a vederlo; e perché io mi v'ero grandemente affaticato, l'atto della figura e la bravuria de l'animale molto diversa da tutti quelli che per insino allora avevano fatto tal cosa; ancora per esser quel modo del lavorare totalmente incognito a quel divino Michelagnolo, lodò tanto questa mia opera, che a me crebbe tanto l'animo di far bene, [...]. (S. 94)
> Während ich an diesem Stück arbeitete, kam Michelagnolo Buonarroti mehrere Male, um sichs anzusehen. Ich hatte mir große Mühe mit diesem Stück gegeben und die Haltung des Mannes und des grimmigen Tieres war ganz anders, als andere Künstler sie bis dahin dargestellt hatten; solche Art des Arbeitens war dem göttlichen Michelagnolo bis dahin gänzlich unbekannt gewesen und er pries mein Werk so hoch, daß mein Sinn nur noch darauf stand, Treffliches zu schaffen, [...] (S. 104).

Dem Papst präsentiert er einen Kelch im Beisein eines hochgestellten Gastes:

> Di poi tre giorni il Papa mandò per me un dí doppo desinare, ed eraci questo gentiluomo alla presenza. Subito che io fui giunto, el Papa si fece portare quel mio bottone del piviale. In questo mezzo io avevo cavato fuora quel mio calice; per la qual cosa quel gentiluomo diceva di non aver mai visto un'opera tanto maravigliosa. Sopraggiunto il bottone, gli accrebbe molto piú maraviglia; guardatomi in viso disse: – Gli è pur giovane a saper tanto, ancora molto atto a 'cquistare – (S. 128).
> Drei Tage darauf ließ der Papst mich nach dem Essen holen; jener Edelmann war bei ihm. Kaum war ich da, so ließ der Papst sich mein Brustschild von dem Meßrock holen. Ich hatte unterdessen meinen Kelch hervorgezogen; der Edelmann betrachtete ihn und sagte, er habe niemals etwas so Wunderbares gesehen. Als aber das Brustschild gebracht wurde, da wuchs sein Staunen noch mehr; er sah mir ins Gesicht und sagte: «Er ist noch so jung und versteht seine Kunst schon so gut; er kann es noch weit bringen.» (S. 136)

Das Werk ist schließlich die Tat des Künstlers, die von all seinen sonstigen Taten fundamental unterschieden ist. Denn es unterbricht nicht nur die Welt der Ereignisse, sondern in eins damit die Welt der kämpfenden Körper. Das Werk ist das symbolische Ding, das der Logik einer dingbestimmten Welt zugleich ent- und widerspricht.

Die Welt der Ereignisse ist die Welt der kämpfenden Körper und des Todes. Die Hinwendung zum Anderen trägt den Stempel der Gewalt. Das Werk als Ereignis durchbricht zugleich das Prinzip der Ereignishaftigkeit, indem die Erscheinung der Schönheit Bewunderung, Wertschätzung und Anerkennung, Hinwendung ohne Gewalt auslöst. Es ist Tat und «Untat» zugleich.[21]

Nun zu Guicciardini. Zunächst fragt man sich, ob die distanzierte Sprache des Moralisten überhaupt in einen Zusammenhang mit der Perspektive subjektiven Lebens gebracht werden kann, wie sie die Autobiographie entwirft. Der Zusammenhang wird plausibel, wenn man sich vergegenwärtigt, dass moralistische und autobiographische Rede in unterschiedlicher Weise vom Subjekt sprechen. In der Autobiographie tritt das Subjekt unmittelbar vor uns hin. Die Autobiographie zielt unmittelbar auf das Leben des Individuums und stellt die Konkretheit und Besonderheit eines Lebens heraus. Dabei ist, dieses zeigte die Auseinandersetzung mit den Lebensberichten Cardanos und Cellinis, das Einzelne zugleich Zeichen eines Allgemeinen. Am Einzelnen wird sichtbar, was es als Einzelnes übersteigt. Umgekehrt im moralistischen Text. Die Sprache des Moralisten entwickelt ein Bild des Subjekts über den Umweg repräsentativer, paradigmatischer und durchschnittlicher Konstellationen. In der Moralistik ist das Individuelle

---

[21] Vgl. Dino S. Cervigni: *The «Vita» of Benvenuto Cellini. Literary tradition and genre.* Ravenna: Longo 1979. Cervigni kritisiert u.a. zu Recht Goldbergs, Jonathan Goldberg: Cellini's *Vita* and the conventions of early autobiography, S. 71–83, Subsumtion der *Vita* unter die Tradition der geistlichen Autobiographie. Eine wichtige und für das Studium Cellinis unerlässliche Studie. Gegen eine «analysis of the autobiography from the viewpoint of artistry – however essential this criterion is in interpreting the Vita –» (S. 56) wendet Cervigni ein, es gebe immer wieder «experiences, definitely unrelated to artistry» (ebda.). Was ohne Zweifel richtig ist. Der mich interessierende Punkt ist aber gerade die spannungsvolle Beziehung zwischen der Logik der Ereignisse und der Logik des Werks. Siehe auch den interessanten, aber zu fragwürdigen Überpointierungen neigenden Aufsatz von Miething: Christoph Miething: Virtù als Fortuna. Zur Vita des Benvenuto Cellini. In: August Buck (Hg.): *Biographie und Autobiographie in der Renaissance.* Wiesbaden: Harrassowitz 1983, S. 73–90. Miething konstatiert, offenbar Rousseau als Norm setzend, «Mangel an autobiographischer Reflexion» (S. 79) und vertritt – hier Cervignis Sicht überspitzend – die These von der ontologischen Belanglosigkeit des Werks gegenüber dem Prozess seiner Herstellung (Arbeit). Ganz abgesehen davon, dass eine solche schroffe Gegenüberstellung durch den Text nicht gestützt wird, widerspricht dieser ebenso der These der ontologischen Belanglosigkeit des Werks. Dessen Bedeutung als Ereignis, das die Kette der Ereignisse zugleich durchbricht, wird nicht ohne interpretatorische Anstrengung übersehen.

durch das Typische und Allgemeine vermittelt. In der Autobiographie verbirgt sich das Typische hinter der Besonderheit des konkreten Lebens.

So spricht Guicciardini nicht von sich im Sinne einer Erzählung seines individuellen Lebens.[22] Aber sehr wohl konturiert sich hinter der Allgemeinheit seiner Handlungsmaximen ein Bild des Subjekts, das in der Nähe des cardanoschen und cellinischen Individuums steht. Ich möchte zeigen, dass die drei Texte, obwohl verschiedenen Genera angehörend, mit einem identischen Grundmodell der Erfahrung arbeiten. Dieses betrifft zunächst das grundlegende Element dieses Modells: das Verschwinden des Subjekts in den Falten der Dinge, das Übergewicht des Objektpols, die zur Objektseite deutlich sich neigende Balance der Erfahrung. Guicciardini teilt mit den beiden Autobiographen die Basiserfahrung der Welt als Katastrophe. Als einer Katastrophe allerdings, der man sich mit intensivster Neugier und äußerstem Hunger nach Erfahrung zuwendet. So sagt er, fast wörtlich mit ähnlichen Formulierungen Cardanos und Cellinis übereinstimmend:

> Quando io considero a quanti accidenti e pericoli di infirmità, di caso, di violenza e in modi infiniti, è sottoposta la vita dell'uomo, quante cose bisogna concorrino nello anno a volere che la ricolta sia buona, non è cosa di che io mi maravigli più che vedere uno uomo vecchio, uno anno fertile. (S. 775)[23]
> Wenn ich daran denke, wie furchtbar das menschliche Leben durch die eigene Schwäche, Zufälle, fremde Kräfte und unzähliges andere gefährdet ist, was alles im Laufe des Jahres zusammenkommen muß, um eine gute Ernte reifen zu lassen – dann muß ich mich immer wieder wundern, wenn ich einen alten Mann sehe oder von einem fruchtbaren Jahr höre. (S. 41)[24]

«[...] perché la morte è propinqua e si può dire che per la esperienza quotidiana ci apparisca a ogni ora.» (S. 774) [Denn der Tod ist uns immer nah, ja man kann sagen, daß wir ihn in jeder Stunde erfahren [...] (S. 43)], heißt es an anderer Stelle. Offenbar ist die Faktur der Texte auf dem tiefen Untergrund einer bestimmten Erfahrung der Wirklichkeit errichtet, als Inbegriff eines Übermächtigen, durchaus nicht Verlässlichen und Kalkulierbaren, als einer Konstellation, in der immer alles auf Messers Schneide steht. Dessen bedrohlichste, allgegenwärtige,

---

22 Vgl. Gerhard Hess: Guicciardini und die Anfänge der moralistischen Literatur, S. 14–29.
23 Zitiert nach Francesco Guicciardini: *Ricordi*. In: Opere di Francesco Guicciardini. Bd. 2. Torino: Utet 1970, S. 723–848. Nützliche bibliographische Informationen enthält der folgende Forschungsbericht: Peter Bondanella: Aggiornamento bibliografico. Cinque anni di critica guicciardiniana: opere di carattere generale. In: *Annali d'Italianistica* 3 (1985), S. 159–167.
24 Deutsche Übersetzungen nach Francesco Guicciardini: *Vom politischen und bürgerlichen Leben – «Ricordi»*. Übs. Karl J. Partsch. Leipzig: Küpper 1942.

scharf geschnittene Gestalt ist der Tod. Vor diesem gemeinsamen Hintergrund formuliert Guicciardini die Sicht der Dinge, die auch Cardano und Cellini teilen: «Le cose del mondo sono sì varie e dependono da tanti accidenti, che difficilmente si può fare giudicio del futuro [...]» (S. 821) [So mannigfach ist der Gang der Welt und von so viel Umständen hängt alles ab, dass man nur schwer über die Zukunft urteilen kann. (S. 32)]

Diese Sätze formulieren nicht nur die gemeinsame Basiserfahrung der drei Autoren. Der moralistische Diskurs formuliert zugleich die in den autobiographischen Texten implizit bleibende Theorie dieser Erfahrung. Er stellt heraus und akzentuiert, macht zum zentralen Thema seines primär diskursiven Sprechens, was die autobiographische Erzählung immer mitführt, aber selten an die Oberfläche treten lässt.

Unter der Bedingung des Übergewichts der Dinge, der Objektivität der Objekte, wird Welt insgesamt vor allem als Natur erfahren. Natur aber durchaus nicht in erster Linie als Inbegriff dessen, was man rational, technisch oder wissenschaftlich in den Griff und in die Herrschaft zu bekommen hofft, sondern Natur als drückende Übermacht eines einfach nur Begegnenden, auf das Subjekt gewaltsam und oft unausweichlich Zukommenden, ihm Zufallenden und meist es Treffenden und Verletzenden.

Damit begegnet uns auch bei Guicciardini (wenn auch latenter) die archetypische Imago des fragilen Körpers, der im Strudel der Dinge zu schwimmen versucht. Wenn das Subjekt von den Dingen gleichsam absorbiert wird, so ist die Marge, die seiner Aktivität und Wirkungsmächtigkeit eingeräumt ist, eher schmal: ein schmaler Pfad im Wildgestrüpp der Zufälle und schnell wechselnden Konstellationen des Schicksals.

So ist man nicht weiter verwundert, dass die Zeiterfahrung, die Guicciardinis Überlegungen zugrunde liegt, identisch mit dem elementaren Zeitmodell der beiden Autobiographen ist: Zeit als unaufhörliches Stakkato schneller Rhythmen, Zeit der Plötzlichkeiten, Kehren und abrupten Umschwünge. Und auch hier gilt in tiefer Zugrundelegung: In unaufhörlicher Bewegung kann niemand sich einrichten und niederlassen, zu ruhiger Betrachtung des Lebens und des eigenen Selbst übergehen. Unter diesen Umständen muss auch die moralistische Rede sich auf Selbstbehauptung als Zentrum des Daseins beziehen.

Das Organ des Überlebens und der Selbstbehauptung im moralistischen Sprechen ist nicht das Werk, sondern *discrezione* (Unterscheidungsvermögen, Maß).[25] *Discrezione* ist nicht das Medium eines Aus- und Überstiegs wie das

---

25 Zur Einführung in den Kontext der frühen italienischen Moralistik: Jürgen von Stackelberg: *Französische Moralistik im europäischen Kontext*. Darmstadt: Wiss. Buchges. 1982, S. 38–55.

Werk bei Cellini. Sie eröffnet nicht eine andere Dimension des Daseins, sondern sie ist ein Präzisionsinstrument. Seine Aufgabe: Daseinssicherung unter der fundamentalen Bedingung äußerster Unsicherheit. Sie soll dem Zufall, dem Unvorhersehbaren und Unwägbaren durch genaueste Beobachtung noch des unbedeutendsten Details seine Tendenz ablauschen. *Discrezione* ist scharfes, überwaches, gleichsam sprungbereites Beobachten und Belauern der Dinge. Es ist das Organ, die Disposition, das Reaktionsschema, das mit dem Bewegungsstakkato des dauernd fluchtbereiten Vogels zu vergleichen wäre.

Hier nun tritt ein fundamentaler Unterschied zur Konstellation der Moralistik zutage, wie man sie bei Baltasar Gracián und später bei den französischen Moralisten der zweiten Hälfte des 17. Jahrhunderts auffindet. Die spätere Moralistik arbeitet mit einem grundlegend veränderten Modell der Erfahrungsdyade. Kein Zweifel, und dieses verbindet bei allen sonstigen Unterschieden Gracián mit den Franzosen: Das Blatt hat sich gewendet. Die spätere Moralistik geht, auch dort, wo, wie bei La Rochefoucauld, eine negative Anthropologie[26] entworfen wird, vom Übergewicht des Subjekts über die Dinge aus.[27] Im Zentrum der Aufmerksamkeit steht die Handlungsmacht des Menschen, nicht der unausweichliche Druck der Dinge.

Am ehesten noch wäre Graciáns *agudeza* (Scharfsinn) mit der *discrezione* des ein Jahrhundert früher sprechenden Italieners zu vergleichen. In beiden Fällen handelt es sich um ein Organ, das versucht, sich einer bestimmten Verfassung der Wirklichkeit anzupassen. Aber: Graciáns Kluger entwirft sein Projekt (Obsiegen in der Welt, Gewinn von Reputation und Anerkennung) in den dunklen

---

26 So: Karlheinz Stierle: 'Die terra incognita' der Selbstverfallenheit. La Rochefoucaulds *Maximes et reflexions*. In: Fritz Nies/Ders. (Hg.): *Französische Klassik. Theorie, Literatur, Malerei*. München: Fink 1985, S. 91–98.

27 Hans Sanders: Moralistik und höfische Institution Literatur: La Bruyère. In: *Romanistische Zeitschrift für Literaturgeschichte* 5 (1981), S. 193–214; ders.: Scharfsinn, S. 4–39. Zum Unterschied zwischen Guicciardini und La Rochefoucauld: Matteo Palumbo: *Gli orizzonti della verità. Saggio su Guicciardini*. Napoli: Liguori 1984. Palumbo sieht den Unterschied vor allem in der Rolle des *particolare* bei Guicciardini gegenüber La Rochefoucaulds Interesse (Form der Maxime) an Universalaussagen. Diese Unterscheidung ist schief. Zwar betont Guicciardini die Bedeutung des *particolare*, aber dieses ist für ihn ja gerade das universal bedeutsame Phänomen. Hier wird die Ebene der (unterschiedlichen) Aussagen mit der Form des Sprechens verwechselt, die in beiden Fällen auf Universales zielt. Guicciardini allerdings sieht dieses, anders als La Rochefoucauld, in der Besonderheit des einzelnen Falles. Palumbos Versuch einer Abgrenzung gipfelt in der problematischen Feststellung: «Alla chiarezza della massima l'aforisma oppone un gioco lessicale che [...] sconvolge la sicurezza di ogni idea preformata.» (S. 82) Die *idea preformata* Guicciardinis ist aber die von der Substantialität des *particolare*!

Raum der Zeit und in eine Vielzahl konkret nicht antizipierbarer Situationen hinein. Er benötigt eine Fähigkeit, die ermöglicht, eine Vielfalt konkret nicht vorhersehbarer Situationen und Intentionen (des Anderen) formal zu antizipieren: ein Organ allgemeiner und formaler Antizipation komplexer Lebenslagen. Der Scharfsinn kann diese Rolle einer Substitution des Konkreten übernehmen, weil er einer anderen Stufe geschichtlicher Lebensverhältnisse angemessen ist. In dieser Perspektive ist der Scharfsinn des Klugen zugleich psychisches Äquivalent derjenigen Vielfalt nicht konkret antizipierbarer Lebenslagen, welche die neue Welt der bürgerlichen Verkehrsformen zunehmend bestimmen wird. Klugheit als allgemeines psychischen Äquivalent einer sich auf abstrakte Verkehrsformen umstellenden Kultur, so wie Geld allgemeines Äquivalent des konkreten Gebrauchswerts einzelner Waren wird.

Wohl spielt der Geldverkehr in der italienischen Gesellschaft des 16. Jahrhunderts bereits eine wichtige Rolle.[28] Man sieht es bei Cellini, der selten vergisst, den Preis zu nennen, den er für eines seiner Werke erzielt hat. Das Werk in Cellinis Autobiographie ist Gabe, das, was man gibt, um als sozial niedrig Gestellter sich dem Großen symbolisch gleichzustellen[29], und Ware im prosaischen Sinne des Wortes. Aber zweifellos noch nicht «gegriffen» hat die abstrahierende, Abstraktionen beförderde Tendenz des Geldes, die Georg Simmel zu Recht ins Zentrum seiner Philosophie des Geldes stellt.[30] *Agudeza* jedenfalls ist ein Organ der Bemeisterung des Singulären. Die *discrezione* Guicciardinis aber ist eines der mimetischen Anschmiegung ans Konkret-Einzelne. Dieser bedeutsame Unterschied verweist auf die noch unüberschreitbare Grenze, die abstrahierender Ratio vor ihrem die gesamte Kultur mit sich führenden Triumphzug gesetzt ist:

> Nelle cose importante non può fare buono giudicio chi non sa bene tutti e' particulari, perché spesso una circunstanza, benché minima, varia tutto el caso [...] (S. 842). Però chi conosce e' pericoli non gli debbe presupporre tutti certi, ma, discorrendo con prudenza quello in che lui può sperare di aiutarsi e dove el caso verisimilmente gli può fare favore, farsi animo nè si ritirare dalle imprese virili e onorevole per paura di tutti e' pericoli che conosce aversi a correre. (S. 820) Ma la distinzione di questi contrari non si può dare per regola: bisogna gli distingua la prudenza e discrezione di chi l'ha a fare. (S. 836)

---

28 Vgl.: Gerhart Schröder: Gracián und die spanische Moralistik. In: Klaus von See (Hg.): *Neues Handbuch der Literaturwissenschaft*. Bd. 10. Wiesbaden: Athenaion 1972, S. 257–279. Hier geht Schröder auch auf die wirtschaftliche Entwicklung in Italien ein. Ausführlicher: Leonid M. Batkin: *Die historische Gesamtheit der italienischen Renaissance. Versuch einer Charakterisierung eines Kulturtyps*. Dresden: VEB Verlag der Kunst 1979, S. 51–101.
29 In diesem Zusammenhang habe ich von Marcel Mauss: *Die Gabe* profitiert.
30 Georg Simmel: *Philosophie des Geldes*, S. 591–723.

> In wichtigen Dingen kann ein richtiges Urteil nur fällen, wer genau alle Einzelheiten kennt; denn oft verändert auch ein geringer Umstand den ganzen Fall. (S. 34f.) Wer drum die Gefahren kennt, darf sie nicht alle für unabwendbar halten, sondern sollte – klug bedenkend, wovon er wohl irgendeine Hilfe erwarten kann und wo der Zufall ihm vielleicht eine Ausflucht lässt – Mut behalten und sich nicht von männlichen Taten aus Furcht vor allen erdenklichen oder wahrscheinlichen Gefahren abhalten lassen. (S. 36) Wann aber das eine und wann das andere eintritt, sagt keine Regel; nur Klugheit und der feinste Unterscheidungssinn vermögen zu sagen, was not tut. (S. 64)

Anschmiegung ans Singuläre bezeichnet demnach keineswegs so etwas wie passive Anpassung an den Lauf der Dinge. Durchaus impliziert *discrezione* einen starken Willen zur Bemeisterung:

> [...] tanto è incerto el futuro. Non dimanco non è da darsi come bestia in preda della fortuna, ma come uomo andare con la ragione; e chi è bene savio ha da contentarsi più di essersi mosso con buono consiglio, ancora che lo effetto sia stato malo, che se in uno consiglio cattivo avessi avuto lo effetto buono. (S. 839)
> [...] so ungewiß ist das Zukünftige. Trotzdem sollte man sich nicht wie ein Vieh dem Lauf des Schicksals völlig anvertrauen, sondern als denkender Mensch seinen Weg gehen. Ein wahrhaft Weiser sollte über eine wohlbedachte Tat, die nicht gut ausschlug, glücklicher sein als über eine Unbedachtsamkeit, bei der er zufällig Glück hatte. (S. 34)

Es handelt sich aber immer um den Versuch einer Verfügung über den Gang der Dinge unter der Bedingung seiner minimalen Verfügbarkeit. Vernunft[31] vor dem Zeitalter ihres Triumphs verfolgt ein bescheidenes Projekt. Sie versucht noch kaum, die Dinge zu beherrschen, sondern sie beschränkt sich auf den Versuch, ihnen ihre Tendenz abzulauschen.[32] Denn eine Voraussetzung ihrer Herrschaft ist offenbar noch nicht gegeben: Die Erkenntnis der Gesetze der Mannigfaltigkeit und das Interesse an dieser Erkenntnis. Noch nimmt die *discrezione* des Klugen die Welt als Inbegriff eines nur Mannigfachen und

---

31 Zur Bedeutung der Vernunft bei Guicciardini: Felix Gilbert: *Machiavelli and Guicciardini. Politics and history in sixteenth-century Florence.* Princeton: Princeton Univ. Press 1965. Die Hochschätzung der Ratio habe vor allem mit dem «belief characteristic of the Florentine aristocracy [...]» zu tun (S. 280). Zu diesem Thema auch: Giancarlo Rati: L'itinerario Guicciardiniano e la critica più recente. In: *Cultura e scuola* 29 (1990), S. 38.
32 Der zeitgenössische Kontext des Problems ist durch die Spannung zwischen *virtù* und *fortuna* bezeichnet. Zur gegenüber Machiavelli größeren «Autonomieskepsis» bei Guicciardini vgl. Roland Galle: Machiavelli und die Moralistik. In: *Poetica* 20 (1988), S. 74: «Mehr als der Anspruch, den Widernissen des Lebens gewachsen zu sein, wird die unhintergehbare Einbindung in naturhafte und gesellschaftliche Prozesse betont werden, die der Einzelne, wenn überhaupt, nur partiell beherrschen kann.»

Singulären hin, aber sie versucht noch nicht, sie im Namen des Gesetzes zu beherrschen.³³

So aber bleibt das Subjekt, trotz aller Versuche einer aktiven Beeinflussung des Schicksals, Epiphänomen der Dinge; dieses aber nicht im modernen Sinne einer Vorgegebenheit von Strukturen, seien diese als Verhältnisse historisch-gesellschaftlicher Produktion oder Strukturen der Sprache gedacht, sondern eher in der Bedeutung eines Machtgefälles. Das Medium der Macht als Macht des Bewirkens befindet sich auf der Seite der Objekte und in den Händen der Dinge. Eine freudsche Formulierung abwandelnd, könnte man sagen: Seine Majestät, das Schicksal hat die Dinge in der Hand, nicht das Ich.

So stellt sich auch bezogen auf die frühe Moralistik die Frage: Was eigentlich ist das Subjekt, wenn Welt vor allem als Kontingenz des Mannigfachen erfahren wird. Es fragt sich also, ob das Bild vollständig ist, wenn man sagt, dass der geringe Spielraum, den *discrezione* ermöglicht, das Subjekt vor allem als Epiphänomen der Dinge erscheinen lässt, als ihr Supplement und Annex, der Parasit auf dem Rücken der Muschel.

Das Subjekt, das im Handlungsmodell der *discrezione* sich zeigt, ist janusköpfig. Denn einerseits unterstreicht der Zwang zur Anschmiegung an die Tendenz der Dinge deren Übermächtigkeit und die geringe Handlungsmacht des Menschen. Andererseits aber ist unübersehbar, dass dieser sich als Individuum bewusst wird, indem er Geschichte nach der Figur des Singulären, als

---

33 Vgl. August Buck: Die italienische Renaissance aus der Sicht des 20. Jahrhunderts. In: Ders.: *Die italienische Renaissance aus der Sicht des 20. Jahrhunderts.* Stuttgart: Steiner 1988, S. 35–49. Buck verweist auf die Verbindung von Erfahrung, Experiment und Berechnung bei Leonardo da Vinci, äußert sich aber nicht zur hier interessierenden Frage, inwieweit ein am Gesetz orientierter Denktypus die Mentalität der Epoche bestimmt haben könnte. Guicciardinis Orientierung am empirisch konstatierbaren Einzelfall spricht gegen ein kulturelles Durchdringen des Gesetzesdenkens. Zum Gegensatz zwischen Guicciardini und dem Geist der Naturwissenschaften: Hugo Friedrich: Überblick über den Gang der italienischen Literatur, S. 27f. Ähnlich argumentierend wie Buck und ebenfalls am Beispiel Leonardos auf die Bedeutung des Regelbegriffs in der Renaissance verweisend: Joan Gadol: Die Einheit der Renaissance: Humanismus, Naturwissenschaft und Kunst. In: August Buck (Hg.): *Zum Begriff und Problem der Renaissance.* Darmstadt: Wiss. Buchges. 1969, S. 409–411. Auch Gadol ist wenig überzeugend, zumal er Montaignes *se régler*, das eine ganz andere Bedeutung hat, mit naturwissenschaftlichem Regeldenken zusammenbringt (S. 424). Zum Gegensatz zwischen Leonardo und Guicciardini vgl. Joseph Markulin: Guicciardini's *Ricordi* and the idea of a book. In: *Italica* 59 (1982), S. 302. Im Sinne Friedrichs und unsere Auffassung stützend: Karlheinz Stierle: Montaigne und die Erfahrung der Vielheit, S. 443: «Naturwissenschaften und eine Geschichtsschreibung, die von den Geschichten zu *der* Geschichte überging, sind seit dem Ausgang der Renaissance die erfolgreichsten kognitiven Techniken geworden, der Vielheit Herr zu werden.»

Geflecht individueller Konstellationen, mithin als Individualitäten interpretiert.[34] *Discrezione* als Organ der Anpassung signalisiert die Schwäche des Subjekts und sein Verschwinden in den Falten der Dinge, aber *discrezione* als Organ der Besonderung verlängert gleichsam die Individualität des Individuums in die Dinge hinein. Indem Realität im Medium der *discrezione* als Figuration von Individualitäten aufgefasst wird, erhebt das Individuum den Anspruch, Matrix oder Metonymie der Dinge zu sein. Damit aber ist dem Konzept der *discrezione* zugleich die Vision einer Subjektförmigkeit des Realen eingeschrieben. Wenn aber die Welt Stoff aus dem Stoff des Individuums ist und nicht nur das Andere, Fremde, Entgegenstehende, dann sind die Aussichten gut für das, was hier am Horizont schon gewollt ist: dass der Mensch sich seine Welt aneigne.

In der entwickelten Moderne erscheinen die Dinge als gewaltiges Arsenal aufgehäufter, verfügbarer, aber schweigender Dinge.[35] (Über)Leben im Cinquecento bezeichnet eine Konstellation der Erfahrung, wo die Dinge noch keineswegs schweigen, sondern die klare Sprache physischer Überwältigung sprechen. Realität begegnet dem Menschen noch nicht als die Welt der Kulturobjekte, als sinnesfremder Komplex der Objektivationen, wie der junge Lukács[36] im Anschluss an Georg Simmels Kulturtheorie[37] formuliert, denen seine Innerlichkeit fremd gegenübersteht, sondern als übermächtige Natur. Aber dennoch – dem Konzept der *discrezione* ist eine Tendenz eingeschrieben – wie geringfügig und übersehbar auch das Subjekt und seine Macht sich ausnehmen mögen, seine Größe beginnt hinter der Übergröße der Dinge bereits erahnbar zu werden.

---

34 Vgl. Mark Phillips: *Francesco Guicciardini: The historian's craft*. Manchester: Manch. Univ. Press 1977. Phillips spricht von Guicciardinis «emphasis on the particular event and the individual man [...]» (S. 80), erörtert aber nicht den Zusammenhang zwischen der Konstruktion der Wirklichkeit als Verkettung singulärer Fälle und dem Selbstbild des sich gerade in dieser Auffassung der Wirklichkeit manifestierenden Individuums.
35 Vgl. Hans Sanders: Über die Flüchtigkeit des Sinns in der Moderne: Baudelaire und Benjamin. In: *Romanistische Zeitschrift für Literaturgeschichte* 16 (1992), S. 141–151.
36 Georg Lukács: *Die Theorie des Romans. Ein geschichtsphilosophischer Versuch über die Formen der großen Epik* (1920). Neuwied/Berlin: Luchterhand ²1974, S. 54f., 99.
37 Georg Simmel: *Philosophie des Geldes*, S. 405–445, 617–654.

VI Subjekt-Objekt in der Fortuna-Welt: Montaigne

Die *Essais* eröffnen einen Weg der Selbstbehauptung in fortunatischer Welt, der den Italienern noch verschlossen ist: das Splitting der Aufmerksamkeit.[1] Statt gebannt auf die Gewalt der Dinge zu starren, wendet sich Montaigne seiner inneren Welt zu, aber nicht ohne ihr Gewicht in die Waagschale der äußeren zu werfen. Diese Doppelung der Aufmerksamkeit ist an Akte des Schreibens gebunden. Sie sind durch das Verfahren der *Essais* bestimmt, das den jederzeitigen Auftritt der Person im heterogenen Kontext der Dinge ermöglicht und sie damit unter das Vorzeichen des Subjektiven bringt.

1 Fortuna zwischen Providenz und Kontingenz

Fortuna[2], die Langlebige, ist eine Zwei-Welten-Bewohnerin. Im Lande der Providenz ist sie ebenso zu Hause wie in dem der Kontingenz. Aber keine Frage ist, dass die Anwesenheit des Gottes ihrer Herrschaft Grenzen setzt. Ebenso wie seine Abdankung und sein Verschwinden ihrer Macht zupasse kamen.

Denn die Wechselfälle des Glücks werfen die Frage auf, wie ihre Zufälligkeit mit dem das Gute wollenden Willen des Gottes zusammenpasst. Aber in einer Welt, in der das Bild des Gottes zu verblassen begonnen hat, läuft Fortuna zur Höchstform auf. Dann ist sie wie der Fisch im Wasser oder der Vogel in der Luft. An ihrem Platze ganz und gar und gänzlich unumschränkt.

Ich beginne mit Seneca. Er[3] erörtert das Wirken der Fortuna in seinem Traktat *De Providentia* und in den Briefen *Ad Lucilium*. Seine Ausgangsfrage ist die unvermeidliche, so lange Fortuna ihre Herrschaft mit dem Gott teilen muss, der das Gute will:

---

[1] Eine erste Fassung dieses Kapitels erschien in: Heinz Thoma/Kathrin van der Meer (Hg.): *Epochale Psycheme und Menschenwissen. Von Montaigne bis Houellebecq*. Würzburg: Königshausen & Neumann 2007, S. 7–31.
[2] Ursprüngliche römische Bedeutung: Glück (felicitas), Zufall (fors). Wenn eine unbeständige, menschlichem Einfluss unzugängliche Macht gemeint ist, handelt es sich um das Äquivalent zur hellenistischen Tyche. So Iiro Kajanto: Fortuna. In: Theodor Klauser (Hg.): *Reallexikon für Antike und Christentum*. Bd. VIII. Stuttgart: Hiersemann 1972, S. 184. Bei Seneca allerdings meint «fortuna» Geschick.
[3] Montaigne rezipiert vor allem die späte Stoa über Seneca: Karin Westerwelle: *Montaigne. Die Imagination und die Kunst des Essays*. München: Fink 2002, S. 221.

> Quaesisti a me, Lucili, quid ita, si prouidentia mundus regeretur, multa bonis uiris mala acciderent. Hoc commodius in contextu operis redderetur, cum praeesse uniuersis prouidentiam probaremus et interesse nobis deum;
> Lucilius, du hast mir die Frage gestellt: warum, wenn eine Vorsehung die Welt lenkt, widerfährt guten Menschen viel Unglück? Das ließe sich bequemer im Rahmen eines größeren Werkes beantworten, wo ich bewiese, eine Vorsehung gebiete über das Weltall und Anteil nehme an uns der Gott; (*De Providentia*, S 2f.).[4]

Offenbar kann sich Seneca noch leisten, eine recht schlichte Antwort zu geben. Wenn der Gute leidet und nicht der Böse, dann nur, weil der Gott den Guten prüfen und durch die Prüfung in seiner Vortrefflichkeit noch steigern will. Der Böse aber, der im Glück schwimmt, ist nur darum glücklich, weil der Gott ihn missachtet:

> calamitas uirtutis occasio est. [...] Hos itaque deus quos probat, quos amat, indurat, recognoscit, exercet;
> Unglück ist Gelegenheit zu männlichem Verhalten. [...] Die also, die der Gott gelten lässt, die er liebt, härtet er ab, prüft er, beschäftigt er; (*De Providentia*, S. 22f.).

Bei Boethius aber, nur wenig später, scheint das Fortuna-Providentia-Problem sich zugespitzt zu haben. Und dieses unbeschadet der Tatsache, dass er es offenbar im Rahmen der antiken Tradition behandelt.[5] Denn der im Kerker seine Hinrichtung erwartende Boethius sieht sich der Blindheit und Willkür Fortunas in ihrer ganzen Providenz-Indifferenz ausgesetzt, bevor er überhaupt zu einer Theodizee ansetzen kann. So beginnt die *Consolatio philosophiae* mit einem Anruf an das treulose Glück, das nur flüchtige Güter gespendet hat. Erst dann kann die allegorische Gestalt der Philosophie mit ihrer Trostarbeit beginnen:

> Itaque nihil est quod admirere, si in hoc vitae salo circumflantibus agitemur procellis, quibus hoc maxime propositum est pessimis displicere.
> Daher brauchst du dich nicht zu wundern, wenn wir auf der hohen See dieses Lebens von Stürmen umbraust und umgetrieben werden, wir, deren oberster Grundsatz ist, den Schlechten zu missfallen. (S. 12f.)[6]

---

4 Die Zitate aus Seneca sind der folgenden Ausgabe entnommen: Lucius Annaeus Seneca: *Philosophische Schriften*. Lateinisch u. Deutsch. Übs. Manfred Rosenbach. Darmstadt: Wiss. Buchges. [6]1999.
5 Auf die Bedeutung des Boethius für Montaigne weist hin: Daniel Martin: *Montaigne et la fortune. Essai sur le hasard et le langage*. Paris: Champion 1977, S. 38, 42.
6 Die Zitate aus Boethius sind der folgenden Ausgabe entnommen: Boethius: *Consolatio philosophiae. Trost der Philosophie*. Lateinisch u. Deutsch. Übs. Ernst Gegenschatz u. Olof Gigon. Düsseldorf/Zürich: Artemis & Winkler [6]2002.

Was die Klagen des Gefangenen keineswegs beendet: «Operis tanti pars non vilis / Homines quatimur fortunae salo.» (Wir, nicht schlechtester Teil deines Werkes, / Treiben um auf dem Meer des Geschickes.) (S. 28f.) Und selbst die Philosophie unterstreicht die Macht Fortunas: «Magnumque tristis [fortuna, H.S.] monstrat ostentum, si quis / Visatur una stratus ac felix hora.» (Und traurig zeigt sie uns ihr großes Schauspiel dann, / Wenn *eine* Stunde Glück und Fall vereinigt sieht.) (S.46f.)

Nun ist aber die Welt des Boethius (noch) keineswegs ihrer inneren Logik anheim gegeben, Welt der immanenten Verkettungen, mit all ihren Aushakungen und Aussetzern, Zufalls-Welt, Welten-Welt, sondern denn doch Gottes- und damit Willens-Welt, gute Welt und Welt zum Guten.[7] Daher dann die Frage, wieso denn so viele gute Unglückliche haben unglücklich werden können und so viele Übeltäter Glücksgewinner, auf schwierigem Untergrund zu operieren hat, wie ein Wagen auf Eis.

Nun, die Antwort ist kurz und sie will uns Heutigen den Atem verschlagen: Das höchste Gut, so wird hier von der Philosophie theodiziert und fast schon theodekretiert, ist das Gute selbst.[8] «Cum ipsum bonum beatitudo sit, bonos omnes eo ipso, quod boni sint, fieri beatos liquet.» (Wenn das Gute selbst die Glückseligkeit ist, so folgt, daß alle Guten eben dadurch, daß sie gut sind, glückselig sind.) (S. 180f.)

Demnach ist der Gute per se glücklich, welches Unglück ihm auch immer zustoßen möge. Und der Böse, der das große Los zog? Nichts als Niete. Nach den Maßstäben jedenfalls der boethiusschen Providenz. Die haben nur nicht begriffen, wie unglücklich sie in Wirklichkeit sind:

> Multo igitur infeliciores improbi sunt iniusta impunitate donati quam iusta ultione puniti. Also sind die Bösen, die mit einer ungerechten Straflosigkeit bedacht sind, weit unglücklicher als die mit gerechter Vergeltung Bestraften. (S. 192f.)

Dass da einiges abgeschnitten wird – nach modernen Maßstäben freilich nur – wie alles Überhängende bei Chaplins Koffer-Packen, liegt auf der Hand.

---

7 Zum Neueinsatz der Fortuna-Thematik in Boethius' *Consolatio philosophiae* vgl. Walter Haug: O Fortuna. Eine historisch-semantische Skizze zur Einführung. In: Burghart Wachinger/ Ders. (Hg.): *Fortuna*. Tübingen: Niemeyer 1995, S. 3. Unzutreffend ist dessen Behauptung, der entscheidende Schritt bei Boethius bestehe darin, «die Fortuna in den Dienst der Providentia» zu stellen.» Dagegen spricht z.B. die Bedeutung von Fortuna als göttliches Geschick bei Seneca.
8 Das ist ein Basissatz der stoischen Philosophie. Vgl. David Sedley: Stoicism. In: Edward Craig (Hg.): *Routledge Encyclopedia of Philosophy*. Vol. 9. London/New York: Routledge 1998, S. 154.

Immerhin, Boethius lässt das Unglück mit starken Worten zu Wort kommen, bevor er ihm den Knebel in den Mund drückt. Er malt den Jammer blutrot aus, ehe er ihn mit Gottsicherungsrosé übermalt; während Seneca noch schlicht nach dem Prinzip verfahren kann: Wen das Schicksal liebt, den züchtigt es. Bei Boethius muss Gottes Wille ebenso wie der Gottes-Wille (d.h. der Wille, der an die Zähmung Fortunas durch Providenz glauben will) beträchtlich dickere Bretter bohren.

2 Fortuna-Welt und fortunatisches Subjekt

Kein Zweifel, dass Montaignes Seneca-Lektüre nicht folgenlos (und mit Sicherheit auch nicht voraussetzungslos) war.[9] Gegen das Schicksal, so der Tenor einer

---

9 Hugo Friedrich: *Montaigne* verkennt die stoische Grundierung des montaigneschen Denkens, wenn er feststellt, es fänden sich nur «einige Nachbildungen stoischer Maximen» (S. 67). Er begründet diese Auffassung etwa damit, es gebe bei Montaigne keine «ethische Entwertung der Affekte» (S. 163). Das ist richtig, aber es ist nur ein Aspekt. Friedrich folgt Pierre Villey: *Les sources et l'évolution des Essais de Montaigne*. Réimpression de la 2e édition de 1933. Osnabrück: Zeller 1976, der auch behauptet, der Naturbegriff Montaignes stehe im Gegensatz zum stoischen Naturkonzept. Diese offenbar falsche These ist nur möglich, weil Villey z.T. mit einem vulgären Naturbegriff (Natur = «besoins de l'homme», S. 392 u. a.) arbeitet. Zu berücksichtigen ist aber das zentrale Motiv des «consentir à nature» und die damit verbundene Ablehnung von Eingriffen in die Natur. Vgl. Hans Sanders: Körper-, Selbst- und Weltbild in der romanischen Literatur der frühen Neuzeit. In: Henning Krauß u.a. (Hg.), *Psyche und Epochennorm. Festschrift für Heinz Thoma zum 60. Geburtstag*. Heidelberg: Winter 2005, S. 151–174. Das «secundum naturam vivere» gehört zu den zentralen Konzepten des stoischen Systems. Vgl. Frank Böhling: Stoa; Stoizismus. In: Joachim Ritter/Karlfried Gründer (Hg.): *Historisches Wörterbuch der Philosophie*. Bd. 10. Darmstadt: Wiss. Buchges. 1998, S. 182. Auch: Jean Ferrari: Stoicisme. In: Sylvain Auroux (Hg.): *Encyclopédie philosophique universelle II. Les notions philosophiques*. Paris: Pr. Univ. de France 1990, S. 2458; Wolfgang Röd: *Der Weg der Philosophie von den Anfängen bis ins 20. Jahrhundert. Bd. 1. Altertum, Mittelalter, Renaissance*. München: Beck 1994, S. 204 (Natur als Inbegriff der vernünftigen Ordnung der Wirklichkeit); Brad Inwood: Stoicism. In: David Furley (Hg.): *Routledge History of Philosophy. Vol. II. From Aristotle to Augustine*. London/New York: Routledge 1999, S. 224. Unterordnung unter das Naturgesetz und die stoacharakteristische «Ergebung in den Lauf der Welt» gehören zusammen: Wilhelm Totok: *Handbuch der Geschichte der Philosophie I. Altertum. Indische, chinesische, griechisch-römische Philosophie*. Frankfurt/M.: Klostermann 1997, S. 481.
Gegen die Bedeutung dieses Naturbegriffs spricht keineswegs die individuelle Wendung des montaigneschen Verhältnisses zur Natur, die zu Recht bei Bettina Schneider: *Nature und art in Montaignes Essais*. Paris/Seattle u.a.: Papers on French Seventeenth Century Literature 1996, S. 182 hervorgehoben wird. Über den Zusammenhang zwischen dem Konzept der Natur und der stoischen Grundannahme einer kosmischen Ordnung auch: Günter Abel: *Stoizismus und*

Reihe von Äußerungen, ist kein Kraut gewachsen. Deshalb rät er des öfteren, die Seele zu befestigen, um dem Ansturm der Dinge standhalten zu können.

Aber zweifellos auch ist der Kontext der stoischen Topoi nicht mehr der gleiche wie bei Seneca. Denn Montaigne hat ein auffallendes Interesse an der Unvordenklichkeit des einzelnen Falles, der einmaligen Situation, der eigenartigen Verkettung der Dinge. Ein Mucius Scaevola hingegen ist immer derselbe, komme, was da kommen soll. Und der Ton liegt vor allem auf dieser Selbigkeit des Selbst, nicht auf der Mannigfaltigkeit aller möglichen auf das Ich einstürmenden Ereignisse.

Montaignes Interesse am Verschiedenen betrifft die äußere und die innere Welt. Beide werden zum Gegenstand einer Aufmerksamkeit, die auf Besonderheit, Konkretheit, das Novum und so noch nicht Stattgehabte aus ist, vor allem auch dann, wenn Besonderheit die Form des Absonderlichen annimmt.

Fortuna, das ist offenbar seine Auffassung, wirft ihre Würfel auf dem Spielbrett der Dinge, aber auch auf den vielen und kaum überschaubaren Wachstäfelchen der Seele. Und auch hier hat ein Unkalkulierbares seinen Sitz, mindestens so unkalkulierbar wie die Verkettung der äußeren Dinge.

Dabei ist zu berücksichtigen, dass er prinzipiell noch vom Dasein eines Gottes ausgeht, der letztlich die Zügel in der Hand hat. In seinen konkreten Beispielen freilich triumphiert die Kuriosität des Zufälligen, hinter der sich kaum noch eine Vorsehung entdecken lässt. Man kann hier sehen, was es heißt, wenn Fortuna immer mächtiger wird, nachdem das Fading des Gottes eingesetzt hat.[10]

---

frühe Neuzeit. Zur Entstehungsgeschichte modernen Denkens im Felde von Ethik und Politik. Berlin/New York: de Gruyter 1978, S. 53. Eine Übersicht über die Stoizismusdebatte von Villey bis Friedrich gibt Christiane Bontaudou: *Montaigne.* Paris: Librairie Générale Française 1984, S. 180–203. Auch ihr Fazit, der Stoizismus sei einer der Referenzpunkte Montaignes und nicht mehr, springt zu kurz. Als Standardwerk der älteren Forschung zur Stoa sei genannt: Max Pohlenz: *Die Stoa. Geschichte einer geistigen Bewegung.* Göttingen: Vandenhoeck & Ruprecht 1948.
Es geht hier nicht darum, in einem dichotomischen Argumentationsrahmen die Frage nach der Bedeutung der Stoa mit Ja oder Nein zu beantworten, sondern am Beispiel der Subjekt-Objekt-Beziehung die Umarbeitung des stoischen Systems in einem Raum historisch neuer Erfahrungen zu erfassen. Diese Untersuchung muss auf Reihen von Differenzen stoßen statt bei Ja-Nein-Antworten zu landen. Ohne Zweifel ist Montaigne kein Stoiker im Sinne seiner antiken Gewährsleute. Gleichwohl aber ist er in einem gewissen Sinne «Stoiker» und auch zugleich nicht. Inwiefern, das ist jeweils die Frage.
10   Odo Marquard: Ende des Schicksals? Einige Bemerkungen zur Unvermeidlichkeit des Unverfügbaren. In: Ders.: *Abschied vom Prinzipiellen.* Stuttgart: Reclam 1987, S. 67–90. Marquards These: «Gott [gemeint ist der christliche Gott, H.S.] ist das Ende des Schicksals.» (S. 72) gilt auch umgekehrt: Wenn Gott sich zurückzieht, wird die Welt frei für das Schicksal

Im Einzelnen:

> Et semble que la fortune[11] quelquefois guette à point nommé le dernier jour de nostre vie, pour montrer sa puissance de renverser en un moment ce qu'elle avoit basty en longues années; (S. 78).[12]
> Ja, manchmal lauert das Schicksal offensichtlich eigens dem letzten Tag unsres Lebens auf, damit es an ihm seine Macht vorführen kann, in einem einzigen Augenblick niederzureißen, was es in langen Jahren aufgebaut hat, [...] (S. 45).[13]

Umschlag der Verhältnisse von einem Augenblick zum anderen und die menschliche Ohnmacht dagegen. Bezeichnenderweise wird daraus keineswegs die Konsequenz gezogen, man müsse tatenlos der Dinge harren, die da kommen. Der Schreibende sieht zweifellos den Sinn aktiven und vernünftigen Fortuna-Vermeidungshandelns, ohne ihm aber schon die Rolle einzuräumen, welche die Konstellation *occasione/virtù* bei Macchiavelli hat:[14]

> Au rebours, tous moyens honnestes de se garantir des maux sont non seulement permis, mais loüables. Et le jeu de la constance se joüe principalement à porter patiemment les inconveniens, où il n'y a point de remede. (S. 46)
> Alle ehrenhaften Mittel, uns dagegen zu wappnen, sind im Gegenteil nicht nur erlaubt, sondern sogar lobenswert. Wenn wir uns in die Standhaftigkeit einüben, so hauptsächlich mit dem Ziel, diejenigen Widerwärtigkeiten geduldig und festen Fußes ertragen zu lernen, die unvermeidlich sind. (S. 27)

Weiter: Par Divers Moyens On Arrive A Pareille Fin (I,1) [Durch verschiedene Mittel erreicht man das gleiche Ziel]. Durch Mut und Standhaftigkeit, so argumentiert Montaigne, kann man die Mildherzigkeit (eines mächtigen Eroberers beispielsweise) wecken. Aber manchmal gelingt das so nicht, oder nur durch

---

als Zufall. Vgl. auch das Kapitel «Die These vom fernen Gott» bei Martin Gessmann: *Montaigne und die Moderne. Zu den philosophischen Grundlagen einer Epochenwende.* Hamburg: Meiner 1997, S. 73–79.

11 Die Wachsamkeit der Kirche gegenüber den neuen Erfahrungen zeigt sich etwa in der Kritik des kirchlichen Zensors an der Verwendung von «fortune» statt «providence» in den *Essais*: Donald M. Frame: But what are Essays? Montaigne read in 1580. In: Marcel Tetel (Hg.): *Montaigne (1580–1980)*. Paris: Nizet 1983, S. 95.

12 Die Zitate aus Montaigne sind folgender Ausgabe entnommen: Michel de Montaigne: *Œuvres complètes*. Paris: Gallimard 1962.

13 Deutsche Übersetzungen der Zitate aus den *Essais* nach Michel de Montaigne: *Essais*. Übs. Hans Stilett. Frankfurt/M.: Eichborn 1998.

14 Nämlich gewisse menschliche Fähigkeiten wie praktische Klugheit, Wagemut, Anpassungsfähigkeit und Erfassen des Augenblicks herauszustellen. Vgl. Klaus Reichert: *Fortuna oder die Beständigkeit des Wechsels*. Frankfurt/M.: Suhrkamp 1985, S. 137.

Bitten und Flehen. Fazit: «Certes, c'est un subject merveilleusement vain, divers et ondoyant, que l'homme.» (S. 13) [Wahrlich, der Mensch ist ein seltsam wahnhaftes, widersprüchliches, hin und her schwankendes Wesen! (S. 10)] Was heißt das Anderes, als dass der Mensch so ist wie alles, was ist? Dass er, wie Wirklichkeit überhaupt, nach dem Gesetz der Unvorhersehbarkeit, der plötzlichen Umschwünge, der gänzlichen Unkalkulierbarkeit und Nicht-Prognostizierbarkeit funktioniert.

Oder: Nos Affections S'Emportent Au Delà De Nous (I,3) [Unsere Gemütsbewegungen tragen uns über uns hinaus]. Es ist vom englischen König Edward I. die Rede, der seinen Sohn verpflichtet, das Skelett des verstorbenen Vaters immer mit sich zu tragen, weil er die Erfahrung gemacht hat (oder gemacht zu haben glaubt), dass ihm alle Unternehmungen gelangen, bei denen er selbst anwesend war, «Comme si la destinée avoit fatalement attaché la victoire à ses membres.» (S. 21) [als hätte das Schicksal den Sieg ein für allemal an sein Gebein geheftet! (S. 13)]

Zweifellos: Montaigne will auf die Unkalkulierbarkeit des Schicksals hinaus. Aber eben doch auch, selbst noch in der Kritik an der Illusion des Königs, auf die Macht des Subjekts und des Subjektiven, unserer Haltung gegenüber und Einstellung zu den Dingen. Hier entfernt er sich weit von seinem Gewährsmann Seneca, der immer nur von der Uneinnehmbarkeit der Seele des Tapferen spricht.

Zwar wird Senecas Spur immer wieder sichtbar. Aber unser Autor bricht mit dem stoischen Kompass in der Hand zu einer neuen Expedition ins weite Land der Seele auf:

> Le corps n'a, sauf le plus et le moins, qu'un train et qu'un pli. Elle [l'âme, H.S.] est variable en toute sorte de formes, et renge à soy et à son estat, quel qu'il soit, les sentiments du corps et tous autres accidens. (S. 57)
> Der Körper hat, vom Mehr oder Weniger abgesehen, nur eine Haltung und nur einen Gang. Die Seele aber vermag jederlei Gestalt anzunehmen und die körperlichen Empfindungen samt allen sonstigen Einflüssen sich und ihrer jeweiligen Befindlichkeit anzuverwandeln, wie diese auch sei. (S. 33)

Die Seele ist proteisch, also: wie Fortuna selbst. Fortuna begegnet uns nicht als ein Äußeres und Fremdes, sondern wir sind selbst ebenso proteisch wie fortunatisch.

Einerseits ist die Bedeutung der stoischen Motive unübersehbar. In der «constance» bewahrt das Subjekt sein Selbst, seine Seele, indem es sich von drohender Not und andrängendem Tod ebenso wie allen Übeln der Welt nicht erschüttern lässt. Andererseits ist aber unübersehbar, dass Montaigne die Geringachtung des Übels aus dem Stand der «constantia» zur Macht der Phantasie auf alle möglichen Situationen des Lebens überhaupt ausweitet. In diesem Sinne gilt auch: «esse est percipi». Was die Dinge sind und zwar über das stoische Paradigma von Not, Schmerz und Tod weit hinausgehend, hängt von der Perspektive des Wahrnehmenden ab.

Dann ist die Wirklichkeit zwar sicherlich immer gegeben, aber zugleich auch gesetzt. Wenn die Welt Gesetz ist, kann sie nicht einfach nur alles sein, was der Fall ist. Denn alles, was der Fall ist, ist damit subjektiv codefiniert. Beim Fallen der Fälle ziehen immer auch Denken, Fühlen, Hoffen, Träumen, Vorstellen und Phantasieren die Fäden.

Das Zusammenspiel von Tradierung und Umarbeitung (durch Tradierung) tritt schärfer hervor, wenn der Zusammenhang des jeweiligen Essays berücksichtigt wird. Es zeigt sich dann, dass die kühnen, wie vorausgreifenden Stellen, sich kaum jemals ganz vom stoischen Zusammenhang ablösen. Protention und Retention sind eins. So pendelt der schon erwähnte Essay I,14 zwischen stoischen und stoa-erweiternden Motiven.[15] Bei deutlichem Übergewicht ersterer. Die Überschreitungen und Ausweitungen sind von stoischen Motiven umstellt, eingefasst und eingehegt. Dann darf natürlich Scaevola (S. 59) nicht fehlen. Gut stoisch ist von der «miserable condition humaine» (S. 50) [dem erbärmlichen menschlichen Dasein (S. 29)] die Rede. So dass der Satz, der sich einer cartesianischen Lektüre geradezu anzubieten scheint: «Si les choses se rendent à nostre mercy, pourquoy n'en chevirons nous, ou ne les accomoderons nous à nostre advantage?» (S. 50) [Wenn sich die Dinge uns auf Gnade und Ungnade ergeben, warum nehmen wir sie nicht als ihre Herren in die Hand und schalten und walten mit ihnen nach unserm Vorteil? (S. 29)] gleichwohl nicht einfach so genommen werden kann, weil auch im Folgesatz die Verbindung zur stoischen Grundsituation «mal et tourment» (Übel und Qual) wieder aufgenommen wird. Folgerichtig in diesem Kontext ist des Weiteren von der Todesbereitschaft der Bevölkerung von Mailand im Kriege (S. 52) die Rede. Ein typischer Senecasatz wird zitiert: «*avida est periculi virtus*» (S. 56) [*Mannesmut giert nach Gefahr* (S. 32)]. Auch die folgende Stelle beginnt mit einem unverkennbar stoischen Motiv: «Ce qui nous fait souffrir avec tant d'impatience la douleur, c'est de n'estre pas accoustumez de prendre nostre principal contentement en l'ame, [...]» (S. 57) [Was uns den Schmerz so schwer ertragen läßt, ist, daß wir nicht gewohnt sind, unsere Zufrie-

---

15 Richard Anthony Sayce: *The Essays of Montaigne. A critical exploration.* London: Weidenfeld & Nicolson 1972 bemerkt nicht ohne Grund, der Stoizismus grundiere das Denken Montaignes durchgehend vom ersten bis zum letzten Buch. Dass allerdings dieser Essay ein «standard model of stoic opinions» (S. 163) sei, ist unhaltbar. Hier sehr deutlich sichtbar der duale Fragerahmen der älteren Forschung, die aufgrund dieser Prämisse den «Stoizismus» und das Andere des Stoizismus im «Stoizismus» Montaignes nicht wahrnimmt.

denheit hauptsächlich in der Seele zu suchen, [...] (S. 32)]. Darauf folgt die (oben zitierte) ins durchaus Allgemeine ausgreifende Darlegung der Beweglichkeit, Versatilität, und gerade dadurch bestimmten Macht der proteischen Seele.

Wenn auch der Seele proteisches Vermögen zukommt, dann verfügt das Subjekt über ein allgemeines Äquivalent der fortunatischen Welt und kann prinzipiell mit ihr gleichziehen, *al pari* verhandeln und mit ihr auf Augenhöhe verkehren. In den avanciertesten Vorposten der montaigneschen Rede stößt man auf eine Konstruktion der Wirklichkeit, die auf dem subjektiven Anteil aller Bestände der Welt besteht und zugleich auf einen Entwurf des Subjekts als proteisches Analogon der fortunatischen Welt. Darin stecken ein Abschied, ein Aufbruch und eine Entfernung vom Constantia-Subjekt der klassischen Stoa-Welt. Kein Scaevola war jemals so in der Welt an seinem Platze!

Man sollte nicht unerwähnt lassen, dass das typische Hin und Her der Motive, das Changieren zwischen Traditionsbindung und Bindungslockerung, die damit gesetzte Unentschiedenheit und Unentscheidbarkeit nicht einfach inhaltlich dem montaigneschen Denken und seinem Schwanken geschuldet ist. Mehr noch resultieren sie aus der Gattungsform der essayistischen Rede selbst: ihrer additiven Struktur, die heterogene Beispiele in eine unabgeschlossene, fragmentarische Reihe einfügt.[16] Mitten aus der Heterogenität der Beispielsreihe tauchen die umformenden und überschreitenden Motive bei Gelegenheit auf, um bei nächster Gelegenheit wieder in den Traditionszusammenhang zurückgenommen zu werden. Die Überschreitung emergiert von Fall zu Fall. Die Heterogenität der additiv-fragmentarischen Exempelreihe aber ist die Diskursbedingung ihrer Möglichkeit.[17]

Wenn die stärkste Erfahrung sagt, dass kein Ding Bestand hat, noch dem anderen gleicht, dann muss sie ein Interesse an der Besonderheit des Konkreten heraustreiben. Das ist aber unabhängig vom jeweiligen Inhalt der Erfahrung

---

16 Vgl. Jean Lafond: Achèvement/inachèvement dans les Essais. In: Claude Blum (Hg.): *Montaigne et les «Essais» 1588–1988*. Paris: Champion 1990, S. 175–188, der die fragmentarische Kompositionsweise Montaignes vom Einheitsprinzip in der Poetik Scaligers abgrenzt (S. 176, 181). Zur Aufmerksamkeit der neueren Forschung für «la façon dont la structure discontinue des *Essais* peut créer des sens multiples» vgl. James J. Supple: *Les Essais de Montaigne. Méthode(s) et méthodologies*. Paris: Champion 2000, S. 20.
17 Die heterogene Exempelreihe erschöpft sich also keineswegs darin, Vielstimmigkeit, bzw. Dialogizität zu ermöglichen, wie in der Forschung des öfteren hervorgehoben. Vgl. etwa Gérard Defaux: De I,20 («Que philosopher est aprendre à mourir») à III,12 («De la phisionomie»): écriture et essai chez Montaigne. In: Claude Blum (Hg.): *Montaigne et les «Essais» 1588–1988*. Paris: Champion 1990, S. 106–108.

zugleich die Stunde von Erfahrung überhaupt.[18] Diese genommen als feingestellte Aufmerksamkeit auf Welt-Konkretheit, vom Großen bis zum ganz Kleinen hin.

Dann meint Erfahrung: die Dinge weniger auf Identität als auf Andersheit auslegen. Das hat Folgen für die Selbstwahrnehmung der Person: «Je ne vise icy qu'à découvrir moy mesmes, qui seray par adventure autre demain, si nouveau apprentissage me change.» (S. 147) [Meine einzige Absicht ist es, mich als den zu enthüllen, der ich bin – und vielleicht morgen schon ein Anderer sein werde, wenn neue Erfahrungen mir zur Lehre gedient und mich verändert haben. (S. 82)]. Ja, die Identität des «moy mesmes» hat paradoxerweise die Form ständiger Veränderung. «Je est un autre.»[19] (Ich ist ein Anderer.), aber freilich in einem anderen Sinne als bei Rimbaud. Ich ist ein Anderer, nicht weil es sich immer wie ein Fremder begegnet, sondern weil es sich beständig verändert. Ich ist das sich verändernde Andere, das gerade darin Ich bleibt. Überhaupt veränderbar aber ist dieses Ich durch «apprentissage». Was heißt: Es wird anders, indem es das Anders-Werden der Dinge erfährt. Was einschließt, dass es überhaupt erfahrungsoffen, für die Welt und ihre wichtigste Eigenschaft, die Veränderung, offen ist. Eben diese Eigenschaft des Subjekts bestimmt aber die Ausrichtung seines Schreibens. Die hier schreibend vergegenwärtigte Erfahrung ist demnach die Erfahrung eines zweifachen, miteinander korrespondierenden Wandels: der Objekte und des Selbst, das sich nur als ein immer wieder Anderes zugänglich wird.[20]

Wobei die Beziehung zwischen dem Wandel der Welt und der Bewegung des Selbst offenbar kausal gedacht ist. Weltwandel induziert Selbstwandel. In diesem Sinne lernt das Selbst aus dem Wandel der Dinge. Was auch heißt: Es lernt sich durch ihn kennen. Es begreift sich in der Erfahrung des Wandels der Dinge als ein Selbst im Wandel. Offenbar meint «nouveau apprentissage» ebenso Lernen des Neuen wie neues Lernen. Die neue Erfahrung ist Erfahrung des Neuen und nicht einfach eine Veränderung der inneren Dispositionen oder ein neuer Blick auf längst Bekanntes.

Ebenso unübersehbar ist dem Auftauchen des Neuen keine zeitliche Grenze gesetzt. Der Prozess des «nouveau apprentissage» ist protentional unbestimmt

---

18 Zur identitätserschütternden Rolle der Erfahrung im Jahrhundert der «Raumrevolution» vgl. Dirk Hoeges: Skepsis und Entschiedenheit. Zur Bedeutung und Struktur von Michel de Montaignes Essay ‚Des Cannibales'. In: *Romanistische Zeitschrift für Literaturgeschichte* 2 (1978), S. 78–96 am Beispiel von *Des Cannibales*.
19 Arthur Rimbaud: *Œuvres complètes*. Paris: Gallimard 1963, S. 268.
20 So auch Tzvetan Todorov: L'être et l'autre. In: *Yale French Studies* 64 (1983), S. 136, der es allerdings bei dieser Feststellung sein Bewenden haben lässt.

und unbegrenzt als Prozess ohne Ende gedacht. Man vergleiche damit etwa Marc Aurels Diktum: «Wer das Jetzige gesehen hat, der hat alles gesehen, was seit Ewigkeiten geschah und was ins Unendliche sein wird.»[21] Ein Mensch von vierzig Jahren wisse alles von der Welt, was es über sie zu wissen gebe (S. 255). Bei Montaigne sind Welt- und Lebenszeit[22] auseinander getreten. Wenn der Prozess der Erfahrung nach vorne in unbestimmter Offenheit offen ist, reicht ein Leben nur für einen Bruchteil des im Verlauf der Zeiten möglichen Welt-Wissens aus.

Wandel ist zugleich auch eine Funktion des Schreibens selbst:

> Je donne à mon ame tantost un visage, tantost un autre, selon le costé où je la couche. Si je parle diversement de moy, c'est que je me regarde diversement. [...] *Distingo* est le plus universel membre da ma logique. (S. 319)
> Ich gebe meiner Seele bald dieses, bald jenes Gesicht, je nach welcher Seite ich sie wende. Wenn ich unterschiedlich von mir spreche, dann deswegen, weil ich mich als unterschiedlich betrachte. [...] *Ich unterscheide*, dies ist das A und O meiner Logik. (S. 167)

Das Selbst wandelt sich unter dem Einfluss der Dinge und zugleich variiert es sich selbsttätig, indem es schreibend unterschiedliche Selbst-Züge in den Blick nimmt. Auch indem es unterschiedliche Haltungen gegenüber sich selbst einnimmt. Es nimmt also die Variabilität der Welt ins Selbst und in eins damit auch in die schreibende Vergegenwärtigung desselben hinein. Schreiben ist Mimesis an die Veränderlichkeit der Welt. Wenn die auf Dauer gestellte Erscheinung des Neuen der wesentliche Zug der Welt ist, dann bedeutet die Verinnerung dieser Grunderfahrung die ständige Produktion des Neuen an sich selbst. Insofern besteht zwischen Welt und Selbst Symmetrie und Homöostase.

Gewiss bestünde die Gefahr, dass die Turbulenzen unablässiger Veränderung in ein unbeherrschbares Chaos einmünden könnten. Aber es gibt bei Montaigne eine Beziehung zwischen schneller Veränderung, der Dynamik des Neuen und gewissen stabilen Fundamenten von Beständigkeit.[23] Zu unterscheiden ist zwischen dem Inhalt der Selbsthinwendung, – die auf ein ständig sich änderndes Selbst stößt – und der Haltung als solcher. Diese garantiert ein Moment von

---

21 Marcus Aurelius: *Wege zu sich selbst*. Übs. Willy Theiler. Zürich: Artemis ²1974, S. 141. Die folgende Seitenangabe bezieht sich auf diese Ausgabe.
22 Im Sinne von Hans Blumenberg: *Lebenszeit und Weltzeit*. Frankfurt/M.: Suhrkamp 2001.
23 Vgl. zu den realgeschichtlichen Voraussetzungen der Epochenerfahrungen von schnellem Wandel, Unsicherheit und Krise: Jacques Morel: *La Renaissance III. 1570–1624*. Paris: Arthaud 1973, S. 12; Jacques Chiffoleau: *Du christianisme flamboyant à l'aube des Lumières*. Paris: Seuil 1988, S. 187; Christopher Bettinson: France and Europe 1559–1598. In: Keith Cameron (Hg.): *Montaigne and his age*. Exeter: Univ. of Exeter 1981, S. 98–100; Enea Balmas: *La Renaissance II. 1548–1570*. Paris: Arthaud 1974, S. 33.

Dauer in einem Strudel fortwährender Veränderung.[24] Zugleich impliziert sie eine Kontrolle und eine spezifische Lust, wobei erstere verständlich wird, wenn man sich an den Satz erinnert: «Ne pouvant reigler les evenements, je me reigle moy-mesme, et m'applique à eux s'ils ne s'appliquent à moy.» (S. 627) [Da ich die Ereignisse nicht zu steuern vermag, steure ich mich selbst, indem ich mich, wenn sie sich schon nicht nach mir richten, nach ihnen richte. (S. 320)] Ein Satz, der unverkennbar aus stoischer Topologie stammt, die er aber zu einer Selbsteinstellung umarbeitet, welche in der Stoa kein Vorbild hat: Das Selbst als offenes Feld der Erfahrung, ebenso reich an Differenzen des Konkreten wie die Welt, aber anders als die Welt in besonderer Weise zugänglich, weil das schreibend sich zum Gegenstand nehmende Ich so etwas wie Selbst-Spezialist ist. Während also die Welt aufgrund ihrer schnellen Veränderlichkeit nicht fassbar ist, lässt sich das Selbst, wiewohl nicht minder veränderlich, doch fassen, weil der Schreibende einen besonderen Zugang zu sich hat, der die Möglichkeit eines Verstehens und Wissens verbürgt. Daher ist Welt-Wissen kaum möglich, Selbst-Wissen aber sehr wohl. Es ist deutlich, dass die Möglichkeit des Selbstwissens das Problem eines schwer fixierbaren Weltwissens auch kompensiert. Man sollte schließlich nicht vergessen, auf den im Text hervorgehobenen Zeit-Aspekt der Sache einzugehen. In der Hinwendung auf ein beständiger Veränderung unterliegendes Selbst wird Zeit als Mikro-Zeit, als Tempus kleinster Zeitquanten erfahrbar. Erfahrung wird feingestellte Zeiterfahrung in dem Augenblick, indem sie ihre Gegenstände in ihrer schnellen Beweglichkeit wahrnimmt.

Wie sehr aber auch die Kräfte der Bestandssicherung markiert und prägnant herausgearbeitet werden; ihr unverkennbarer Sinn ist immer zugleich, die Beweglichkeit des Ich in einer beweglichen Welt zu sichern, sein Mitschwingen im Schwung der Dinge, es anschlussfähig zu machen, es aufzustellen als ein marschbereites, Zusammenspiel und Kompatibilität seiner Dynamik mit der Dynamik der Verhältnisse zu sichern und damit sein Zusammenleben mit ihnen als Veränderungs-Symbiose.

Das stoische Selbst, jedenfalls, unterscheidet sich fundamental vom fortunatischen Subjekt, wenngleich beide Bewohner einer prinzipiell unsicheren Welt sind. Aber es ist ein Unterschied, ob Fortuna unter der Rahmenbedingung Providenz Glück und Unglück verteilt oder in einer Welt, in welcher der Untergang des Gottes bereits eingesetzt hat. In ersterem Falle hat sie nur Prokura am Gang

---

24 Vgl. Charles Taylor: *Quellen des Selbst*, der sich darauf beschränkt, die Parallelität ständiger innerer und äußerer Veränderung als Grunderfahrung Montaignes hervorzuheben (S. 321f.), ohne näher auf die Funktion der Selbstreflexion einzugehen. Insgesamt habe ich von seinem Buch sehr profitiert.

der Dinge, im zweiten hat sie die Leitung der Geschäfte weitgehend übernommen. Auch ist die providentiell-fortunatische Welt immer sittlich geordnete Welt und mögen noch so viele Gute im Unglück und Bösewichte im Glück leben. Die Fortuna-Welt ohne oder mit reduzierter Providenz aber funktioniert nicht mehr oder immer weniger nach den Gesetzen der Sittlichkeit. Nur in einer solchen Welt kann Erfahrung im noch heute geltenden Sinne überhaupt auftreten: als Begegnung mit Verhältnissen und Verhaltensweisen, die vor allem einfach nur sind, ohne dass ihnen ein Sinn zugerechnet werden könnte.

Es wird damit auch deutlich, dass die Unterschiede zwischen stoischem und fortunatischem Subjekt keineswegs zufällig sind. Auch betreffen sie nicht einfach Einzelaspekte, die vorhanden sind oder auch fehlen können. Vielmehr bilden die tragenden Merkmale jeweils einen Strukturzusammenhang, der in eine Struktur eingelassen ist: eine Struktur in der Struktur oder eine Struktur mit Rahmen.

Was den Rahmen betrifft: Montaignes Fortuna-Welt ist weitgehend schon offene Erfahrungswelt. Dabei markiert der immer noch fraglose Glaube des Verfassers der *Essais* eine Grenze der Offenheit. Erst wenn der Rückzug des Gottes vollendet ist, oder, mit Nietzsche zu sprechen, wenn Gott tot ist[25], ist die Welt ohne Einschränkung, wie Wittgenstein[26] formuliert, alles, was der Fall ist. Offen ist demnach Montaignes Welt, weil und in dem Umfange, indem die Vorsehungs-Erwartung peripher wurde. Nur in einer nicht mehr oder zunehmend weniger providentiell gedeuteten Welt kann es das unvordenklich Einzelne geben.

In der Fortuna-Welt des anwesenden Gottes aber ist alles vorhergesehen und vorhergewollt. Ein starker, allumfassender Wille sitzt an der Wurzel aller Dinge. Daher sagt Seneca in *De Providentia*: «Ideo fortiter omne patiendum est, quia non, ut putamus, incidunt cuncta, sed ueniunt.» (Deswegen muss tapfer alles getragen werden, weil nichts, wie wir meinen, zufällig geschieht, sondern alles verursacht eintritt.) (S. 32f.)

So die interpretierende Übersetzung der entgegengesetzten Verben «incidunt/veniunt». Die Dinge treten nicht einfach ein. Ihr Eintritt ist ein Kommen, hinter dem ein Kommen-Wollen steht. Das Subjekt des hier sich zeigenden Willens zur Ankunft ist das doppelte von «Deus» und «Fatum», wie der Kontext zeigt. Es ist nicht zu übersehen, dass die Welt unter das Vorzeichen der zu tra-

---

25 Friedrich Nietzsche: *Also sprach Zarathustra*. In: Kritische Studienausgabe. Bd. 4. München/Berlin u.a.: DTV/de Gruyter 1988, S. 14f., 102, 115.
26 Ludwig Wittgenstein: *Tractatus logico-philosophicus. Logisch-philosophische Abhandlung*. Frankfurt/M.: Suhrkamp ⁶1969, S. 11: «Die Welt ist alles, was der Fall ist.»

genden Last gestellt ist. Unter solchen Voraussetzungen ist der Mensch Welt-Patient als geduldig die Last des Verhängten Ertragender.

Die Rahmenbedingungen sind klar erkennbar. Erstens ist die Welt gesetzmäßig geregelter Ereigniszusammenhang. Was immer sich im Ereignis zeigt, ist stets entweder abgeschickter Pfeil oder ausgestreckte Hand. Wenn die Dinge derart gemacht sind, sind den menschlichen Machenschaften enge Grenzen gesetzt. Daher zweitens das Patienten-Konzept. Drittens aber soll der Patient immer guter Dinge oder wenigstens «aequo animo» sein und kein Klagehals. Auch dieses Element fügt sich logisch in die Struktur ein: Der Gleichmütige soll sich selbst im Griff haben, da die Verhältnisse seinem Zugriff entzogen sind. Die stoische Ethik ist die Antwort auf eine auf dieser Stufe noch ausgeschlossene Welt-Teilhabe, oder, so Blumenberg, den «Absolutismus der Wirklichkeit».[27] Das stoische Selbst ist, wie es ist, weil es Gottes- und Schicksalsobjekt ist.

Immerhin hält sich in einer solchen Welt eine gewisse Unsicherheit in Grenzen, die nämlich, die immerzu nach dem Sinn des Ganzen fragt. Der ist ein für alle Mal klar: Es gibt nichts Nicht-Intendiertes. Was auch besagt: Kein Ob-Jekt ohne Subjekt. Denn alles, was ist, hat sein sollen. Es gibt kein Entgegengeworfenes ohne Werfer, während dem modernen (Entgegen)Wurf schlicht der Werfer abhanden gekommen ist. Daher das Gegensatzpaar «incidunt/veniunt». Alles Kommende will nicht nur ankommen. Es hat auch einen Absender. Die Welt spielt sich zwischen Absender und Adressat ab. Das Geschick ist immer auch eine Botschaft. Selbst die grässlichste Katastrophe ist ein Akt der Kommunikation. Die Welt ist subjektförmig verfasst. Die Macht und Gewalt alles Objektiven, ob zum Guten oder seinem Gegenteil, ist von einem großen Subjekt geliehen und einem großen Willen unterstellt.

Wobei Folgendes hinzunehmen ist. In einer offenen Erfahrungswelt gibt es Glück und Unglück wie in einer providentiellen auch. Aber entscheidend ist, dass die stoische «Erfahrung» fast restlos in dieser Alternative, mit Akzent übrigens auf dem Unglück, aufgeht. Nicht so bei Montaigne. Da gibt es ein Drittes. Zwischen Glück und Unglück ist eine Schicht der Erfahrung eingezogen, die weder Glück noch Unglück meint. Auf diese Schicht zielt die Leitformel der italienischen Autobiographien des 16. Jahrhunderts: «vedere il mondo». Lust, die Welt zu sehen. Die Welt als Ort des Interessanten, nicht ständig mein Glück oder Unglück nur betreffend, sondern meine Neugier, meinen Lebenshunger, mein Weltverlangen ansprechend. Welt als Wahrnehmungsereignis.

Dass die Welt auch faszinierend ist, dass in ihr auch andere Erfahrungen zu haben sind als die auf Leben und Tod und Messers Schneide, Erfahrungen des

---

[27] Hans Blumenberg: *Arbeit am Mythos*. Frankfurt/M.: Suhrkamp 1990, S. 9.

nie Gesehenen aber Sehenswerten und Sehensbegehrten, des Unerhörten aber mit einem Male Hörbaren, das ist der Punkt. Dass es Welt gibt, die meinen Erfahrungs-Hunger auslöst, anspricht und stillen kann. Welt, auf die ich aus bin und nicht nur Welt, in der Haltung immer nur Stand-Haltung ist. Welt(Neu)Gier statt Welt-Verhaltung, Bewegungs-Drang, Welt-Hunger und Lebens-Lust statt immer nur Zusammen-Stand und Zusammen-Genommenheit (constantia).[28]

Das gibt es bei Seneca kaum. Selbstbewahrung oder Untergang ist die alles beherrschende Alternative. Keineswegs befinden sich Glück und Unglück in der Waage. Das stoische Ich ist immer darauf gefasst, dass die Schale sich zur Seite des letzteren neigt. Das ist der Regelfall der stoischen Ethik. Und dazu gehört die Obsession des Todes als paradigmatischer Erfahrung, mit der keine andere mithalten kann:

> Cotidie morimur: cotidie enim demitur aliqua pars uitae, et tunc quoque, cum crescimus, uita descrescit. Infantiam amisimus, deinde pueritiam, deinde adulescentiam. [...] hunc ipsum, quem agimus, diem cum morte diuidimus.
> Täglich sterben wir: täglich nämlich wird hinweggenommen ein Teil des Lebens, und auch dann, wenn wir wachsen, nimmt das Leben ab. Die Kindheit haben wir verloren, sodann das Knabenalter, schließlich die Jugend. [...] eben den Tag, den wir verbringen, teilen wir mit dem Tode. (24. Brief, S. 208f.)

Für den Stoiker gibt es kein Leben vor dem Tode. Vielmehr sind Leben und Tod ein lebenslanges Paar. Daher gibt es auch kein «Vorlaufen zum Tode» (Heidegger)[29], sondern nur Todes-Lebensläufe. Der Tod hat keine Zukunft, dafür aber eine immerwährende Gegenwart bis zu seinem Endsieg. Übrigens sind es Stellen dieser Art, auf die Montaigne sich des öfteren bezieht. Gewiss ist in seinem Werk die Reflexion des Todes von großer Bedeutung. Aber doch als Lebensproblem

---

28 Vgl. die Darstellung eines «nouvel art de vivre» (S. 245) im 16. Jahrhundert bei Jean Meyer: *La France moderne.* Paris: Fayard 1985. Dazu gehört das Staunen der Ausländer über die «opulence des marchés parisiens», die Lust am Fleisch, die sich am hohen Fleischkonsum der Epoche zeigt, an dem auch die unteren Schichten teilhaben (S. 246), die aus Italien eingeführte Mode der «sorbets glacés» (ebda.), dass man immer öfter im Speisezimmer statt in der Küche isst (ebda.), der zunehmende Gebrauch von Tischwäsche, die Benutzung feiner in Italien oder Lothringen hergestellter Gläser (ebda.). In diesen Zusammenhang einer reicher werdenden Erfahrungswelt gehört die Ausweitung von Handel und Seefahrt mit Einbeziehung von Osteuropa und Neuer Welt (S. 134f.), das schnelle Wachstum der großen Städte: «such cities [wie Paris, Neapel, London, Mailand, Venedig, H.S.] became centres of conspicuous consumption» (S. 136). So Walter Minchinton: Europe in the time of Montaigne. In: Keith Cameron (Hg.): *Montaigne and his age.* Exeter: Univ. of Exeter 1981, S. 133–145.
29 Martin Heidegger: *Sein und Zeit.* Tübingen: Niemeyer [10]1963, S. 267.

unter anderen. Ebenso wie das Gottes- macht auch das Todesthema einer Fülle von anderen Interessen Platz. Zwischen Leben und Tod ebenso wie zwischen Himmel und Erde sind Erfahrungen aufgetreten, welche die Aufmerksamkeit anderweitig beschäftigen.

Es liegt auf der Hand, dass diese Rahmenbedingungen die jeweilige Form der Subjektivität nicht unberührt lassen. Wo im Rekto «Deus» und «Providentia» stehen, muss im Verso ein anderes Subjekt erscheinen als unter den Umständen einer freigelassenen Welt mit immanenter kausaler Verkettung. Der Stoiker verschanzt sich wie in Feindesland: «Atqui uiuere, Lucili, militare est.» (Leben ist Kriegsdienst.) (96. Brief, S. 512f.) Das «Milicia es la vida del hombre [...]» Graciáns[30] belegt das Fortwirken der stoischen Tradition bis weit über Montaigne hinaus.

Das stoische Ich ist vor allem ein Stand-Haltendes. Den starken Stand seiner Tapferkeit (fortitudo) hält es gegen den anrennenden Feind einer höchst beweglichen Welt. Es ist damit in seiner Unerschütterlichkeit der Kontrapunkt, nicht das Pendant dieser Welt. Es ist einfach ihr Anderes. Es kann aber nicht anders als ihr Anderes zu sein, weil es anders gegen die Dinge nicht ankommen kann. Es muss der ständig wechselnden Gefährlichkeit der angreifenden Dinge seine Beständigkeit als den Zusammenstand – constantia – seiner (seelischen!) Kräfte entgegenstellen.[31]

Das Basismodell der Erfahrung ist der Krieg. Nun bietet der Krieg zwar durchaus Überraschungen, aber es sind Überraschungen im Felde des Immergleichen. In der offenen Erfahrungswelt Montaignes ist der Krieg demgegenüber zwar ein bedeutendes und prägendes Ereignis, aber dieses nur als einzelnes Glied in einer Kette höchst heterogener Ereignisse.

Ein Subjekt, das lebenslang im Krieg steht, will nicht in erster Linie etwas wissen, geschweige denn sich der Lust einer entlastend-entlasteten Wahrnehmung der Fülle der Welt hingeben. Vor allem will und muss es sich bewahren. Aber das stoische Ich will nicht einfach «sich», sondern seine Seele bewahren. Es ist bereit, seinen Körper preiszugeben, um seine Seele zu bewahren. Selbst

---

30 Baltasar Gracián: *Oráculo manual y arte de prudencia*. Madrid/Barcelona u.a.: Anaya 1968, Aph. 13.
31 Vgl. André-Jean Voelke: *L'idée de volonté dans le stoicisme*. Paris: Pr. Univ. de France 1973: Die Idee der «unité intérieure» ist eine Basisidee der Stoa (S. 171). Nach Malte Hossenfelder: *Die Philosophie der Antike 3. Stoa, Epikureismus und Skepsis*. München: Beck 1985 ist die Festigkeit des *Ego* in der stoischen Ethik verbunden mit einer «Entwertung alles Unverfügbaren» (S. 45), wobei als unverfügbar bezeichnenderweise alle äußeren Dinge gelten (S. 69). Der Zusammenhang zwischen *constantia* und geringer Weltbewältigungskapazität ist unverkennbar.

und Seele sind eins, Körper und Selbst aber entzweit. Der Körper befindet sich in einer exzentrischen Position nicht nur zur Seele, sondern vor allem zum Selbst. Der Körper, so sagt Seneca nicht nur einmal, ist eine Fessel der Seele. Dem steht das schöne Bild Montaignes von der Seele als dem Gatten des Körpers gegenüber (S. 622f.)!

Wenn das stoische Selbst eine Festung (munimentum) ist, ist die Seele ihr Zentrum, der Körper aber nur das Glacis, das preisgegeben wird, um den Kern zu erhalten. Nur weil das Schicksal allein den Körper angreift, hat Selbstbewahrung als Bewahrung der Seele überhaupt eine Chance. Schicksal und Körper gehören der physischen Welt an, dem Raum, aus dem und in dem das Schicksal und zwar mit physischen Mitteln angreift. Man erkennt unschwer die Logik der stoischen Ethik, wenn man sich vor Augen führt, dass kein Grund bestünde, den Körper zu opfern, wenn man der Körper-Gewalt des Schicksals etwas entgegensetzen könnte. Exakt daran aber mangelt es in der stoischen Welt. Der Mangel an physischen Mitteln der Schicksalsbewältigung gehört zu den Voraussetzungen des Konzepts. Wenn das richtig ist, dann dürfte das Arrangement der stoischen Ethik in dem Maße überflüssig werden, in dem diese Mittel – sie heißen insgesamt Technik – entwickelt werden.

Das ist der Fall. Die Moderne hat dank ihrer technischen Entwicklungsdynamik, eingeschlossen die Fortschritte der medizinischen Technik, dem Schicksal ein gut Stück weit das Wasser abgegraben. Das erklärt etwa die Bedeutung der Gesunderhaltung des Körpers in der *Encyclopédie*. Erst unter den Umständen wachsender Mittel der Schicksalseindämmung kann ein Begriff des Glücks überhaupt entstehen und beherrschend werden, der auf den Körper als *conditio sine qua non* alles diesseitigen Glücks bezogen ist. In der stoischen Welt dagegen hängen die Trauben noch viel zu hoch.

Der Körper ist Teil einer schweren Körperwelt. Deren Attacken, die ihrer Natur nach von physischer Beschaffenheit sind, treffen auf die Physis des Körpers, ohne dass ein Kraut gegen sie gewachsen wäre. Neben der «Schwere» (das physische Gewicht der technischen Apparaturen) der frühen Zivilisation mit ihren geringen Mitteln der Naturbeherrschung ist das hohe Maß an direkter Gewalt zu berücksichtigen, das in sie implantiert ist: Gewalt im Krieg wie im Frieden, direkt und massiv auf das Leben zielend. In einer «schweren» Zivilisation ist weder die Gewalt der Natur noch die in der Kultur institutionalisierte Gewalt beherrschbar. Es ist diese natural-kulturelle Konstellation, der eine Ethik der Lebensgeringschätzung optimal angepasst ist. Sie verwandelt Not in Tugend. Sie stellt eine normative Wendung des Faktischen dar.

Wie wenig Montaigne bei aller Bedeutsamkeit der stoischen Motive eigentlich noch Stoiker ist, erhellt daraus, dass er zwar die Seele zum führenden «Gatten» des Körpers einsetzt, zugleich aber von einer Geringschätzung des letzteren schon weit entfernt ist. Sein Körperbewusstsein und seine Aufmerksamkeit für den Körper, auch die Sorge um den kranken Körper, zeigen an, dass die Vorstellung vom Glück begonnen hat, sich zum Körper hin zu bewegen. Aber es geht nicht um die Glücksvorstellung allein. Montaignes Ich geht am Körper auf.[32] Der Körper wird zur Basis einer Ich-Identität, die keineswegs mehr mit dem abstrakten neoplatonisch-stoischen Spiritualismus auskommt.

Wenn so etwas wie eine Schwäche des stoischen Subjekts in seiner Bewegungsunfähigkeit gegenüber der dynamischen Beweglichkeit der Welt gesehen werden kann, dann liegen die Dinge im Falle des fortunatischen Subjekts ganz anders: Die zusammenwirkende, synergetische Beweglichkeit der Welt und des Leib-Seele-Selbst potenzieren sich zu einer balancegefährdenden Hyperdynamik. Exakt an dieser Gefahrenstelle chaotischer Anomalie greift der Selbstbezug des fortunatischen Ich korrigierend ein. Das stoische *Ego* antwortet gewissermaßen einsilbig auf eine bei aller Schicksalsvarietät eintönige Welt. Die Antwort steht immer schon fest, weil die Welt immer nur das Eine will, das Leben. Das fortunatische Individuum dagegen antwortet vielfältig auf eine Welt, die viele Fragen zu stellen begonnen hat.

Da ist es kein Zufall, dass die senecasche Rede durchgängig präskriptiv ist. Das bilanziert die Gegebenheiten einer noch relativ erfahrungsarmen Welt, in der es vor allem auf die Untadeligkeit einer Haltung ankommt. Der sich öffnenden Welt Montaignes ist aber das Erfahrungsbeispiel angemessener als das Prae-Skriptum.

Dass allerdings in die Schwankungsweite der fortunatischen Person selbst schon eine Art Amplitudenbegrenzung eingebaut ist, die im Übrigen ihren unverwechselbaren historischen Ort bezeichnet, erhellt aus dem Vergleich mit Montaignes großem Nachfolger: «Je ne suis fait comme aucun de ceux que j'ai vus;» (S. 5) [Ich bin nicht wie einer von denen geschaffen, die ich gesehen habe][33] und «je suis autre» (S. 5) [ich bin anders] und «une espèce d'être à part» (S. 1148)[34] [eine Art Wesen für mich]. So spricht Montaigne nirgends und er kann es auch nicht. Das Besondere des rousseauschen Selbst ist immer auch das Sonderbare und Bizarre. Die antike Leitidee des Maßes ist außer Kraft gesetzt. Das erklärt sein Bestehen darauf, dass gerade seine unverhüllt ausgesprochene Abnormität bis hin zur Perversion nicht nur letztlich sittlich gerechtfertigt, sondern zugleich

---

32 Hans Sanders: Körper-, Selbst- und Weltbild in der romanischen Literatur der frühen Neuzeit, S. 151–174.
33 Rousseauübersetzungen v. Verf.
34 Die Zitate aus Rousseau beziehen sich auf die folgende Ausgabe: Jean-Jacques Rousseau: *Œuvres complètes I*. Paris: Gallimard 1959.

die Grundlage einer neuen Sittlichkeit sei.³⁵ Demgegenüber gerät das montaignesche Ich weder mit dem Körper, noch mit der Welt, noch mit den Geboten der Sittlichkeit in schweren Konflikt. Vielmehr steht diese Konstellation durch ihre Bindung an die antike Idee des Maßes und auch des (stoischen) «consentir à nature» (S. 1094) [*Mit der Natur im Einklang sein.* (S. 565)] unter dem Vorzeichen einer prästabilierten Harmonie.³⁶

Weder seine sexuellen noch seine sonstigen Gewohnheiten zeichnen das montaignesche Ich als ein rares und exzeptionelles mit dem Ton scharfer Entgegensetzung aus. Besonderheit bei Montaigne bezeichnet insgesamt etwas Anderes als das «à part» Rousseaus. Das Besondere ist nicht vor allem das Abweichende, Fragwürdige (und in seiner Fragwürdigkeit letztlich doch sittlich Gerechtfertigte), Exzentrische, Marginale, Unerhörte, Gewagte, auch Abseitige, sondern schlicht und einfach (wenn auch in seiner Einfachheit schließlich sehr komplex) die Unterschiedenheit jedes konkreten Einzelnen. Montaigne würde sich nicht mit dem Ton Rousseaus als *être à part* bezeichnen, weil seine Welt nichts kennt als die unendliche Reihe der *êtres à part*. Und zwar einschließlich seiner selbst. Deshalb hätte aber auch die rousseausche Formel der Selbstbezeichnung und Selbstabgrenzung in seinem Universum keinen Sinn.

Montaignes Ich ist nur insofern ein «être à part», als seine Welt insgesamt aus unwiederholbar konkreten Phänomenen, Lagen, Prozessen, Verfassungen, Couleurs und Valeurs besteht.³⁷ Unter diesen Umständen kann es Erfahrung als Empirie, die Unterordnung des Einzelnen unter gesetzmäßig sich wiederholende Reihen nicht geben. In den *Essais* gibt es (noch) keine Welt jenseits der Lebenswelt. Das unterscheidet übrigens das fortunatische Selbst vom descarteschen Subjekt des Wissens, das sich in einer Anstrengung der Abstraktion von jeder Tradition befreit.

Das sichere Wissen, das Descartes vorschwebt, begnügt sich nicht mit einer Faszination an der sinnlichen Konkretheit des Mannigfachen. Es will Wissen ohne Lücken, aber Wissen als Regelwissen, denn nur dieses erlaubt den Ein-

---

35 Hans Sanders: *Das Subjekt der Moderne*, S. 187–209.
36 Mit Recht formuliert daher Peter Bürger: *Das Verschwinden des Subjekts*: «Trotz der von Montaigne immer wieder betonten Widersprüchlichkeit und Veränderlichkeit seines Ich hat der Leser der *Essais* nicht den Eindruck, einer zerrissenen Subjektivität zu begegnen.» (S. 33f.) Zur antiken Idee des Maßes vgl. Aristoteles: *Nikomachische Ethik*, S. 28f., 35, 42f. Zum Ideal stabiler Emotionalität in der stoischen Philosophie vgl. Brad Inwood: Stoicism, S. 245.
37 In diesem Sinne bemerkt Fausta Garavini: Montaigne, l'exemplum et le fantasme. In: Ilana Zinguer (Hg.): *Le lecteur, l'auteur et l'écrivain. Montaigne 1492–1592–1992*. Paris: Champion 1993, S. 201–209 zu Recht, *Exemplum* bedeute bei Montaigne nicht «modèle», dem man zu folgen habe, sondern «échantillon d'expérience» (S. 202).

griff in die Dinge. Nur, wer die Regeln kennt, nach der sich die Körper bewegen, verfügt über fortunabrechendes Zukunftswissen. Dann ist auch Besonderheit als erste Kategorie der Erfahrung ad acta gelegt. Ihre «Abwanderung» ins Ästhetische hat begonnen

Regelwissen und Methode zielen darauf ab, der Welt ihren fortunatischen Charakter auszutreiben. Das Ratio-Modell von Wissenschaft und Technik bezeichnet eine scharf geschnittene Grenze. Jenseits ihrer tönt die Totenglocke Fortunas immer lauter.

3 Essay und Autobiographie. Kleine (Gattungs-) Relativitätstheorie des Selbst

Die Funktion des «Ich» in den *Essais* ist durchaus nicht die, es – wie in der rousseauschen Autobiographie – als das ganz Andere einer Welt der Dinge und der Welt des Anderen gegenüberzustellen. Paradox ließe sich sagen: Die Besonderheit der Perspektive der ersten Person dient einer großen Synthese, nämlich Aufhebung von Besonderheit, verstanden als Heterogenität und Disparität einer durch Erfahrungsoffenheit unübersichtlich gewordenen Welt. Erfahrungsoffen ist sie, weil der Mensch mit einer Orientierung an erfahrungsvorgängiger Doxa nicht mehr auskommt. Erst wenn das über die Dinge gespannte Netz der vorgängig sicheren Bedeutungen zerreißt, ist die Stunde von Erfahrung, als Hineinfahren in ein bis dato Unbekanntes, Ungedeutetes, Ungewusstes und Unbewusstes gekommen.

Weil die Welt die Form einer disparat endlosen Erfahrungsreihe angenommen hat, ist Montaigne, wenn er sagen will, was die Welt ist, genötigt, von Gott und der Welt zu sprechen, wie man vom Hölzchen aufs Stöckchen kommt. Daher haben die *Essais* die offene Reihungsform eines Katalogs des Heterogenen. Unabschließbar und unabgeschlossen und dadurch offen für Anfügung und Einfügung an jeder Stelle des Textes. Exakt dieses bezeichnet bekanntlich die Publikationsgeschichte des Werks. Seine offene Form ist auch Mimesis einer in der Form der Erfahrungsoffenheit sich präsentierenden Welt.

Von der Traurigkeit spricht Montaigne, der Angst, von Cäsar und der Rüstung der Parther, dem Alter, den Wagen, von den Menschenfressern und nicht zufällig bis hin zur Erfahrung als solcher. Heterogener könnte der Katalog der Themen kaum sein. Dieser Heterogenität steht aber das homogene und homogenisierende Moment der Rede in der ersten Person gegenüber. Sie definiert, perspektiviert und fokussiert. Sie entzieht dem uferlos Ungleichartigen ein Quantum und mehr noch ein *Quale* seiner Disparatheit. Alle Erfahrungen, so unterschiedlich sie auch sein mögen, können der Möglichkeit nach auf einen gemeinsamen Nenner gebracht werden.

Das Ich der *Essais* ist deutlich bestimmt, weil es eine Lebensgeschichte hat, mit besprochener Erfahrung der Jugend, deren Schwinden, der Ankunft des Alters, des Fortgangs der Lieben (La Boétie). Wobei aber in den *Essais*, anders als in der Autobiographie, die Zeitfolge der Lebensgeschichte nicht zum organisierenden Prinzip der Rede wird. Was erkennen lässt, dass die Autobiographie auch ein Verfahren zur Aufhebung von Heterogenität in der Redeform von Lebens-Zeit-Folge ist. Umgekehrt tritt damit auch ein besonderer Zug der *Essais* hervor. Sie heben die Vielfalt des auf die Person einstürzenden Erfahrungsmaterials nicht durchgängig in der Diskursform der diachronen Ich-Zeitbezüglichkeit aller Erfahrungen auf. Sie müssen im Vergleich vielmehr als die Form einer vollumfänglichen Präsentation des objektiv Verschiedenartigen erscheinen, das erst in einem zweiten Schritt, der zugleich ein Schnitt an jeweils unterschiedlichen Textorten ist, also in einer als solcher hervortretenden Sprachgeste, subjektiviert wird. Demgegenüber gibt die Autobiographie den Rahmen der Selbst-Zeit-Rede immer schon vor. Dass die essayistische Rede die Erfahrungsphänomene per Übergang, Schritt und Schnitt, vermittels einer markierten Wende der Rede mit dem Erfahrungshorizont des Selbst assoziiert, bezeichnet ein wesentliches Charakteristikum der *Essais*.

Die rousseausche Person organisiert sich in einer Rede, die ihm per Gattungsapriori die erste Geige im Konzert zwischen Subjekt und Objekt zuweist. Das montaignesche Selbst aber sucht sich selbst in der Vielfalt der aus jedem vorgängigen Ordnungsrahmen herausgetretenen Dinge. Es organisiert Erfahrung als Weg zu sich durch die Dinge hindurch. Man mag an das Wasser denken, das im Lauf der Zeiten die Sedimente der Erde durchdringt und den Geschmack aller Formationen annimmt, durch die es hindurchgesickert ist.

Das montaignesche Ich manifestiert sich in der charakteristischen Form der Selbst-Intervention im selbst-heterogenen Kontext. Es gibt in einer Reihe von Essays mehrere Selbst-Interventionen. Offenbar erfolgen sie nicht nach einem Prinzip oder System oder einer vorab festliegenden Logik. Sie sind insofern unvorhersehbar. Das Ich hat keine Systemstelle. Das ist das System. Seine Wortmeldungen sind ubiquitär möglich. Das gehört zu ihrer Formcharakteristik. Das heißt aber auch: Es ist an jeder beliebigen Stelle mit ihnen zu rechnen. Damit ist aber die Ungleichartigkeit der Beispielsreihe und die von dieser vermittelten Welt-Erfahrung jederzeit und an jeder Stelle «ich-offen», potentiell ich-bezüglich oder ich-relationierbar. Die Erfahrungsoffenheit der Beispielsreihe ist zugleich identisch mit Ich-Offenheit. Damit hat der Möglichkeit nach jede Erfahrung einen pronuncierten Ich-Bezug.

Man mache sich klar, dass in der Autobiographie dagegen der Ich-Bezug aller Erfahrungen vorab und systematisch festgelegt ist. Das Ich taucht nicht an beliebiger Stelle der Erfahrungsreihe auf, sondern diese steht durchgängig unter dem Vorzeichen der Lebensgeschichte. In den *Essais* begegnen sich ich-offene Welt und welt-offenes Ich unvorhersehbar aber an jeder Stelle, zu jeder Zeit möglich. Das Ich der *Essais* taucht auf. Es ist ein Emergenz-Phänomen.

Demgegenüber wird in der Autobiographe von der Welt nur das erzählt, was für das Leben des Ich wichtig ist. Die Relation Ich-Welt ist im Rahmen der Gattung programmiert, systematisiert und durchgängig realisiert. Das Ich trifft nur auf Welterfahrungen, die biographisch bedeutsam sind, d.h., die seine Identität bestimmen. Die Welt steht in der Ich-Relevanz. Das Ich bezieht sich ausschließlich auf eine ich-relevante Welt. Insofern dominiert es die Welt nach der formalen Anlage des Gattungsdispositivs, wie immer auch die Welt es dem Inhalt der autobiographischen Erzählung nach unterdrücken mag. Es entfallen also im strikten Sinne ich-unbezügliche Welt-Phänomene. Eben diese aber sind in den *Essais* Legion. Damit lässt die Gattungsrede der *Essais* das ich-unbezügliche, ich-heterogene Beispiel zu. Allerdings nicht ohne eine potentielle und ubiquitäre Ich-Bezüglichkeit im Medium der Gattung zu installieren.

Man kann jedoch bei genauerem Hinsehen kaum übersehen, dass in vielen Fällen die Selbst-Emergenzen weniger zufällig sind als sie zunächst scheinen. Denn wenn das Ich sich zu Wort meldet, wird immer auch ein Temporale signalisiert und akzentuiert: Gegenwart. Die Ich-Intervention ist ein Gegenwarts-Marker und Gegenwarts-Verstärker. So wenn, was nicht allzu selten der Fall ist, diese auf ein antikes Beispiel hin erfolgt oder einem solchen vorauf geht. Nicht selten ist die Ich-Meldung von antiken Beispielen gerahmt.

Bedenkt man, dass die zeitlich weit zurückgreifenden Beispiele auch nicht selten weit entfernte Schauplätze ins Spiel bringen, so wird neben der temporalen eine räumliche Funktion der Ich-Interventionen erkennbar. Sie setzen an vielen Stellen zugleich Gegenwarts- und Nah-Welt-Signale. Die Heterogenität von Fern-Zeiten und Fern-Räumen wird aufs Hier und Jetzt bezogen und damit temporal und topologisch auch homogenisiert. Die Ich-Meldung vergegenwärtigt die antike Welt, indem sie diese im Hier des Schreibenden verortet. Das Ich bildet eine Brücke zwischen antiker und zeitgenössischer Wirklichkeit.

Damit wird die vergangene Welt gegenwarts- und die gegenwärtige vergangenheits-offen. Es ereignet sich eine vom heutigen, zumeist gegenwartsfixierten Standpunkt aus gesehen, ungeheure aber gleichwohl völlig unangestrengt wirkende Verschränkung der Zeiten.

Nicht selten spielt Erinnerung eine Rolle. De La Force De L'Imagination (I,21) [Über die Macht der Phantasie] beginnt mit einem Ich-Auftakt. Im Verlauf des Essays erzählt das Ich eine Geschichte aus seiner eigenen Lebenserfahrung, in der es um eine Frau geht, die sich plötzlich als Mann entpuppt. Dieses bezeichnenderweise nach mehreren einschlägigen antiken Beispielen. Das Ich formuliert hier nicht einfach ein Urteil aus seiner gegenwärtigen Position heraus, sondern es greift auf seine Lebensgeschichte zurück. Das Ich spricht nicht einfach als ein Ich-Jetzt, sondern als ein gegenwärtiges, das seine eigene Vergangenheit ins Spiel der weit in die Vergangenheit zurückgreifenden Beispiele einbringt. Wobei auch der Ort genannt wird, an dem er von dieser Geschichte hört: Victry le Françoys (S. 96). Damit werden Tempus und Topos der Erinnerung in die Heterochronie und Heterotopie der Beispielsreihe eingeführt.

Also: Das montaignesche Ich bringt sich in die Dinge ein. Es bringt das Ereignis des Ich-Sagens in die Ereignisreihe der Welt ein. Damit wird Ich-Sagen überhaupt zum Ereignis in der Reihe der Weltereignisse.[38] Für das Auftauchen des Ich gibt es keine Systemstelle im Diskurs. Es ist weitgehend zufallsbestimmt. Aber nur in dem Sinne, dass es prinzipiell an jeder Stelle möglich ist. Dennoch gibt es Kontexte, in denen das Auftauchen des Ich wahrscheinlich wird. So nach einer Reihe antiker Beispiele oder auch mitten in der Reihe. Dann nimmt Vergegenwärtigungs-Wahrscheinlichkeit zu. Ich-Emergenz ist zu erwarten. Es baut sich ein «Druck» auf, das zeitlich und räumlich Ungleichartige topologisch und chronologisch auf den Nenner des Hier und Jetzt zu bringen.[39]

Dieses Formarrangement bezeichnet grundlegende Unterschiede zwischen der Ich-Funktion in den *Essais* und in der Autobiographie. Die Autobiographie rousseauschen Typs ordnet alles auf das Ich hin. Die Welt wird zum Material der Lebensgeschichte. Ohne Zweifel setzt dieses ein gewaltig aufgelaufenes Selbstbewusstsein voraus; eine bis dahin unerhörte Inthronisation der Person. Davon sind wir in den *Essais* weit entfernt.

Sie beziehen weniger Welt aufs Ich, als diese auf von Mal zu Mal aktivierte und ausgelöste Ich-Aspekte. Darin unterscheidet sich die Aufgebrochenheit der essayistischen Rede von der «Rundheit» der autobiographischen. Wobei der fragmentarische Aspekt noch dadurch verstärkt wird, dass das Auftauchen des Ich in der Regel ohne Überleitung stattfindet, unvorhersehbar und abrupt. Dabei wird es allerdings mit dem Fortschreiten des jeweiligen Essays immer wahrscheinlicher. Das Emergieren des Ich hat Überraschungscharakter, aber

---

38 Dieses ist ein Text- und zugleich ein historisches Ereignis, ein Ereignis in einer geschichtlichen Situation, wo normalerweise, wie Robert Mandrou: *Introduction à la France moderne. Essai de psychologie historique*. Paris: Michel 1961 sagt, «l'homme isolé, au fond de sa tour d'ivoire, n'est pas concevable, à l'heure où chacun se sait entraîné, déterminé par les options de son groupe;» (S. 193).
39 Geläufigerweise untersucht die Forschung allerdings die Zitattechnik Montaignes allein unter dem Gesichtspunkt der «dialogicité». So auch Eva Kushner: Monologue et dialogue dans les deux premiers livres des Essais, in: Marcel Tetel (Hg.): *Montaigne (1580–1980)*, S. 119.

den Charakter einer immer erwarteten und ihrem Inhalt nach bekannten Überraschung.⁴⁰

Von Fall zu Fall wird Weltmaterial mit Selbstaspekten in Beziehung gesetzt. Das Ich reagiert «kasuistisch» auf die Kasusreihe der Welt. Es antwortet von Fall zu Fall auf die prägnanten Fälle der Welt. Das heißt: Keineswegs bezieht es sich als Zeit-Kontinuum auf eine als Zeit-Kontinuum gefasste Welt. Selbstverständlich weiß der Leser der *Essais*, dass die Welt läuft und zwar nicht etwa rückwärts. Aber die Rede vergegenwärtigt Ich-Konstitution nicht als Resultat von Erfahrung in Zeit-Folge. Er organisiert keine Ich-Genesis. In gewisser Hinsicht ist das Ich der *Essais* fertig. Seine Entstehung und Entwicklung werden nicht vorgeführt. Die Welt und das agenetisch aufgefasste Selbst werden parallel geführt. Montaigne hat noch kein (klares) Wissen davon, dass der Austausch mit der Welt das Selbst generiert. Das Subjekt der essayistischen Rede war immer schon da, wenn es auftaucht. Es braucht nicht die diachron angelegte Erfahrungsreihe, um innezuwerden, wie es wurde. Aber seine Welt braucht die Klammer oder abstrakter, die Synthetisierungsfunktion des Ich, um nicht zu zerlaufen, um sich nicht in die Unübersichtlichkeit eines Komplexitäts-Chaos zu zerspalten. Das Ich interferiert mit, injiziert sich intermittierend in eine Welt, die nur schwer noch auf die Subjektbezüglichkeit eines globalen Sinns hin auszulegen ist.

Aber doch handelt es sich um ein Selbst mit unverkennbarer Identität. Diese präsentiert sich aber nicht in der Redeform eines Lebensganges, der sich über bedeutsame Weltbegegnungen aufbaut, sondern als Ensemble von Eigenschaften, die im Fortgang der Selbst-Meldungen immer deutlicher hervortreten. Auch das Ich der *Essais* konstituiert sich mithin im Prozess der Zeit. Aber es handelt sich um die Zeit der Lektüre (und des Schreibens), nicht um die Temporal-Form des Diskurses. Die Zeit, in der das Ich der *Essais* identifizierbar wird, ist die Serie und Summe aller Ich-Reden. Zwar greift das Selbst als Fertiges in eine schwer überschaubare Welt ein. Aber erst im Prozess seiner Selbst-Manifestationen wird erkennbar, wer es ist. Es identifiziert sich im fragmentarischen Kontinuum seiner Selbst-Meldungen. Die *Essais* arbeiten mit Ich-Montagen, die am Ende doch auf die Ganzheit eines Selbst beziehbar sind. Das alles heißt auch, dass das Selbst, wie immer vor dem Schreiben fertig, sich zugleich durch das Schreiben

---

40 Vgl. Lino Pertile: Paper and ink: The structure of unpredictability. In: Raymond C. La Charité (Hg.): *O un amy! Essays on Montaigne in honor of Donald M. Frame*. Lexington/ Kentucky: French Forum 1977, S. 190–218. Eine der intelligentesten Arbeiten zu diesem Thema. P. untersucht Zitiertechnik, Verwendung von *Exempla*, Kapitelüberschriften (die oft wenig darüber sagen, was behandelt wird), Kapitelumfänge und kommt zum Ergebnis, die ästhetische Funktion dieser Elemente konvergiere in der Erzeugung von Unvorhersehbarkeit («unpredictability»).

identifiziert und (identifizierbar) macht, also sich vor allem auch selbst macht und hervorbringt. Es bringt sich hervor, indem es im Prozess des Schreibens hervortritt. Seine Selbstherstellung ist die Funktion seiner Emergenzen in der Reihe seiner Texte.

Seine Identität ist das Ergebnis der Serie seiner Interventionen. Sie haben die Form einer offenen und additiven Folge, die *ad infinitum* fortgesetzt werden könnte. Jedes autobiographische Kontinuum aber hat einen Anfang und ein Ende. Beider Definitionskriterium heißt Lebensgeschichte, das meint: Leben als Geschichte. Alles was zwischen Anfang und Ende der Autobiographie erzählt wird, ist durch diese Zeitapparatur festgelegt. Das Selbst der *Essais* ermangelt dieser Fassung und dieses Rahmens einer Werdens-Geschichte, in der jede bedeutsame Phase der Erzählung Identität aufbaut. Das Subjekt der *Essais* bringt sich in eine räumlich und temporal weit gewordene Welt als ein Marker ein.

Mit der auf das Kontinuum der Zeit ausgerichteten Redeform der Autobiographie «fehlt» demnach in den *Essais* das Konzept der Genese. In deren Horizont sind alle (bedeutsamen) Erfahrungen, von denen die Autobiographie erzählt, Ursachen von Identitätsbildungen und diese wiederum Voraussetzungen gewisser Erfahrungen, und so fort. Die Autobiographie organisiert demnach genetische Wechselwirkung von Subjekt und Objekt im Zeit-Kontinuum. An dessen Stelle steht in den *Essais* die unbestimmte aber immer erwartbare Interferenz von Subjekt und Objekt. Keine Autobiographie könnte ein prägnanteres Bild der heterogenen Prägnanz einer in neue Offenheit eingetretenen Erfahrungswelt hervorbringen. Den *Essais* also fehlt nicht eigentlich etwas in Hinblick auf die Autobiographie.[41] Vielmehr benötigen sie noch nicht den Apparat der Autobiographie, weil ein anderes Problem vorweg gelöst werden muss: eine Welt zu

---

41 So freilich der Tenor der Autobiographie-Forschung, welche die *Essais* als Form des «autoportrait» fasst und sie immer nur negativ von der Autobiographie abgrenzt. So Jacques Lecarme/Eliane Lecarme-Tabone: *L'autobiographie*. Paris: Colin 1997: Montaigne «n'a jamais voulu se raconter de manière suivie et exhaustive, le récit chez lui est toujours subordonné à ses réflexions, commentaires et digressions qu'il désigne comme ses ‹essais›; [...] la narration personnelle ne couvre jamais de bien longues séquences de la vie de l'auteur.» (S. 145) Dieses in Anschluss an Philippe Lejeune: *Le pacte autobiographique*. Paris: Seuil 1975 und seine Definition der Autobiographie als «Récit rétrospectif en prose qu'une personne réelle fait de sa propre existence, lorsqu'elle met l'accent sur sa vie individuelle, en particulier sur l'histoire de sa personnalité.» (S. 14) Gemessen an dieser Definition erfüllt der Essay dann zwei «Bedingungen» **nicht**. Er ist erstens kein «récit» und zweitens fehlt ihm die «perspective rétrospective». Was aber ist positiv der Fall, wenn man Blickpunkt und Maßstab wechselt, die Ordnung der Oppositionen aufhebt? Diesbezüglich haben wir inzwischen einiges von der «Dekonstruktion» lernen können.

zeigen, die, so subjekt-heterogen sie sein mag, doch in ihrer Andersartigkeit selbst-relationierbar sein kann. Das Ich der *Essais* strebt keineswegs (wie das der Autobiographie) die Diskurs-Herrschaft über die Welt an. Es stellt sie noch nicht unter die Herrschaft des Personalpronomens der ersten Person. Aber die ihrer Möglichkeit nach ubiquitäre Form seiner Selbstmanifestation zeigt nachdrücklich an, dass es an jeder Stelle und zu jeder Zeit in den Dialog mit den Dingen eintreten kann. Eine starke Stimme im Konzert der Welt, nicht die erste Geige und schon gar nicht der Dirigent. Das ist auch, weil die *Essais* keine Erzählung sind, sondern (partiell) aus Erzählungen bestehen.

Hier zwei Texte zur abschließenden Veranschaulichung. Beim ersten handelt es sich um den Schlussabschnitt von De La Tristesse (I,2):

> Outre la femme Romaine, qui mourut surprise d'aise de voir son fils revenu de la route de Cannes, Sophocles et Denis le Tyran, qui trespasserent d'aise, [...] nous tenons en nostre siecle que le Pape Leon dixiesme, ayant esté adverty de la prinse de Milan, qu'il avait extremement souhaitée, entra en tel excez de joye, que la fievre l'en print et en mourut. Et pour un plus notable tesmoignage de l'imbécilité humaine, il a esté remarqué par les anciens que Diodorus le Dialecticien mourut sur le champ, espris d'une extreme passion de honte, pour en son eschole et en public ne se pouvoir desvelopper d'un argument qu'on luy avoit faict. Je suis peu en prise de ces violentes passions. J'ay l'apprehension naturellement dure; et l'encrouste et espessis tous les jours par discours. (S. 17f.)
>
> An Beispielen können wir jene römische Frau anführen, die aus plötzlicher Erleichterung, daß ihr Sohn der Niederlage von Cannae entkommen war, tot zu Boden sank; dann Sophokles und Dionysios den Tyrannen, die ebenfalls vor Freude dahinschieden, [...]. In unserem Jahrhundert haben wir Papst Leo X., der über die Nachricht von der Einnahme Mailands, die er leidenschaftlich gewünscht hatte, in einen derartigen Freudentaumel geriet, dass er vom Fieber gepackt wurde und hieran starb. Als ein noch beachtlicheres Zeugnis menschlicher Schwachheit wird uns aus der Antike überliefert, dass Diodoros der Dialektiker, von einem Gefühl äußerster Scham überwältigt, auf der Stelle tot umfiel, weil er in Gegenwart seiner Anhänger ein öffentlich gegen ihn vorgebrachtes Argument nicht zu widerlegen vermochte. Ich bin dem Zugriff solch leidenschaftlicher Gemütsbewegungen wenig ausgesetzt. Meine Empfänglichkeit dafür ist von Natur aus gering: Ich habe ein dickes Fell, und ich lasse es mit Bedacht von Tag zu Tag dicker werden. (S. 12)

Beispiele für die Gewalt der Leidenschaften, hier der Freude und der Scham. Sie haben die Form kleiner Erzählungen. Darauf folgt der Auftritt des Ich. Er hätte an dieser Stelle zweifellos auch fehlen können. Er ist abrupt. Und er verändert die Lage (Redesituation). Alle Beispiele, so fern sie temporal und topisch auch sein mögen, münden ein ins Hier und Jetzt des Ich, dass sich in diesem Essay das letzte Wort sichert.

Nun Rousseau. Hier eine der großen Szenen der *Confessions*, die erste Begegnung mit Mme de Warens:

J'arrive enfin [in Annecy, dem Wohnort Mme de Warens', H.S.]; je vois Madᵉ de Warens. Cette époque de ma vie a décidé de mon caractère; je ne puis me résoudre à la passer légèrement. J'étois au milieu de ma seizième année. [...] C'étoit un passage derrière sa maison, entre en ruisseau à main droite qui la separoit du jardin, et le mur de la cour à gauche, conduisant par une fausse porte à l'Église des Cordeliers. Prette à entrer dans cette porte, Madᵉ de Warens se retourne à ma voix. Que devins-je à cette vue! Je m'étois figuré une vieille dévote bien rechignée: [...] Je vois un visage petri de graces, de beaux yeux bleus pleins de douceur, un teint éblouissant, le contour d'une gorge enchanteresse. Rien n'échappa au rapide coup d'œil du jeune proselyte; car je devins à l'instant le sien; (S. 48f.).

Endlich komme ich an; ich sehe Frau von Warens. Diese Epoche meines Lebens hat über meinen Charakter entschieden; ich kann mich nicht entschließen, leicht darüber hinwegzugehen. Ich war mitten in meinem sechzehnten Jahr. [...] Es war ein Durchgang hinter ihrem Haus zwischen einem Bach zur Rechten, der es vom Garten trennte, und der Hofmauer zur Linken, der durch eine Nebentür zur Franziskanerkirche führte. Im Begriff, durch diese Tür zu treten, wendet sich Frau von Warens beim Klang meiner Stimme um. Wie wurde mir bei diesem Anblick! Ich hatte mir eine alte, griesgrämige Betschwester vorgestellt; [...] Ich sehe ein Gesicht voll Liebreiz, schöne blaue Augen voller Sanftmut, eine blendende Gesichtsfarbe, die Umrisse eines bezaubernden Busens. Nichts entging dem raschen Blick des jungen Proselyten; denn ich wurde im Augenblick der Ihrige;.[42]

Alle Elemente dieser Szene sind auf das sprechende Ich bezogen. Das Ich taucht nicht auf. Vielmehr ist es seine Perspektive, die das Ereignis durchgängig definiert. Alles, was gezeigt wird, ist bedeutsames lebensgeschichtliches Ereignis. Der Wechsel zwischen Gegenwarts- und Vergangenheitstempora unterstreicht die Präsenz des Vergangenen, so weit es auch zurückliegen mag. Seine lebensgeschichtliche Bedeutsamkeit sichert seine erst mit dem Ende des Lebens zu Ende gehende Gegenwärtigkeit. Das Ereignis, dessen Plötzlichkeit unterstrichen wird, bestimmt gleichwohl auf Dauer das Sein des Selbst. Es hat identitätskonstituierende Funktion. Es ist ein identitätskonstituierendes Schlüsselereignis. Das Ich spricht einerseits als Jetziges, andererseits bezieht es sich als Gegenwärtiges auf Vergangenheit, die zugleich ein Element seiner Gegenwart ist. Das Ich hat seine Vergangenheit als Element seines Selbst. Das Organ dieser Symbiose mit der Gegenwarts-Vergangenheit ist *Memoria*. Vermöge der Erinnerung ist das Ich die Synthese seiner Tempora.

Man sieht: Die durchlaufende Präsenz des Ich ist eine Funktion der Erzählung. Sie ist nur möglich, weil die klassische Autobiographie eine Form der Erzählung ist. Das Ich bestimmt die Autobiographie als Protagonist einer Erzählung in der ersten Person. Nur dadurch ist es möglich, dass alles überhaupt zur Sprache Kommende durchgängig, nicht intermittierend, in seine Perspektive gestellt ist. Zur Sprache kommt nichts als seine Welt, so widerständig sie auch sei. In dieser

---

42 Übersetzung Verf.

Konstruktion ist das Selbst andauernd anwesend und zwar ausdrücklich. Bei Montaigne dagegen taucht das Subjekt bei Gelegenheit auf. Aber potentiell kann es sich immer zu Wort melden. Seine der Möglichkeit nach jederzeitige Anwesenheit bleibt implizit und wird nur von Fall zu Fall aktualisiert und expliziert.

In der autobiographischen Erzählung ist *Memoria* das Organ der Kommunikation des Selbst mit seiner Vergangenheit. Dabei erfordert der Code der klassischen Autobiographie, dass die Erinnerung unablässig und nicht nur gelegentlich tätig ist. Er wäre zerstört durch einen Riss der Erinnerung. Vermöge der intakten, ausfallslos zuverlässig arbeitenden Erinnerung kommuniziert das Ich prinzipiell mit all seinen Tempora. Es ist daher, was immer es auch sonst noch sein mag, ein *totum temporale*. Vermöge der Erinnerungsarbeit arrangiert die autobiographische Erzählung ein beständiges Gleiten des Selbst zwischen seinen Lebens-Tempora.

Die Redeform der *Essais* muss die Zeitlichkeit des Selbst grundlegend anders organisieren. Überwiegend spricht das Ich als Jetzt-Ich. Als solches mischt es sich okkasionell in die zeitliche und räumliche Vielfalt seiner Partialerzählungen ein. In dieser besonderen Art und Weise bringt es seine Gegenwart ins Zeit- und Raum-Spiel seiner *Exempla* ein. *Memoria* ist möglich, aber sie teilt das Gattungsgesetz der essayistischen Ich-Rede und ist nur mit Unterbrechungen tätig.

Die *Essais* sind ein Ensemble aus Topoi, Reflexionen und Beispielen. Letztere haben die Form von Erzählungen. Dass die *Essais* keine Erzählung sind, auch nicht aus Erzählungen bestehen, sondern solche umfassen, ist der wesentliche Gesichtspunkt. Damit gibt es zum einen nicht nur einen, sondern eine lange Reihe von Protagonisten (Caesar, Scipio, Hannibal usw.). Das Ich ist Protagonist neben anderen. Aber es interveniert zweitens nicht nur in der Form von Erzählungen, sondern auch reflektierend und raisonnierend. Jedenfalls steht es exterritorial und exzentrisch zur Mehrzahl der überhaupt vorkommenden Erzählungen. Gegenüber der synthetisierenden Anlage der Autobiographie weist die Rede der *Essais* eine dezentrierten Struktur mit entsprechend dezentrierter Position des Selbst auf.[43] Die Logik dieses Formarrangements impliziert auch, dass es andere Probleme zu lösen hat als die (autobiographische) Präsentation der Herausbildung eines Charakters durch Weltkontakt.

In der Fortuna-Welt der unabsehbaren und unvordenklichen Heterogenitäten, Differenzen, Disparatheiten und Abstrusitäten, die jeden Rahmen zu sprengen drohen, ist das Ich, auch als grammatische Instanz, das Regulativ einer Fassung, Zusammenfassung und Rahmung; aber gerade nicht als das ganz

---

43 Zum Prinzip «décentrement» auch: François Rigolot: Montaigne et la poétique de la marge. In: Marcel Tetel (Hg.): *Montaigne (1580–1980)*. Paris: Nizet 1983, S. 140–174.

Andere dieser Welt, sondern als ihr fortunatisches Analogon. Das gilt sowohl für die Struktur des montaigneschen Selbst als auch für die Form seines Auftauchens in der Rede. Sie ist ihrer Unvorhersehbarkeit nach ein formales Fortuna-Zitat, in der Domestikationsform der «Surprise».

VII Fortuna-Dämmerung: Machiavelli und Descartes

Zwischen Montaigne und Machiavelli scheint sich der Übergang von einem Universum der Rede in ein anderes zu ereignen. Man glaubt, eine Grenze zu überschreiten, eine jener Grenzen, die ganz und gar Verschiedenes begrenzen. In diesem Falle wagt sich allerdings der Ältere weiter vor als die Jüngeren.

Bei Montaigne, ebenso wie in den Autobiographien Cardanos und Cellinis, erscheint die Welt als Inbegriff ihrer mannigfachen, kaum vorhersehbaren Ereignisse, Erscheinungen, Vorgänge, vom nicht weiter Überraschenden bis hin zum Absonderlichen. Nichts ist sicher. Kein Ding gleicht dem anderen. Nicht einmal zwei Eier oder zwei Spielkarten, sagt Montaigne. Kurz: Die Welt ist Fortuna-Welt. Fortunatisch wie das Subjekt selbst und die Geschichte seines Lebens.

In einer solchen Welt sind die Dinge nicht nur unvorhersehbar, sondern sie entziehen sich auch weitgehend dem Vorherwollen, Anstreben, jeglicher Programmierung. Ein Stück ohne Drehbuch. Und die Akteure sehen sich in Ereignisse verwickelt, in denen sie die Allerletzten sind, die das Heft in der Hand haben.

Weil dem so ist, weil die Welt diesem Blick als unplanbare Verkettung eines übermächtig Unvordenklichen erscheint, dessen Konstellationen sich in dauerndem schnellem Wechsel befinden, hat die Stoa eine lange Konjunktur. Denn wenn alles ständig schwankt, übermächtig über uns hereinbrechend, befinden sich, wenn überhaupt, Festigkeit und Stärke einzig in uns selbst.

Nun aber tritt Machiavelli mit seinem *Principe* (1532) auf und schlägt ganz andere Töne an. An Beispielen, Erzählungen des Mannigfaltigen, ist er so reich wie Petrarca in seinen *De remediis utriusque fortunae* und wie Montaigne. Auch gibt es bei ihm ein einheitsstiftendes Verfahren wie bei diesen. Aber ein ganz anderes. Denn das Prinzip der Einheit in der unendlichen Reihe der Erlebnisse und Erfahrungen war bei Petrarca und Montaigne *mutatis mutandis* der Horizont des Selbst, der individuellen Erfahrung, der Lebensgeschichte, der Erinnerung auch. Insbesondere bei Petrarca spielt die antifortunatische Kraft der Erinnerung eine zentrale Rolle.

Bei Machiavelli gibt es das Einzelne. Und es spielt eine wichtige Rolle. Aber nicht als Einzelphänomen an sich, sondern im Kontext gewisser Verallgemeinerungen. So führt er etwa das Beispiel der Herzogs von Ferrara an, der den Angriffen der Venezianer und des Papstes Julius standgehalten habe, um zu belegen, dass die Macht in den ererbten Staaten leichter behauptet werden könne als in neu erworbenen.

Geschichtliche Erfahrungen sind ihm nur ein Ausgangspunkt. Nichts, um deren Mitteilung es ihm überhaupt geht, sondern ein Durch- und Übergang zu etwas ganz Anderem. Dieses Andere nennt er «regola»: «Di che si cava una regola generale, la quale mai o raro falla» (S. 28) (Daraus folgt eine allgemeine Regel, die nie oder nur selten trügt) (S. 29).[1]

Die Regel ist etwas, das aus einem vergleichenden Blick auf eine Reihe von Beispielen folgt, ein Fazit und implizite schon eine Anweisung zum Handeln. Die Regel ist das Generale, das eine unbestimmte Reihe von Singularia enthält oder besser subsumiert. Als logisches Konstrukt. Kurz: Die Reihe der geschichtlichen Ereignisse und Vorgänge hat den Status von Material, das der analytischen Bearbeitung harrt.[2]

Deshalb erzählt Machiavelli, auch wenn er erzählt, ganz anders als Montaigne. Denn die Erzählung überschreitet das Einzelne nicht in der expliziten Analyse. Sie belässt es dabei, das Einzelne in der Prägnanz des Singulären hinzustellen. Wenn dabei ein Übergreifendes sichtbar wird, so wird es doch nie begrifflich extrahiert und expliziert. Bei Machiavelli hingegen ist die Erzählung immer nur ein erster Takt, dem der zweite und viel wichtigere der Analyse folgt.

Machiavelli erzählt und führt Beispiele an, um die Erzählung und das je konkrete Beispiel einem Procedere der Verallgemeinerung zu unterwerfen. Der Ort seines Sprechens ist – jenseits der einzelnen Erfahrung und der Erzählung von ihr. So erklärt er in der Widmung zu seiner Abhandlung, er wolle seinem Adressaten Lorenzo de Medici Prinzipien des Handelns an die Hand geben. Und zwar, damit er in kürzester Zeit begreife, wofür der Verfasser ein ganzes Leben benötigt habe:

> da me non gli possa essere fatto maggiore dono che darle facultà a potere in brevissimo tempore intendere tutto quello que io, in tanti anni e con tanti mia disagi e periculi, ho conosciuto e inteso. (S. 4)
> denn ich könnte Euch kein größeres Geschenk machen, als Euch Gelegenheit zu geben, in kürzester Zeit mit all dem bekannt zu werden, was ich in so vielen Jahren und unter so vielen Unannehmlichkeiten und Gefahren erkannt und verstanden habe. (S. 5)

---

[1] Die Zitate aus dem *Principe* beziehen sich auf die folgende Ausgabe: Niccolò Machiavelli: *Il principe*. Italienisch u. Deutsch. Übs. Philipp Rippel. Stuttgart: Reclam 1986.

[2] Deshalb ist Machiavellis Methode mit dem Begriff «empirischer Reflektivität» (S. 40) nur unzureichend charakterisiert: Cornel Zwierlein: *Discorso und Lex Dei. Die Entstehung neuer Denkrahmen im 16. Jahrhundert und die Wahrnehmung der französischen Religionskriege in Italien und Deutschland*. Göttingen: Vandenhoeck & Ruprecht 2006. Aller Erfahrungsorientierung bei Machiavelli geht die Prämisse voraus, dass die offene Reihe der Einzelfälle sich auf eine logisch explizierbare Reihe immer wiederkehrender Konstellationen hin auslegen lasse.

Damit spricht er seinem Traktat die Funktion einer Art Kondensator und Zeitraffer von Erfahrung zu. Aber nicht nur um ein konzentrierteres und schnelleres Begreifen dessen geht es hier, wozu der Verfasser der Widmung ein ganzes Leben benötigt hat, sondern um ein Begreifen, von dem alle «disagi» und «periculi» abgezogen sind, die nun einmal zu einer Lebensgeschichte in heikler Welt gehören. Machiavelli bietet dem Medici einen Text an, der die lange Dauer einer Lebensgeschichte überflüssig machen soll. Und sie ersetzt durch – ein Wissen, das ihrer nicht mehr bedarf, weil es nicht mehr das Ergebnis eines Durchlebens der Dinge ist.

Wie ist das möglich? Der Reihe der Phänomene, der Montaigne immer nur entnimmt, dass der Verschiedenheiten in der Welt kein Ende ist – alles ist *diversité* – entnimmt Machiavelli genau das Gegenteil. Es gibt nicht zwei Situationen, ohne dass an ihnen etwas gleich und also vergleichbar wäre. So entdeckt der vergleichende Blick, dass abgefallene Länder, wenn sie zurückerobert werden, weniger leicht wieder verloren gehen als neu eroberte. Dann sind die Konstellationen, die unter diese Definition fallen, immer Varianten dieser allgemeinen Differenz. Nicht einzelne Gegebenheiten, die sich durch ihre Sonderphysiognomie von anderen unterscheiden, sondern Fälle, die unter die Regel fallen. In der Perspektive Machiavellis ist die Wirklichkeit der Inbegriff dessen, was in ihr und in diesem Sinne der Fall ist. Und nicht die unabschließbare Serie der Diversitäten, Kuriositäten und Singularitäten.

Aber nicht als andere Anschauung der Welt, *Theoria*, sondern in pragmatischer Wendung. Denn aus der erkannten Regel folgt, nein, folgt nicht einfach, sondern wird eigens ein Prinzip des Handelns abgeleitet: Wer ein fremdes Territorium erwirbt, was in der Regel Schwierigkeiten mit sich bringt, kann als effektivstes Mittel der Machterhaltung sich dort niederlassen usw. Wo es Regeln gibt, da gibt es für den Handelnden nur die Alternative, sie zu erkennen oder nicht und zweitens, ihnen zu folgen oder zuwiderzuhandeln. Letzteres jedenfalls bedeutet immer, Fehler zu begehen. So hat nach Machiavelli Ludwig XII. sich in Italien nicht behaupten können, weil er gleich fünf Fehler begangen habe, von denen einer darin bestanden habe, seinen Wohnsitz nicht dorthin verlegt zu haben.

Offensichtlich fasst Machiavellis Konstruktion der Geschichte Empirie und deren Bearbeitung nach gewissen logischen Regeln (Identität, Differenz, Binarität) zusammen. Das schließt eine Schematisierung der Wirklichkeit ein, die sich von der Fortuna-Welt Petrarcas, der italienischen Autobiographien und Montaignes klar abgrenzt. Insbesondere bei Cardano und Cellini geht es immer nur darum, im Strudel der Ereignisse den Kopf oben zu behalten. Dabei gibt es unbestimmt viele Möglichkeiten, hinsichtlich der Ereignisse ebenso wie hinsichtlich des Überlebens oder des Untergangs. Machiavellis *vision du monde* (Weltsicht) reduziert dagegen das Feld der Möglichkeiten und zwar so, dass an die Stelle einer unbestimmten Vielzahl die begrenzte Zahl tritt, deren Grundmuster das binäre Entweder-Oder ist.[3]

Beispiele also sind Einzelfälle, denen sich Handlungsregeln entnehmen lassen. Das ist nur deshalb möglich, weil kein Einzelnes in seiner Singularität aufgeht, sondern mit anderen Singularia Gemeinsamkeiten aufweist. Diesen Zusammenhang von übereinstimmenden Gegebenheiten, Merkmalen und Handlungsregeln fasst Machiavelli charakteristischerweise in Folgen von Konditionalsätzen. So etwa das folgende Beispiel, dass von einer allgemeinen anthropologischen Prämisse ausgeht: Das Streben nach Eroberungen liegt in der menschlichen Natur. Wenn man dazu imstande ist, soll man Eroberungen machen. Wenn aber nicht, dann ist Eroberungslust ein Fehler (S. 26). Dieses Beispiel ist besonders markant, weil es eine allgemeine Annahme über die menschliche Natur in Beziehung zu gewissen konkreten und variablen Gegebenheiten (hier: militärisches Potential) setzt, die vorhanden sein können oder nicht. Das bedeutet, menschliches Begehren in eine Beziehung zu den realen Möglichkeiten seiner Erfüllung zu bringen und zugleich diese Möglichkeiten nach der Logik der Binarität zu reduzieren.

Dass hier eine Methode angewendet wird, die sich mit Denkweisen in den aufstrebenden Naturwissenschaften berührt, ist schon früh gesehen worden[4],

---

3 Auf die Bedeutung des machiavellischen Denkstils wird in der Forschung verschiedentlich hingewiesen. So bezüglich der Affinität zum naturwissenschaftlichen Denken. Aber auch in Bezug zur antiken Tradition. Vgl. Henning Ottmann: Was ist neu im Denken Machiavellis? In: Herfried Münkler/Rüdiger Voigt u.a. (Hg.): *Demaskierung der Macht. Niccolò Machiavellis Staats- und Politikverständnis.* Baden-Baden: Nomos Verl.-Ges. 2004, S. 145–156, der feststellt, das Verhältnis zwischen Nützlichem und Sittlichem werde in der Antike breit diskutiert. Machiavelli löse die «alte Einheit von Politik und Ethik auf, wie sie für die klassische Philosophie kennzeichnend gewesen war.» So die Einheit von *honestum* und *utile* in Ciceros *De officiis* (S. 145). In dieser Richtung auch Quentin Skinner: *Machiavelli zur Einführung.* Hamburg: Junius ³2001, der in Machiavellis *Virtù*-Begriff eine Ablösung von den Fürstentugenden der humanistischen Tradition sieht. Mich interessieren allerdings vor allem die Differenzen dieses Denkstils gegenüber den «mental habits» der Epoche selbst. Im Übrigen ist gegenüber dem Gemeinplatz von der Entmoralisierung der Politik bei Machiavelli etwa der Einwand Höffes zu bedenken, Machiavelli verpflichte den Fürsten auf die Verantwortung «für den Zustand und die Blüte der Republik, mithin auf das Staatswohl» (S. 1135). So Otfried Höffe: Drei Pioniere der Moderne. Machiavelli, Bacon, Hobbes. In: *Merkur* 61 (2007), S. 1134–1144, der mit der Unterscheidung von personaler Moral und Staatswohl als einer Moral *sui generis* arbeitet. Bei Machiavelli gelte im Konfliktfall die «Prioritätsregel» letzterer gegenüber ersterer.

4 So bei Max Horkheimer: *Machiavelli und die psychologische Geschichtsauffassung.* In: Ders.: Gesammelte Schriften. Bd. 2. Philosophische Frühschriften 1922–1932. Frankfurt/M.: Fischer 1987, S. 183. Vgl. auch Jürgen Habermas: *Theorie und Praxis. Sozialphilosophische*

aber in unserem Zusammenhang ist der Aspekt der Ähnlichkeit als solcher weniger wichtig. Es geht um etwas Anderes. Das Erstaunen und die Überraschung der Machiavellilektüre, die am Anfang herausgestellt wurden, hatten etwas mit den Erfahrungsdeutungskonventionen der Fortuna-Welt zu tun, der Rolle insbesondere, die das unvordenklich Einzelne, der Zufall und das Schicksal in diesem Rahmen spielen. Denn ersichtlich verliert in einer Welt der Regularitäten nicht nur das Schicksal, sondern auch der Zufall seine zentrale Stellung in der Auffassung der Dinge. Wenn die Vielzahl der Ereignisse, Gegebenheiten und Konstellationen sich auf Regeln hin auslegen lässt und dadurch beherrschbar wird, dann heißt das auch, Fortuna Schach zu bieten.

Dann wird *constantia*, das Kernstück des stoischen Habitus, zu einem auslaufenden Verhaltensmodell und schickt sich an, in den Ruhestand zu treten. Fortunatisch ist die Welt nur noch in Restbeständen, an ihren Rändern und in gewissen Enklaven, das scheint Machiavellis Botschaft zu sein. Zugleich ist unübersehbar, dass seine Ausweitung der Spielräume des Handelns mit einem nicht geringen Preis erkauft ist: der begrifflich-abstrahierenden Zurichtung von Erfahrung. Die sinnliche Intensität der Erfahrung aber ist an das Hier und Jetzt, an Farbe und Form des Einzelnen, die konkrete Situation des Lebens, seiner Geschichte und seiner Geschichten gebunden. Diese Seite der Dinge muss aus dem Regelmodell der Welt ausgeklammert werden, oder doch in seinem Horizont zu kurz kommen. Die Welt wird beherrschbarer und zugleich geschmacksärmer. Logos und Aisthesis haben begonnen, auseinander zu treten.[5]

Machiavellis Rede kündigt gegenüber Cardano, Cellini und Montaigne ein neues Bewusstsein an: Dass die Vielfalt der Dinge nur der Schein ist, der zu

---

Studien. Frankfurt/M.: Suhrkamp ⁴1971, S. 60; Herfried Münkler: *Machiavelli. Die Begründung des politischen Denkens der Neuzeit aus der Krise der Republik Florenz.* Frankfurt/M.: Europ. Verl.-Anstalt 1982, S. 243f.
5 Im Sinne Schröders, Gerhart Schröder: *Logos und List. Zur Entwicklung der Ästhetik in der frühen Neuzeit.* Königstein/Ts.: Athenäum 1985, und seiner These, dass es in der frühen Neuzeit zur Trennung zwischen dem abstrahierenden und analytischen Vorgehen der neuen Wissenschaften (Galilei) und dem Bereich des Ästhetischen komme: «Mit Galilei löst sich die Wissenschaft endgültig von der Anschauung [...]. Der Bereich des Sinnfällig-Anschaulichen, aus der Philosophie ausgegrenzt, wird der der Kunst» (S. 83). Dieses Bild wird allerdings dadurch korrigiert, dass der *Principe* noch ein hoch diskursiver und zugleich ästhetisch durchkomponierter Text ist. Während der erste Teil «von rhetorisch-methodischer Disziplin geprägt [ist, H.S.], eröffnet der zweite die Möglichkeit des ästhetisch-künstlerischen Umgangs» mit der Geschichte. So Dirk Hoeges: *Niccolò Machiavelli, Il principe: Perspektive, Architektur und Mnemonik.* Unveröff. Manuskript. Köln 2009, S. 15, der zeigt, dass der zweite Teil dem Formprinzip des *ghiribizzo* folgt, durch das die Dinge in die ästhetische Perspektive subjektiver Phantasie, d.h. Abweichung von der Realität gestellt werden.

durchdringen ist. Danach stößt man auf eine tiefe Formation der Wirklichkeit. In diesem Blickwinkel ist das Einzelne in die Komparsen-Rolle der bloß phänomenalen Oberfläche verwiesen. Dann sind aber auch die Sinne ebenso wie bloße Erinnerung als privilegierte Medien der Erfahrung verabschiedet. Verabschiedet und ersetzt durch Ratio, den großen Abstraktor, den großen Auslöscher des Besonderen am Einzelnen.

Das setzt einen starken Optimismus voraus. Dass die Dinge sich diesem Zurichtungsapparat überhaupt zur Verfügung stellen und nicht vielmehr sich ihm entziehen. Freilich ist das Vertrauen darauf gerechtfertigt, wenn es nicht mehr in erster Linie um die konkrete Erfahrung der Wirklichkeit, sondern um die Ausweitung menschlicher Handlungsspielräume auf der Ebene von Zweck-Mittel-Kalkülen geht.

Die rationale Zurichtung der Geschichte als Konstellation von Fällen, die unter Regeln fallen, vereinfacht nicht nur die Physiognomie der Dinge, sondern sie nimmt ihnen auch ihre Unvordenklichkeit und Unvorhersagbarkeit. Das schließt ein: Je weniger Überraschungsmöglichkeiten die Welt hat, desto mehr Möglichkeiten eignen sich die Akteure an. Die Welt wird kontingenzärmer und das Subjekt möglichkeitsreicher. Beide tauschen die Plätze. Das Modell der regelhaft organisierten Wirklichkeit vollzieht eine große Rochade.

Mit der Bemerkung, bei Machiavelli trete die Fortuna-Welt in den Ruhestand, bin ich indessen weit übers Ziel hinausgeschossen. Das zeigt das Beispiel des Cesare Borgia. Er war, so argumentiert Machiavelli, derjenige, der alles richtig machte, indem er nach den Regeln der politischen Vernunft handelte. Und doch scheiterte er zum Schluss. Weil er nämlich zur Unzeit krank wurde. So entsprang sein Unglück: «da una estraordinaria ed estrema malignità di fortuna.» (S.50) (einer ungewöhnlichen und außerordentlichen Ungunst des Schicksals.) (S. 51) Es ist bemerkenswerterweise der Körper, dessen Unverfügbarkeit die Grenzen der instrumentellen Vernunft markiert. Dass Fortuna sich keineswegs schon auf das Altenteil zurückgezogen hat, geht auch daraus hervor, dass Machiavelli den Aufstieg vom Privatmann zum Fürsten entweder von seiner Tüchtigkeit oder aber vom Glück abhängen lässt und damit beides als gleichwertig zu behandeln scheint (S. 41). Um dann aber die Gewichte zugunsten ersterer zu verschieben: «nondimanco, colui che è stato meno in sulla fortuna, si è mantenuto piú.» (S. 40) (nichtsdestoweniger hat sich bislang derjenige besser behauptet, der sich weniger auf das Glück verlassen hat.) (S. 41) Kein Zweifel also, *virtù* steht im Aszendenten. Das ist, weil die Welt so gedacht wird, dass sie der Denkform abstrahierender Vernunft entgegenkommt.

Im Spiel der objektiven (*fortuna*) und subjektiven (*virtù*) Kräfte bezeichnet *occasione* das Element der Vermittlung. Es ist die notwendige, wenn auch allein nicht zureichende Bedingung erfolgreichen Handelns :

> Ed esaminando le azioni e vita loro [nämlich derjenigen, die durch eigene Tüchtigkeit und nicht durch Glück zu Fürsten werden, H.S.], non si vede che quelli avessino altro dalla fortuna che la occasione, [...] (S. 42).
> Prüft man weiter ihre Taten und ihr Leben, so sieht man, dass sie vom Glück nichts anderes erhalten hatten als die Gelegenheit; (S. 43).

Die Gelegenheit ist das Material, ohne das die Tüchtigkeit des Handelnden nichts in der Hand hätte. Und die Gelegenheit ist die Gabe Fortunas! Aber umgekehrt gilt: Ohne die Formung durch die Hand des Tüchtigen kommt das Material nicht zu seinen Möglichkeiten:

> e sanza quella occasione la virtú dello animo loro si sarebbe spenta, e sanza quella virtú la occasione sarebbe venuta invano. (S. 42)
> ohne diese Gelegenheit wäre die Tüchtigkeit ihrer Gesinnung erlahmt, und ohne ihre Tüchtigkeit wäre diese Gelegenheit vergebens eingetreten. (S. 43)

Das zeigt nun auch, dass die Rolle des konkret Einzelnen auf der Ebene der Rede eine ganz andere ist als auf der Ebene der Realität. Während es diskursiv zum Fall heruntergestuft wird, der auf ein Allgemeines hin zu explizieren ist, kommt ihm realiter eine Schlüsselrolle zu. Was unterstreicht, dass im machiavellischen Raisonnement abstrahierende Ratio und «nominalistische» Konstruktion der Wirklichkeit eine Verbindung eingehen. Und zwar so, dass die Erfahrung des Kontingenten der unhintergehbare Ausgangspunkt ihrer Umformung und Überwindung im Regeldiskurs ist. Machiavellis «Exempel» setzen eine kontingente und offene, keine Welt der ewigen Wiederkehr des Gleichen voraus. Sie sind keine Erzählungen, die nur zu erinnern, unmittelbar zu übertragen und anzuwenden sind, sondern Konstellationen einer prinzipiell offenen Geschichte, deren exemplarischer Charakter sich erst nach dem Durchgang durch das Säurebad der Analyse erweist.[6]

---

[6] Deshalb unterscheiden sich die Beispiele Machiavellis vom traditionellen *exemplum*. Ihr Bezugspunkt ist keine «kosmologisch begründete Gesetzmäßigkeit» mehr. So Roland Galle: Machiavelli und die Moralistik, S. 55. Reinhart Koselleck: *Vergangene Zukunft. Zur Semantik geschichtlicher Zeiten.* Frankfurt/M.: Suhrkamp 1979 argumentiert, Machiavelli habe «exemplarisches und empirisches Denken zu einer neuen Einheit verbunden» (S. 42). An die Stelle der «Totalität des Exempels» tritt «die aus einer Vielzahl zu vergleichender Exempla abstrahierte Totalität der *regola generale*»: Ursula Link-Heer: Italienische Historiographie zwischen Spätmittelalter und früher Neuzeit. In: Hans Ulrich Gumbrecht/ Dies. u.a. (Hg.): *Grundriss der romanischen Literaturen des Mittelalters.* Bd. XI,1. Heidelberg: Winter 1987, S. 1102. Machiavellis Beispiele setzen eine offene, kontingente Wirklichkeit voraus und nicht eine begrenzte Welt immer wiederkehrender typischer Situationen. Seine Beispiele stehen nicht für einen begrenzten Vorrat von Erfahrungen, sondern sie stellen

Die Reflexionen Machiavellis zeigen alles in allem Folgendes: Man muss die Welt nur vernünftig ansehen, dann blickt sie vernünftig zurück. Was nur so viel heißt, dass die Welt, wechselhaft wie sie ist, in den Dienst der *virtù* gezwungen werden kann. Dieses geschieht durch eine Argumentationstechnik, die vom Prinzip fortwährender *variatio* der Dinge ausgeht, aber zugleich Konstanten und Wiederkehr im Kontinuum des Wandels ausmacht. Wo Regeln formuliert werden können, trifft Handeln nie nur auf unerwartet Neues, sondern oft und öfter auf Erwartetes. Das Neue wird erwartbar und in den Horizont der Erwartung gestellt. Unter diesen Umständen muss es prinzipiell möglich sein, diejenigen geschichtlichen Konstellationen planvoll herbeizuführen, die auch Fortuna liefert, aber eben immer mit unsicherem Lieferdatum. So wird das Neue auch intendierbar und in den Horizont intentionalen Handelns gestellt. Das ist die Funktion abstrahierender Ratio, die Kontingenz voraussetzt, um ihr mit kontingenzreduzierender Abstraktion zu Leibe zu rücken.

Damit wird die Erkenntnis eines offenen Weltlaufs wichtiger als die Befolgung sittlicher Normen, richtiges Handeln auf der Basis eines zutreffenden Bildes der Dinge wichtiger als rechtes. Die traditionale Welt der Stoa ist von den moralischen Alternativen des Handelns beherrscht. Dann kann man der unsicheren Welt die Festigkeit der Seele entgegenstellen wie eine Festung, aber man kann sie nicht erobern. In den Argumentationen Machiavellis werden die Normen der Sittlichkeit zu Begleitumständen eines Handelns, das nicht mehr primär sittlich sein kann, weil es auf die Bewältigung einer nicht mehr sittlich aufgefassten Wirklichkeit zielt.

Dass dem in der Epoche jedoch noch enge Grenzen gesetzt sind, zeigt die Erzählung *Castruccio Castracani*. Machiavellis Novelle ist kein Exempel auf seine Theorie, sondern eher ein Einspruch gegen sie. Gegen ihre Radikalität und ihren Ratio-Optimismus. Diese Geschichte eines Aufstiegs zur Macht und zu einem großen Leben zeigt, was kein Beispiel des *Principe* zeigen kann. Wie der Fürst nach der Macht strebt, wie er sie gewinnt und erweitert, darüber räsoniert die theoretische Schrift in Abstraktion von der Subjektivität ihrer Akteure. In der

---

empirische Konstellationen dar, die mit anderen Gemeinsamkeiten aufweisen. Letztere müssen aber allererst aufgedeckt werden. Das einzelne Beispiel funktioniert nur in einem historisch-empirischen Feld von Beispielen, deren Bezüge durch rationale Analyse freigelegt werden müssen. Indem die abstrahierende Vernunft gemeinsame Züge einer Reihe von kontingenten Einzelphänomenen entdeckt, begrenzt sie deren Kontingenz. Das bezeichnet die neuzeitliche Funktion abstrahierender Ratio in einer Welt prinzipiell nicht begrenzter Erfahrungsmöglichkeiten. Auch haben die Beispiele Machiavellis nicht die (traditionale) Funktion, bestimmte Normen sittlichen Handelns zu stützen. Sie situieren sich vielmehr im Funktionszusammenhang primär erfolgsorientierten Handelns.

Erzählung hingegen wird das Streben nach Macht als inneres Motiv im Rahmen einer Geschichte des ganzen Lebens hingestellt.

Vor allem also macht die Erzählung deutlich, warum Castruccio nach Macht strebt. Er will die Macht um des Ruhmes willen, die mit ihr verbunden ist. Und er will den Ruhm, weil er ein Findling ist, ausgesetzt, ohne Familie und ohne Herkunft. Das ist das Leitmotiv seines Lebens. Was auch daraus erhellt, dass er noch auf dem Sterbebett in seiner letzten Ansprache an seinen Adoptivsohn darauf zurückkommt:

> Tu hai inteso, ché molti te lo hanno decto et io non l'ho mai negato, come io venni in casa di tuo padre ancora giovanecto et privo di tucte quelle speranze che deono in ogni generoso animo capere et come io fui da quello nudrito et amato più assai che se io fussi nato del suo sangue; (S. 102).[7]
>
> Du hast gehört, weil viele es dir gesagt haben und ich es nie verleugnete, wie ich, noch ein ganz junger Mann, in das Haus deines Vaters kam, ohne all die Hoffnungen, die in jeder großen Seele Platz haben müssen, und wie ich von ihm aufgezogen und geliebt wurde, mehr als wäre ich von seinem eigenem Blut gewesen; (S. 32).[8]

Der im ersten Satz erwähnte Vater ist Francesco Guinigi, der leibliche Vater Pagolo Guinigis, an den sich Castruccios Ansprache richtet, und zugleich der Adoptivvater Castruccios. Hervorstechend ist die Figur der Kompensation bzw. der Substitution: Das Surplus der (adoptiv)väterlichen Liebe – des alten Guinigi – kompensiert das Manko der Blutsfremdheit des Findelkindes. Und damit befreit sich die Hingabe an den angenommenen Sohn von der «natürlichen» Bindung an das Blut. Sie überschreitet die Ordnung des Blutes und der genealogischen Reihe. Dieses wiederholt sich, unübersehbar, im Lebensgang des angenommenen Sohnes, der seinerseits den leiblichen Sohn seines vikarischen Vaters (Pagolo) an Vaters statt angenommen hatte. Das zeigt: Die Transgression der Ordnung des Blutes, der genealogischen Reihe und der Verwandtschaft der Körper ist ein starkes Motiv der Erzählung.

In dieser Ansprache wird ausgesprochen und gesagt, auf der Ebene der Rede gefasst, was zugleich den Aufbau der Novelle bestimmt. Ruhm heißt auch Anerkennung in höchstem Maße. Der Herkunfts-, Namenlose und Unkenntliche will erkannt werden und zu einem Namen kommen. Der sozial Unerkannte will anerkannt werden, sein ganzes Leben lang und auf immer höherer Stufenleiter. Anerkennung und Ruhm müssen ersetzen, was seinen Gegnern und Weg-

---

7 Die Zitate aus der Novelle beziehen sich auf die folgende Ausgabe: Niccolò Machiavelli: *La vita di Castruccio Castracani.* Napoli: Liguori 1986.
8 Die Übersetzungen zu *Castruccio Castracani* nach Niccolò Machiavelli: *Das Leben Castruccio Castracanis aus Lucca.* Übs. Dirk Hoeges. München: Beck 1998.

gefährten kraft Einbettung in den sozialen Zusammenhang, d.h. die genealogische Reihe der Familie, immer schon zugefallen ist. Bei diesen geht es darum, zu mehren, was man immer schon hatte. Bei Castruccio aber darum, überhaupt erst zu erwerben, wovon er vollkommen ledig ist. Deshalb muss er ganz und gar Wille zur Macht sein.

Nur wer etwas haben will, wovon er schlechterdings getrennt ist, der ersehnt das von ihm Abgetrennte in totalem Begehren – bis hin zur Maßlosigkeit. Das ist der Punkt. Castruccio begehrt Anerkennung, Macht und Ruhm in durch nichts begrenzter, maßloser Weise. Sein Wille zur Macht ist darin maßlos, dass er sich mit einem Stück derselben schlechterdings nicht zufrieden geben kann, mag es auch noch so beträchtlich sein. Er zeigt die Unersättlichkeit des nie zu Sättigenden. Erst will er Lucca. Dann Pisa und Pistoia. Schon träumt er von der Herrschaft über Florenz und die gesamte Toskana. Hätte sich die Gelegenheit geboten, so hätte er seine Macht auf ganz Italien ausgedehnt. Und so weiter. Und jedenfalls prinzipiell ohne Grenze. Darauf kommt es an. Deshalb muss Machiavellis Novelle eine Erzählung über die Grenze sein.

Übrigens bleibt der Familienlose bis an sein Ende ohne eigene Familie. Als Solitär wird Castruccio gefunden und er stirbt als Solitär. Denn zwar wird er an Sohnes statt von Francesco Guinigi in dessen Familie aufgenommen und gewiss übernimmt er nach dessen Tod die Vaterrolle gegenüber dessen leiblichem Sohn. Aber sowohl seine Sohnes- wie seine Vaterrolle stehen gänzlich und ohne Ergänzung durch die Gründung einer Familie außerhalb der genealogischen Reihe, sind und bleiben ohne Fundament im Geschlecht. Das unterscheidet ihn nicht zufällig von seinem Adoptivvater, der Frau und eigenes Kind hat. Es ist somit sein «Alleinstellungsmerkmal». Auch sagt und begründet er selbst, dass und warum er keine Ehe einging:

> Et perché non solamente fussi tuo quello che da tuo padre ti era stato lasciato, ma quello ancora che la fortuna et la virtù mia si guadagnava, non ho mai voluto prendere donna, acciò che lo amore de' figliuoli non mi avesse ad impedire che in alcuna parte io non mostrasse verso del sangue di tuo padre quella gratitudine, che mi pareva essere tenuto dimostrare. (S. 102f.)
>
> Und nicht allein, damit dir blieb, was dir von deinem Vater hinterlassen wurde, sondern auch noch, was mich Fortuna und meine eigene Tüchtigkeit hinzugewinnen ließen, habe ich mir nie eine Frau nehmen wollen, damit mich die Liebe zu eigenen Kindern in keiner Weise abhalten sollte, dem Blut deines Vaters die Dankbarkeit zu erweisen, die an den Tag zu legen ich gehalten schien. (S. 32)

Wodurch dieser Aspekt unterstrichen wird. Wie auch beim Adoptivvater wird die freie Vaterschaft des angenommenen Sohnes wichtiger als die Verwandtschaft und die Ordnung des Blutes. Genauer: Es geht um das Blut des Vaters (Guinigi), nicht um das eigene (Castruccios). Castruccios Familienbindung ist ausschließlich sozial bestimmt: als Verpflichtung gegenüber dem Blut des Anderen. Das heißt: Sein Körper, seine Natur sind nicht ins Spiel des Sozialen investiert und involviert. Sie werden gleichsam übergangen.[9]

Nun wird aber das Motiv der Grenze am Körper des Helden inszeniert. Denn zwar bleibt sein Körper aus dem sozialen Zusammenhang ausgegrenzt. Gleichsam spielt er das soziale Spiel nicht mit. Um dann allerdings am Ende von Castruccios Leben sich nicht nur nachdrücklich zu Wort zu melden, sondern zugleich das letzte Wort zu sprechen: Indem er im Spiel um die Macht versagt. Der Körper, der genealogisch ausgespart blieb, während das ganze Leben des Helden sich auf Macht als *quantum infinitum* ausrichtete, kündigt am Ende seinen Dienst auf. Damit wird er zur Instanz der Grenze in einem Spiel ohne Grenzen.

Dass die Macht als ein Zweck erscheint, der sich von jeder Idee des Maßes gelöst hat, ist das Faszinosum dieser Lebensgeschichte. Aber es ist die Erzählung, die dieses nachdrücklich in Szene setzt, nicht der *Principe*. Es ist geradezu so, als erhöbe die Erzählung Einspruch gegen die Theorie[10], indem sie auf die

---

[9] Der historische Castruccio allerdings war weder Findelkind noch blieb er unverheiratet. Er gehörte zu einer der ghibellinischen Familien von Lucca und hinterließ Nachkommen. So Eric Voegelin: Die Ordnung der Macht: Machiavelli. In: Peter J. Opitz (Hg.): «*Die spielerische Grausamkeit der Humanisten*». *Eric Voegelins Studien zu Niccolò Machiavelli und Thomas Morus*. München: Fink 1995, S. 60. Vgl. auch Anne Margret Rusam: Biographie, Funktion, Historie. Machiavellis *Vita di Castruccio Castracani*. In: *Italienische Studien* 16 (1995), S. 143. Die Abweichungen von der historischen Wirklichkeit bezeichnen die imaginäre Arbeit der Erzählung am Material der Geschichte. Sie haben in erster Linie eine ästhetische Funktion im Rahmen der Novelle. Voegelins Deutung des Phänomens ist dagegen historisch-spekulativ und nicht recht überzeugend: Machiavelli habe einen Helden schaffen wollen, der «am besten ohne jegliche familiäre Bindungen, den Staat verlassen würde, um sich dem Volk anzuschließen.» Wieso man dazu ohne Frau und Kinder sein muss, ist schwer einzusehen. Peter Schröder: *Niccolò Machiavelli*. Frankfurt/M.: Campus 2004 argumentiert, dass Castruccio als Findelkind besondere Schwierigkeiten habe, zur Macht zu kommen und rekurriert zur Begründung auf Machiavellis These im *Principe*, die Macht in den neu erworbenen Staaten sei schwieriger zu behaupten als in den ererbten. Diese Argumentation ist typisch für weite Teile der historischen und politologischen Machiavelli-Forschung: ihre Indifferenz gegenüber dem Schriftsteller Machiavelli, der ästhetischen Dimension seines Werks und ihre Neigung, das Gesamtwerk hinter dem *Principe* verschwinden zu lassen. Zu Machiavelli als Dichter und Humanist: Dirk Hoeges: *Niccolò Machiavelli. Die Macht und der Schein*. München: Beck 2000. Zur Kritik an der Machiavelli-Forschung vgl. ders.: *Niccolò Machiavelli. Dichter – Poeta*. Frankfurt/M.: Lang 2006, S. 12.

[10] Vgl. ders.: Zur Ästhetik der Macht. Machiavellis «neuer Fürst» – eine Herrschernovelle. Von ‚Castruccio Castracani' zu ‚Il principe'. In: Ders. (Hg.): *Niccolò Machiavelli. Das Leben*

Aporie eines Willens zur Macht abhebt, der alles ersetzt, was zu einem guten Leben gehört und der schließlich das ganze Leben des Helden verzehrt.

Alles, das ist die Konsequenz dieses Lebensentwurfs, wird Mittel zum Zweck. So die Beute des Kampfes, Soldaten, Waffen, Pferde, militärisches Material. Ebenso die Ressourcen des Bodens, jegliche geographische Besonderheit, das «Gelände». Und schließlich auch alle sozialen Beziehungen, ausgenommen einzig die familiären. «Farsi/sich machen zu» ist die charakteristische Formel. So macht Castruccio sich zum Herrn von Lucca, von Pistoia und Pisa. Friedrich von Bayern, den König der Römer, macht er sich zum Freund, worauf dieser wiederum ihn zu seinem Statthalter in der Toskana macht. Um sich zum Herrn machen zu können, muss er sich Andere zu Freunden oder zu Feinden machen, je nach dem und nur aus diesem Grunde. Selbst das, was man außerhalb des Machtdispositivs gerade nicht «macht», Freundschaft, Vertrauen, muss hier zur Machenschaft werden. Das ganze Leben, die ganze Welt wird prinzipiell zum Material der Macht.

Um so markanter tritt hervor, was sich schließlich der Verfügung entzieht: Wenn der aus der genealogischen Reihe der zeugenden Körper Herausgefallene an seinem Körper scheitert. Der Körper versagt ihm den Dienst, nachdem alles ihm zu Diensten war. Und exakt in dem Augenblick als Castruccio, der seinem Willen zur Macht alles untergeordnet hatte, auf dem Höhepunkt der Macht angekommen ist. Der Körper tritt auf seine Weise ins Spiel der Macht ein: indem er seine jeder Verfügbarkeit sich entziehende Zerbrechlichkeit in die Waagschale wirft.

In einem Spiel ohne Grenzen taucht eine unüberwindliche Grenze auf. Deren Besonderheit springt ins Auge, wenn man sie mit den typischen Grenzen in der Welt Chrétiens vergleicht. Die chrétiensche Grenze ist durch die scharf geschnittene Linie zwischen dem Territorium des Sollens und dem Abgrund der Verfehlung bestimmt. Es ist eine Markierung in einem durch und durch normativ strukturierten Universum.

Hier hingegen zeigt sich die Grenze in einem normativ leeren Raum. Denn das Machtstreben Castruccios ist nicht nur auf Grenzenlosigkeit angelegt, sondern es verbrennt alles, was im Traditionshintergrund der antiken Ethik zu

---

Castruccio Castracanis aus Lucca. München: Beck 1998, S. 69, der auf die unterschiedliche Gewichtung Fortunas im *Principe* und in der Erzählung hinweist, indem in letzterer die virtù des Helden von einem kühlen Abendwind zunichte gemacht wird. Ders.: *Niccolò Machiavelli. Dichter – Poeta,* S. 111–122 zeigt am Beispiel des Gedichts *Di fortuna,* dass die Figur im Medium der Poesie noch stärker erscheint als in der Prosa. Demnach kann kein Zweifel daran bestehen, dass die Auffassung Fortunas durch die Diskursform der jeweiligen Gattung bestimmt ist.

einem guten Leben gehörte. Was hier als Grenze sich meldet, bezeichnet einfach einen Punkt der Unüberschreitbarkeit und des Nichtmehrweiter in einem Szenario des Handelns, das auf Unbegrenztheit und Unendlichkeit angelegt war. Die Grenze der machiavellischen Erzählung ist einfach nur ein unwiderstehlicher Zwang, die unüberwindliche Wand des Unverfügbaren. Ein harter Widerstand des Physischen und weiter nichts. Kein Gelten, kein Sollen, kein Gelten-Sollen.

Um so nachdrücklicher besteht die Erzählung auf dieser Grenze, als sie mit einer scharf profilierten Zweiteiligkeit arbeitet. Im ersten und längeren aber darum nicht wichtigeren Teil das Auflaufen zum kühlen Rausch der Macht bis zum letzten und größten Sieg. Dann die Erscheinung der Körpermauer, des Grenzmassivs Physis, die zugleich eine Zeitmauer, die Zeitmauer des Todes bezeichnet:

> Ma la fortuna, inimica alla sua gloria, quando era tempo di dargli vita, glene tolse, et interruppe quegli disegni che quello molto tempo innanzi avea pensato di mandare ad effecto, né glele potea altro che la morte impedire. Erasi Castruccio nella battaglia tucto el giorno affaticato, quando, venuto el fine di epsa, tucto pieno di affanno et di sudore, si fermò sopra la porta di Fucechio per aspectare le genti [...] Donde che, stando exposto ad un vento che il più delle volte a mezo dì si leva di in su Arno, et suole essere quasi sempre pestifero, adiacciò tucto; la qual cosa, non essendo stimata da lui, come quello che a simili disagi era assuefatto, fu cagione della sua morte. Perché, la nocte seguente, fu da una grandissima febre assalito; (S. 101f.).
>
> Aber Fortuna, Feindin seines Ruhmes, nahm ihm das Leben gerade, als die Zeit gekommen war, es ihm zu gewähren, und machte den Plänen ein Ende, die jener seit langem verwirklichen wollte und die niemand anderes als der Tod verhindern konnte. Castruccio hatte sich in der den ganzen Tag währenden Schlacht verausgabt, als er an ihrem Ende, ganz erschöpft und schweißüberströmt, oberhalb des Tores von Fucecchio anhielt, um auf seine Leute zu warten, [...] So dass er, einem Wind ausgesetzt, der meist um Mittag vom Arno her aufkommt und gemeinhin der Gesundheit abträglich ist, völlig durchgefroren war; was er nicht weiter beachtete, war er doch ähnliche Strapazen gewöhnt, wurde Ursache seines Todes. Denn in der folgenden Nacht befiel ihn ein extrem hohes Fieber; (S. 31).

Nicht zu übergehen ist das Arrangement zwischen Fortuna und dem Körper. Hatte doch die überragende Handlungsfähigkeit dieses Helden den Anschein erzeugt, sie unter ihr Joch zwingen zu können. Aber im letzten Augenblick der glanzvollen Karriere einer auf nichts gestellten Tüchtigkeit besetzt sie den Körper wie eine Festung. Es ist die Festung in einem Territorium, das fast schon zur Gänze in Feindeshand gefallen zu sein schien

Und das ist bezeichnenderweise auch der Augenblick der Konversion. Aber Castruccio vollzieht keinen Akt der Besinnung, sondern er folgt nur dem Zug und Abzug seines dem Tode entgegenziehenden Körpers, wenn er ganz zuletzt und zugleich zum ersten Mal in seinem Leben den Sinn von Maß, Grenze, Begrenzung und Selbstbegrenzung erkennt und ausspricht. Oder präziser: Seine Selbstbesinnung, die zweifellos stattfindet, ist kein Akt der Freiheit, sondern sie ist erpresst, vorgeschrieben vom Dikat des physischen Zwangs:

> «Se io avessi creduto, figluolo mio, che la fortuna mi avesse voluto troncare nel mezzo del corso il cammino per andare a quella gloria, che io mi avevo con tanti miei felici successi promessa, io mi sarei affaticato meno et a tei arei lasciato, se minore stato, meno inimici et meno invidia. Perché, contento dello imperio di Lucca e di Pisa, non arei subgiogati e Pistolesi et con tante ingiurie irritati e Fiorentini; ma, fattomi l'uno e l'altro di questi dua popoli amici, [...] et a te arei lasciato lo stato, se minore, sanza dubbio più sicuro et più fermo. (S. 102)
> Wenn ich geglaubt hätte, mein Sohn, daß mir Fortuna inmitten der Lebensbahn den Weg zu jenem Ruhm abschneiden wollte, den ich mir bei so vielen glücklichen Erfolgen versprochen hatte, hätte ich mich weniger angestrengt und dir, wenn auch einen kleineren Staat, so doch auch weniger Feinde und weniger Neid hinterlassen. Denn, zufrieden mit der Herrschaft über Lucca und Pisa, hätte ich Pistoia nicht unterworfen und die Florentiner nicht durch so viele Kränkungen aufgebracht; stattdessen hätte ich, beide zu Freunden, [...] dir den Staat zwar kleiner, hingegen zweifellos sicherer und gefestigter hinterlassen. (S. 31f.)

Und eben deshalb, weil die Konversion durch den Zwang der Physis diktiert ist, kann von einer Rückkehr in den antiken Raum der Sittlichkeit mit seinem zentralen Konzept des Maßes nicht die Rede sein.[11] Es ist vielmehr seine charakteristische Maßlosigkeit, mit der Castruccio den Marsch in die Moderne angetreten hat. Der, der hier im harten Griff einer höheren Gewalt vom Sinn des Maßes spricht, bedurfte eben dieser Gewalt, um zu seiner finalen Weisheit zu kommen. Unwiederbringlich ist die alte Welt verloren, die sich um die Gebote der Sittlichkeit drehte. An ihrer Stelle hat sich irreversibel eine Welt etabliert, die Grenze und Schwelle nur als einspruchslosen Widerstand eines einstweilen Unverfügbaren kennt. Deshalb ist die Konversion Castruccios nichts als eine (vorläufige) Kapitulation.

Machiavelli und Descartes verfolgen auf verschiedenen Wegen ein übereinstimmendes Projekt: Fortuna an den Rand der Welt drängen. Die Dinge vorhersehbar und behandelbar machen. Aber während sich Machiavelli auf das Feld des Politischen beschränkt, sucht Descartes nach dem archimedischen Punkt des Zugriffs auf die gesamte Natur. Seine erkenntnistheoretischen Schriften, insbesondere der *Discours de la méthode* (D) und die *Méditations* (M), *aber auch schon die Règles pour la direction de l'esprit* (R) überschreiten das Feld der Epis-

---

11 Vgl. Aristoteles: *Nikomachische Ethik*: «so muß wohl dies als Schlußsatz sich ergeben, dass die Tugend nach der Mitte zielt, die sittliche oder Charaktertugend wohlverstanden, da sie es mit den Affekten und Handlungen zu tun hat, bei denen es eben ein Übermaß, einen Mangel und ein Mittleres gibt. [...] Mithin ist die Tugend eine Mitte, da es ihr wesentlich ist, nach dem Mittleren zu zielen.» (S. 35)

temologie, indem sie die Fragen der Erkenntnis als Teil einer Suche nach Orientierung im Leben behandeln.

Auf den ersten Blick scheinen die *Règles* einer rein diskursiven Logik zu folgen. Aber auch in diesem frühen Text ist die Sprache der Erkenntnis existentiell grundiert. Der Traktat organisiert seine Kategorien nach einem strikt binären Prinzip. Die zentralen Oppositionen sind: das Wahre vs. das Falsche, der Irrtum, Methode, Regel vs. Zufall, Klarheit gegen Unklarheit, Einfachheit und Kompliziertheit, Ordnung gegenüber Unordnung und vor allem Sicherheit statt Unsicherheit und Zweifelhaftigkeit.

Zugleich fallen gewisse Bilder auf, die mit obsessioneller Häufigkeit wiederkehren. So vor allem der «gerade Weg» und sein Kontrapunkt, das Labyrinth. In diesem Zusammenhang taucht der Faden der Ariadne auf. Mit dem Rückgriff auf den alteuropäischen Mythos wird das Projekt der Erkenntnis mit der Aura menschheitsgeschichtlicher Bedeutsamkeit versehen. Die Erkenntnis der Wahrheit erscheint als Suche von dringendster Lebensbedeutung. Als Ausweg aus dem Labyrinth, dessen Alternative nicht einfach die Verirrung, sondern der Tod als ihre Folge wäre. Hinzu treten die Gegensatzpaare Blindheit vs. Klarsichtigkeit, auch Dunkel und Licht. Dem Leser wird signalisiert: Im Projekt der Erkenntnis geht es um die *condition humaine*, die anthropologische Grundverfassung des Menschen.

Charakteristisch für die Faktur der späteren Traktate ist die Verknüpfung des Repertoires der Kategorien mit dem Arsenal der Bilder im Rahmen einer autobiographischen Erzählung. Das Projekt der Erkenntnis erscheint als zentrales Element der Lebensgeschichte des Verfassers und der Suche nach seiner Identität. Das «augustinische» Szenario ist erkennbar, mit allem, was dazugehört: der Anfang des Lebens im Irrtum, das zentrale Ereignis der Erkenntnis des richtigen Weges als Kehre zur Wahrheit und die Beständigkeit auf dem einmal eingeschlagenen Weg. So lautet der Anfang der *Méditations*:

> Il y a déjà quelque temps que je me suis aperçu que, dès mes premières années, j'avais reçu quantité de fausses opinions pour véritables, et que ce que j'ai depuis fondé sur des principes si mal assurés, ne pouvait être que fort douteux et incertain; de façon qu'il me fallait entreprendre sérieusement une fois en ma vie de me défaire de toutes les opinions que j'avais reçues jusques alors en ma créance, et commencer tout de nouveau dès les fondements, si je voulais établir quelque chose de ferme et de constant dans les sciences. [...] Maintenant donc [...] je m'appliquerai sérieusement et avec liberté à détruire généralement toutes mes anciennes opinions. (S. 267)[12]

---

[12] Descartes wird nach folgender Ausgabe zitiert: René Descartes: *Oeuvres et lettres*. Paris: Gallimard 1953.

> Ich habe schon vor einigen Jahren bemerkt, wie viel Falsches ich in meiner Jugend als Wahres zugelassen habe und wie zweifelhaft alles ist, was ich nachher darauf aufgebaut habe, und dass daher einmal im Leben alles bis zum Grund niedergerissen und von den ersten Fundamenten aus von neuem begonnen werden muss, wenn ich jemals etwas Festes und Bleibendes in den Wissenschaften errichten möchte; [...] Also werde ich mich jetzt ernsthaft und unbefangen diesem allgemeinen Umsturz meiner Meinungen widmen. (S. 51)[13]

Durch die Rhetorik der Autobiographie wird die Abstraktheit der erkenntnistheoretischen Argumentation nicht nur existentiell grundiert, an Pathosformeln der Existenz zurückgebunden, sondern gleichsam lebensweltlich geerdet.[14] Während aber Augustinus nach dem wahren Gott sucht, um sich selbst zu finden, tritt bei Descartes an die Stelle des Gottes der Mensch selbst. Bei Descartes sucht der Mensch nach sich selbst, indem er nach einer Formel der Selbstdefinition sucht, mit der er sich von der Welt der Dinge abgrenzen kann.

Strikt in diesem Sinne ist die epistemologische Tätigkeit hier zugleich autobiographisch. Es handelt sich um eine Geschichte des Lebens, die ganz und gar auf Erkenntnis ausgerichtet ist. Aber umgekehrt auch um einen Prozess der Erkenntnis, der mitten im Leben situiert wird und unauflöslich zu seiner Geschichte gehört. Deshalb ist die Frage Descartes' nicht nur, wie Erkenntnis möglich und ins Werk zu setzen sei, sondern: Was will das Subjekt, das Erkenntnis will? Warum bestimmt es sich erkennend und nur, indem es erkennt, zugleich als Subjekt?

Das hat etwas mit seiner Perspektive auf die Welt zu tun. *Prima vista*, bevor sie der epistemologischen Behandlung unterzogen wird, erscheint diese vor allem als Labyrinth. Aber warum ist die epistemologische Prozedur überhaupt notwendig? Die Antwort ist unzweifelhaft: Man darf sich nicht im Labyrinth verlieren. Das Labyrinth ist das Negative, das zu überwinden ist. Der Welt muss

---

13 Übersetzung der *Méditations* nach René Descartes: *Meditationen. Dreisprachige Parallelausgabe. Latein-Französisch-Deutsch.* Übs. Andreas Schmidt. Göttingen: Vandenhoeck & Ruprecht 2004 und vom Verf..
14 Vgl Dalia Judovitz: *Subjectivity and representation in Descartes. The origins of modernity.* Cambridge: Cambridge Univ. Press 1988. Judovitz deutet in ihrer gescheiten Untersuchung die Literarisierung des erkenntnistheoretischen Diskurses zusammenfassend folgendermaßen: «The empirical subject of autobiography functions as the embodiment of the subject of truth.» (S. 135) Ich würde in der Richtung dieser Argumentation hinzufügen, dass die autobiographische Form die Theorie der Erkenntnis ans gelebte Leben zurückbindet. Es handelte sich dann paradoxerweise um so etwas wie die Fundierung im Leben eines epistemologischen Diskurses, der den Rahmen lebensweltlicher Erfahrung gerade überschreitet, in den Montaignes Sprechen noch einbezogen bleibt.

ihr Labyrinthcharakter ausgetrieben werden. Sie muss vor allem überschaubar werden. So formuliert *Règle V*:

Toute la méthode consiste dans l'ordre et la disposition des choses vers lesquelles il faut tourner le regard et l'esprit, pour découvrir quelque vérité. [...] C'est en cela seul que se trouve l'essentiel de toute l'habileté humaine; et cette règle doit être non moins suivie par qui veut entrer dans la connaissance des choses, que le fil de Thésée par qui veut pénétrer dans le labyrinthe. (R 52)
Die ganze Methode besteht in der Ordnung und Disposition dessen, worauf man sein geistiges Auge richten muß, um irgendeine Wahrheit zu finden. [...] Hierin allein ist die Summe aller menschlichen Anstrengungen enthalten, und daher muß man sich, will man die Erkenntnis der Dinge in Angriff nehmen, ebenso an diese Regel halten wie an den Faden des Theseus, wenn man in das Labyrinth eindringen will. (S. 16)[15]

Das gibt durchaus Anlass zum Erstaunen. Keineswegs versteht es sich von selbst. Denn kurze Zeit vorher noch wurde die Labyrinthnatur der Dinge als Chance unbegrenzter Erfahrung begriffen. Das zentrale Motiv der Renaissance-Autobiographien war: «vedere il mondo». Was meint, die Dinge in ihrer ständig sich wandelnden Vielfalt sehen, nicht aber sie überschauen wollen. Sich der Welt in ihrer unendlichen Mannigfaltigkeit, sich ihrer Unüberschaubarkeit selbst, wohl auch leidend, aber vor allem lustvoll aussetzen wollen. Das reiche Erfahrungsangebot der Welt in dieser Sicht derselben ist unablösbar von der Unvordenklichkeit aller Begegnisse und Ereignisse in ihr. Der Reichtum und die Intensität der Wirklichkeit ist der Inbegriff der in ihr möglichen Zufälle. Auf dem Wellenkamm der Zufälle reiten und nicht untergehen, nicht in die Tiefe gerissen werden oder am Grund zerschmettert, darauf richtete das fortunatische Subjekt der Renaissance seinen ganzen Lebenswillen und all seinen Hunger nach Erfahrung. Die Realität musste prinzipiell unüberschaubar, verwirrend auch und vor allem unsicher sein und sie wurde gerade in dieser Unsicherheit bejaht.

Anders das formierte Subjekt des cartesianischen Diskurses. Es weist die chaotische Fülle der Welt zurück, d.h. es weist zurück, was ihm als chaotisch erscheint. Und statt an so etwas wie Fülle ist ihm mehr an den scharf gezogenen Linien einer Konstruktionszeichnung gelegen. Es lehnt Welt als Labyrinth aller Unvordenklichkeiten, all ihrer Vielfalt, all ihrer unvorhersehbaren Zufälligkeiten ab. Es will das Labyrinth überschaubar, berechenbar und beherrschbar machen. Alles Krumme, Verschachtelte, Verwinkelte durch Gerade und reguläre

---

[15] Übersetzungen der *Règles* nach René Descartes: *Regeln zur Ausrichtung der Erkenntniskraft*. Übs. Lüder Gäbe. Hamburg: Meiner 1972 und vom Verf. Letztere sind jeweils gekennzeichnet.

Form ersetzen. Die Methode ist der Faden der Ariadne, wozu allerdings eine Ariadne nicht mehr gebraucht wird. Descartes' Subjekt will auf eigenen Füßen stehen. Allein mit seinem Kopf bietet es den Dingen Paroli.

Das descartesche Subjekt will sicher sein, den Ausgang des Labyrinths ganz allein zu finden. Überhaupt ist es besessen vom Phantasma der Sicherheit. So etwas ist nur möglich, wenn man zugleich wie traumatisiert ist von ihrem Gegenteil.[16] Eben das ist offensichtlich der Fall. Wie die immer wiederkehrenden und existentiell negativ besetzten Formeln der Unklarheit, Unsicherheit, Verworrenheit deutlich anzeigen. Mit einem Wort: Es geht um die Eliminierung des Zufalls («se soustraire à l'empire de la fortune», D 143, sich der Herrschaft des Zufalls entziehen, Übs. H. S.). Wo Zufall war, sollen Methode und Regel herrschen. Wenn man das will, dann will man gerade keine Erfahrung im Sinne des «vedere il mondo», sondern man will den lückenlosen Zugriff auf die Welt. Daher ist es kein Zufall, dass das Bild der geschlossenen Kette neben dem vom geraden Weg (droit chemin) zu den charakteristischen Bildern der *Règles* gehört:

> C'est ainsi que nous savons que le dernier anneau d'une longue chaîne est relié au premier, [...] (R 45).
> So wissen wir, dass das letzte Glied einer langen Kette mit dem ersten verbunden ist, [...] (Übs. H. S.).

Und:

> Parfois en effet, quoique nous parcourions par l'énumeration un grand nombre de choses qui sont tout à fait évidentes, si cependant nous en omettons une seule, fût-ce la plus petite, la chaîne est rompue et toute la certitude de la conclusion s'évanouit. (S. 59)
> Manchmal nämlich ist die Kette gerissen, wenn wir zwar vieles, was höchst evident ist, in der Aufzählung durchmustern, aber dennoch auch nur das Geringfügigste übersehen, und die ganze Gewißheit der Folgerung fällt in sich zusammen. (S. 24)

---

16 Dagegen Jürgen Goldstein: *Kontingenz und Rationalität bei Descartes. Eine Studie zur Genese des Cartesianismus*. Hamburg: Meiner 2007: «Für Descartes ist Kontingenz eine rationale Herausforderung, aber keine existentielle Beunruhigung.» (S. 364) und: «Es wäre eine unzulässige Dramatisierung, die Kontingenz als ein Trauma des cartesischen Denkens zu beschreiben.» (S. 364) Diese Argumentation übersieht die Dramatisierung des Kontingenz-Problems durch die autobiographische Form selbst. Darin ist sie gleichsam objektiviert. Was auch besagt, dass sie nicht notwendig biographisch verstanden werden muss. Schlüssiger Dominik Perler: *René Descartes*. München: Beck ²2006, der die descartesche Frage nach sicherem Wissen aus seiner Auseinandersetzung mit dem Skeptizismus erklärt (S. 136).

Vernunft arbeitet als systematisch verfahrende Erkenntnis, welche die Dinge in einer geschlossenen Folge von Deduktionen zu erfassen sucht. Dabei geht es dem formierten Subjekt nicht nur um die Ausschaltung des Zufalls. Vielmehr zielt das descartesche Projekt, das ist die Fortsetzung Machiavellis mit anderen Mitteln, zugleich auf die Eliminierung oder doch Marginalisierung alles Besonderen, Einzelnen, Partikulären. Was sich schon am Anfang der *Règles* andeutet, wo Descartes die Universalität der Wissenschaft von der auf das Einzelne gerichteten Praxis des Handwerkers oder des ausführenden Künstlers abgrenzt:

> Ainsi, faisant une comparaison fausse entre les sciences, [...] et les arts, [...] ils ont cru qu'il en est de même pour les sciences elles aussi [dass man in der Regel nur in einem Handwerk herausragend sein kann, H.S.], [...] Car, étant donné que toutes les sciences ne sont rien d'autre que la sagesse humaine, qui demeure toujours une et toujours la même, si différents que soient les objets auxquels elle s'applique, [...] il n'est pas besoin d'imposer de bornes à l'esprit [während die verschiedenen Sparten des Handwerks und der ausübenden Kunst bestimmte körperliche Fähigkeiten voraussetzen und deshalb nur als einzelne beherrscht werden können, so dass niemand mehrere Handwerke gleich gut beherrschen könne, H.S.] (S. 37f.).
>
> So hat man fälschlicherweise die Wissenschaften und die handwerklichen Künste verglichen und geglaubt, dass es mit den Wissenschaften ebenso stünde, [...] Denn da alle Wissenschaften nichts anderes sind als die menschliche Weisheit, die immer eine und dieselbe bleibt, auf wie viele verschiedene Gegenstände sie auch angewendet sein mag, [...] so ist es nicht nötig, die Erkenntniskraft durch irgendwelche Schranken einzuengen. (Übs. H. S.)

Stand bei Petrarca, Cardano, Cellini und Montaigne die Wirklichkeit unter dem Erfahrungsvorzeichen des Konkreten, so wird alles Konkrete nunmehr der Idee des Universalen unterstellt. Es geht darum, die Natur nicht als Inbegriff der in ihr möglichen und zufälligen singulären Phänomene und Prozesse, sondern als *Ordo* zu entwerfen. Aber nicht im providentiellen Sinne und durch ein starkes Subjekt garantiert, sondern als geordneter, immanenter Zusammenhang von Gesetzen und Regeln. Dessen Modell ist die Mathematik.

In diesem Zusammenhang ist an Husserls Auffassung zu erinnern, nach der die mathematisch verfahrenden Naturwissenschaften die qualitativ gerichtete lebensweltliche Erfahrung ausklammern, indem sie alle Gegenstände nach quantifizierbaren Parametern konstruieren, den sogenannten primären Qualitäten und alle anderen Beschaffenheiten ins Sekundäre auslagern. Das gilt nicht nur für Galilei (1564–1642), sondern auch für Descartes (1596–1650).[17] Sekun-

---

17 Edmund Husserl: *Die Krisis der europäischen Wissenschaften und die transzendentale Phänomenologie*, § 9, S. 22–65: «Galileis Mathematisierung der Natur» (S. 22). Vgl. René Descartes: *Oeuvres et lettres*, S. 612: «Que ce n'est pas la pesanteur, ni la dureté, ni la couleur,

där sind dann die ästhetischen Eigenschaften der Farbe, der Form, Geruch und Geschmack. Diese Konstruktion der Dinge nach gewissen «Idealitäten» tritt an die Stelle des lebensweltlichen Modells der Erfahrung, für das die Einteilung in primäre und sekundäre Eigenschaften nicht gilt. Das ist im Übrigen die geschichtliche Situation, in der die Form lebensweltlicher Erfahrung in den Sprachen der Kunst aufgehoben wird.

Im descarteschen Traktat tritt, entschiedener noch als bei Machiavelli und seiner schon viel sicherer, das formierte Subjekt an die Stelle des fortunatischen. Es folgt strengen Regeln der Erkenntnis in dem Maße wie es sich der Unpräjudizierbarkeit von Erfahrung entziehen will. Damit konzipiert es die Wirklichkeit nach dem Muster seiner Art und Weise, die Vernunft zu gebrauchen. Nicht als Inbegriff der in ihr möglichen Zufallsereignisse, sondern als Inbegriff von Gesetz, Ordnung und Regel. Nur so ist sie nicht einfach der Ort unbegrenzter Reihen von Erfahrungen, sondern die Sphäre aller durch Regelwissen beherrschbaren und beherrschten Umstände: «pour qu'en chaque circonstance de la vie son entendement montre à sa volonté [!, H.S.] le parti à prendre;» (R 39) [damit in den einzelnen Vorfällen des Lebens der Verstand dem Willen vorschreibe, was zu wählen sei, [...] (S. 4)].

Die Verbindung von Erkenntnis, Wille und Entscheidung im Rahmen eines pragmatisch gerichteten Konzepts unterstreicht, dass Descartes' Projekt nicht auf Erfahrung, auch nicht auf Erkenntnis, sondern auf erkenntnisgeleitete Beherrschung aller Umstände der Erfahrung abzielt. Bei allen Unterschieden, so geht Machiavelli nicht vom Primat der Mathematik aus, sondern von der abstrahierenden Analyse von Erfahrung, stimmen Descartes und der Italiener darin überein, die Vorstellung der Welt als Inbegriff all ihrer Einzelphänomene durch ein Konzept der Unterordnung des Singulären unter Regeln zu ersetzen.

Was aber die Differenzen betrifft, so gibt es mindestens einen weiteren bedeutsamen Unterschied zwischen Machiavelli und Descartes. Er ergibt sich auch daraus, dass letzterer sich ganz auf der Ebene des theoretischen Sprechens bewegt, während für ersteren die Form der thetischen Argumentation nur eine von mehreren Ausdrucksmöglichkeiten ist. Deshalb kann er in der Erzählung und im Gedicht den menschlichen Handlungsmöglichkeiten engere Grenzen setzen als im Traktat. Das betrifft, wie im *Principe* mit dem Beispiel des Cesare Borgia nur angedeutet, in der Novelle *Castruccio Castracani* aber nachdrücklich

---

etc., qui constitue la nature du corps, mais l'extension seule. / En ce faisant, nous saurons que la nature de la matière, ou du corps pris en général, ne consiste point en ce qu'il est une chose dure, ou pesante, ou colorée, ou qui touche nos sens de quelque autre façon, mais seulement en ce qu'il est une substance étendue en longueur, largeur et profondeur.» (S. 612f.)

herausgestellt, bezeichnenderweise die Rolle des Körpers als einer Instanz der Unverfügbarkeit. Darin stimmt er mit Montaigne überein, während Descartes eine prägnant andere Position einnimmt. Wenn für Montaigne gilt: Das Ich geht am Körper auf, so nimmt Descartes an, dass das Ich sich allein im Denken hat:

> je ne suis donc, précisément parlant, qu'une chose qui pense, c'est-à-dire un esprit, un entendement ou une raison, [...] Je ne suis point cet assemblage de membres, que l'on appelle le corps humain; (M 277).
> ich bin also genau nur eine Sache, die denkt, das heißt Geist, Seele, Verstand oder Vernunft [...] (S. 77). Ich bin nicht dieses Gefüge von Gliedern, das als menschlicher Körper bezeichnet wird. (S. 79)

Auch ist bei Montaigne der Körper eine metonymische Repräsentanz der konkreten Welt, d.h. der im Modus des Konkreten wahrgenommenen Welt. Beide müssen ihm als unverfügbar gelten. Unverfügbarkeit ist das Prinzip der Konstruktion des Selbst wie der Dinge bei Montaigne. Demgegenüber zielt das descartesche Denken auf umfassende Verfügbarkeit der Natur – einschließlich des Subjekts.

So hebt die Abhandlung über *Les passions de l'âme* nachdrücklich auf die Herrschaft des vernunftbestimmten Ich über die Leidenschaften ab. Dem Artikel 50 der Schrift stellt er die These voran: «*Qu'il n'y a point d'âme si faible qu'elle ne puisse, étant bien conduite, acquérir un pouvoir absolu sur ses passions.*» (S. 721) [Keine Seele ist so schwach, daß sie nicht bei richtiger Anleitung die unbedingte Herrschaft über ihre Leidenschaften erlangen könnte. (S. 29)][18] Die innere Verfügung des Vernunft-Ich über die nicht vernünftigen Anteile seiner Psyche ist der endogene Prototyp der äußeren über die Natur überhaupt.

Was den Körper betrifft, so vollzieht Descartes einen scharfen Schnitt. Dass er das Ich vom Körper ablöst, indem er sich ganz als denkende Substanz begreift[19], hat bestimmte Funktion im Zusammenhang seines Projekts. Nur wo lückenloses Denken ist, wo das Denken ganz bei sich ist, total das Feld beherrscht und nicht durch ein fremdes Medium getrübt ist, wo die geschlossene Kette des Denkens durch nichts unterbrochen werden kann, ist Sicherheit. Der Körper als Maschine ist aber nicht oder noch nicht beherrschbar und verfügbar.

---

18 Übersetzung nach René Descartes: *Über die Leidenschaften der Seele*. Übs. Artur Buchenau. Leipzig: Meiner ³1911.
19 Vgl. Herbert Schnädelbach: Descartes und das Projekt der Aufklärung. In: Wilhelm Friedrich Niebel/Ancelica Horn u.a. (Hg.): *Descartes im Diskurs der Neuzeit*. Frankfurt/M.: Suhrkamp 2000, S. 186–206. Descartes beginne «mit einem körperlosen *ego*» und rechne «den eigenen Körper zur Außenwelt»» (S. 189).

Das bezeichnet den historisch weitesten Punkt der Entfernung von Montaigne, dessen Orientierung am Körper mit der Bejahung seiner und der Unverfügbarkeit der Natur überhaupt zusammenfällt. Aber gerade nicht als Resignation, sondern als Vertrauen in den Gang der Natur, von dem er erwartet, dass er die Dinge lebensförderlich richten werde. Es ist nicht zuletzt dieses Vertrauen, dass Descartes abhanden gekommen ist.

Das formierte Ich abstrahiert um des Phantasmas der Verfügbarkeit willen von seinem Körper. Nur über das Denken glaubt es, sein Projekt der Verfügung verwirklichen zu können. Das ist aktiv gewendeter Stoizismus. Rückzug auf das Vernunft-Ich, Preisgabe des Körpers, aber mit der Intention, gerade so die Dinge in den Griff zu bekommen.

Freilich fällt der vom Ich abgespaltene Körper nicht einfach ins Leere, sondern er wird der Körperwelt der *res extensa* zugeschlagen.[20] Das unterstreicht Taylor zu Recht. Damit gilt für den Körper, was für die ganze Natur gilt: dass er einstweilen noch nicht, wohl aber prinzipiell und zukünftig, beherrschbar ist.

Wie immer man sie bewertet, es ist eine revolutionäre theoretische Tat, epochale Entscheidung und Signatur der Epoche, die Subjektivität des Subjekts, in radikaler Reduktion als denkende Substanz gefasst, gleichsam vom Körper abzusprengen. Wie eine Rakete einen oder mehrere Teile absprengt, um in entfernte Regionen der Stratosphäre vordringen zu können. Mit der descarteschen Zerebralisierung des Selbst tritt eine neue Form der Subjektivität in die Geschichte ein.

---

20 Charles Taylor: *Quellen des Selbst*. In diesem Sinne argumentiert Taylor: «Wir müssen [so Descartes' Perspektive, H.S.] die Welt – einschließlich des eigenen Körpers – objektivieren und das heißt, daß wir sie nach und nach mechanistisch und funktional sehen, also ebenso wie ein außenstehender und unbeteiligter Beobachter sie sähe.» (S. 266) In dieser Tendenz auch Wolfgang Röd: *Descartes. Die Genese des cartesianischen Rationalismus*. München: Beck ³1995 und Herbert Schnädelbach: Descartes und das Projekt der Aufklärung, S. 186–206.

VIII Apoll und Python bei Gracián

Machiavelli interessiert die Frage, inwieweit Geschichte und politische Macht machbar sind. Descartes zielt bedeutend weiter. Er radikalisiert das Programm der Verfügung, indem er die Machtfrage über den Bereich der Geschichte hinaus auf die Natur ausdehnt. Bei Gracián erobert der Wille zur Macht ein neues Territorium: Zwischenmenschlichkeit. Der Wille will auch die Herrschaft über den Anderen. Die Herrschaft über den Anderen, wie sie bei Gracián konzipiert ist, ist aber etwas ganz Anderes als die Durchsetzung gegen den Konkurrenten bei Cardano und Cellini.[1] Denn in den Autobiographien der Italiener siegt das Ich, ohne in die Innerlichkeit des Rivalen einzugreifen. Exakt dieses geschieht nun bei Gracián: in das Innere des Anderen eindringen, seine Sicht der Dinge «manipulieren», sein Denken und seine Anschauungen formieren. Aber all das ohne sein Wissen. Darum geht es. Die unwiderstehliche Macht der starken Persönlichkeit und ihre Selbstinszenierung wirken hinter dem Rücken des Gegenübers.[2]

Das Handlungsmodell, nach dem verfahren wird, ist nicht Kampf (Chrétien), Streitrede, Wettstreit wie bei den italienischen Autobiographen. Es geht nicht darum, *hic et nunc* besser zu sein als der Rivale, mit ihm hinsichtlich bestimmter Fähigkeiten zu konkurrieren. Vor den Augen und Ohren eines Publikums. Vielmehr darum, das Gegenüber zum Objekt einer Psychotechnik zu machen. Unter Umgehung seines Bewusstseins sein Bewusstsein und sein Unbewusstes schon vor jeder offenen Konkurrenz (für mich) einzunehmen. Dann erkennt der Andere meine Überlegenheit immer schon vor jedem offenen Kampf an.

Auch im Kampf und im Redewettstreit geht es selbstverständlich um soziale Anerkennung und Geltung. Was die Kombattanten sind und können, muss sich zeigen. Die direkte Auseinandersetzung ist der Test auf die Qualitäten der miteinander Kämpfenden. Das Sein muss (bei Chrétien in anderer Weise als bei Cardano) Anerkannt-Sein werden. Aber im Modell Graciáns umschwebt die große Wolke des Scheins einen kleinen Kern des Seins bis zur Unkenntlichkeit des letzteren.

---

1 Im Folgenden wird auf die ältere Gracián-Literatur nur ausnahmsweise verwiesen. Vgl. dazu Hans Sanders: Scharfsinn, S. 4–39.
2 Vgl. Aph. 42. Von der «fuerza de superioridad» wird gesagt: «Sujétansele todos sin advertir el cómo, [...]», Aph. 122: «*Señorío en el decir y en el hacer*. Hácese mucho lugar en todas partes y gana de antemano el respeto. [...] Es gran vitoria coger los corazones.» Die Zitate beziehen sich auf Baltasar Gracián: *Oráculo manual y arte de prudencia*.

Auch wegen der Nachhaltigkeit dieser Aura des Scheins muss sich das *Ego* nicht fortwährend in Rangkämpfe stürzen. Vor jedem einzelnen Kampf und unabhängig von Einzelkämpfen hat es seinen Kampf immer schon gewonnen. Indem es die Innerlichkeit des Mitmenschen, der eher ein Neben- oder besser noch ein Gegenmensch ist, mit Schein «infiltriert», besiegt es «siebene auf einen Streich». Seine Geltung geht nicht aus einer unabschließbaren Reihe von glücklich gemeisterten (Wett)Kämpfen hervor, sondern sie beruht auf einem oder wenigen Akten der Fundierung. Diese bedürfen gewiss gelegentlich der Auffrischung und Erneuerung. Aber sie haben auf jeden Fall immer eine Langzeit- und Mehrfachwirkung.

Statt des Sieges in direkter Konfrontation zielt das psychotechnische Modell auf das soziale Langzeitpotential von «Bewunderung» (admiración), «Respekt» (respeto), «Verehrung» (veneración) und «Wertschätzung» (estimación). Es geht um die immer schon dem Konkreten vorgegebene, immer schon vor jeder konkreten Begegnung wirkende «Einstellung» des Anderen. Sein Bild und sein Vor-Urteil, seine grundlegenden, situationsübergreifend, langzeitig wirksamen Dispositionen gegenüber seinem überlegenen Pendant.

Wenn das Bild, das wir von Anderen haben und das Andere von uns haben, unsere Identität mitkonstituiert, so zielt die Strategie des graciánschen Selbst auf die Identität des Gegenübers als Konstituens seiner eigenen (sozialen) Identität. Es geht zum Beispiel darum, Erwartungen zu wecken, indem man seine Absichten nicht deutlich macht: «El no declararse luego suspende, [...]» (Aph.3) [Sich nicht zu erklären weckt Erwartung].[3]

Die Frage ist dann: Wie wird das Objekt in seiner inneren Welt darauf reagieren, was ich ihm andeute, halbwegs präsentiere, sage, mehr suggeriere als sage, vormache, vorspiele? Wie wirkt insgesamt an mir Wahrnehmbares, von mir in irgendeiner Weise Kundgegebenes, sich in der Innenwelt des Anderen aus? Wie also dringt Äußeres ins Innere ein, wie wirkt es dort, was bewirkt es dort? Und: Wie dringt es nach seinem Durchlauf durchs Innere, seiner Innenverarbeitung, wieder nach außen. Welche (Ver)Äußerungen folgen auf die Verinnerungen, die ich in Gang setze? Alle diese Fragen, die sich fortsetzen ließen, zeigen eines mit Gewissheit: wie viel unablässige Feinarbeit an der Innerlichkeit des Anderen in der Welt Graciáns unabdingbar geworden ist, wenn man es in ihr zu etwas bringen will.

---

3 Den Übertragungen ins Deutsche liegt die schopenhauersche Übersetzung zugrunde, von der ich abgewichen bin, wo es mir notwendig erschien: Baltasar Gracián: *Handorakel und Kunst der Weltklugheit.* Übs. Arthur Schopenhauer. Stuttgart: Reclam 1954.

Ohne Zweifel findet hier Empathie zu ausschließlich strategischen Zwecken statt. Das beinhaltet neben Anderem auch eine Asymmetrie zwischen dem Wissen des Selbst und seinem Pendant. Der Andere wird transparent, erschlossen durch die Entschlossenheit des Selbst, das für ihn verschlossen bleibt.[4] *Alter* soll *Ego* anerkennen, ohne sich über dessen Inneres, dessen Absichten und Ziele im Klaren zu sein. Mehr noch und positiv gefasst: Diese Unklarheit, die Undurchsichtigkeit, Zwielichtigkeit des Weisen (sabio), soll gerade die Voraussetzung seiner Anerkennung sein. Aber zugleich soll das Innere des Anderen scharf ausgeleuchtet vor den durchdringenden Augen des Ich liegen.[5]

Diese Durchleuchtung allerdings ist nicht allzu schwierig. Wird doch im Konzept des *Oráculo* der Gegner nicht als ein abgründiges, verwickeltes, verwinkeltes, überwachsenes Etwas gedacht, sondern prinzipiell als ein Übersichtliches. Denn er wird als derjenige gedacht und gesetzt, der letztlich, trotz aller Schwierigkeiten, die er sehr wohl machen kann, in vorhersehbarer Weise reagieren wird. *Alter* ist im Kalkül des *Ego* nicht als unbekannt-unerkennbare, sondern als bestimmbare Größe angesetzt.

Wenn im Kampf um die Geltungsdominanz jemand gänzlich unvorhersehbare Haken schlägt, oder, wie ein Vogel, seine Flugrichtung abrupt ändert, dann ist es das Ich. Stößt es auf ein Du, das mit gleicher Münze heimzuzahlen versucht, so verfügt es immer über einen Gang mehr, eine weitere Umdrehung in der Spirale des wechselseitigen Antizipierens. Das ist die elementare Spielregel, auf der das ganze Spiel beruht. Nur *Ego* verfügt sowohl über die Potentiale des Rationalen wie des Irrationalen. Das Selbst ist der umfassend Wissende und Witternde. Sein Gegenüber wird im Unwissen gehalten. Aber das ist diejenige prägnante und prononcierte Unwissenheit, die das Pendant eines Wissens ist. Auch ist das Wissen des *sabio* von der Art, dass es der Unwissenheit bedarf, um fruchtbar zu werden.

Das Modell Graciáns basiert auf einer negativen Anthropologie.[6] Der Andere ist, wie *Ego*, das monadisch handelnde, an seinem Eigeninteresse orien-

---

4 Vgl. Aph. 94: «*Incomprehensibilidad de caudal*. Excuse el varón atento sondearle al fondo, ya al saber, ya al valer, [...].»
5 Vgl. Aph. 49: «De raras observaciones, gran descifrador de la más recatada interioridad.»
6 Deren Komplexität wird von einer globalen Zurechnung Graciáns zum Barock als einer Epoche des *desengaño* verfehlt. Denn seine Sicht der Dinge schließt eine negative Sicht (der Welt) des Anderen ebenso ein wie einen starken Optimismus hinsichtlich der Beherrschbarkeit der-/desselben durch den Scharfsinn des *sabio*. Vgl. zur globalen Desengaño-These José M. Aguirre: Agudeza o arte de ingenio y el barroco. In: Institución Fernando el Católico (Hg.): *Gracián y su época. Actas, ponencias y comunicaciones.* Zaragoza: Institución Fernando el Católico 1986: «El cuadro que del Siglo de Oro nos pinta su literatura no puede ser

tierte Wesen. Beide lassen sich weder von Altruismus, noch von Liebe, Mitleid oder Sympathie leiten. Deshalb ist es nur konsequent, wenn das Ich nicht in erster Linie darauf abzielt, Dankbarkeit zu erzeugen, sondern vielmehr Abhängigkeit: «*Hacer depender.* [...] El sagaz más quiere necesitados de sí que agradecidos.» (Aph. 5) [Abhängigkeit begründen. [...] Der Scharfsinnige hat lieber von ihm Abhängige als ihm dankbar Verbundene.]

Das Selbst lebt einsam in einer gemeinsamen Wirklichkeit mit dem Anderen, dessen Inneres ebenso durchrationalisiert ist wie sein eigenes. Insofern leben beide in einer durchrationalisierten Welt primär erfolgsorientierten und nicht sittlich bestimmten Handelns. Was so viel besagt, dass der Erfolg nicht (mehr) von der Treue zu sittlichen Normen abhängt, sondern von der sittlich indifferenten Wahl geeigneter Mittel zur Erreichung rein individueller Ziele.[7]

Der Protagonist Graciáns arbeitet mit einem Vorgriff, nicht auf dieses oder jenes Verhalten des Gegenübers, in dieser oder jener Situation. Sondern mit einem Vorgriff auf seine Natur. Oder anders: Es ist der rationalistische Entwurf des Pendants, der es erlaubt, sein Handeln nicht nur konkret und punktuell, sondern durchlaufend, in seiner durchschnittlichen Wahrscheinlichkeit vorherzusehen. Dazu genügt es, den fremden Anderen auszumessen («medir el ajeno», Aph. 291). Das zeigt: Die Konstruktion des Anderen beruht auf der Figur der Regel. Deren Funktion besteht vor allem darin, Unvorhersehbarkeiten im Verhalten des Gegenüber zu eliminieren.

Descartes' auf die Natur *in toto* abzielende Methode scheint in die Prämissen eingewandert zu sein, nach denen im *Oráculo* die Natur des Nebenmenschen entworfen wird. Ausgeschlossen werden muss demnach, dass seine Psyche, ebenso wie sein Handeln, auch kontingent, vielleicht sogar chaotisch sein könnten. In diesem Falle wäre er ein Gegenüber voller Überraschungen. Er wäre ein Gegen-

---

de tonalidades más sombrías.» (S. 181) In diesem Sinne auch S. 182, 184. So auch Jean Canavaggio: *Historia de la literatura española. Tomo III. El siglo XVII.* Barcelona: Ed. Ariel 1975, der global und unzutreffend eine «retórica del desengaño que desarrolla Gracián en sus diferentes tratados» (S. 5) diagnostiziert. Ebenso Jesús Menéndez Peláez u.a.: *Renacimiento y barroco.* León: Everest 2005: «La crisis de la realidad produce desorientación, subrayada por los nuevos descubrimientos científicos, come la tesis de Galileo, que despojan à la Tierra de su papel central en el universo.» (S. 337) Charakteristisch für diese Sicht ist, dass positive Auswirkungen der naturwissenschaftlichen Entwicklungen auf die Kultur geradezu systematisch ausgeschlossen werden.

7 Selbstverständlich findet sich – entsprechend dem aphoristischen Prinzip der «Koexistenz des Heterogenen» (Hans Sanders: Scharfsinn, S. 21) – eine Reihe entgegenlautender Stellen. So, das sei nur als ein Beispiel von vielen möglichen angeführt, zum Thema Freundschaft: «No hay desierto como vivir sin amigos» (Aph. 158). Freilich lautet die Sentenz des Aphorismus: «*Saber usar de los amigos.*» [!, H. S.]

stand beständigen Staunens und reicher konkreter Erfahrung. Im rationalistischen Entwurf des Gegenmenschen muss all das dem Willen zur Prognose und Steuerung, kurz dem Willen zur Macht unterstellt werden.[8]

Daraus erhellt, dass die Konstruktion des Anderen sich mit einer Konzeption der Zeit verbindet. Die Vergangenheit ist ohne Interesse. An der Gegenwart interessiert einzig, was aus ihr werden kann. Alle Gegenwart ist nur Mittel. Man muss also die Zukunftsorientierung, ja geradezu Zukunftsversessenheit des graciánschen Kommunikationsmodells festhalten. Ersichtlich kann in einem solchen Modell das Glück des erfüllten Augenblicks keine starke Erfahrung sein. Es sei denn, wenn sich zeigt, dass *Alter* dem Kalkül gemäß gehandelt hat. Ein kurzer Moment der Erfüllung. Sogleich abgelöst von der wieder anlaufenden Sorge um die Zukunft. Hinter dem Willen zur Macht wird der Schatten einer Angst sichtbar: dass die Zügel entgleiten könnten, Angst vor dem Kontrollverlust. Sie wird zu einer Urangst der Moderne werden.

Die Verfügung über den Unterlegenen ist Zukunftsdesign. Psychotechnik ist Zukunftstechnik. Der Übergescheite will sein Unter-Ich temporal als *tabula rasa*, um unbeeinträchtigt von alten Einträgen allein seinen Zukunftstext hineinzuritzen. Dabei wäre die Lebensgeschichte des Gegenmenschen nur ein Störpoten-

---

8 Diese Dimension wird von der globalen Desengaño-These bezüglich des Barock systematisch verfehlt. Die Epoche ist durch den Aufschwung der Naturwissenschaften ebenso in ihren traditionellen Gewissheiten erschüttert wie positiv bestimmt in der Vorstellung, die Herrschaft Fortunas eindämmen zu können. Vgl. etwa Maurice Ashley: *Das Zeitalter des Barock. Europa zwischen 1598 und 1715.* München: Kindler 1968, der den Beginn der modernen Welt im 17. Jahrhundert auf die neue Astronomie bezieht, ihre Wiederentdeckung des heliozentrischen Weltbildes durch Kopernikus (1543), den Beweis seiner Theorie durch Tycho Brahe und Johannes Kepler zu Beginn des 17. Jahrhunderts, Galilei und seine (Nach)Konstruktion des Fernrohrs usw. In diesen Zusammenhang gehören die Erfindungen des Mikroskops, Teleskops, Thermometers, Barometers und der Pendeluhr. Auch aus allgemein geschichtswissenschaftlicher Sicht muss die globale These von der Dekadenz des spanischen 17. Jahrhunderts differenziert werden. Vgl. Friedrich Edelmayer: Die spanische Monarchie der Katholischen Könige und der Habsburger (1474–1700). In: Pedro Barceló u.a.: *Kleine Geschichte Spaniens.* Stuttgart: Reclam 2004, S. 123–207. Nur in einem politikgeschichtlich ausgerichteten Interpretationsmodell kann man einseitig den Stillstand der territorialen Expansion Spaniens wie den Verlust der dominierenden Stellung in Europa (S. 182f.) herausstellen. Dagegen stehen die großen Leistungen der spanischen Kultur im 17. Jahrhundert, so etwa die Malerei des Barock (S. 184, 201). Ich füge hinzu: Literatur und Malerei sind nicht «automatisch» vom politischen Niedergang «infiziert». Und vor allem: Insbesondere bei Gracián zeigt sich, dass der den nationalgeschichtlichen Rahmen überschreitende, europäische, von der rationalistischen Philosophie und dem Aufschwung der Naturwissenschaften geprägte Prozess der Modernisierung zu berücksichtigen ist.

tial. Alles ist dem Ziel unterstellt, diejenige Dimension der Zeit ins Konzept der Herrschaft einzubeziehen, die sich am stärksten dagegen sperrt.

Aber gibt es das nicht alles schon auch im *Decameron*? Wird nicht auch in der Figur der List, des Plans, des Projekts die Welt auf Zukunft ausgelegt? Das ist sicherlich der Fall. Aber in einem gänzlich anderen Kontext. In beiden Modellen dient die Empathie ausschließlich dazu, alle Anderen nicht als Zweck, sondern als Mittel zu nehmen. Die Einfühlung weiß nicht und ist nicht daran interessiert zu wissen, wer die andere Person ist, sondern wie sie sich verhalten wird.

Soweit besteht Übereinstimmung zwischen dem Handlungsmodell des *Decameron* und dem des *Oráculo*. Freilich geht es bei Boccaccio – dem Gattungsimperativ der Erzählung entsprechend – immer um konkrete Situationen, Probleme und Wünsche. Alle Akteure sind immer *en situation*. Deshalb muss die Frage jeweils lauten: Wie wird das Objekt reagieren (y), wenn ich x tue? Nie ist der decameronische Kalkül situationsunspezifisch. Er ist Vorgriff auf eine konkrete Konstellation des Handelns. Und er ergibt sich aus einer solchen.

Beide Handlungsschemata arbeiten mit negativen anthropologischen Prämissen. Aber bei Gracián zielen diese nicht primär auf die einzelne Handlung, sondern auf die Reihe derselben. Aus diesem Grund versucht der *sabio*, die Einstellungen und Haltungen des Konkurrenten zu steuern. Denn aus diesen geht alles langfristige Handeln hervor. Der Held des *Decameron* hingegen lässt die Innerlichkeit des Gegners unberührt. Er beschränkt sich darauf, die eine reale Situation herbeizuführen, in welcher der Konkurrent kalkülgemäß handeln soll. Der Protagonist des Handorakels will mehr von der Welt als der decameronische. Und er verfügt über wirksamere Mittel. Der Eingriff in die Innerlichkeit des Minderklugen und eine Langsicht über den jeweils nächsten Schritt hinaus ermöglichen Langzeitwirkungen, die im *Decameron* nicht anvisiert werden.

Dabei handelt es sich nicht einfach um die Differenz zweier Semantiken. Vielmehr ist das Bedeutungsapriori zu bedenken, das durch jede Form, Gattung, Medium gesetzt wird. Die Besonderheiten des graciánschen Handlungsmodells sind eine Funktion der aphoristischen Form. Abstraktion vom Singulär-Konkreten, die Deutung und Präsentation menschlichen Verhaltens in der Perspektive des Regulären und Typischen ist ein zentrales Formmerkmal des Aphorismus im 17. Jahrhundert (und darüber hinaus). Bei Gracián ebenso wie bei La Rochefoucauld und (weniger bei) La Bruyère.[9] Die aphoristische Form allgemeinen Sprechens kommt einem Ausdrucksbegehren entgegen, das nicht an konkreten

---

9 Auf den allgemeinen Charakter der graciánschen Anthropologie (im Gegensatz zu Montaigne und der Bedeutung des *moi* in den *Essays*) verweist zu Recht Karl A. Blüher: 'Mirar por dentro'. El analisis introspectivo del hombre en Gracián. In: Sebastian Neumeister/Dietrich

Gestalten der Welt interessiert ist wie die Erzählung, sondern das Abstraktion vom Einzelnen will. Abstraktion vom Einzelnen will es, weil es das Übereinzelne am Einzelnen erfassen will. Es will nicht das Konkrete in seiner unerschöpflichen Vielfalt vorzeigen, sondern es ordnen und unter Regeln bringen.

Zum Weltentwurf und zur Auffassung des Anderen im *Oráculo* gehört auch eine in diesem Rahmen notwendige und systematische Ausblendung: dass die Person an ihrem Mitmenschen um seiner selbst willen interessiert sein könnte. Das Selbst interessiert sich im Gegenteil nur im eigenen Interesse für das Du. Sein Selbstinteresse ist strikt monologisch. Es ist eine Monade, aber nicht fensterlos. Denn die Verwirklichung seiner Interessen erfordert die beständige Beobachtung des Gegners.

In der Welt Graciáns fehlen alle Voraussetzungen für ein altruistisches Verhältnis zum «Mitmenschen». Recht eigentlich als Mitmensch ist er inexistent. Das Gesetz des Handelns ist vielmehr: Aus dem Neben-Ich soll ein Unter-Ich werden. Die Spuren einer Gemeinschaftlichkeit des Lebens, die im *Decameron* durchaus noch vorhanden sind (Bedeutung von Absprache, Ausgleich, Einigung, Übereinkunft), sind fast ganz getilgt. Der Scharfsinnsheld handelt als Sachwalter seiner Interessen. Und als solcher ist er prinzipiell allein. Er ist ebenso klug, scharfsinnig und weise wie allein. Damit sein Entwurf der Welt aufgeht, müssen alle Anderen unter ihm stehen.

In Aphorismus 13 ergibt sich allerdings eine Komplikation des einfachen Modells, in dem der Widersacher immer nur seine Rolle als Objekt der strategischen Empathie zu spielen hat und sonst nichts. Im komplexeren Arrangement versucht *Alter* seinerseits, was das Selbst mit ihm versucht. Er reagiert auf Augenhöhe. Und exakt darin ist er *alter ego*.

Dann ergibt sich eine Spirale des wechselseitigen Vorwegnehmens, Belauerns und Täuschens. Und hier ist die Stelle, wo – im Rahmen des aphoristischen allgemeinen Sprechens, als typische Situation – das Besondere, Einmalige, Überraschende, Regelkonträre ins Kampfspiel der Kommunikation eingebracht wird. Im Duell der Finten und Überrumpelungen arbeiten beide Kontrahenten mit überraschenden Manövern, die schlechterdings nicht vorhersehbar sind.

Die Kämpfer sind der Scharfsinnige und sein scharfsinniges Gegenüber. Beide werden in je einer Reihe von Charakterisierungen gefasst, die aus zwei Allegorien und einem abschließenden, impliziten Vergleich besteht. Der Kluge als «la sagacidad» (Klugheit), «la simulación» (Verstellung), «Apolo» (Apoll), der

---

Briesemeister (Hg.): *El mundo de Gracián*. Berlin: Colloquium 1991, S. 208, ohne allerdings die diesbezügliche Bedeutung der aphoristischen Form zu erörtern.

Gegner als «la penetrante inteligencia» (der durchdringende Scharfsinn), «la observación» (die Beobachtung), «Pitón» (Python).

Obwohl sich beide in der Wahl ihrer sittlich indifferenten Mittel in nichts nachstehen, ist die apollinische Klugheit mit der Aura des unbestimmt (moralisch) Positiveren gegenüber der Schlange versehen. Was sich aus dem Gesamtkontext des *Oráculo manual* und hier auch aus dem Bezug zum Mythos ergibt: Python ist der Drache, der das Delphische Orakel bewacht und Menschen und Tiere würgt, bis ihn Apollon erlegt.[10]

Diese schwer fassbare moralisch positive Deutung der Rolle des klugen Kopfs ist um so auffallender, als der Kampf zwischen den Kontrahenten vom Feld der sittlichen Antinomien in eine Sphäre verlagert wird, wo Gut und Böse nur eine untergeordnete Rolle spielen: jenseits von Gut und Böse. Man wird das so verstehen müssen, dass trotz alledem das Duell der fast gleich Scharfsinnigen an freilich nur unscharf erkennbare ethische Rahmenbedingungen gebunden bleibt. In letzter Instanz soll der *sabio*, unbeschadet der auch von ihm verwendeten ethisch bedenklichen Mittel, nicht als böse gelten müssen.[11]

Was nicht darüber hinwegtäuschen kann, dass die reine Zweck-Mittel-Orientierung wichtiger ist als die an sittlichen Normen. Im graciánschen Dispositiv muss sich prinzipiell alles nur Mögliche als Mittel einsetzen lassen. Der Zweck, wie auch immer erreicht, ist immer: mehr haben oder sein als der Antagonist, im Vorteil sein, übervorteilen, besser dastehen, besser angesehen werden, höher stehen. An die Stelle der Gemeinschaftlichkeit des Lebens ist die Asozialität des Lebens getreten. Oder: Alle Sozialität wird Mittel zur Verwirklichung eines sozial indifferenten Zwecks, bei dem es allein und auf Kosten des Unterlegenen um das Ansehen des in der Konkurrenz Erfolgreichen geht.

«Ansehen» (crédito, autoridad) ist nun aber ein ganz besonderes Ding. Der Held des *Handorakels* konkurriert, auch dieses im Unterschied zum *Decameron*, nicht (in erster Linie) um bestimmte einzelne Objekte, Frau oder Geld usw. Wir haben es vielmehr mit einer generalisierten Konkurrenz um ein allgemeines Objekt zu tun. Woraus freilich einzelne Gratifikationen folgen können und sollen. Entscheidend ist die Überordnung des Allgemeinen über das Konkrete, nicht nur hinsichtlich der wechselseitigen Wahrnehmung der Akteure, der Form

---

10 Vgl. Michael Grant/John Hazel: *Lexikon der antiken Gestalten und Mythen*, München: DTV [16]2001, S. 58. Auch Kai Brodersen/Bernhard Zimmermann (Hg.): *Metzler Lexikon Antike*. Stuttgart/Weimar: Metzler 2000: Apolls «Aufgabe ist es, Unrecht zu bestrafen und für Gerechtigkeit zu sorgen» (S. 42).
11 Zur Antinomie zwischen ethischem und strategischem Handeln, die in der Forschung jahrzehntelang diskutiert wurde, Hans Sanders: Scharfsinn, S. 4–39.

ihres Umgangs miteinander, sondern auch, was das Objekt ihres Begehrens betrifft.

Daraus ist aber nicht zu schließen, es handele sich beim Helden des *Orakels* um den Typus des Höflings, der sich, anders als die überwiegend bürgerlichen Helden des *Decameron*, in erster Linie in einer Statuskonkurrenz durchzusetzen habe. Schon W. Krauss wies darauf hin, dass die im *Oráculo* dargestellten Beziehungen nicht spezifisch höfisch sind, sondern die höfische Welt überschreiten.[12]

Wichtiger als die soziologische Verortung des graciánschen Modells ist die genaue Charakterisierung seines auf den Primat des Allgemeinen gerichteten Grundzugs. Der scharfsinnige Kopf ist ein Typus, der den Rahmen der höfischen Welt überschreitet. Die von ihm angewendeten Mittel sind auch in anderen Bereichen denkbar.[13] Was sie vor allem auszeichnet, ist der generelle Zugriff auf die Seele des Anderen. Eine Psychotechnik, die darauf ausgerichtet ist, jegliche Spontaneität und Unberechenbarkeit des Gegenmenschen zu tilgen. Insgesamt aber ein Gebrauch des Verstandes, der bestens auf Unübersichtlichkeiten der allerverschiedensten Art geeicht ist. Die hier zutage tretende Ratio hat nichts ausschließlich Höfisches. Vielmehr verweist sie umfassend auf einen schon fortgeschrittenen Stand frühneuzeitlicher Modernisierung.

Der zentrale Punkt ist demnach: Aus der kasuistisch verfahrenden Klugheit des decameronischen Helden wird bei Gracián ein Umgang mit den Dingen, bei dem es nicht in erster Linie um die Herbeiführung günstiger Umstände in Einzelfällen, sondern um generelle Steuerung geht. Und zwar durchaus im Sinne der descartesschen Konzepte «méthode»[14] und «règle», die freilich das Terrain gewechselt haben[15] und also *mutatis mutandis* zur Anwendung kommen. Auf diesen Wechsel des Anwendungsfeldes, den Übertritt über die engen Grenzen

---

12 Werner Krauss: *Graciáns Lebenslehre*. Frankfurt/M.: Klostermann 1947, S. 79f. So auch Gerhart Schröder: Gracián und die spanische Moralistik, S. 262f., 269; Oskar Roth: *Die Gesellschaft der Honnêtes Gens. Zur sozialethischen Grundlegung des Honnêteté-Ideals bei la Rochefauld*. Heidelberg: Winter 1981, S. 212f.
13 So in der Welt des Kaufmanns. Vgl. Aph. 232: «*Tener un punto de negociante*. [...] Procure, pues, el varón sabio tener algo de negociante, [...] sea hombre de lo agible, [...] De qué sirve el saber si no es plático?»
14 Vgl. Aph. 249: «Es esencial el método para saber y poder vivir.»
15 Denn diese bei Descartes epistemologischen Konzepte werden lebensweltlich gewendet und auf das moralische und zwischenmenschliche Handeln bezogen: Vgl. Aph. 64: «regla de conservarse»; Aph. 121 u. 126: «regla del vivir»; Aph. 134: «gran regla del arte del vivir». Wobei anzumerken ist, dass die Figur der Regel bei Gracián in zweifacher Bedeutung verwendet wird: als Norm, der zu folgen ist und als genereller Erfahrungssatz.

der Erkenntnistheorie kommt es an. Der descartesschen Epistemologie und dem aphoristischen Sprachspiel liegt ein und derselbe Wille zur Macht über die Dinge zugrunde. Bourdieu würde ihn als *Habitus* der Epoche bezeichnen.[16]

«Hace concepto el sabio de todo, [...]» [Der Kluge denkt über alles nach, [...]], heißt es im 35. Aphorismus. Wir sehen, dass der Primat des Allgemeinen sich hier auf einer vierten Ebene (neben der Auffassung der Natur des Rivalen, dem Umgang mit ihm und dem Charakter des Objekts der Begierde) zeigt: dem Verhältnis zu den Dingen ganz allgemein. Der Satz besagt, dass zwischen das *Ego* und die Welt ein allgemeines Medium tritt, und zwar nicht (Nach)Denken über dieses und jenes, von Fall zu Fall, sondern Denken überhaupt, als Chancen abschätzende Dauerreflexion, unabhängig von konkreten Gegenständen. Aber freilich immer auch auf solche bezogen. Das heißt zunächst: nicht einfach mit den Dingen umgehen, unmittelbar, spontan, sondern immer eine mentale Tätigkeit dazwischenschalten. Das setzt ein Bewusstsein von den Dingen voraus und eine Haltung ihnen gegenüber. Sie müssen so verfasst sein, dass man ohne kalkulierendes Denken mit ihnen nicht zurechtkommen kann. Die Welt ist so gebaut, dass sie taktisches und vor allem strategisches Denken verlangt. Und das Ich ist so strukturiert, dass es ohne diese Art von Denken nicht in eine Beziehung zur Welt treten kann. Selbstredend ist gemeint: in eine erfolgreiche und geglückte. Wenn kalkulierende Reflexion als auf Dauer gestellte Haltung derartig der große und unabdingbare Mediator zwischen Ich und Welt (geworden) ist, dann zeigt das an, wie komplex die Welt (geworden) ist.[17]

Denn solches Denken muss auf Dauer gestellt werden, weil die Person andauernd auf Widerstände trifft.: «cava (der Weise, H.S.) donde hay fondo y reparo[18], y piensa tal vez que hay más de lo que piensa, [...]» (Aph. 35) [er vertieft sich da, wo er Grund und Widerstand findet, und denkt bisweilen, dass noch

---

16 Vgl. Pierre Bourdieu: *Zur Soziologie der symbolischen Formen*, der in Anlehnung an die Terminologie der generativen Grammatik Noam Chomskys formuliert, der *Habitus* lasse sich «als ein System verinnerlichter Muster definieren, die es erlauben, alle typischen Gedanken, Wahrnehmungen und Handlungen einer Kultur zu erzeugen» (S. 143). In Bezug auf Erwin Panofsky fasst Bourdieu *Habitus* auch im Sinne von «mental habits» (S. 142) einer Epoche.
17 Vgl. Aph. 151: «Toda la vida ha de ser pensar para acertar el rumbo. El reconsejo y providencia dan arbitrio de vivir antcipado.»
18 «reparo» ist, wie auch «garabato» und «torcedor», ein Wort mit weitem Bedeutungsspektrum. Es kann «remedio» bedeuten, auch «objeción», schließlich auch «Dificultad que alguien encuentra para hacer una cosa»: María Moliner: *Diccionario del uso del español. H-Z*. Madrid: Gredos 1967, S. 1000. Das historische Wörterbuch der Real Academia Española – Lidio Nieto Jiménez/Manuel Alvar Ezquerra (Hg.): *Nuevo tesoro lexicográfico del español (Siglo XIV–1726)*. Madrid: Arco/Libros 2007 – führt u.a. auch an: «rempart» = forte muraille, fortification» (S. 8401).

mehr da ist, als er denkt: [...]]. Geradezu ist die Welt definiert als Inbegriff der in ihr auftretenden Widerstände. Nur deshalb ist kalkulierendes Denken bestimmt als das allgemeine Organon der Bewältigung des Widerstands der Wirklichkeit. Das Organ auch der Selbstbehauptung des Selbst gegen die Dinge. Der Umgang mit dem Anderen muss demnach als Sonderfall des Umgangs mit den Dingen überhaupt erscheinen. Der Widersacher ist die metonymische Repräsentanz jeglicher Weltwiderständigkeit überhaupt.

Denken und insgesamt überlegtes Vorgehen ist aber nicht nur das Vermögen, das es erlaubt, den Widerständen der Welt zu begegnen und sie zu bewältigen. Vielmehr begegnet es ihnen und bewältigt sie, indem es bei Gelegenheit auch wie mit festem Werkzeug auf sie einwirkt. Diesen Aspekt unterstreichen die metaphorisch verwendeten Ausdrücke: Schlüssel («llave del más cerrado pecho»), Dietrich («la más sutil ganzúa de la curiosidad»), Daumenschraube («Es [zu widersprechen wissen, H.S.] el único torcedor[19], el que hace saltar los afectos») (Aph. 213).

Denken widersteht der Widerständigkeit der Dinge und der Widersteher. Denken ist ein Widerstand gegen einen Widerstand. Es versieht den Widerstand des Subjekts gegen den Widerstand der Welt mit einem Surplus an Kampfkraft und Brechungspotential. Das sagt etwas über die Position des Selbst in der Welt: Es ist nicht einfach in der Welt, sondern es muss sich ihr fortwährend aufzwingen, indem es ihren Widerstand bezwingt. Zur Welt kommen heißt, mit ihr fertig werden zu können. Sich in der Welt (aller bösen Kontrahenten) zu halten, heißt – durch regelorientierte und auf Vorteile bedachte Dauerreflexion – stärker sein zu müssen. Von dem, was noch Montaignes Lebensmaxime war, der «coutume» zu folgen, kann unter diesen Umständen nicht mehr die Rede sein. Der lebensweltliche Vorrat an eingelebten Sitten ist aufgezehrt. Wie auch Descartes auf keinerlei Tradition mehr bauen kann und will. Das, offenbar, ist die Signatur der Epoche.

Im graciánschen Aphorismus wird die Idee der Regel und der regelorientierten Dauerreflexion nicht nur auf das Verhalten des Anderen angewendet. Nicht allein der Gegner soll den Regeln einer negativen Anthropologie folgen. Der Zwang zur Regel muss auch für den Scharfsinnssieger gelten. Denn nur,

---

[19] Das Bild des «torcedor» wird mehrfach verwendet. So auch in Aph. 26, 189. Schopenhauers Übersetzung mit «Daumschraube» ist im jeweiligen Kontext schlüssig. Mit Bezug auf «torcedura»: «Distensión de las partes blandas que rodean las articulaciones de los huesos»: María Moliner: *Diccionario del uso del español*, S. 1341. Vgl. dagegen Correa Calderón in Baltasar Gracián: *Oráculo manual y arte de prudencia*, S. 69, Anm. 1, zu Aph. 26 und S. 181, Anm. 1, zu Aph. 189. Lidio Nieto Jiménez/Manuel Alvar Ezquerra (Hg.): *Nuevo tesoro lexicográfico del español* geben an: «el instrumento donde se tuerce». Torcer: u.a. atormentar = foltern (S. 9419).

wenn er sich an die Regeln seines Kommunikationsspiels hält, kann er das Spiel gewinnen.

Unter diesen Voraussetzungen kann die Person Graciáns kein *individuum ineffabile* sein. Es ist vielmehr der Inbegriff seiner Regelorientierung auf den Ebenen seiner Bedürfnisse, seiner Motive und seines Verhaltens. Der Verstandesheld ist noch weit davon entfernt, ein *être à part* (Rousseau) zu werden. In einem rationalistischen Entwurf der Wirklichkeit muss er als regelbestimmtes Wesen gefasst werden. Darin stimmen der Kluge und sein weniger kluges Pendant überein. Aber ersterer ist darin doch und nur darin *à part*, dass er seinem Gegner immer um Längen voraus zu sein hat. Seine Besonderheit meint keine besondere seelische Verfassung, sondern schlicht einen Überschuss an Scharfsinnskompetenz. Sie ist strikt im Rahmen des rationalistischen Kommunikationsmodells definiert.

Man könnte den *sabio* als eine Art Aufklärer *avant la lettre* sehen. Denn er ist auf eine rational erkennbare Welt aus. Allerdings will er Klarheit nur für sich selbst. Er will Durchsicht, um durch Undurchschaubarkeit herrschen zu können. Er will die ganze Welt im Dunkeln lassen, um selbst über ein Maximum an Licht zu verfügen. Dieses aber, um in bestimmter Weise tätig zu werden.

Man erfasste diese Tätigkeit recht zutreffend, wenn man den Protagonisten des *Oráculo* mit einem Uhrmacher vergliche. Zwar verwendet Gracián das Bild des Uhrwerks im Handorakel nicht. Gleichwohl scheint es durch das Skript seiner Anthropologie hindurch. Vor allem in der Startidee, dass man das Gegenüber in bestimmter Weise «einzustellen» habe, so dass es, einmal eingestellt, einer vorgezeichneten Bahn folgen werde. Wonach nur noch wenige Korrektureingriffe, dann und wann, erforderlich würden.

Zwar operiert Gracián nicht ausdrücklich mit dem Bild des Uhrwerks, wohl aber ist das *Handorakel* (wie bereits angedeutet) reich an Bezügen auf gewisse mechanische Werkzeuge. Allen voran der Werkzeugkomplex Dietrich, Schlüssel, Schloss, schließlich auch das Bild der Daumenschraube und des Magnets. Dabei geht es keineswegs allein um die Härte dieser Gegenstände. Vielmehr stimmen diese Instrumente (bei allen Unterschieden, indem sie ja von Fall zu Fall eingesetzt werden müssen und nicht über einen Selbstlauf verfügen) mit dem Uhrwerk darin überein, dass sie nicht nur momentan funktionieren, sondern immer wieder, nach Gesetzen der Mechanik bzw. der Physik.

Wer sie zu handhaben weiß, verfügt über ein gewisses Quantum an supramomentaner Zukunft.[20] Wer den richtigen Schlüssel hat, kann ein bestimmtes

---

20 Dass dieser zeitliche Aspekt eine wichtige Rolle im Bewusstsein der Epoche spielt, erhellt zum Beispiel aus den Versuchen Niccolò Tortaglias und Galileis, die Flugbahn von

Schloss immer wieder öffnen. Wer über einen Dietrich verfügt, kann alle Schlösser öffnen. Es sei denn, der Schlüssel steckt von innen: «y contra la ganzúa de los ánimos no hay mejor contratreta que el dejar por dentro la llave del recato.» (Aph. 279) [und gegen den Dietrich der Seele gibt es keine bessere Gegenlist als den Schlüssel der Vorsicht drinnen stecken zu lassen.]

Der metaphorische Gebrauch der technischen Termini hat offenbar die Funktion, seelische Vorgänge als quasi mechanisch regulierbar zu charakterisieren. Das gilt auch für die «Daumenschraube». Denn die Daumenschrauben anlegen, heißt im *Oráculo*, jemand bei seinem markantesten Charakterzug oder seiner stärksten Neigung zu fassen verstehen. So beginnt Aph. 26 mit der Sentenz : «*Hallarle su torcedor a cada uno.*» [Die Daumenschraube eines jeden finden.] Kennt man jemandes stärksten Antrieb, dann «es como tener la llave del querer ajeno.» [ist es, als ob man den Schlüssel zum fremden Willen hätte.] Schließlich wird auch der «Magnet»[21] im auf das Seelische übertragenen Sinne (Anziehungskraft angenehmer Eigenschaften, so Aph. 274) verwendet.[22]

In genauerer Charakterisierung des Zeitaspekts: Ob nun Daumenschraube, Dietrich, Magnet, Schlüssel oder Uhrwerk, alle diese Instrumente sind auch «Apparate» zur Beherrschung von Zukunft. Sie machen das Verhalten der entsprechenden Objekte prognostizierbar. Freilich ist der Zeitbezug des Uhrwerks direkt, weil die Zeit sein «Objekt» ist. Während die anderen Werkzeuge sich nur indirekt, durch das vorhersehbare Funktionieren des Objekts auf die Zukunft beziehen.

Das Jetzt des Aufziehens und des In-Gang-Setzens der Uhr bedeutet Aus- und Zugriff auf ein bestimmtes Quantum Zukunft und in bestimmter Weise. Ebenso wie Besitz und Kenntnis von Daumenschraube, Dietrich, Schlüssel und Magnet. Nämlich Zukunft als abstraktes Quantum von Zeit und nicht als Inbegriff aller möglichen konkreten Ereignisse. Das Uhrwerk ist, wie seine mechanischen Pendants, der *degré zéro* (Nullpunkt) der Zukunftsbeherrschung.

Kanonenkugeln bzw. Projektilen überhaupt vorherzusagen, d.h. zu berechnen: Marcus Popplow: Mechanik. In: Friedrich Jaeger (Hg.): *Enzyklopädie der Neuzeit*. Bd. 8. Stuttgart/Weimar: Metzler 2008, S. 189.
21 So übersetzt Schopenhauer überzeugend «garabato», dessen Bedeutung im Spanischen des 17. Jahrhunderts u.a. sein kann: «ferro, [...] per uso di tirare a se qualque cosa»: Lidio Nieto Jiménez/Manuel Alvar Ezquerra (Hg.): *Nuevo tesoro lexicográfico del español*, S. 5043.
22 Die Analogie zwischen Magnet und Charme als seelischer Anziehungskraft hat eine bis auf die Antike zurückreichende Tradition (Plinius d. Ä., Galen) und wurde durch den Neuplatonismus des 16. Jahrhunderts wiederaufgenommen. So Art Roeland Theo Jonkers/Friedrich Steinle: Magnetismus. In: Friedrich Jaeger (Hg.): *Enzyklopädie der Neuzeit*. Bd. 8. Stuttgart/Weimar: Metzler 2008, S. 1105.

Der Kluge will aber gewiss konkrete Konsequenzen seiner unablässigen Mühen sehen. Deshalb ist das graciánsche Handlungsmodell zwar mechanikaffin, aber nicht ohne zugleich einen Überschuss über das mechanische Modell aufzuweisen. Der Über-Kopf will mehr von der Zukunft, als der regelmäßige Gang einer gut eingestellten und geölten Uhr garantieren kann.[23] Zweifellos ist der *sabio* mehr als nur ein Mechaniker der Seele.

Auch lässt sich der Umstand, dass der Nebenbuhler gemeinhin von bösen Affekten angetrieben wird, nicht in diesem Rahmen unterbringen. Es bleibt ein Rest von Unkalkulierbarkeit am Widerpart. Nur deshalb kann Gracián sagen: «Milicia es la vida del hombre contra la malicia del hombre» (Aph. 13) [Krieg ist das Leben des Menschen gegen die Bosheit des Menschen]. Der Entwurf des Nebenmenschen als uhrwerkanalogem oder -affinem Regelwerk ist ebenso wie die graciánsche Konstruktion der Wirklichkeit insgesamt eine Art Versuchsanordnung, die auf Beseitigung von regelwidrigen «Störungen» aller Art abzielt. Das schließt ein, dass sie – unexpliziert – als bedeutsames und zu beseitigendes Faktum vorausgesetzt werden.

Bei alledem geht es nicht um die mechanischen Analogien als solche. Diese sind offensichtlich. Bedeutsamer ist der keineswegs offenliegende Zusammenhang zwischen der Orientierung am zentralen mechanischen Bezugsparadigma der Epoche und einem Handlungskonzept, das darauf abzielt, die Beeinflussung (der Innerlichkeit) des Anderen auf Dauer zu stellen und sie gerade nicht nur – wie im *Decameron* – momentan, von Fall zu Fall, ins Werk zu setzen. Das technische Paradigma wird darin moralisch gewendet, in ein neues Modell der Kommunikation übertragen.

---

23 Das 17. und 18. Jahrhundert stehen im Zeichen der Mechanik. Weit verbreitet ist die Tendenz, «Maschinen als Modelle lebendiger Systeme zu betrachten». So Jon Miller: Mechanismus. Ebda., S. 202. Vgl. auch Michael Mende: Maschine. Ebda.: «Die Maschine wurde im 17. und 18. Jahrhundert zur populärsten Metapher für Universum, Körper und Staat.» (S. 76) Das idealtypische Vorbild der Metapher war die «im späten 13. Jahrhundert erfundene mechanische Räderuhr» (S. 77). Wobei hervorzuheben ist, dass zwar der Körper häufig mit einer Maschine verglichen wurde, weitaus seltener aber Geist und Seele. Was ein Licht auf Gracián wirft. Nach Jon Miller: Mechanismus. Ebda., S. 203 war Spinoza «Der systematischste ‹Mechanisierer› des Geistes»: «Ausgehend von einer Identität von Geist und Körper betrachtete er beide als Maschinen.» Im Gegensatz zu Descartes. Die Descartes-Affinität Graciáns ist damit definiert.

Das formierte Ich und die Form des Aphorismus

Formiert ist das Ich Graciáns, weil es nichts dem Zufall und sich selbst nicht dem Zufall überlässt.[24] Die Mittel seiner systematischen Selbstformierung heißen Absicht, Denken, Durchschauen, Nachdenken, Überlegen, Vorsicht, Voraussicht. Für dieses Ich gilt ebenso wie für das descartessche: «Je suis là où je pense» (Da, wo ich denke, bin ich).[25] Gefühle und Leidenschaften gelten ihm als Trübungen der Vernunft. Das formierte Ich ist ein Phänotypus der frühen Neuzeit.

Das fortunatische Ich schwimmt im Meer der Zufälle, der plötzlich eintretenden Ereignisse und schnell wechselnden Umstände, wie der Korken auf der Welle. Das formierte Ich will gewiss ebenfalls auf der Welle schwimmen. Aber es strebt danach, ihr Auflaufen auch vorauszuberechnen, wenn nicht gar herbeizuführen. Dann ist es kein Korken, sondern eine Art Ingenieur.

Dazu gehört eine Bewirtschaftung der Zeit: nicht im Augenblick leben, sich von Augenblick zu Augenblick tragen lassen, sondern den Blick fest auf die Zukunft richten, Zukunft methodisch vorwegnehmen und systematisch herbeiführen. Ohne Zweifel liegt in dieser Obsession des Zukünftigen eine Entwertung der Vergangenheit und eine Instrumentalisierung, insofern auch Ver-Flüchtigung von Gegenwart.

Während sich das fortunatische Ich auf seine vitale Spontaneität verlässt, unterdrückt das formierte alle spontanen Impulse. Es will die Welt nicht in erster Linie erfahren – *experientia mundi* –, sondern es will sie beherrschen – *dominatio mundi*. Dieses impliziert Herrschaft nach innen, über sich selbst[26], vor jeder Außenherrschaft. Das heißt: Fraglos sich selbst durchschauen, sich selbstverständlich gegeben sein. Seine eigenen Motive ungebrochen gutheißen und seine Ziele ohne Zögern verfolgen.

Das geht nur, wenn man Herr im eigenen Hause ist. Das heißt vor allem, seiner nicht-rationalen Antriebe jederzeit mächtig sein zu können.[27] Und souverän gegenüber dem Gewissen. Zweifellos ist das formierte Ich vom «Ich» her

---

24 Vgl. Aph. 229: «*Saber repartir su vida a lo discreto*: no como se vienen las ocasiones, sino por providencia y delecto.»; Aph. 256: «vaya [la cordura, H.S.] sobre el caso, y no expondrá a vulgares contingencias su reputación;».
25 In Abwandlung des lacanschen «je pense où je ne suis pas, donc je suis où je ne pense pas.»: *L'instance de la lettre dans l'inconscient ou la raison depuis Freud*. In: Ders.: Ecrits I. Paris: Seuil 1966, S. 277.
26 Vgl. Aph. 55: «Sea uno primero señor de sí, y lo será después de los otros.»
27 Vgl. Aph. 52: «Son las pasiones los humores del ánimo, y cualquier exceso en ellas causa indisposición de cordura;».

gedacht. Alles Andere ist Material des Willens. Das bezeichnet die Physiognomie des formierten Subjekts.[28]

Im Entwurf des Gegenübers ist alles *quantité négligeable*, was die Programmierung stören könnte: spontane Wendungen, richtungsändernde Einfälle, Launen, Marotten, Ticks. Die aphoristische Rede und ihr Held wissen sehr wohl, dass all das existiert. Es ist der Überschuss des Irregulären. Aber es ist beherrschbar durch die Überlegenheit des schließlich immer Überlegenen. Was den *Ego*-Optimismus des *sabio* unterstreicht und zwar als bedeutsame Kehrseite seiner negativen Sicht des Unterlegenen. Dem entspricht offensichtlich auch ein Welt-Optimismus.[29] Denn die erfolgreiche Anwendung der Regel und die Unterwerfung des Konkurrenten unter dieselbe kann ein Manko der Wirklichkeit korrigieren: ihre chaotische Fülle. Das allerdings ist die Perspektive eines rationalistischen Bewusstseins. Es ist an den Aufstieg der mathematisch orientierten Naturwissenschaften gebunden; deren Grenzen es überschreitet, um die Gesamtkultur zu «infiltrieren».

Die Vernunft des Super-Klugen ist das allgemeine Äquivalent aller Möglichkeiten des Anderen, anders zu sein und damit das Äquivalent der unvordenklichen Vielfalt der Dinge.[30] Was er anstrebt ist Ansehen. Ansehen ist ein allgemeines Objekt der Begierde, Äquivalent wiederum aller besonderen Grati-

---

28 In diesem Zusammenhang zutreffend Wolfgang Lasinger: *Aphoristik und Intertextualität bei Baltasar Gracián. Eine Strukturanalyse mit subjektgeschichtlichem Ausblick*. Tübingen: Narr 2000, der von einer Struktur des «assujetissement» spricht, wozu der Zusammenhang von «Selbstbeherrschung und Beherrschung anderer» (S. 217) gehört.

29 Welcher Aspekt (neben anderen, bereits erwähnten) den Vertretern der globalen Desengaño-These gänzlich entgehen muss. Freilich beziehen sich unsere Argumentationen ausschließlich auf das *Handorakel*. Zu bedenken ist, dass die Auffassung der menschlichen Handlungsspielräume gegenüber Fortuna bei Gracián variiert. Vgl. Ulrich Schulz-Buschhaus: Gracián, Machiavelli und die Personifikation der Fortuna: *Il principe* 25, *El Héroe* 10–11, *Oráculo manual* 36 (38). In: Sybille Große/Axel Schönberger (Hg.): *Dulce et decorum est philologiam colere. Festschrift für Dietrich Briesemeister zu seinem 65. Geburtstag*. Bd. 2. Berlin: Domus Ed. Europea 1999, S. 1741–1756. Schulz-Buschhaus argumentiert, in *El héroe* sei Fortuna «wieder in die «Providentia» integriert». Dadurch «wächst sie aufs neue zu einer quasi absolutistisch erhöhten Gewalt» (S. 1749). Dagegen sei im *Oráculo manual*, was Schulz-Buschaus am Beispiel der Aph. 36 u. 38 erörtert, die Bedeutung tüchtigen Handelns gegenüber Fortuna betont (S. 1754).

30 Vgl. Christian Wehr: Von der platonischen zur rhetorischen Bewältigung der *varietas*: Überlegungen zur Kategorie des Scharfsinns bei Castiglione und Gracián. In: Mark Föcking/Bernhard Huss (Hg.): *Varietas und Ordo. Zur Dialektik von Vielfalt und Einheit in Renaissance und Barock*. Stuttgart: Steiner 2003, S. 227–238, der argumentiert, im 17. Jahrhundert werde der Scharfsinn «zum Medium der strategischen Konfrontation mit einer empirischen Vielfalt, die im Barockzeitalter zunehmend als kontingent und unhintergehbar erfahren wird.» (S. 28)

fikationen, derer man auf seiner Grundlage habhaft werden kann. Denn wenn einmal das Ansehen als starker Schein etabliert ist, so gerät alles, was man nur immer begehren kann, von selbst in Reichweite.

Deshalb ist die Hoheit, die der Kluge erstrebt, Struktur-, nicht Kasus-Dominanz. Lediglich die sittliche Indifferenz der Mittel teilt er mit dem Helden der Novelle. Es ist offensichtlich, dass der Entwurf des Anderen und der Welt im *Oráculo* nur um den Preis einer rigoros rationalistischen Zurichtung funktionieren können. Deren Fokus ist die Eliminierung des Besonderen.

Nun hat der Super-Kopf seinen Ort nicht in der Welt, sondern in der Welt des Aphorismus. Das ist die Welt, die der Aphorismus hervorbringt. Der *sabio*, der sein Unter-Ich beherrscht, indem er es, von ihm undurchschaut, durchschaut und steuert, ist in diesem Sinne zunächst das Produkt des hochartifiziellen konzeptistischen Sprachspiels. Das Subjekt der konzeptistischen Rede meistert die Welt der Sprache, wie der Kluge die Welt (des Anderen) beherrscht. In diesem Sinne exemplifiziert der Aphorismus, was er sagt. Auch *in puncto* Erzeugung von Dunkelheit, die auf den beiden Ebenen der Textstruktur und der Kontur des von ihm erzeugten Typus eine tragende Rolle spielt.

Wobei das *Handorakel* mit einer Reihe von Aphorismensammlungen in einem zentralen Merkmal übereinstimmt. Der einzelne Aphorismus weist ein hohes Maß interner Durcharbeitung auf, während die Reihe der Aphorismen, in die er eingefügt ist, fragmentarisch und offen angelegt ist. Der Aphorismus ist kaum vernetzt. In diesem Sinne spricht Fricke von der «kotextuellen Isolation» des einzelnen Aphorismus.[31]

Es gibt keine Kontinuität zwischen den einzelnen Aphorismen wie zwischen den Abschnitten einer klassischen Erzählung. Jeder Aphorismus ist durch ein *blanc* von seinem Vorgänger wie von seinem Nachfolger getrennt. Die Leerstelle des *blanc* trägt den Index der Null-Strukturierung. Der jeweils vorhergehende, wie der folgende Aphorismus, sind unbestimmt. Denn die Reihenfolge der Aphorismen ist veränderbar. Es können Aphorismen entfernt oder neu eingeführt werden. Man denke an die verschiedenen Handschriften der Maximen La Rochefoucaulds. Der Ort des einzelnen Aphorismus in der Aphorismenreihe ist kontingent, wie diese insgesamt auch. Dagegen ist jede Stelle in einer klassischen Erzählung überdeterminiert, nämlich durch alle vorhergehenden und alle folgenden Textelemente.

Für den einzelnen Aphorismus gilt: Er weist ein hohes Maß an Binnenkohärenz auf, die in einem Spannungsverhältnis zur Nullstrukturierung seiner unmittelbaren Umgebung und zu seiner Integration in den Kontext der Reihe

---

31 Harald Fricke: *Aphorismus*. Stuttgart: Metzler 1984, S. 10.

steht. Dem entspricht inhaltlich: Er präsentiert einen Weltausschnitt, den er seinem Erkenntnisanspruch nach durchdringt und gleichsam kontrolliert. Das ist der Effekt des allgemeinen Sprechens.

Im Gegensatz etwa zur Orientierung der Erzählung am Konkreten. Der einzelne Aphorismus unterstellt, den jeweils präsentierten Weltausschnitt verstanden und erklärt zu haben. Mit allen Figuren, die darin eine Rolle spielen. Aber nicht irgendwie verstanden und erklärt zu haben, sondern diese Leistung erbracht zu haben, indem er Akteure, Aktionen und Welten unter den Begriff des immer Wiederkehrenden, sich durchschnittlich Zeigenden und Vollziehenden, des Typischen, insgesamt der Regel bringt.

Das zugrundeliegende Konzept der Regel als Erkenntnisprämisse ist der Hebel, mit dem die Welt sozusagen aus den Angeln gehoben wird. Es setzt aber notwendig das konkrete Einzelne und seine Kenntnis voraus. Ohne vorgängige Beobachtung einer Vielzahl einzelner Charaktere und ihres Verhaltens lassen sich keine Verhaltensregeln formulieren. Jede Regel ist die *summa* einer Vielzahl von Fällen. In der Regel wird der einzelne Fall auf seine Übereinstimmung mit einer unbestimmten Zahl von ähnlichen oder gleichen Fällen hin ausgelegt. Ihre allgemeine Form tilgt aber, wovon sie abgezogen ist: die Besonderheit des je einzelnen Phänomens. Die Summe aller konkreter Erfahrungen. Mithin setzt die aphoristische Form eine zur Empirie geordnete Wirklichkeit immer schon voraus. Als was zu überwinden ist.[32]

Aber nicht nur der einzelne Aphorismus modelliert eine Welt, sondern auch die Reihe der Aphorismen. Sie ist ebenso wie die Serie der montaigneschen Essays oder die Sammlungen der Renaissancenovellen, *Decameron* und *Heptaméron*, prägnantes Modell einer diskontinuierlichen, d.h. einer als diskontinuierlich erfahrenen Welt. Nicht nur die aphoristische Rede, sondern auch die fragmentarische Ordnung der Aphorismen bringt eine Welt in Form, die unter

---

32 Gerhard Neumann: Einleitung. In: Ders. (Hg.): *Der Aphorismus. Zur Geschichte, zu den Formen und Möglichkeiten einer literarischen Gattung.* Darmstadt: Wiss. Buchges. 1976, S. 1–18 spricht vom Aphorismus als von einer «Konfliktform des Erkennens zwischen Vereinzelung und Verallgemeinerung» (S. 6). Den Bezug zur Epoche um 1600 sieht er, allerdings anders als dieser Essay, in negativen Termini: Der Aphorismus werde bedeutsam, «als um 1600 die unproblematische Vermittlung von sinnlicher Erfahrung und geistiger Bewältigung nicht mehr gesichert ist: erlebte Einzelheit und denkbarer Zusammenhang beginnen auseinander zu treten.» (S. 10) Eine eher geisteswissenschaftlich verengte Sicht, welche die positiven Impulse nicht berücksichtigt, die vom naturwissenschaftlichen Modell der Beziehung zwischen Einzelphänomen und gesetzhaftem Zusammenhang ausgehen. Ich sehe die Form des Aphorismus im 17. Jahrhundert allgemein und insbesondere den graciánschen Aphorismus in diesem Zusammenhang.

die Erfahrungsform empirischer Vielfalt fällt. Jene setzt sie voraus, diese bringt sie zur Erscheinung.

Die Spannung zwischen dem einzelnen Aphorismus und der Reihe ist demnach nicht nur formal. Sie hat – bei Gracián, La Rochefoucauld und la Bruyère – etwas mit der (Bewusstseins- und Erfahrungs-)Welt der Neuzeit zu tun. Diese erscheint einerseits als Vielfalt unprognostizierbarer Ereignisse, Situationen, Vorgänge und sie wird andererseits, vor allem im einzelnen Aphorismus, auch schon in vielen Novellen des *Decameron* (die Rolle von List, Plan, Projekt), weitaus weniger allerdings in den *Essais*, beherrscht, domestiziert, kontrolliert, reduziert. Diese Funktion erfüllt insbesondere bei Gracián und La Rochefoucauld (mit seiner Basisformel x n'est que y), das allgemeine, am Konzept der Regel ausgerichtete Sprechen. Für beide gilt: Das Einzelexemplar korrigiert das Bild der Welt, das die Reihe entwirft. Und *vice versa*.[33]

---

[33] Freilich ist bei diesen Überlegungen zu bedenken, dass die aphoristische Form eine bis in die Antike zurückreichende Tradition hat. Wobei zwischen der Vorgeschichte medizinischer (Hippokrates) Aphorismen, gelehrter Apophthegmatasammlungen, Sammlungen religiöser Spruchweisheiten (Sprüche Salomonis, Jesu, des Konfuzius), schließlich der Tacitus-Kommentare des 16. und 17. Jahrhunderts – Rüdiger Zymner: Aphorismus/Literarische Kleinformen. In: Ulfert Ricklefs (Hg.): *Fischer Lexikon Literatur*. Bd. 1. Frankfurt/M.: Fischer 1996, S. 80f. – und der «modernen literarischen Aphoristik» – Harald Fricke: *Aphorismus*, S. 47 – zu unterscheiden ist. Diese bildet sich erst an der Wende zum 17. Jahrhundert heraus und erreicht bei Gracián, La Rochefoucauld und La Bruyère ihre höchste Entfaltung als eine epochentypische Kunstform, deren Funktion in der Reflexion fragwürdig gewordener Moralen besteht. Im Übrigen sind Gattungen sich verändernde, langzeitige Diskursschemata, die über Epochengrenzen hinaus bestehen können. Ihr formales und semantisches Potential wird *mutandis mutandis* bei Bedarf abgerufen. Aphorismen, Essays und Novellen werden auch heute noch geschrieben. Zur Bedeutung fragmentarischer Schreibweisen in der Literatur der Gegenwart vgl. Christine Keidel: *Ästhetik des Fragments. Fragmentarisches Erzählen bei Jean-Philippe Toussaint und Jean Echenoz*. Frankfurt/M.: Lang 2009.

IX Die Zeichen des Körpers lesen. Zur Strategie der Verführung in Choderlos' *Les liaisons dangereuses*

Bei Choderlos stößt der Diskurs der Verfügung an eine bedeutsame Grenze.[1] Sie bezeichnet keine Demarkationslinie eines äußeren Territoriums, sondern einen Widerstand der Seele. Dass es einen Selbstwiderstand gegen den eigenen Willen zur Herrschaft geben könnte, war bei Machiavelli ebenso ausgeschlossen wie bei Descartes und Gracián. Denn diese konzipierten den Menschen als ein Wesen aus einem Guss. Nun aber zeigen sich Risse, die sich nie wieder schließen werden, so lange es eine Literatur der Moderne gibt.

Vae malis. Wehe den Bösen. So ließe sich das unausgesprochene, aber deutlich vollstreckte Motto von Laclos' Roman charakterisieren. Die Bösen heißen Valmont und Merteuil. Sie sind kein Paar, aber sie bilden eines. Beide sind Virtuosen gespielter Gefühle und Verächter der Moral. Alle anderen Figuren sind gut, oder wollen es wenigstens sein. Eine stattliche Phalanx: Mme de Volanges und ihre Tochter Cécile. Deren späterer Geliebter Danceny und ihre Briefpartnerin Sophie Carnay. Die Tante Valmonts, die greise Mme de Rosemonde und last but not least Mme de Tourvel, genannt die «Présidente», weil verheiratet mit dem zur Zeit der Handlung abwesenden Präsidenten de Tourvel.

Mme de Tourvel ist ebenso tugendsam wie alle, mit denen sie ins Netz der gesellschaftlich Gesitteten eingefügt ist. Aber sie gerät ins Visier des Verführers Valmont und erweist sich letztlich als ebenso schwach wie gut. Was sie mit dem Leben bezahlt. Jener erreicht sein Ziel, aber sein Sieg ist ein Pyrrhussieg. Denn er begeht – im Rahmen des Codex der beiden Komplizen – den kapitalen Fehler, sich am Ende in sein Opfer zu verlieben.

Es wird die sittliche Ordnung einer Welt gestört und wiederhergestellt. Die Erzählung erweist sich – allerdings erst in ihrem letzten Akt – als Moralmaschine. Denn alle, die hier die Ordnung gestört haben oder – wie die Tourvel – nicht in der Lage waren, dem Bösen zu widerstehen, erleiden den Tod. Physisch wie Valmont und die Tourvel oder sozial wie die Merteuil, die Schönheit, Vermögen und gesellschaftliches Ansehen verliert. Man sieht hier, wie wenige Jahre nach Erscheinen des Romans auf der großen Bühne der Geschichte und sonst auch, dass konsequente Tugend keine Gnade kennt.

---

1 Eine erste Fassung dieses Kapitels erschien in: Markus Dauss/Ralf Haekel (Hg.): *Leib/Seele – Geist/Buchstabe. Dualismen in der Ästhetik und den Künsten um 1800 und 1900.* Würzburg: Königshausen & Neumann 2009, S. 235–255.

Allerdings ist unübersehbar, wie viel Gewicht den Repräsentanten des Bösen beigelegt wird. Und wie markant deren Profil herausgearbeitet wird. In einer Welt des Guten muss das Böse, müssen die Bösen, zum Ereignis werden.

1 Die Strategie der Verführung

Der choderlossche Verführer will nicht die Wertschätzung des Anderen. Er will seine Liebe, um Zugang zu seinem Körper zu bekommen. Das aber, ohne selbst Liebe zu empfinden. Zwar wird dadurch der Andere zum Objekt einer Strategie wie bei Gracián, aber während hier *Ego* und *Alter* mit den gleichen Mitteln arbeiten, nur ersterer erfolgreicher, kann davon bei Choderlos keine Rede sein. Die Beziehung zwischen Verführer und Verführter ist insofern durch Disparität und Asymmetrie gekennzeichnet. Der Verführer handelt, sein Gegenüber hat die Rolle des Opfers und des Getäuschten inne.

Die Verhaltensrationalität des Verführers besteht darin, gewisse Mittel einzusetzen, welche die Liebe seines Objekts hervorrufen sollen. Diese konvergieren insgesamt in der Vortäuschung («dissimulation») der Liebe. Das erfordert eine perfekte Beherrschung des Codes der Liebe (in der Sprache des Körpers, der Worte und der Schrift).

Insofern ist der Verführer zugleich Schauspieler. Aber einer, der immer auch die Grenzen des Schauspiels überschreitet, weil seine Intention sich nicht in der Darstellung der Liebe erschöpft. Denn die Mimesis der Liebe zielt auf die Hervorbringung der wirklichen Liebe am Anderen. Das hat auch den Charakter eines ungleichen Tauschs: der bloßen Zeichen der Sache gegen die Sache selbst. Freilich kennzeichnet diesen Tausch, dass der Tauschende nicht nur täuscht, sondern dass er das Tauschobjekt allererst herzustellen hat.

Zunächst stehen die beiden Libertins unter dem Zwang, ihre sittliche Indifferenz zu verbergen. Denn sie handeln in einem moralisch ausgerichteten gesellschaftlichen Umfeld. Bevor sie also die Liebe mimen, müssen sie die Tugendhaften spielen. Sie müssen auf mehreren Feldern einen Schein erzeugen, dem kein Sein und mehr noch das gegenteilige Sein entspricht. In einer moralisch orientierten Gesellschaft amoralisch leben und amoralische Projekte verfolgen, das ist die Situation des libertinen Paars.

Heißt aber libertin sein, einfach nur: das Böse wollen? Das Böse als das Böse? Das ist nicht der Fall. «Plaisir» ist eines der Schlüsselwörter: «Je dis plus; n'en espérez aucun plaisir. En est-il avec les prudes?» (S. 19)[2] [Ich gehe noch

---

2 Die Laclos-Zitate sind der folgenden Ausgabe entnommen: Choderlos de Laclos: Œuvres

weiter: erwartet Euch kein Vergnügen davon. Gibt es das überhaupt mit Prüden? (S. 27)] Weiterhin «volupté»: «Ne savez-vous pas que la seule volupté a le droit de détacher le bandeau de l'amour?» (S. 21) [Wisst ihr denn nicht, dass allein die Wolllust das Recht hat, Amor die Binde von den Augen zu nehmen? (S. 29)] Auch: «amusement», das durchaus mit guten Taten vereinbar ist: «Le parti le plus difficile ou le plus gai, est toujours celui que je prends; et je ne me reproche pas une bonne action, pourvu qu'elle m'exerce ou m'amuse.» (S. 140) [Ich ergreife immer den schwierigsten oder lustigsten Part und bereue keine gute Tat, wofern sie mich in Übung erhält oder mir Spaß macht. (S. 191)]

Die hedonistische Grundorientierung der Libertins erklärt, warum die eheliche Liebe ihnen als der Inbegriff äußerster Langeweile erscheinen muss.[3] Als Oxymoron des gesellschaftlich beschränkten, des im Rahmen der Institution gelebten Liebes-Lebens. Liebe, die im Einklang mit institutionell geltender Norm steht, kann nur ein Schatten oder Zerrbild wahrer Liebe sein. Die «wahre» Liebe ist die ästhetisch genossene «volupté», nicht nur außerhalb der institutionellen Bindungen, sondern vor allem gegen sie. So zielt die Kür der Verführung nicht allein auf die Person der Verführten, sondern die Beschädigung der Institution:

> Que me proposez-vous? de séduire une jeune fille qui n'a rien vu, ne connaît rien; [...] Vous connaissez la Présidente Tourvel, sa dévotion, son amour conjugal, ses principes austères. Voilà ce que j'attaque; voilà l'ennemi digne de moi; voilà le but où je prétends atteindre; (S. 17).
> Was tragt Ihr mir an? Ein junges Mädchen zu verführen, das nichts erlebt hat, nichts kennt; [...] Ihr kennt die Präsidentin de Tourvel, ihre Frömmigkeit, ihre eheliche Treue, ihre strengen Grundsätze. Darauf habe ich es abgesehen, das ist der Gegner, der meiner würdig ist; dies ist das Ziel, das ich zu erreichen gedenke; (S. 24).

Das libertine Projekt verfolgt also ein nicht nur amoralisches, sondern ein institutionsfeindliches Ziel. Der Libertin definiert sich aus seiner Exterritorialität gegenüber dem Territorium des «amour conjugal». Seine Lust zielt auf das Tabu. Sie will leben, was nicht gelebt werden soll und zwar deshalb und insofern, als es nicht gelebt werden soll und nicht gelebt werden darf. Zwar stellt sich das libertine Ich außerhalb der Institution auf, ihr gegenüber und gegen sie. Aber zugleich ist die Institution sein Faszinosum. Insofern kann man sagen: Es ist auf

---

complètes. Paris: Gallimard 1979. Die Übersetzungen beziehen sich auf: Choderlos de Laclos: Gefährliche Liebschaften. Übs. Wolfgang Tschöke. München/Wien: Hanser 2003.
3 Therrien führt an, die Aristokratie betrachte die eheliche Liebe als lächerlich. Vgl. Madeleine B. Therrien: Les liaisons dangereuses. Une interprétation psychologique. Paris: Sedes 1973, S. 80.

sie «fixiert». Die Institution ist seine Obsession. Es ist besessen von der Institution als einem Regulativ des Lebens, das zu zerstören sei:

> J'aurai cette femme; je l'enlèverai au mari qui la profane: j'oserai la ravir au Dieu même qu'elle adore. Quel délice d'être tour à tour l'objet et le vainqueur de ses remords! Loin de moi l'idée de détruire les préjugés qui l'assiègent! Ils ajouteront à mon bonheur et à ma gloire. (S. 22)
> Ich werde diese Frau bekommen; ich werde sie dem Ehemann fortnehmen, der sie entweiht: ich werde mich unterstehen, sie sogar dem Gott zu entreißen, den sie anbetet. Welch ein Genuss, wechselweise der Gegenstand und der Besieger ihrer Gewissensbisse zu sein. Mir liegt der Gedanke fern, die Vorurteile zu zerstören, die sie umlagern! Sie werden mein Glück und meinen Ruhm noch steigern. (S. 31)

Seine Lust ist Lust am Verbotenen und damit vor allem Gegen-Lust. In ihrem Zentrum steht Verneinung. Nun muss zweifellos alle Lust, die im Erlaubten sich hält, auf ein Verbotenes sich beziehen. Wie kein Ja ohne Nein möglich ist. Aber die libertine Lust ist das reine Gegen. Sie verneint nicht nur, was sie nicht tut, sondern ihr Tun scheint vor allem Verneinung zu sein.

In diesem Zusammenhang ist bemerkenswert, dass die beiden Techniker der Verführung von Anfang an ihren Projekten gute Erfolgschancen einräumen. Diese stehen und fallen mit der Möglichkeit, nicht nur das Opfer, sondern alle Exponenten der guten Sitten zu durchschauen, ohne selbst durchschaut zu werden. Das zeigt, dass sie sich ein Surplus zuerkennen, das sie notwendig der anderen Seite absprechen müssen. Ein Mehr nicht einfach an Undurchschaubarkeit, sondern an der Verstandesschärfe, die nötig ist, sie herzustellen. Das Selbstbewusstsein des Libertin rechnet bei sich selbst mit einem Überschuss an Scharfsinn und einem gewissen Defizit an eben diesem beim Anderen. Ohne diese Prämisse kann das Spiel nicht gespielt werden. Der Scharfsinn aber dient dazu, die wahre Identität des Libertin der Zirkulation der Identitäten zu entziehen.

Allerdings gibt es eine Figur, der die amoralische Lebensgeschichte Valmonts bekannt ist: Mme de Volanges. Diese kommt aber nicht zum Zuge, weil die Rollen der Tourvel und der jungen Cécile als «dupes» (betrogen, geprellt) angelegt sind. «Dupes» sehr unterschiedlicher Art. Denn die siebzehnjährige Cécile gibt ihren Einstand auf der Bühne der Gesellschaft, während die tugendsame Ehefrau Tourvel durchaus nicht ohne Lebenserfahrung ist. Aber sie reicht bezeichnenderweise nicht aus, die Machenschaften Valmonts zu durchschauen. In der Person der Tourvel ist die Unschuld zugleich als scharfsinnsarm angelegt. Nur deshalb geht das Spiel Valmonts zunächst auf.

Jedenfalls führt der Weg der Verführung über die Vortäuschung guter Taten als Phase eins der Strategie. So gibt Valmont vor, sich aus uneigennützigen

Gründen um eine in Not geratene Familie zu kümmern. Wobei er seine gute Tat als Gegenbeweis gegen die Warnungen der Volanges einsetzt, die Mme de Tourvel vor dem Wüstlingsleben ihres Verehrers gewarnt hatte. Letztere nimmt die Finte für Wahrheit und schließt vom Anschein der Handlung auf die gute Seele des Handelnden. Offenbar gehört Täuschungsanfälligkeit hier zur Güte der Guten. Im Zentrum der Tugend zeigt sich ein rationales Defizit.

Die taktisch vorgetäuschte Mildherzigkeit Valmonts lässt auch erkennen, dass die Liebesstrategie nur ein Sonderfall der für das Duo insgesamt charakteristischen Verhaltensstrategie ist: den Schein einer Haltung zu erzeugen, die man nicht wirklich einnimmt. So sagt die Merteuil im 81. Brief, der ihre Lebensgeschichte zusammenfasst:

> je sentais un besoin de coquetterie qui me raccommoda avec l'amour; non pour le ressentir à la vérité, mais pour l'inspirer et le feindre. En vain m'avait-on dit, et avais-je lu qu'on ne pouvait feindre ce sentiment; je voyais pourtant que, pour y parvenir, il suffisait de joindre à l'esprit d'un Auteur, le talent d'un Comédien. (S. 173)
> Ich verspürte ein Bedürfnis nach Koketterie, die mich mit der Liebe wieder aussöhnte, nicht um sie wirklich zu empfinden, sondern um sie auszulösen und vorzutäuschen. Um sonst hatte man mir gesagt und hatte ich gelesen, man könne dieses Gefühl nicht vortäuschen; ich sah indessen ein, dass es genügte, um dahin zu gelangen, den Geist eines Autors mit dem Talent eines Schauspielers zu verbinden. (S. 236)

Die Zeichen der Liebe systematisch bei Abwesenheit derselben produzieren. Das täuschende Zeichen, das leere Zeichen. Der Scharfsinn des Verführers erweist sich in der täuschend echten Hervorbringung des leeren Zeichens. Damit ist es ein subjektives Vermögen, das als wichtiger erscheint als die bloße Vorhandenheit eines Wirklichen. Können ist wichtiger als Sein. Der Libertin definiert sich über eine bestimmte Kreativität: Er ist ein Virtuose des Imaginären. Da wo die Anderen nur da sind, das heißt nur sind, was sie sind, ist er ein Produzent.

Und zwar im zweifachen Sinne: als Schauspieler-Produzent in der Arbeit an sich selbst und als eine Art Alchemisten-Produzent in der Arbeit am Anderen. Der Libertin ist der Alchemist, der auf die Verwandlung der seelischen Elemente aus ist. Die wunderbare Aktion seiner bloßen Zeichen soll in der Reaktion mit dem Seelenstoff des Anderen das Gold des wirklichen Gefühls produzieren. Man sollte nicht vergessen, dass das letztlich Gewollte das wahre Gefühl ist. Nur darf es nicht am Selbst, sondern es soll am Du erscheinen: Ellipse des Selbst und Vikariat des Du.

Auf keinen Fall darf der Liebesmime in den Sog seiner perfekten Schauspielerei geraten. Mit dem für ihn verhängnisvollen Ergebnis, am Ende wirklich zu empfinden, was nur gespielt werden darf. Denn die Substitution des leeren durch das volle Zeichen ist an die Phasenverschiebung von *Ego* zu *Alter* gebunden. Valmont: «car enfin, si j'ai eu quelquefois, auprès de cette femme étonnante, des moments de faiblesse qui ressemblaient à cette passion pusillanime, j'ai toujours su les vaincre et revenir à mes principes.» (S. 287) [denn wenn ich auch bei dieser erstaunlichen Frau bisweilen Augenblicke der Schwäche hatte, die dieser kleinmütigen Leidenschaft glichen, so habe ich es doch immer verstanden, sie zu besiegen und auf meine Grundsätze zurückzukommen. (S. 389)]

Deshalb zielt das Ethos des Libertin auf vollkommene Selbstbeherrschung: «car il a un regard qui dit tout ce qu'il veut» (S. 148) [denn er hat einen Blick, der alles sagt, was er will (S. 202)], schreibt die ganz nebenbei mit verführte Cécile an ihre Freundin über Valmont. Und Mme de Merteuil in ihrer Lebensgeschichte:

> non contente de ne plus me laisser pénétrer, je m'amusais à me montrer sous des formes différentes; sûre de mes gestes, j'observais mes discours; je réglais les uns et les autres, suivant les circonstances, où même seulement suivant mes fantaisies: dès ce moment, ma façon de penser fut pour moi seule, et je ne montrai plus que celle qu'il m'était utile de laisser voir. (S. 171)
>
> mich nicht mehr durchschauen zu lassen genügte mir nicht, es machte mir Spaß, mich in verschiedener Gestalt zu zeigen; meiner Gebärden war ich sicher, ich gab nun acht auf meine Reden; ich stimmte die einen wie die anderen auf die Umstände ab, oder gar nur auf meine Laune: von diesem Zeitpunkt ab gehörte meine Art zu denken mir allein und ich zeigte nur noch, was sehen zu lassen mir von Nutzen erschien. (S. 233)

Nach Belieben betreibt die kalte Person Mimikry an ihr Gegenteil. Darin ist das Verhaltensideal der «sincérité» (Aufrichtigkeit) verneint. Denn es zielt auf die Entsprechung von Gefühl und Gefühlsausdruck. Aber das Gegenmodell, wie es die Sozialisationsgeschichte der Merteuil entwickelt, erschöpft sich nicht in der Verneinung. Vielmehr wird in ihr gesetzt, dass humane Natur sich in der Verfügung über alle möglichen gesellschaftlichen Rollen, Attitüden und Denkweisen zeige: Selbstverfügung als Bedingung der Möglichkeit von Fremdverfügung. Damit wäre das Simulacrum menschlich wahrer als das Simulierte.

Warum wählt der Verführer die Nachahmung der Sache statt der Sache selbst? Don Juan liebt ja durchaus während der kurzen Spanne, in der er danach trachtet, die Liebe der Frau zu wecken. Der choderlosche Verführer ist aber nicht Don Juan. Nach Kierkegaard[4] ist Don Juan das Genie der Sinnlichkeit. Ohne Reflexion und ohne Strategie, List und Plan. Er ist «die Energie der sinnlichen Begierde» (S. 121), reine Spontaneität sinnlicher Begierde.

---

4 Das folgende Zitat ist nachstehender Ausgabe entnommen: Sören Kierkegaard: *Entweder – Oder*. Teil I und II. München: DTV [5]1998, S. 119f.

Der Libertin genießt am Anderen, was er für sich selbst ablehnt: das authentische Gefühl der Liebe. Wenn Fremderfahrung hier vikarische Funktion hat, substituiert sie die Abwesenheit der Liebe beim Ich. Und sie muss sie ersetzen. Denn dem Verführer-Selbst erscheint Abwesenheit von eigener Liebe als Bedingung der Möglichkeit totaler Selbstbeherrschung, letztere aber als unabdingbare Voraussetzung seiner Herrschaft über den Anderen.

Wenn der Andere endlich liebt, dann zeigt sich seine Schwäche. Als Mangel an Vernunft («deraisonnement»), die dem Verführer zugleich der Inbegriff der Lächerlichkeit ist. Deshalb ist das *Ego* in seine Lieblosigkeit verliebt und vernarrt. Sie erscheint ihm als Stärke des Geistes: «J'ai bien besoin d'avoir cette femme, pour me sauver du ridicule d'en être amoureux». (S. 18) [Ich muss diese Frau einfach haben, um mich vor der Lächerlichkeit zu bewahren, in sie verliebt zu sein. (S. 25)]

Die Symmetrie der Liebe, die Kongruenz der doppelten Liebesleidenschaft wäre eine Beziehung *al pari* zwischen zwei Liebenden. Der Verführer, die Verführung zielt aber auf Verfügung. Der Verführer will den Anderen nicht als *alter ego*, sondern als Objekt. Er will ihn nicht neben sich, mit sich, sich gegenüber sondern unter sich. Das Begehren des Verführers ist damit ein Doppeltes. Er will die Liebe des Anderen als Substitut seiner Liebe. Nur so ist sein zweiter Wunsch erfüllbar: der Herr über die Liebe des Anderen zu sein.

Seine Herrschaft will der Herr total. Er will und erstrebt das Verhältnis zum Anderen als Beziehung zwischen absolutem Herrn und absolut unterworfenem Knecht. Seine Ermächtigung phantasiert er aber darüber noch weit hinausgehend zugleich als Entmachtung Gottes, dessen Nachfolge er anzutreten meint. Valmont berichtet seiner Komplizin, wie er die weinende und betende Mme de Tourvel durchs Schlüsselloch beobachtete: «Quel Dieu osait-elle invoquer? en est-il d'assez puissant contre l'amour? En vain cherche-t-elle à présent des secours étrangers; c'est moi qui réglerai son sort.» (S. 52) [Welchen Gott wagte sie anzurufen? Gibt es denn einen, der mächtig genug ist gegen die Liebe? Vergebens sucht sie jetzt fremde Hilfe; ich allein werde ihr Schicksal bestimmen. (S. 72)] Damit will er nicht nur der Herr, sondern auch der Gott des Anderen sein. Der Libertin imaginiert seine Inthronisation als Sturz des alten Gottes.[5] Mithin zielt sein Projekt letztlich auf die Installierung totaler Macht als radikaler Innerweltlichkeit.

---

5 Zum Aufbegehren des Libertinismus gegen Gott vgl. Colette Cazenobe: *Le système de libertinage de Crébillon à Laclos*. Oxford: Voltaire Foundation 1991, S. 439.

Bewirkt werden soll all dieses durch den allein von ihm herbeigeführten Untergang der Schein-Tugend der zum Schein Umworbenen in der wahren Erscheinung des verheimlichten Begehrens:

> Mon projet, au contraire, est [...] de faire expirer sa vertu dans une lente agonie; de la fixer sans cesse sur ce désolant spectacle; et de ne lui accorder le bonheur de m'avoir dans ses bras, qu'après l'avoir forcée à n'en plus dissimuler le désir. (S. 139)
> Mein Plan ist dagegen [...] ihre Tugend in einem langen Todeskampf verhauchen zu lassen; ihren Blick unverwandt auf dies trostlose Schauspiel zu heften und ihr das Glück, mich in den Armen zu halten, erst dann zu gewähren, wenn ich sie gezwungen habe, das Verlangen danach nicht mehr zu verhehlen. (S. 189f.)

2 Die Identität des Verführers

Eine Gestalt, die nicht weniger als all dieses will, kann nichts mehr fürchten, als schwach zu sein. Schwäche ist in der Welt des libertinen *Ego* als Abhängigkeit vom Anderen definiert. Deshalb muss die Merteuil den Anspruch erheben, ihr eigenes Produkt zu sein: «et je puis dire que je suis mon ouvrage.» (S. 170)[6] [und ich kann sagen, ich bin mein Werk. (S. 232)] Selbsthervorbringung meint vor allem Herrschaft über die affektive Natur als jederzeitiges Vermögen, diese als Artefakt des Willens hervorzubringen: «non pour le [l'amour, H.S.] ressentir à la vérité, mais pour l'inspirer et le feindre.» (S. 173) [nicht um sie [die Liebe, H. S.] wirklich zu empfinden, sondern um sie auszulösen und vorzutäuschen. (S. 236)]

Mit der Ausschließung des wirklichen Gefühls hat es seine bestimmte Bewandtnis. Denn sie schließt einen Akt der Analyse ein. Indem das Gefühl überhaupt erst zerlegt werden muss in substantielle Vorhandenheit und bloßes Zeichen. Die Zeichen aber sind Körper-, Sprach- und Schriftzeichen.[7] Auf diesen drei zentralen Ebenen operiert der Verführer.

Zu allem gehört eine Virtuosität des Scheins. Das Sein des libertinen Verführers schlüpft in den Schein. Seine Tiefe ist ganz Oberfläche. Das Selbstma-

---

6 Vgl. David McCallan: The nature of libertine promises in Laclos' *Les liaisons dangereuses*. In: *The Modern Language Review* 98 (2003), S. 857–870. Er spricht in Bezug auf die Merteuil von «a libertine self-realization as God, the sole entity that is ens causa sui.» (S. 859)
7 Allein durch die Form des Briefromans ist die Problematik der Zeichendeutung als fundamental gesetzt. So Peter Brooks: Words and ‚the Thing'. In: Denis Hollier (Hg.): *A new history of french literature*. Harvard: Harvard Univ. Press 1994, S. 539.

nagement des Verführers zielt auf Austreibung jeglicher Verhaltensspontaneität am Selbst, um eben diese als ästhetisch-erotischen Genuss am Anderen produzieren, beobachten und erleben zu können. Damit wird deutlich, dass Virtuosität des Scheins, ästhetischer Genuss und strenge empirische Beobachtung in der Strategie der Verführung eine enge Verbindung eingehen. «Observer» und «expérience» sind die Schlüsselwörter.

In der Selbstanalyse der Merteuil entwirft sich das libertine Subjekt im Wortsinne als absolut, ab- und losgelöst. Dieses nicht allein, weil es frei vom symbolischen Universum des Anderen fühlen, denken und handeln will. Sondern auch, weil es sich nicht als Produkt der Vergesellschaftung durch ein gesellschaftliches Ensemble sieht, sondern für sich in Anspruch nimmt, sich selbst sozialisiert, was meint: asozialisiert zu haben. Seiner Imagination nach gibt es nichts, was ihm vorgängig gewesen wäre. Es nimmt die Lebenswelt der Anderen als bloßes Material, aus dem heraus es sich vermöge seines eigenen Willens und seines Eigenwillens hervorbringt. Es meint, sein Werden vollkommen in die eigenen Hände genommen zu haben. Dieses ist nichts weniger als die freilich illusionäre Entmachtung aller gesellschaftlichen Apparate und Mechanismen der Vergesellschaftung. Selbstermächtigung also auch als Entmächtigung aller Sozialisationsinstanzen. Darin erscheint die (Selbst) Entrückung des libertinen Selbst auch als seine Verrücktheit. Es steht solipsistisch zur immanenten wie zur transzendenten Welt.

Bedenkt man, dass Vorgängiges und damit prinzipiell Unverfügbares integrale Aspekte jeder Geschichte und jeder Lebensgeschichte sind, so imaginiert das libertine *Ego* sich als geschichts- und vor allem lebensgeschichtslos. Es unternimmt den Versuch, die eigene Genesis als rein intentionalen Prozess zu entwerfen. Oder die für jede Lebensgeschichte konstitutive Balance von Intentionalität (als Wille, das und das zu sein oder zu werden) und unverfügbarer Gegebenheit (als Gegengewicht des Verhaltens Anderer, der Verhältnisse und aller Verhaltens-Verhältnisse) ganz auf die erste Seite zu verschieben.

Nun inszeniert aber der Roman am Schluss die Exkommunikation der Libertins. Denn Valmonts Schauspieleridentität geht in der Unwillkürlichkeit, Spontaneität und Unbeherrschbarkeit einer zu seinem Opfer entflammenden Liebe unter. Scheitert er an der Unverfügbarkeit affektiver Unwillkürlichkeit, so die Merteuil an der Willensunzugänglichkeit der Physiologie des Körpers (Pocken) und am unaufhebbar fortunatischen Charakter der Wirklichkeit. Sie verliert einen Prozess und damit ihr gesamtes Vermögen. Außerdem kommen ihre Machenschaften an den Tag und sie verliert auch ihr soziales Ansehen. Im Unterschied zu Valmont hält sie zwar bis zuletzt die Herrschaft über ihre Affektnatur aufrecht. Aber sie unterliegt den intentional nicht verfügbaren Objektivitäten des eigenen Körpers und der gesellschaftlichen Institutionen. Es sind die

Dinglichkeit des Körpers und die quasi dingliche Härte des sozialen Lebens, die das libertine Projekt letztlich zu Fall bringen.

Bedeutsamer aber noch als der Untergang der Merteuil ist der ihres Mit- und Gegenspielers. Denn sie scheitert höchst konventionell an äußeren Hindernissen. Im Inneren bleibt sie fest. Valmont dagegen versagt vor dem selbst gesetzten Anspruch des Verführers, sich nie der Spontaneität des Gefühls hinzugeben.[8] Damit erscheint eine Grenze der Verfügung, die im Diskurs der Verfügung bisher nirgends sichtbar wurde. Dass es Kräfte innerhalb des Subjekts geben könnte, die seinem Willen zur Selbstbemächtigung als Bedingung totaler Macht über den Anderen Grenzen setzen könnten.

Weder Machiavelli noch Descartes noch Gracián rechnen mit innersubjektiven Grenzen des Willens zur Macht. Der Widerstand, von dem sie ausgehen, gehört ausschließlich der Welt als objektiver Konstellation der Dinge an. Das Subjekt ist prinzipiell als nicht durch innere Hemmnisse gehemmtes, als stets handlungsbereite Instanz gedacht. Das Selbst, von dem sie ausgehen, kennt keine Selbst-, sondern allein Fremdhemmnisse.

In diesen Zusammenhang gehört auch der Körper. Bezeichnenderweise ist es bei Machiavelli sowohl im *Principe* wie in der Erzählung von *Castruccio Castracani* nur der Körper, der dem schrankenlosen Willen zur Macht am Ende Grenzen setzt. So die Krankheit des Borgia-Papstes, so der versagende, ins Fieber des Todes fallende Körper Castruccios. Descartes nimmt in seinem *Les passions de l'âme* die Möglichkeit totaler Beherrschung der Affekte an. Das gilt auch für den *sabio* Graciáns.

Die Helden der Verfügung können prinzipiell, was sie wollen. Ihre Grenzen liegen allein im Gegengewicht der Welt, einschließlich der Welt des eigenen Körpers. Keine Frage, dass hier mit einem strikten Leib-Seele-Dualismus gearbeitet wird. Es ist die Seele, die prinzipiell kann, was sie will, wenn nur die Dinge und nächst den Dingen das Körperding mitspielen. Nie hatte in unserer Reihe der Verfügungsdiskurse Unverfügbarkeit ihr Lokal in der Seele. Wohl aber im Beispiel Valmonts. Zweifellos nicht ohne prominenten Vorläufer. Es ist La Rochefoucauld im anderen Zusammenhang eines Diskurses der Hypermoral,

---

8 Darin sieht Nøjgaard eine Unterminierung des sensualistischen Systems, auf dem der Libertinismus ruhe. Die Überwältigung durch Leidenschaft als Liebe zeigt an, dass der «désir» als körperliches Begehren kein Letztes ist. Das ist richtig. Hier freilich interessiert das damit auftauchende Phänomen einer unbeherrschbaren Instanz im Inneren der Person überhaupt. Und dieses im Traditionszusammenhang des Verfügungsdiskurses. N.s Fragestellung ist epochenimmanent, die hier verfolgte ist auf die «histoire de longue durée» des Modernisierungsprozesses bezogen. Vgl. Morten Nøjgaard: L'éducation de la marquise: Un contre-exemple? A propos des *Liaisons dangereuses*. In: *Orbis litterarum* 57 (2002), S. 424.

der mit seiner Figur des «amour propre» im Zentrum der Seele eine dem Willen unerreichbare Instanz annimmt.⁹ Die Grenze des Willens zur Macht ist eine Selbstgrenze. Im Unterschied zur Problemstellung La Rochefoucaulds erscheint bei Choderlos die innere Grenze aber nicht als Begrenzung einer sittlich interpretierten Welt, sondern als Einhegung der Expansion strategischer Vernunft ins Feld zwischenmenschlicher Beziehungen.¹⁰

3 Die moralische Physiognomie des Libertin

Allerdings geht das Projekt des Libertin nicht im Willen zur Macht auf. Vielmehr zeigt sich in seinem Zentrum ein Ethos der Wahrheit. Als Antrieb seines Handelns wird eine moralische These erkennbar. Sie lautet: Alle Moral ist Maske. Sie verdeckt die eigentlich amoralischen Antriebe der Person. Diese sind in letzter Instanz durch ein Begehren bestimmt – libidinös. «Vertu» ist nichts als der Schein des «désir».¹¹ Das heißt umgekehrt: Das Ideal der Tugend steht im Gegensatz zu den tiefen Antrieben des Handelns. Damit wird deutlich, dass der Libertin mehr ist als ein amoralischer Hedonist. Er ist ein radikal hedonistischer Moralist. Deshalb formuliert Valmont das Ziel seiner Strategie folgendermaßen: «Mon projet [...] est [...] de ne lui accorder le bonheur de m'avoir dans ses bras, qu'après l'avoir forcée à n'en plus dissimuler le désir.» (S. 139) [Mein Plan ist [...] ihr das Glück, mich in den Armen zu halten, erst dann zu gewähren, wenn ich sie gezwungen habe, das Verlangen danach nicht mehr zu verhehlen. (S. 189f.)]

---

9 Vgl. Hans Sanders: Scharfsinn, S. 30–37. Dieses wird bei Matzat in anderem Kontext und anderer Terminologie qua Ohnmacht der Vernunft gegenüber den Leidenschaften als «Grundthese der Moralistik» erörtert. Vgl. Wolfgang Matzat: Die moralistische Affektkonzeption in Choderlos de Laclos' *Les liaisons dangereuses*. In: *Romanische Forschungen* 104 (1992), S. 310.
10 Die innere Widersprüchlichkeit des Subjekts, die auch in dieser inneren Unverfügbarkeit des Selbst zum Ausdruck kommt, wird bei Cusset unter dem Gesichtspunkt «Libertinismus und Moderne» behandelt. Wobei allerdings die Modernität des Libertinismus, wie hier gezeigt, sich in diesem Aspekt keineswegs erschöpft. Vgl. Catherine Cusset: The lesson of libertinage. In: *Yale French Studies* 94 (1998), S. 1–14.
11 Diese Sicht wird bei Malville, Nøjgaard und Anderen mit der Orientierung des Libertinismus am Sensualismus begründet. So auch Rieu. Vgl. Patrick Malville: Raison et passion. Laclos, le libertin et le philosophe. In: Paul-Laurent Assoun u.a. (Hg.): *Analyses et réflexions sur Laclos, Les liaisons dangereuses, la passion amoureuse*. Paris: Ellipses 1991, S. 106; Morten Nøjgaard: L'éducation de la marquise, S. 424f.; Alain-Marc Rieu: La stratégie du sage libertin – Ethique et moralité au XVIIIᵉ siècle. In: Ders./François Moureau (Hg.): *Eros. Philosophie. Discours libertins des lumières*. Genève/Paris: Slatkine 1984, S. 57ff.

Im gelungenen Akt der Verführung soll nicht nur der Wille zur Macht über den Anderen triumphieren, sondern es soll zugleich die Wahrheit der menschlichen Natur hinter dem zerrissenen Schleier der Moral erscheinen.[12]

Damit befindet sich der Libertin in einem höchst merkwürdigen Verhältnis zu seiner Umwelt. Denn in seiner Sicht sind alle Anderen Heuchler («dissimulateurs»). Damit aber das, was er selbst ist. Nur spiegelbildlich verkehrt. Der Anhänger der herrschenden Moral weiß (so die Sicht des Libertin) nicht, oder verheimlicht, auch vor sich selbst, dass letztlich ein Begehren ihn leitet. Er inszeniert seine Maskerade ohne Wissen oder doch ohne klares Wissen. Jedenfalls kann sein Wissen, sollte es denn wenigstens unklar vorhanden sein, weder in seinem Verhalten noch in seiner Rede erscheinen. Er weiß nicht, dass er eine Maske trägt. Er verwechselt die Maske mit seinem Gesicht.

Der Libertin weiß, d.h. er glaubt zu wissen, dass das letzte Handlungsmotiv das Begehren ist. So ist er vor allem auch ein Wissender, der einer Welt von Unwissenden gegenübersteht. Danach und dementsprechend handelt er. In seiner Sicht stehen sein Fühlen, Denken und Handeln im Einklang mit der Wahrheit der tiefen Person. Es stimmt mit der anthropologischen Basis der menschlichen Existenz überein.

Zwar gibt er nur vor, sich am Repertoire der geltenden Sittlichkeit auszurichten und an dessen Wahrheit zu glauben. Aber seinem Bewusstsein nach verhält er sich moralkonform wider besseres Wissen. Sein Gewissen ist sein besseres Wissen. Er ist ein «dissimulateur» der Wahrheit, während der Andere «dissimulateur» der Illusion und des Unwissens ist. Damit hat der Schein, den er produziert, einen gänzlich anderen Status als die Sittlichkeitsmaskerade des Anderen. An seiner Basis wesen Wissen, Wahrheit und schließlich auch Gewissen. Der Libertin ist demnach der, der verheimlicht und verheimlichen muss, dass er im Besitz der Wahrheit ist. Mehr noch: dass er den Schleier der Illusion gehoben hat.

Aber in Wirklichkeit richtet er sich nach diesem, nur ihm zugänglichen Wissen. Er ist der in seinem Wissen Einsame. Selbst wo er täuscht, ist er im Wahren. Die Wahrheit ist jenseits von Gut und Böse. Da ist sein Ort. Umgekehrt der Andere: Er lügt, wo er aufrichtig zu sein glaubt. Das ist, weil er diesseits von Gut und Böse verharrt. Der Libertin aber, indem er einer Welt der substantiellen

---

12   In diesem Sinne spricht Assoun in Bezug auf das Verhalten des Libertin treffend von «ce système de mentir-vrai» (S. 117). Paul L. Assoun: Mensonge passionné et vérité inconsciente: Pour une psychanalyse des Liaisons dangereuses. In: Ders. (Hg.): *Analyses et réflexions sur Laclos, Les Liaisons dangereuses, la passion amoureuse*. Paris: Ellipses 1991, S. 113–119.

Täuschung gegenübersteht, die ihn nicht anerkennt, muss er sie ständig beobachten, um nicht erkannt zu werden.

Aber auch, weil er auf den Augenblick der Wahrheit wartet. Das ist die Erscheinung des verleugneten Begehrens: «Peu à peu nos yeux, accoutumés à se rencontrer, se fixèrent plus longtemps; enfin ils ne se quittèrent plus, et j'aperçus dans les siens cette douce langueur, signal heureux de l'amour et du désir;» (S. 153) [Nach und nach gewöhnten sich unsere Blicke daran, einander zu begegnen und blieben länger aneinander haften; schließlich ließen sie nicht mehr voneinander ab, und ich bemerkte in den ihren dies süße Schmachten, das glückliche Zeichen der Liebe und des Verlangens; (S. 209)]. Der Moment, wo sein Denken zur Welt kommt.

Der Verführer ist nicht nur der Schauspieler der Schein-Liebe und der Erzeuger der wirklichen Liebe des Anderen, der doppelte Produzent des Liebes-Scheins und des wahren Gefühls, sondern zugleich sein stets wacher und überwacher Beobachter. Seine Beobachtung bedarf eines Sensoriums. Unter allen möglichen Formen der Beobachtung realisiert sich die Beobachtung des Verführers als Deutung von Zeichen. Zum Sensorium tritt eine Hermeneutik. Weil er sich in einer Welt des Scheins wähnt, müssen die Zeichen der Welt ständig in Wahrheit übersetzt werden. Jedenfalls ist die Chronologie zu beachten: Der Zeichen-Produzent hat den Zeichen-Deuter im Gefolge.

Der Augenblick der Wahrheit ist phänomenologisch definiert. Als wahr gilt ihm, was der Körper sagt, ohne zu sprechen. Während der Mund lügt, sagt der Körper die Wahrheit:

> Tandis que je parlais ainsi, je sentais son cœur palpiter avec violence; j'observais l'altération de sa figure; je voyais surtout les larmes la suffoquer, et ne couler cependant que rares et pénibles. Ce ne fut qu'alors, que je pris le parti de feindre de m'éloigner [...] «Non!» s'écria-t-elle [...] À ce dernier mot elle se précipita, ou plutôt tomba évanouie dans mes bras. (S. 293) Während ich so sprach, fühlte ich, wie ihr Herz wild pochte; ich beobachtete die Veränderung ihrer Gesichtszüge; ich sah vor allem wie die Tränen sie erstickten, die indessen nur spärlich und mühsam flossen. Da erst entschloss ich mich, so zu tun, als ginge ich weg; [...] «Nein», schrie sie auf [...] Bei diesem letzten Wort stürzte sie sich oder vielmehr sank mir ohnmächtig in die Arme. (S. 396)

Das Duo der Libertins ist ein einsames Paar auf einer Insel im Meer der Unwahrheit. Keineswegs handelt es sich bei seinen Projekten nur um Strategien einer kalten Ratio.[13] In ihren tiefen Lagen glüht die Lava eines Pathos der Wahrheit,

---

[13] Worauf die im Übrigen kluge Analyse Knufmanns vereinseitigend abhebt. Wir können heute vielleicht deutlicher als vor vierzig Jahren die Dialektik des Libertinismus erkennen,

das zugleich ein Ethos ist. Unter solchen Umständen muss jede Spontaneität ausgeschlossen sein. An ihre Stelle müssen ständiges Auf-der-Hut-Sein und Auf-der-Lauer-Liegen treten. Sich Vorsehen vor der Täuschung. Warten auf das begehrte Wild der Wahrheit. Immerwährende Hyperwachheit nicht nur, eine Paranoia der Wahrheit bezeichnet den Lavastrom in den Tiefenschichten der kalten Person.

Nicht nur sieht sich der Libertin als Statthalter der Wahrheit in der Welt des Scheins, der er nur zum Schein entspricht. Vielmehr: dem Schein der Tugend vollkommen, aber nur zum Schein zu entsprechen und zugleich seine Scheinhaftigkeit durchschaut zu haben, bezeichnet den Kern des libertinen Selbstbewusstseins. Der Libertin ist das absolute Selbst, das mitten im Meer des Scheins an der Wahrheit festhält und zugleich sich zum Schein preiszugeben in der Lage ist.

Das absolute Subjekt ist ein Prototyp des Übermenschen. Der Libertin ist der Übermensch, weil er die Menschlichkeit des Menschen erkannt zu haben glaubt: als die Illusion der Sittlichkeit.[14] Er macht sich anheischig, die Verzerrungen zu korrigieren, die der Moralzwang der Institution an der menschlichen Natur hervorruft.

Nun wehrt sich aber der Andere dagegen, das Begehren des Verführers zu erfüllen. Das zeigt sich deutlich von dem Augenblick an, wo die Liebe der Tourvel geweckt ist, wo sie sich schon in den Netzen des Verführers verfangen hat. An dieser Stelle wird auch der Andere zum Schauspieler und «dissimulateur». Während der Verführer das Fehlen der Liebe verheimlicht hat, verheimlicht die Verführte Entstehung, Zunahme und Übermächtigwerden der Liebe.

Das ist ein weiteres Hindernis, das der Verführer zu überwinden hat. Er muss die Liebe der anfangs gänzlich liebesunwilligen Frau wecken und im zweiten Schritt unter der Oberfläche der geleugneten Liebe wider Willen deren Entstehung und Entwicklung wahrnehmen können.

Wie der Verführer, versucht nun auch das Opfer, mit dem falschen Zeichen zu täuschen, um die keimende Liebe zu verheimlichen. Für Mme de Tourvel freilich gilt von Anfang an, und das ist der entscheidende Unterschied zwischen Verführer und Verführter: Sie nimmt die Zeichen nicht nur wahr, sondern immer

---

der keineswegs einfach für einen Selbstzweck des Bösen, noch für einen «Absolutismus des Intellekts» (S. 49) oder «Die Intelligenz im Dienst des Bösen» (S. 64) steht, sondern für all dieses auch – und: für ein Ethos der Wahrheit. Helmut Knufmann: *Das Böse in den Liaisons dangereuses des Choderlos de Laclos*. München: Fink 1965.

14 Dieses bei Hugo Friedrich: Immoralismus und Tugendideal in den *Liaisons dangereuses (1935)*. In: Ders. (Hg.): *Romanische Literatur I*. Frankfurt/M.: Klostermann 1972, S. 193 im Sinne einer Krise des Tugendideals zwar kategorial negativ, aber sehr scharf gefasst.

auch für wahr. So zum ersten Mal, als Valmont den generösen Sozialhelfer gibt und in der Folge immer wieder:

> Mon Domestique a été témoin de cette vertueuse action [Valmonts geschickt inszenierte Unterstützung in Not geratener Dorfleute, H.S.]; et il m'a rapporté de plus que les paysans, causant entre eux et avec lui, avaient dit que qu'un Domestique, qu'ils ont désigné, et que le mien croit être celui de M. de Valmont, avait pris hier des informations sur ceux des habitants du village qui pouvaient avoir besoin de secours. Si cela est ainsi, ce n'est même plus seulement une compassion passagère, [...]: c'est le projet formé de faire le bien; c'est la sollicitude de la bienfaisance; c'est la plus belle vertu des plus belles âmes [...]. (S. 48) Mein Bedienter ist Zeuge dieser tugendhaften Handlung gewesen und er hat mir überdies berichtet, dass die Bauern im Gespräch untereinander und mit ihm gesagt hätten, ein Bedienter, den sie näher beschrieben, und von dem der meinige glaubt, dass es der von Monsieur de Valmont sei, hätte gestern Erkundigungen eingeholt über die Hilfsbedürftigen unter den Dorfbewohnern. Wenn es an dem ist, dann handelt es sich nicht nur um eine vorübergehende [...] Regung von Mitleid, sondern um den vorsätzlichen Plan, Gutes zu tun; das ist die Fürsorge der Wohltätigkeit, die schönste Tugend der schönsten Seelen; (S. 66f.).

Die Repräsentantin der Tugend geht beständig von der Übereinstimmung zwischen Zeichen und Sachverhalt aus. Sie nimmt wahr, aber indem sie das Wahrgenommene für wahr nimmt, sind ihre Beobachtungen nicht scharfgestellt auf die Entdeckung von Inkonsistenzen, Widersprüchen oder auch nur Ungereimtheiten im Verhalten ihres Gegenübers. Alle Warnungen der alten Mme de Volanges schlägt sie in den Wind. Der Grund für das Scharfsinnsdefizit der Exponentin der Tugend ist nicht kontingent, sondern systematisch. Ihre Deutung des Anderen ist durch die Prämisse gesteuert, menschliches Verhalten sei immer konsistent – im Sinne der Konsistenz von Gefühl und Gefühlsausdruck. Der Terminus, an den diese Erwartung gebunden ist, heißt «sincérité». Im Verhältnis zur Verhaltenskomplexität ihres Gegenübers sind ihre Deutungen unterkomplex. Daran geht sie letztlich zugrunde.

So zeigt sich: Simulation und «dissimulation» des Verführers zielen erfolgreich auf die Zerstörung des Aufrichtigkeits-Modells der Zwischenmenschlichkeit. Weil die Verführte nicht mit Diskrepanzen zwischen Gefühl und Gefühlsausdruck rechnet (die freilich auch in ihrem eigenen Verhalten auftreten!), muss sie dem Verführer unterliegen, der sie zur Strategie des Scheins systematisiert.

Aber auch das «Opfer» ist erst am Ende des gelungenen Verführungsprozesses vollkommen aufrichtig. Und zwar deshalb, weil die Bindung an die Ehe der Tourvel jeden Ausdruck des keimenden Liebesgefühls verbietet. Damit zeigt die Erzählung am Verhalten zweier Schlüsselfiguren auf, dass die Aufrichtigkeitsnorm nicht realitätskongruent ist. Entweder man hält sich nie (Merteuil/Valmont) oder gelegentlich (Tourvel) nicht an sie. Im zweiten Falle führt ihre

Befolgung zu fatalen Realitätsverkennungen. Im ersten dagegen ist die Orientierung an der Gegennorm bis zur moralrestaurativen Schlusskehre der Erzählung allein erfolgreich.

Allerdings benötigt jeder Handelnde Orientierung. Auch der Verführer. Er benötigt sogar eine Art «sincérité». Das aber ist für ihn die Untrüglichkeit der unwillkürlichen Körperzeichen der Verführten. Nur da zeigt sich ihm eine Aufrichtigkeit *sui generis*, wo das Gegenüber nichts von ihr weiß, oder das Gegenteil intendiert. Oder anders: Der wahre Ort der Aufrichtigkeit, in der Sicht des Verführers, ist nicht das moralische Bewusstsein und das bewusste Wollen der Moral, sondern die unbewusste, nicht kontrollierbare, die unwillkürliche Sprache des Körpers. Nicht die Person, vielmehr der Körper ist ihm der Garant der Aufrichtigkeit und zwar als nach den Gesetzen der Physiologie funktionierender Organismus.

Das ist der Grund, warum er sich – anders als sein Gegenüber – allein an die unwillkürlich produzierten Zeichen des Körpers hält. Er ist der hochbewusste Produzent der willkürlichen und der scharfe Deuter der – ebenfalls letztlich von ihm produzierten – unwillkürlichen Zeichen am Körper des Anderen. Er muss in den Gesten der Verneinung die Substanz der Bejahung, in den Beteuerungen der Liebesabwehr den Ausdruck zunehmender Überwältigung durch die Liebe entdecken.

Die Analyse der Zeichen ist ein zweistufiger Vorgang. Der abschließenden Interpretation geht scharfe Wahrnehmung voraus. Erst danach kann das sinnliche Datum mit Sicherheit auf ein Nicht-Sinnliches, auf ein seelisches, selbst nicht wahrnehmbares Substrat bezogen werden: die seelische Verfassung der Verführten, die sich zu verbergen trachtet. Im komplexen Erkenntnismodell des Verführers ist Wahrnehmung nur ein Ausgangspunkt und ein Durchgangsstadium. Sie ist Mittel zum Zweck. Das heißt: Sie ist das Mittel und nicht der Zweck. Der Zweck ist die zweifelsfreie Erfassung eines inneren Zustandes, der sich der sinnlichen Wahrnehmung entzieht. Wobei freilich für ihn in letzter Instanz der Primat der Sinnlichkeit als sinnliches Begehren gilt, weil er Liebe als Eigenzustand ausschließt.

In genauerer Charakterisierung: Die Form der Erkenntnis, derer sich der Verführer bedient, um den Schein der Liebesverneinung zu durchdringen, ist der Zeichenschluss.[15] So schließt er von der aufflammenden Röte im Gesicht

---

15 Vgl. Ekkehard Eggs: Die frühneuzeitliche Rezeption der aristotelischen Rhetorik in Frankreich und Italien. In: Joachim Knape/Thomas Schirren (Hg.): *Aristotelische Rhetorik-Tradition*. Stuttgart: Steiner 2005, S. 197–272, der Zeichenschlüsse, in denen «vom Vorliegen

auf die innere Erregung. Vom heftig pochenden Herzen, das er bei einer zufälligen Berührung ihres Körpers fühlt, auf die schon übermächtig werdende Liebe:

> Je pressai son sein contre le mien; et, dans ce court intervalle, je sentis son cœur battre plus vite. L'aimable rougeur vint colorer son visage, et son modeste embarras m'appris assez *que son cœur avait palpité d'amour et non de crainte*. (S. 22)
> Ich presste ihre Brust gegen meine und in dieser kurzen Zeitspanne spürte ich ihr Herz schneller schlagen. Eine liebenswerte Röte begann ihr Gesicht zu überziehen und ihre züchtige Befangenheit zeigte mir deutlich, *dass ihr Herz aus Liebe pochte und nicht aus Angst*. (S. 30f.)

Was die Unwillkürlichkeit der Zeichen des Körpers betrifft:

> Le maintien mal assuré, la respiration haute, la contraction de tous les muscles, les bras tremblants, et à demi élevés, tout me prouvait assez que l'effet était tel que j'avais voulu le produire. (S. 291)
> Die unsichere Haltung, das stoßweise Atmen, die Verkrampfung aller Muskeln, die zitternden und halb erhobenen Arme, alles bewies mir zur Genüge, dass die Wirkung dem entsprach, was ich beabsichtigt hatte. (S. 394f.)

Das beinhaltet eine Theorie des Körpers, eine Semiotik des Körpers und des Körperausdrucks.[16] Der Körper bringt unwillkürlich, nach physiologischen Gesetzen, Zeichen hervor, die eine seelische Verfassung erkennen lassen, welche die Person verbergen will. Der Körper spricht die Wahrheit. Aber nur der Körper als Zeichengeber unwillkürlicher Zeichen. Die Wahrheit ist demnach gerade da, wo sie verborgen werden soll. Sie zeigt sich nicht in der Rede etwa, sondern als unwillkürlicher Semiose, im physiologischen Reaktionsschema. Die Rede trügt,

---

eines oder mehrerer ‚Zeichen' auf das Vorliegen des Antezedenz» (S. 244) geschlossen wird, als abduktive Zeichenschlüsse bezeichnet.

16 Die Bezüge zur Physiognomik liegen auf der Hand. Hier wird aber nicht, wie bei Andreas Käuser: Die anthropologische Theorie des Körperausdrucks im 18. Jahrhundert. Zum wissenschaftlichen Status der Physiognomik. In: Rudolf Behrens/Roland Galle (Hg.): *Leib-Zeichen. Körperbilder. Rhetorik und Anthropologie im 18. Jahrhundert*. Würzburg: Königshausen & Neumann 1993, S. 41–60 dargelegt, charakterologisch auf stabile seelische Eigenschaften abgehoben, sondern auf eine momentane seelische Befindlichkeit. Zwar geht auch der Libertin von einer «Einheit von Körper und Seele» (S. 51) aus, aber diese ist – anders als bei Lavater (S. 41, 57f.) – keineswegs in erster Linie am Gesichtsausdruck festgemacht. Für den Libertin spricht der ganze Körper aus, was die moralische Rede zu verschweigen trachtet. Damit ist der Körper nicht einfach ein Zeichenträger, sondern er ist zugleich mit dem Pathos eines Orts der Wahrheit besetzt.

nicht der Körper. Die Wahrheit ist weder ethisch noch logisch, sondern physiologisch.[17]

Wäre die verführte Unschuld im Besitz der Erkenntnismittel des Verführers, dann könnte sie von der Abwesenheit oder Unstimmigkeit bestimmter Zeichen auf die Scheinhaftigkeit der Liebesmimik beim Verführer schließen. Aber das muss die Erzählung systematisch ausschließen. Sie benötigt den Gegensatz der Sehenden und der Blinden, der erfolgreichen Täuscher und der «dupes», der im Besitz der Wahrheit Befindlichen oder sich doch Wähnenden und der in der Illusion Befangenen.

Die unschuldig Schuldige kann nicht über das Erkenntnisverfahren des Libertin verfügen, weil ihre Leitnorm «sincérité» heißt. Der strategische und taktische Vorteil des Verführers beruht auf der Verneinung des ethischen Leitbildes seines Gegenübers. Und umgekehrt: Insofern dieses an Aufrichtigkeit glaubt, muss das Salz seiner Erkenntnis dumm bleiben. Aufrichtigkeit und Wahrheit schließen sich aus.

Fazit: Der Verführer will die totale Herrschaft über seine Seele (Imperativ der Liebesvermeidung) und seinen Körper (Virtuosität der Hervorbringung auch der sonst unwillkürlichen Zeichen der Liebe) als Voraussetzung der Herrschaft über den Anderen. Sein Projekt hat die Doppelstruktur des Fremd- und des Selbstprojekts. Letzteres zielt auf Expansion und Invasion der Willkür tief in das dunkle Land des Unwillkürlichen hinein. Es will das «innere Ausland» (Freud)[18] der Herrschaft des bewussten Willens zur Macht unterwerfen.[19]

Das Projekt setzt eine Anthropologie und eine Psycho-Analyse der Wahrheit voraus. Es besagt: Die menschliche Natur ist vom Trieb zur Lust und nicht vom Antrieb zur Sittlichkeit beherrscht. Allerdings zeigt sich ein performativer

---

17 Zur Bedeutung der Körpersprache bei Laclos auch: Anne-Marie Jaton: *Le corps de la liberté. Lecture de Laclos.* Wien: Age d'Homme 1983, S. 87f.
18 Diese prägnante Formulierung findet sich in der 31. Vorlesung der *Vorlesungen zur Einführung in die Psychoanalyse* mit dem Titel *Die Zerlegung der psychischen Persönlichkeit*. Ich fasse sie allgemein im Sinne des im Inneren Unbekannten auf, während Freud sich an dieser Stelle auf das «Verdrängte» bezieht. Sigmund Freud: *Neue Folge der Vorlesungen zur Einführung in die Psychoanalyse*. In: Sigmund Freud. Studienausgabe. Bd. I. Frankfurt/M.: Fischer 1969, S. 496.
19 Den technik- (u.a. Montgolfier), kulturgeschichtlichen und naturwissenschaftlichen (u.a. Lavoisier) Kontext des umfassenden Willens der Epoche zur Beherrschung der äußeren wie der inneren Natur entwickelt sehr plastisch: Didier Masseau: Le dévoiement des Lumières. In: *Europe* 885/886 (2003), S. 18–33. Dieses mit ausdrücklichem Bezug zum Herrschaftswillen der Merteuil. Vgl. auch Georges Poulet: Chamfort et Laclos. In: Ders.: *Etudes sur le temps humain*. T. 2. Paris: Plon 1952, S. 70f., 74, der Eliminierung des Zufalls als wesentlichen Aspekt des libertinen Projekts entwickelt, das auch auf eine Herrschaft über die Zukunft abziele.

Selbstwiderspruch schon vor dem finalen Scheitern der beiden Libertins: Denn die Liebe zu Mme de Tourvel, der Valmont verfällt, die ja nur sein Opfer sein sollte, zeigt unmissverständlich an, dass außer *libido*, «plaisir» und «volupté» etwas ganz Anderes auch seinen Sitz in der Seele hat.

In der gelungenen Verführung jedenfalls sollte sich der Andere als der zeigen, als der er – jenseits des Scheins der Institution und der Sittlichkeit – im libertinen Konzept entworfen wird: das Triebwesen, das sein Wesen verkennt, verleugnet und verhüllt. In der gelungenen Verführung sollte sich die Strategie des Täuschers als Mittel der Entlarvung der Täuschung und Selbsttäuschung des Anderen erweisen. Der Verführer also zielt nicht nur auf Verführung ab, sondern auf die «empirische» Bestätigung seiner Welt, der Wahrheit seiner Vorstellungswelt.

In der Aufhebung des Schleiers der Illusion sollte an den Tag kommen, dass die Seele etwas Anderes will als die Institution. Dass sie in Wahrheit Lust und nichts als Lust will. Mit einem Wort: dass die Seele wild ist. Der Körper der verführten Unschuld soll der Ort der Wahrheit sein, an dem sich die Wildheit der Seele, ihre moralische Gleichgültigkeit als ihre Lust-Natur zeigt.

Der Libertinismus leugnet, auf seinen philosophischen Kern gebracht, die Vereinbarkeit von Kultur und Natur. Oder zurückgenommener: Er besteht auf einem Stück wilder Natur mitten in der Kultur. Er ist eine Manifestation des Unbehagens in der Kultur. Die Erzählung entzieht sich dem Wahrheitsanspruch des Libertinismus durch die Inszenierung der Wärme- und Liebesanfälligkeit des kalten Verführers und durch die Eliminierung der Libertins. Nicht ohne freilich jenem und diesen ein Zeitfenster von beträchtlicher Größe zugestanden zu haben. Erst durch die finale Betätigung der semantischen Notbremse kann die Welt als sittliches Universum gerade eben noch gerettet werden. Mehr allerdings als dezisionistische Setzung denn als Ausweis.

Es bedurfte der Erosions- und Emanzipationsenergien des Prozesses der Moderne, bis das Wahrheitsmoment des libertinen Projekts in einem anderen Konzept wieder aufgenommen werden konnte, das zu seiner Zeit nicht weniger skandalös war als die Sprache des Libertins. Sein Erfinder nannte es Psychoanalyse.

X Maschine und menschliche Natur. Zur Mythologie des 19. Jahrhunderts (Hoffmann, Verne, Zola)

Im Zeitalter der Maschinen begegnet der Mensch immer öfter seinen eigenen Geschöpfen. Artefakte aller Art schicken sich an, die erste Wirklichkeit der Natur in den Hintergrund zu drängen. Das ist die Zeit des erfüllten Begehrens, möchte man meinen. Der «Prothesengott» (Freud) hat Apparate hervorgebracht, die fast so viel können wie die Götter und jeden Tag mehr. Das Projekt der Verfügung scheint verwirklicht. Das müsste – nach dem Rückzug der Götter – das Glück der ungeteilten Herrschaft über die Welt sein. Statt dessen taucht – in der Literatur – ein Subjekt auf, dass dem künstlichen Ding mit äußerster Irritation begegnet, oder sich doch in seiner inkommensurablen Tiefe von ihm abgrenzt, oder aber angestrengte Gesten der Selbstbehauptung vollführt. Dieses Subjekt gewinnt an Kontur und habitueller Festigkeit, während sein lebensweltliches Pendant das durch die Maschine erleichterte Leben genießt und zugleich sich dem Rhythmus derselben anzupassen hat. Dabei ist zuzugestehen, dass die neue Lage unterschiedlich gesehen wird. Es gibt auch Erzählungen vom symbiotischen Zusammenleben zwischen dem neuen Schöpfer und seinem Geschöpf, in dem alles Begehren restlos aufzugehen scheint.

In E.T.A. Hoffmanns 1816 erschienener Erzählung *Der Sandmann*[1] erscheint der Apparat als das vor allem gesehene Objekt. Er begegnet, in einer gewissen und bedeutsamen Entfernung, als ein Gegenüber. Im Wortsinne ist er Ereignis als das vor die Augen Tretende. Und er ist ein Objekt mit menschlichem Antlitz und menschlicher Gestalt. Aber nicht *in natura*, sondern als Imitat. Er ist eine täuschend echte Nachahmung. Das heißt, er wird vor allem als Täuschung aufgefasst.[2] Als

---

1 Zitate nach Ernst T. A. Hoffmann: *Der Sandmann*. Frankfurt/M.: Insel 1986. Das gesamte Leben Nathanaels ist durch eine abgründige Gestalt namens Coppelius alias Coppola bestimmt. In seiner Kindheit kommt der Vater bei alchemistischen Experimenten mit Coppelius um. Später taucht der «Wetterglashändler» (Baro-, Thermometer und andere Gläser) Coppola auf und verkauft Nathanael ein Perspektiv, das eine verhängnisvolle Rolle in einer verhängnisvollen Täuschung spielt. Im Blick durch das Fernglas erscheint Olimpia, eine von Prof. Spalanzani, bei dem Nathanael inzwischen studiert, und Coppola konstruierte Puppe, als lebendes Wesen. Der Student verliebt sich in den Automat. Die nachfolgende Erkenntnis, dass es sich nicht um eine lebende Frau handelt, führt zu einem ersten Wahnsinnsausbruch. Diesem folgt ein zweiter, als der Protagonist einige Zeit später bei einem Blick von einem Turm in der Menge den Wetterglashändler erblickt. Er begeht Selbstmord, indem er sich in den Abgrund stürzt.
2 Vgl. Hartmut Steinecke: *Die Kunst der Phantasie. E.T.A. Hoffmanns Leben und Werk*. Frankfurt/M./Leipzig: Insel 2004, S. 290, der auf den zentralen Motivzusammenhang von

Täuschung, die zu einer Täuschung mit katastrophaler Enttäuschung führt. Die Erfahrung, dass die Ähnlichkeit Grenzen hat, dass die Nachahmung gerade die wesentlichen Züge des Menschen nicht nachzuahmen in der Lage ist, erzeugt höchste Beunruhigung, Grauen und seelische Zerrüttung.

Dass bei Hoffmann dem Artefakt die bescheidene und unselbständige Rolle des Imitats zugewiesen wird, bezeichnet einen bestimmten Entwicklungsstand im Verhältnis zwischen Natur und technischer Kunst. Diese ist bestimmt durch den Gegenstand ihrer Nachahmung. Jene gibt den Maßstab ab. Dem Nachgeahmten kommt der Primat zu. In der Welt der hoffmannschen Erzählung gilt unausgesprochen der Vorrang des Natürlichen vor dem Künstlichen. Unter solchen Umständen steht die Emanzipation des Artefakts noch aus.

Warum aber produziert die Erkenntnis des Protagonisten, dass Olimpia «nur» eine Puppe und kein Mensch ist, eigentlich Entsetzen und Zusammenbruch? Und nicht einfach nur Befremden, Erstaunen oder gar Erheiterung? Die Katastrophe geht aus der Reaktion des Imitats mit der gestörten und verstörten Subjektivität ihres menschlichen *Vis-à-Vis* hervor. Denn Nathanael will partout da Leben sehen, wo nur Maschine ist. Ja er nimmt diese für das wahre Leben, die Puppe als ausgezeichnetes Objekt der Liebe. Nur deshalb wird die Enttäuschung zum Entsetzen:

> Er saß neben Olimpia, ihre Hand in der seinigen und sprach hoch entflammt und begeistert von seiner Liebe in Worten, die keiner verstand, weder er, noch Olimpia. Doch diese vielleicht; denn sie sah ihm unverrückt ins Auge und seufzte einmal über's andere: Ach – Ach – Ach! – worauf denn Nathanael also sprach «O du herrliche, himmlische Frau! – Du Strahl aus dem verheißenen Jenseits der Liebe – Du tiefes Gemüt, in dem sich mein ganzes Sein spiegelt» [...] (S. 48).

Freilich ist Nathanael der Einzige, der sich täuscht. Obige Szene spielt auf einem Ball, den Spalanzani, der «Vater» Olimpias gibt. Nur der Träumer fällt in Entzücken, während man ansonsten Gelächter unter den jungen Leuten hört. Wenig später folgen auf den einsamen Rausch Desillusion und Ausbruch des Wahnsinns:

> Nun warf Coppola die Figur über die Schulter und rannte mit fürchterlich gellendem Gelächter rasch fort die Treppe herab, so daß die hässlich herunterhängenden Füße der Figur auf den Stufen hölzern klapperten und dröhnten. – Erstarrt stand Nathanael – nur zu deutlich hatte er gesehen, Olimpia's toderbleichtes Wachsgesicht hatte keine Augen, statt ihrer schwarze Höhlen; sie war eine leblose Puppe. [...] Da packte ihn der Wahnsinn mit glühenden Krallen und fuhr in sein Inneres hinein Sinn und Gedanken zerreißend. (S. 55)

Sehen, Schein, Täuschung, Betrug hinweist. Wobei den technischen Sehprothesen, wie Brillen, vor allem aber dem Fernglas («Perspektiv»), eine wichtige Rolle zukommt.

Nathanael hält die Puppe nicht nur für einen wirklichen Menschen, sondern für die Erfüllung all seiner Sehnsüchte. Deshalb kann er nicht mit der Enttäuschung leben.[3] Vielmehr kann er nur mit der Täuschung leben. Er verkehrt die Dinge, indem er die geliebte Freundin Elisabeth, die ganz liebende Seele ist, als «lebloses, verdammtes Automat» (S.37) bezeichnet.[4] Was insgesamt auch zeigt, dass es in der Welt Hoffmanns nicht nur um Natur, sondern vor allem um Echtheit geht. Und echt kann nur Natur sein. Nicht der Apparat als Apparat. Der Zusammenbruch des Subjekts erfolgt als Enttäuschung am Artefakt.[5] Jedenfalls inszeniert Hoffmann die Begegnung mit der Maschine als Psychodrama.[6]

In dieser Inszenierung spielt der Konstrukteur des Imitats eine bestimmte Rolle: Coppola ist einer, den man nicht kennen kann. Er taucht auf und verschwindet, und so fort. In dieser Ungreifbarkeit und Nicht-Identifizierbarkeit inkarniert er ein unbestimmt Bedrohliches, Böses, Dämonisches, Zerstörerisches. Als bedrohlicher Fremder bricht er in die vertraute Lebenswelt der Familie ein und zerstört sie, indem erst der Vater und endlich der Sohn zu Tode kommen. Sein Produkt und das des zwar weniger dämonischen aber nicht

---

3 Vgl. Ortwin Rosner: *Körper und Diskurs. Zur Thematisierung des Unbewussten in der Literatur anhand von E.T.A. Hoffmanns Der Sandmann*. Frankfurt/M.: Lang 2006, S. 270, der auf die Parallele zwischen der Zerlegung der Puppe in dieser Szene und der «Zerlegung» Nathanaels durch Coppelius hinweist, der in der frühen kindlichen Angstphantasie an ihm «herumschraubt».

4 Die Puppe tritt an die Stelle des lebendig-beseelten Liebesobjekts. Sigmund Freud: *Das Unheimliche* (1919). In: Sigmund Freud. Studienausgabe. Bd. IV. Frankfurt/M.: Fischer 1970, S. 241–274 spricht von der «unsinnig zwanghaften Liebe zu Olimpia», die er als narzistisch auffasst: «Wir haben das Recht, diese Liebe eine narzistische zu heißen, und verstehen, dass der ihr Verfallene sich dem realen Liebesobjekt entfremdet.« (S. 256)

5 Interessant ist der Hinweis von Beate Söntgen: Täuschungsmanöver. Kunstpuppe-Weiblichkeit-Malerei. In: Pia Müller Tamm/Katharina Sykora (Hg.): *Puppen, Körper, Automaten. Phantasmen der Moderne*. Düsseldorf: Oktagon 1999, S. 125–139: «Puppen sind, zumindest seit der Romantik, meist weiblich.» (S. 125). Dagegen Vaucansons Flötenspieler und der schachspielende Türke. «Im weiblichen Kunstmenschen aber kristallisiert, wie ich zeigen möchte, das Wesen des Automaten, der Puppe: die Fähigkeit zu täuschen. [...] Als vollkommene, durch Technik bewegte und durch Einbildungskraft beseelte Figur verwischt die Automate die Grenze zwischen Belebtem und Unbelebtem, und sie löst den Unterschied zwischen Natürlichem und Künstlichem auf.» (S. 125) Letzteres allerdings gelingt bei Hoffmann gerade nicht!

6 Ganz im Gegensatz zum 18. Jahrhundert, das mit Interesse und Vergnügen, ja Begeisterung auf die künstlichen Lebewesen Vaucansons (Flötenspieler, fressende, verdauende und defäzierende Ente) reagierte: Akos Paulinyi/Ulrich Troitsch: Mechanisierung und Maschinisierung. 1600 bis 1840. In: Wolfgang König (Hg.): *Propyläen Technikgeschichte*. Dritter Band. Berlin: Propyläen 1997, S. 212–214.

minder undurchsichtigen, deshalb auch unheimlichen Spalanzani, vermittelt zwischen zwei subjektiven Instanzen: dem Unheimlichen und dem Kranken. Es sorgt dafür, dass die Begegnung zwischen ihnen eine Krankheit zum Tode wird. Hier das Porträt Coppolas:

> Aber die gräßlichste Gestalt hätte mir nicht tieferes Entsetzen erregen können, als eben dieser Coppelius. – Denke dir einen großen breitschultrigen Mann mit einem unförmlich dicken Kopf, erdgelbem Gesicht, buschigten grauen Augenbrauen, unter denen ein paar grünliche Katzenaugen stechend hervorfunkeln, großer, starker über die Oberlippe gezogener Nase. Das schiefe Maul verzieht sich oft zum hämischen Lachen; [...] Die ganze Figur war überhaupt widrig und abscheulich; aber vor allem waren uns Kindern seine großen knotigten, haarigten Fäuste zuwider, [...] (S. 14f.).

Das Grässliche erscheint bezeichnenderweise als verzerrte (Körper)Natur. Das Künstliche ist auch deshalb Fake, das Falsche, weil es das Produkt deformierter Natur[7] ist. Diese und das Böse bilden eine Einheit. Das technische Ding wird nicht selbständig zur Begegnung, geschweige denn zum unbefangenen Gebrauch. Es ist nicht etwas an sich, sondern es ist nichts als die Emanation seines Produzenten. Das Ding ist eine Funktion seines Ursprungs. Dieser aber steht in einer Konstellation der verletzten Sittlichkeit. Damit bleibt es anthropomorphes Phänomen in negativer Wendung, wird nicht frei als technisches, technische Verfügbarkeit ermöglichendes Instrument. <u>Die hoffmannsche Automate ist kein technisches Objekt, sondern Zeichen der Anwesenheit des Bösen</u> in der Welt.

Ganz anders bei Verne. Die Apparate, die in *Autour de la lune* (*Reise um den Mond*)[8] eine Rolle spielen – Kanone, Projektil, Gasbehälter, sind einfach

---

7 Das Produkt deformierter Natur ist das keine (organische) Einheit bildende, sondern fragmentierte Artefakt. Vgl. Michael Rohrwasser: *Coppelius, Cagliostro und Napoleon. Der verborgene politische Blick E.T.A. Hoffmanns. Ein Essay*. Basel/Frankfurt/M.: Stroemfeld/Roter Stern 1991, S. 54, der von einer «Fragmentierungsangst» bei Hoffmann (und Kleist, Marionettenmotiv) spricht, diese allerdings abweichend von der hier entwickelten Interpretation psychoanalytisch auffasst: «Die Körperglieder rücken durch- und auseinander [die herausgerissenen Augen, H.S.], weil sie von keinem autonomen Selbstbewusstsein integriert werden können.» (ebda).

8 Zitate nach Jules Verne: *Autour de la lune*. Paris: Ed. Rencontre 1966. Zwei Amerikaner und ein Franzose unternehmen eine Reise zum Mond in einer von einer Riesenkanone abgeschossenen Kapsel. In *Autour de la lune*, der Fortsetzung von *De la terre à la lune*, stellt sich heraus, dass die Kapsel in die Umlaufbahn des Mondes geraten ist und ihr Ziel nicht erreichen wird. Es stellt sich die Frage, wie man wieder zur Erde zurückkehren kann. Die Crew stellt Berechnungen und Überlegungen an. Die Angst ums Überleben spielt dabei nur eine geringe Rolle. Schließlich gelingt es, wieder in den Bereich der Erdanziehung zu kommen. Das

da, vorhanden und zuhanden. Auch sind sie nicht der spektakuläre, singuläre Gegenstand. Vielmehr erscheinen sie im Plural, weil sie selbstverständliche technische Werkzeuge sind, die als solche in einem technischen Bewandtniszusammenhang stehen. Nach ihrem Hersteller wird nicht gefragt, weil der Apparat nicht als Entäußerung seines Produzenten wahrgenommen wird. Der technische Gegenstand verliert seinen anthropomorphen Charakter. Er erscheint als ethisch und human autonom und neutral.

In der Welt von *Autour de la lune* gibt es das Dämonische nicht. An dessen Stelle tritt ein rationales Projekt der Verfügung. Dann geht es nicht um Gut und Böse, sondern um Erfolg oder Misserfolg. Sittliche Kategorien sind zugunsten pragmatischer verabschiedet. Alle verwendeten Instrumente sind Funktionen des Projekts, um das es geht: die Reise zum Mond als unerhörte Verfügung über Raum und Zeit. Es muss sich zeigen, ob sie der ihnen zugedachten Aufgabe gewachsen sind oder nicht. Nicht mehr und nicht weniger. Die Bewegung im Raum ist nichts als ein Test auf ihre Brauchbarkeit.

In den Koordinaten eines solchen Weltentwurfs kann es das rätselhaft Böse und Dämonische nicht geben. Wenn es überhaupt ein abgründig Bedrohliches gibt, dann ist es der Abgrund des Misslingens. Der Abgrund kann hier nur ein Absturz sein. Dann steht das nackte Leben auf dem Spiel. Abgrund und Absturz offenbaren nichts als Fehlfunktionen.

Dementsprechend der Entwurf des subjektiven «Faktors» innerhalb des Dreiecks von Apparat, Mensch und Natur. Fast alle Äußerungen der Figuren sind auf das technische Projekt bezogen: gelingen oder scheitern. War die Anfangsgeschwindigkeit ausreichend? Ist das Raumschiff in Bewegung? Warum wurde das Geräusch des Abschusses im Inneren der Kapsel nicht gehört? Das erzählerische Arrangement des Romans sorgt dafür, dass die Akteure (zunächst) keine anderen als technische Probleme haben. Die Kontingenzen der inneren Natur, ebenso wie die Widerständigkeit der sozialen Verhältnisse, wie sie die kanonische Linie des Romans im 19. Jahrhundert herausarbeitet, sind stillgestellt. Denn das erzählerische Arrangement konfrontiert den Menschen auf technischer Hochstufe mit einem archaischen Problem: sich mittels Technik gegenüber der Natur zu behaupten. Dann entfällt (fast) alles Übrige.

Auch ist von Bedeutung, dass die technische Vorrichtung keineswegs als visuelles Faszinosum (*Der Sandmann*) imaginiert ist. Das technische Ding ist nicht Gegenüber und Gegen-Stand im Raum, sondern zweite Haut, Hülle und

---

Raumschiff landet im Pazifik, nahe der amerikanischen Westküste, und die Raumfahrer werden wohlbehalten geborgen.

Umraum.⁹ *Nolens volens* stehen die Subjekte nicht auf Entfernung dem technischen Objekt gegenüber, sondern sie befinden sich in einer Symbiose mit ihm. Ihr Leben hängt von seinem Funktionieren ab: «Les voyageurs, hermétiquement clos dans leur prison de métal, étaient plongés au milieu d'une obscurité profonde.» (S. 263)¹⁰ [Die in ihrem metallenen Gefängnis hermetisch eingeschlossenen Reisenden befanden sich in tiefster Finsternis. (S. 14)]¹¹ Das ist das Abenteuer am technischen Projekt. Und mit dem Abenteuer kommt alles ins Spiel, was das scheinbar rein technische Arrangement zunächst überdeckt: die Gefahr für Leib und Leben, das Heraustreten aus dem Alltag und der Eintritt in eine gefährliche Sphäre der Außeralltäglichkeit.

Nun sind die Figuren, im Sinne einer nationalen Stereotypisierung, durchaus unterschiedlich angelegt. Von den drei Mitgliedern der Crew ist einer Franzose (Michel Ardan), die beiden Anderen, der Präsident des «Gun-Clubs» Barbicane und der Kapitän Nicholl sind Amerikaner. Ersterer reagiert spontan auf alle Ereignisse, zeigt Phantasie, eine künstlerische Ader, ist ein Genießer und versteht weder etwas von Mathematik noch von Wissenschaft überhaupt:

> A cette époque, la Terre était dans son périhélie, et le mois de décembre est si propice à l'apparition de ces étoiles filantes, que des astronomes en ont compté jusqu'à vingt-quatre mille par heure. Mais Michel Ardan, dédaignant les raisonnements scientifiques, aima mieux croire que la terre saluait des ses plus brillantes feux d'artifice le départ de trois de ses enfants. (S. 287)
> Die Erde stand zu dieser Zeit in ihrer Sonnennähe; der Dezember begünstigt noch das Erscheinen dieser Sternschnuppen, so daß Astronomen bis zu 24 000 in der Stunde gezählt haben. Aber Michel Ardan, der vor wissenschaftlichen Argumentationen geringen Respekt hatte, stellte sich lieber vor, die Erde grüße mit ihrem blendendsten Feuerwerk die Abreise ihrer drei Kinder. (S. 45)

---

9 Vgl. Roland Barthes: *Mythologies*. Paris: Seuil 1957, S. 90–92. Verne habe «une sorte de cosmogonie» (S. 90) konstruiert. Ihr Prinzip sei «le geste continu de l'enfermement» (S. 90). Bei Verne sei das Schiff kein «symbole de départ» (S. 92), sondern «chiffre de la clôture» (ebda.). Die Nautilus als «caverne adorable» (ebda.). Sie vermittle eine «jouissance de l'enfermement» (ebda.). Barthes stellt eine Beziehung zwischen dieser ästhetischen Konstruktion und der Leidenschaft der Kinder für «cabanes» und «tentes» her. Hier liegen Scharfsinn und Willkür sehr nahe beieinander. Zu bedenken ist, dass die technischen Umräume bei Verne ein Eindringen in sonst unbetretbare Bereiche des Raums ermöglichen. Was eine Lust am Aufbruch ins Weite einschließt.

10 Dieses Szenario löst gleichsam in einem Automatismus die psychoanalytische Deutung eines «regressus ad uterum» (S. 155) aus, wobei dann freilich «le désir du retour à la mère» (S. 156) nicht fehlen darf. So Simone Vierne: *Jules Verne. Mythe et modernité*. Paris: Presses Univ. De France 1989.

11 Die Übersetzungen zu diesem Text beziehen sich auf die folgende Ausgabe: Jules Verne: *Reise um den Mond*. Übs. Ute Haffmans. Zürich: Diogenes 1976.

«Perihelium» ist ein, hier vom Erzähler verwendeter, astronomischer Begriff. Er bezeichnet den Punkt der Umlaufbahn eines Planeten, welcher der Sonne am nächsten ist. Ardan aber deutet den wissenschaftlich konstatierten Sachverhalt in zwischenmenschlichen Termini. Er reagiert durchweg in der Weltraumkapsel so, als befände er sich in einer abenteuerlichen Situation auf der Erde.

Das ist ein geschickter Kunstgriff. Denn auf diese Weise werden lebensweltliche Mentalität, Reaktions- und Verhaltensweisen in die technisch konstruierte Sekundärwirklichkeit der Kapsel «eingeschleust». Dem ahnungslosen, genießerischen, lustigen und spontanen Franzosen stehen die beiden Amerikaner gegenüber. Von denen ist Einer kühler als der Andere. Sie beherrschen die Sprache, die dieser künstlichen Welt und ihrer Abstraktion der Lebenswelt entspricht: Mathematik. So vor allem Nicholl, «le méthodique Nicholl» (S. 264). Alle drei Figuren sind hoch stereotypisierte, *flat characters*.

Aber, anders als der Franzose, sind die beiden Amerikaner zugleich technomorphe Subjekte, indem nur sie wissenschaftlich auf der Höhe ihres Projekts sind und vor allem, als Personen, weitgehend mit diesem kongruent. Nur in der Gestalt des Franzosen erscheint ein Mehr an schlichter Menschlichkeit. Dieses zur Geltung Bringen des Menschlichen, als Überschuss des nichts als Rationalen verstanden, ist ein Basisverfahren der verneschen Erzählkunst und bezeichnet ihren unverwüstlichen Optimismus hinsichtlich des Laufs der Dinge in durchrationalisierter Welt. Es ist das Erzählapriori einer Anthropodizee unter den Bedingungen einer hochtechnisierten Wirklichkeit.

Man denke etwa an Phileas Fogg, den Helden von *Le tour du monde en quarante-huit jours* (Die Reise um die Erde in achtzig Tagen), der sich vom trockenen Technokraten zum Retter einer bedrohten Frau und dann auch zu ihrem Geliebten wandelt. Und viele Andere, wie den Harpunier Ned Land in *Vingt mille lieues sous les mers* (Zwanzigtausend Meilen unter dem Meer) oder den schwarzen Diener Nab in *L'île mystérieuse* (Die geheimnisvolle Insel). Dazu gehören auch die gemischten Charaktere, wie vor allem Kapitän Nemo, dann auch der Professor Aronnax und sein Diener Conseil. Für die strikt technomorphen Charaktere (Barbicane, Nicholl) allerdings gibt es jenseits der jeweiligen technischen Projekte keine Welt.

Dem Dispositiv der Erzählung ist die Erzählform vollkommen angepasst. Durchgehend wechseln auktoriale Rede und Gespräch. Dessen Gegenstand ist fast ausschließlich das Projekt, die diesbezügliche Lage und ihre Veränderungen. Die Innenperspektive ist konsequent gekappt. Auch die naive Menschlichkeit des Franzosen verfügt über keine Sprache der Innerlichkeit. Sie artikuliert sich allein im Gespräch. Abenteuer, technisches Projekt und Einziehung der Introspektion gehen Hand in Hand. Es liegt übrigens auf der Hand, dass ein solches erzählerisches Arrangement auch den Leser von Problemen der Innerlichkeit entlastet. Die Subjektivität der Subjekte wird durch die Brisanz des technischen Projekts gleichsam aufgesogen. Dazu passt, mehrfach betont: Die Figuren sind fast ohne Angst und Sorge. Sie kennen kaum Antizipation der Zukunft im existentiellen Sinne:

> On s'étonnera peut-être de voir Barbicane et ses compagnons si peu soucieux de l'avenir que leur réservait cette prison de métal emportée dans les infinis de l'éther. Au lieu de se demander où ils allaient ainsi, ils passaient leur temps à faire des expériences, comme s'ils eussent été tranquillement installés dans leur cabinet de travail. (S. 425)
>
> Man wird sich vielleicht wundern, dass sich Barbicane und seine Kameraden so wenig Sorgen um die Zukunft machten, die ihnen dieses in die unendlichen Räume des Äthers getragene Metallgefängnis bringen konnte. Statt sich mit der Frage zu befassen, wohin sie steuerten, verbrachten sie die Zeit mit Experimenten, ganz so, als ob sie ruhig und ungestört in ihrem Arbeitszimmer säßen und studierten. (S. 221)

Auch scheint die Idee des Unmöglichen für sie nicht zu existieren: «Michel Ardan se laissa convaincre dans une certaine mesure. Il convint que la chose était difficile, mais non pas ‹impossible›, mot qu'il ne prononçait jamais.» (S. 342) [Michel Ardan ließ sich überzeugen. Er räumte ein, daß die Sache wohl schwierig, aber nicht ‹unmöglich› sei – ein Wort übrigens, das nie über seine Lippen kam. (S. 117)] Prinzipiell ist alles möglich. Aber nicht im Sinne der Unerschöpflichkeit Fortunas, sondern im Rahmen mathematischer Berechnung:

> Le boulet devait être animé d'une vitesse initiale de douze mille yards a la seconde. Lancé le 1er décembre, à onze heures moins treize minutes et vingt secondes du soir, il devait rencontrer la Lune quatre jours après son départ, le 5 décembre, à minuit précis, à l'instant même où elle se trouverait dans son périgée, c-est-à-dire à sa distance la plus rapprochée de la terre, soit exactement quatre-vingt-six mille quatre cent dix lieues. (S. 256)
>
> Der Kugel musste eine Anfangsgeschwindigkeit von 12000 Yards pro Sekunde gegeben werden. Der Abschuß musste am 1. Dezember genau um 13 Minuten und 20 Sekunden vor 23 Uhr erfolgen. Vier Tage nach ihre Abschuß, am 5. Dezember genau um Mitternacht, wenn sich der Mond in seinem Perigäum, das heißt in der Erdnähe befand, also genau 86 410 Lieues von der Erde entfernt war, mußte die Kugel auf den Mond treffen. (S. 6)

Man ist weit von der frühneuzeitlichen Konstellation entfernt, wie sie das machiavellische Denken repräsentiert und konstruiert. Vielmehr ist das Mögliche von den wissenschaftlichen und technischem Möglichkeiten des Menschen her gedacht. Möglichkeit wird zum Index menschlichen Kennens und Könnens und verliert damit seine Bindung an ein Unbeeinflussbares. Das ist die Eingemeindung Fortunas in den Horizont menschlicher Machens-Macht.

Bei E. T. A. Hoffmann ist «die Automate» das schreckenerregende Gegenüber. Schrecken aber erzeugt sie erst dann, wenn sie als das Nicht-Menschliche erkannt wird. Wenn der Schleier der Täuschung fällt. Der Schrecken ist demnach der Schrecken der Enttäuschung. Ihr springender Punkt: dass das scheinbare *alter ego* in Wirklichkeit nichts weniger ist als das. Vielmehr ein bloßes Simulacrum, dem die Konsistenz, das Spezifikum des Menschlichen abgeht: Seele. Im Schrecken der Automate vergewissert sich das Humanum seiner Humanität. Sie ist das radikal Andere des Apparats. In der Gestalt Nathanaels tritt der Mensch menschlichem Werk gegenüber und erkennt es als das ihm nicht Angemessene. Damit begreift er in seiner Natur beseelte Natur überhaupt als das technisch nicht Einholbare.

So verhalten sich die Dinge in Hoffmanns Erzählung. Davon sind Verne und seine Zeit weit entfernt. Die Maschine ist weder das auf Entfernung begegnende Phänomen, noch das Menschenähnliche, das Enttäuschung und im Schrecken der Enttäuschung noch den Schauer menschlicher Selbstvergewisserung auslöst. Vielmehr ist das technische Artefakt das Instrument, dessen Andersheit immer schon selbstverständlich gewollt und vorausgesetzt ist. An seinem Ursprung hat kein Böses seinen Ort, sondern ein Wille zum Machen des bis dahin Unmachbaren.

Nun aber kommt es am Anfang von *Vingt mille lieues sous les mers*[12] zu einer spektakulären und unerhörten Begegnung mit einer Maschine. Das Forschungsschiff *Abraham Lincoln* begegnet einem riesengroßen Meeresobjekt. Wie sich später herausstellt, handelt es sich um das U-Boot Kapitän Nemos.[13] Die Besatzung hält aber das Objekt zunächst für einen gigantischen Wal. Die Aufhebung der Täuschung in der Erkenntnis, dass es sich um eine fabelhaft avancierte Maschine handelt, ist das große Ereignis am Anfang der Erzählung:

---

12 Zitate nach Jules Verne: *Vingt mille lieues sous les mers*. Paris: Pocket ²2005. Die *Abraham Lincoln* hat den Auftrag, ein riesiges Meerungeheuer zu suchen und zu vernichten. Es stellt sich heraus, dass das Ungeheuer kein gigantischer Wal ist, wie von den meisten angenommen, sondern ein elektrizitätsgetriebenes U-Boot, das allen technischen Möglichkeiten der Zeit voraus ist. Ingenieur, Konstrukteur und Kapitän des Schiffes ist Nemo, ein aus Enttäuschung und Leid zum Menschenfeind mutierter Menschenfreund, überdies ein indischer Prinz, der von den Engländern aus seinen Besitztümern verjagt wurde. Die Besatzung der *Abraham Lincoln*, darunter vor allem der Biologe, Professor Aronnax (Ich-Erzähler), sein Diener Conseil und der Walfänger Ned Land, geraten in die Gefangenschaft Nemos und durchqueren mit seinem Schiff die Meere. An Abenteuern der verschiedensten Art ist kein Mangel. Sie zeigen die mirakulöse Leistungsfähigkeit der Maschine, die abgründige menschliche Größe des Schiffsführers und auch die Menschlichkeit der anderen Protagonisten. Schließlich lässt Nemo die Gefangenen entkommen [...].
13 Mit «Niemand» antwortet Odysseus auf die Frage des Polyphem nach seinem Namen. Zu den Anspielungen auf die Odyssee im Roman vgl. Daniel Compère: *Approche de l'île de Jules Verne*. Paris: Minard 1977, S. 131, 133f.

> Le doute n'était pas possible! L'animal, le monstre, le phénomène naturel qui avait intrigué le monde savant tout entier, bouleversé et fourvoyé l'imagination des marins des deux hémisphères, il fallait bien le reconnaître, c'était un phénomène plus étonnant encore, un phénomène de main d'homme. (S. 82)
> Ein Zweifel war nicht möglich. Ich musste anerkennen, daß das Tier, das Ungeheuer, die Naturerscheinung, die die gesamte wissenschaftliche Welt beschäftigt und die Vorstellungskraft der Seeleute beider Hemisphären irregeleitet hatte, ein weit erstaunlicheres Wunder war, ein Phänomen von Menschenhand. (1, S. 91f.)[14]

Und der Ich-Erzähler Aronnax fügt hinzu:

> La découverte de l'existence de l'être le plus fabuleux, le plus mythologique, n'eût pas, au même degré, surpris ma raison. Que ce qui est prodigieux vienne du Créateur, c'est tout simple. Mais trouver tout-à-coup sous ses yeux, l'impossible mystérieusement et humainement réalisé, c'était à confondre l'esprit! (S. 82)
> Die Entdeckung der Existenz eines noch so fabulösen, noch so mythologischen Geschöpfes hätte meinen Verstand nicht in dem Grade überrascht. Daß das Wunderbare von Gott kommt, ist eine einfache Sache. Aber unter seinen Augen auf einmal das Unmögliche geheimnisvoll als Menschenwerk verwirklicht zu sehen, das stürzte den Geist in Verwirrung. (1, S. 92f.)

Man bemerkt die Ähnlichkeit mit der verhängnisvollen Begegnung im *Sandmann*. Der Apparat erscheint als Natur, bevor er als technisches Artefakt identifiziert wird. Und er erscheint, wie bei Hoffmann, mit großer Selbstverständlichkeit als Natur. Aber bei Verne ist dieser Vorgang weit von jeder Katastrophe entfernt. Der Schauer, der die Erkenntnis der Besatzung des Forschungsschiffes gleichwohl begleitet, ist Faszination an einem Wunderwerk der Technik.

Die Selbstverständlichkeit der natürlichen Deutung des Objekts unterstreicht: Zwar ist die Welt der verneschen Erzählung weitgehend von Technik und Wissenschaft bestimmt, aber das Phänomenale, Unbekannte, Ungeheure trägt immer noch die Indizes der Natur. In der Begegnung mit dem unbekannten riesenhaften Objekt liegt der Schluss auf den Naturkörper näher als der auf das Artefakt. Aber die Enttäuschung ist keine Katastrophe, sondern Ent-Täuschung als starke Erfahrung. Das zeigt überdies: Die Sphäre der Artefakta hat sich vom Maßstab der Natur emanzipiert. Sie verfügt über eine selbstverständliche Eigenlegitimität.

---

14 Die Übersetzungen zu diesem Text sind der folgenden Ausgabe entnommen: Jules Verne: *Zwanzigtausend Meilen unter Meer*. Erster Teil. Übs. Peter Laneus. Zürich: Diogenes 1976; Jules Verne: *Zwanzigtausend Meilen unter Meer*. Zweiter Teil. Übs. Peter G. Hubler. Zürich: Diogenes 1976.

Die anfängliche Orientierung am Naturalen löst sich in einem abrupten Übergang und einem Minimum an Zeit auf, als Professor Aronnax und sein Diener körperlich spüren, dass sie nicht auf dem organisch-weichen Rücken eines Riesenorganismus, sondern auf einem stählernen Objekt gelandet sind:

> – C'est que cette bête-là, monsieur le professeur, est faite en tôle d'acier!» [...] Les derniers paroles du Canadien avaient produit un revirement subit dans mon cerveau. Je me hissai rapidement au sommet de l'être ou de l'objet à demi immergé qui nous servait de refuge. Je l'éprouvai du pied. C'était évidemment un corps dur, impénétrable, et non pas cette substance molle qui forme la masse des grands mammifères marins. (S. 81)
> «Weil dies Tier, Herr Professor, aus Stahlblech besteht!» [...] Die letzten Worte des Kanadiers hatten in meinem Kopf einen plötzlichen Umschwung bewirkt. Ich kletterte rasch auf den höchsten Punkt des halb untergetauchten Tieres oder Gegenstandes, der uns als Zuflucht diente. Ich prüfte die Beschaffenheit mit dem Fuß. Es handelte sich offensichtlich um einen harten, undurchdringlichen Körper und nicht um die weiche Substanz, aus der der Leib der großen Säugetiere besteht. (1, S. 91)

In diesem abrupten Übergang von der Täuschung zur Wahrheit wird aber nicht einfach ein Naturobjekt durch ein Artefakt substituiert, sondern damit ändern sich schlagartig die Koordinaten einer ganzen Welt. Denn indem der Naturkörper durch den technischen Körper ersetzt wird, zeigt sich, dass die unerhörte, will sagen, die nie gesehene Erscheinung, gerade nicht, wie zunächst fast selbstverständlich unterstellt, Natur sein muss, sondern Technik sein kann. Die Maschine als Phänomen tritt an die Stelle der Automate als Täuschung und Katastrophe.

Im Augenblick der Erkenntnis ändert sich der Charakter der Begegnung im Ozean fundamental. Nicht begegnet die menschlich konstruierte und technisch fortgeschrittene Bewegungsmaschine des Forschungsschiffs einem ungeheuer schnell und schneller als das superschnelle Schiff beweglichen Naturkörper. Sondern avancierte Technik begegnet Super-Technik. Das ist das Faszinosum. Es setzt eine schon an der Technik orientierte Welt voraus. Das Paradigma der Künstlichkeit hat das Paradigma der Natur abgelöst. Das bezeichnet die geschichtliche Distanz zwischen Hoffmann und Verne.

Gleichwohl aber ist die Frage nach dem Schöpfer der Wundermaschine hier, im Gegensatz zu *Autour de la lune*, nicht ausgeblendet oder zweitrangig. Die Frage lautet: Wer ist der Herr und der Schöpfer der Super-Maschine? Kann der Herr des Über-Apparats überhaupt jemand anders sein als der Über-Mensch? Das, in der Tat, ist Kapitän Nemo:

> Tous ces événements passèrent devant mes yeux, comme ces toiles de fond qui se déroulent à l'arrière-plan d'un théâtre. Alors le capitaine Nemo grandissait démesurément dans ce milieu étrange. Son type s'accentuait et prenait des proportions surhumaines. Ce n'était plus mon semblable, c'était l'homme des eaux, le génie des mers. (S. 592f.)

> Alle diese Erlebnisse zogen vor meinen Augen vorbei wie Szenen im Theater. In dieser seltsamen Umgebung wuchs die Gestalt Kapitän Nemos zu Übergröße. Sein Typ trat klar hervor und nahm übermenschliche Proportionen an. Er war nicht mehr meinesgleichen, er war der Herr der Wasser, der Genius der Meere. (2, S. 416)

Der Über-Mensch als Ingenieur. Denn das ist Nemo unter Anderem. Und gerade nicht als Inkarnation des Bösen und Unheimlichen wie Coppola. Aber auch Nemo ist, freilich mit anderen Vorzeichen, ein abgründiges Subjekt.

Darin jedenfalls stimmen Hoffmann und Verne überein: Die Begegnung mit dem Artefakt ist zugleich Begegnung mit einem abgründigen Charakter. Aber Coppelius ist ein Repräsentant des Bösen und der Zergliederung als Zerstörung. Nemo ist das nicht. Er ist weder eindeutig böse noch eindeutig gut. Er ist eine durch und durch uneindeutige, enigmatische («cet énigmatique personnage», S. 104), ambivalente Person:

> Saurais-je jamais à quelle nation appartenait cet homme étrange qui se vantait de n'appartenir à aucune? Cette haine qu'il avait vouée à l'humanité, cette haine qui cherchait peut-être des vengeances terribles, qui l'avait provoquée? Etait-il un de ces savants méconnus, un de ces génies «auxquels on a fait du chagrin», suivant l'expression de Conseil, un Galilée moderne, [...]? (S. 153)
> Würde ich jemals erfahren, welcher Nation dieser seltsame Mann zugehörte, der keiner anzugehören sich rühmte? Was hatte den Haß verschuldet, den er wider die menschliche Gesellschaft hegte, einen Haß, der vielleicht auf schreckliche Rache sann? War er ein verkannter Gelehrter, ein vergrämtes Genie, um ein Wort Conseils zu gebrauchen, ein moderner Galilei [...]? (1, S. 187f.)

Und:

> C'était encore pour lui [Conseil, H.S.] un génie incompris qui, las des déceptions de la terre, avait dû se réfugier dans cet inaccessible milieu où ses instincts s'exerçaient librement. Mais, a mon avis, cette hypothèse n'expliquait qu'un des côtés du capitaine Nemo. (S. 288)
> Außerdem sah er in ihm ein unverstandenes Genie, das sich, müde der Enttäuschungen der Welt, in diese unzugängliche Umgebung zurückgezogen hatte, wo es seinen Instinkten freien Lauf lassen konnte. Meiner Meinung nach jedoch erklärte diese Annahme nur eine der Seiten von Kapitän Nemo. (2, S. 6)

Auf die Dämonisierung des Subjekts der Technik antwortet Verne mit einer Psychologisierung. Denn im Fortgang der Erzählung zeigt sich: Nemo ist auch der große Leidende, der nicht aufhören kann, am Leid seiner verlorenen Familie (Verlust von Frau und Kindern) zu leiden. Seine inhumanen Züge werden als Wirkungen seiner übergroßen Leidenserfahrungen begreiflich. Wenn er verletzt, dann nur, weil er schwer verletzt wurde. Zwar ist er auch zur Grausamkeit fähig, aber das erklärte und psychologisierte Böse ist von gänzlich anderer Art als das dämonisierte. In der Gestalt Nemos erscheint der Über-Mensch als Konstrukteur der Über-Technik und als Repräsentant eines Leidens über alle Maßen zugleich. Deshalb ist er der Über-Mensch mit menschlichem Antlitz. Auch hat, wie an dieser Stelle sehr deutlich wird, die Psychologisierung Nemos eine erzähltechnische Seite. Indem der rätselhafte Kapitän der Nautilus aus unterschiedlichen Perspektiven jeweils anders und nie mit eindeutigem Ergebnis gesehen wird, wird seine Rätselhaftigkeit unterstrichen und gesteigert.

Aber bedeutsam ist vor allem die Assoziation von Über-Mensch und Apparat. Der Glanz des Übermenschen fällt auf den Apparat und illuminiert ihn: als nicht einfach diese gegebene Sache, der Sachlichkeit der Reihe der Artefakte angehörend, sondern als Emanation des großen Subjekts. Nemo ist die Seele der Nautilus («ce navire dont il était l'âme» (S. 551)) [dieses Schiff, dessen Seele er war. (2, S. 359)] Er verfügt total über die gigantischen Kräfte des Schiffs: «Vous savez, si je fais du Nautilus ce que je veux.!» (S. 472) [Sie wissen, ich mache mit dem Nautilus, was ich will.« (2, S. 253)], sagt Nemo:

> – Oui, monsieur le professeur, répondit avec une véritable émotion le capitaine Nemo, et je l'aime comme la chair de ma chair! [...] Et s'il est vrai que l'ingénieur ait plus de confiance dans le bâtiment que le constructeur, et le constructeur plus que le capitaine lui-même, comprenez donc avec quel abandon je me fie à mon Nautilus, puisque j'en suis tout à la fois le capitaine, le constructeur et l'ingénieur!» (S. 145f.)
> «Ja, Herr Professor», erwiderte Kapitän Nemo aufrichtig bewegt, «und ich liebe es wie mein Fleisch und Blut. [...] Und wenn es wahr ist, daß der Konstrukteur mehr Vertrauen in das Schiff setzt als der Baumeister und der Baumeister mehr noch als der Kapitän, dann werden Sie begreifen, mit welcher Hingabe ich meinem *Nautilus* vertraue, denn ich bin sein Kapitän, Baumeister und Konstrukteur in einem.» (1, S. 178f.)

Nicht zu übersehen ist, dass das biologisch-organische Verhältnis («comme la chair de ma chair») dem technischen zwischen Schiff, Konstrukteur, Ingenieur und Kapitän vorhergeht. Und, was Letzteres betrifft, die Idee der Einheit der Arbeit gegenüber der historisch realen Arbeitsteilung und Differenzierung aller Funktionen im Zeitalter der Maschinentechnik. An späterer Stelle heißt es:

> Cet obstacle ne pouvait arrêter le capitaine Nemo, et il se lança contre le ice-field avec une effroyable violence. Le Nautilus entrait comme un coin dans cette masse friable, et la divisait avec des craquements terribles. C'était l'antique bélier poussé par une puissance infinie. (S. 467)
> Dieses Hindernis konnte unsern Kapitän Nemo allerdings nicht aufhalten, er stürzte sich mit unerhörter Gewalt gegen das *Ice-field*. Der Nautilus bohrte sich wie ein Keil in die eisige Masse und zerschmetterte sie mit gräßlichem Krachen. Er war wie der Sturmbock der Antike, von ungeheurer Kraft angetrieben. (2, S. 246)

Die Synekdoche «il se lança contre le ice-field» unterstreicht die Einheit zwischen Kapitän und Schiff unter dem Vorzeichen des Organischen. Dazu passt, dass das U-Boot mehrfach als lebendes Wesen gefasst wird. So an folgender Stelle: «Le Nautilus se défendait comme un être humain. Ses muscles d'acier craquaient. Parfois il se dressait et nous avec lui!» (S. 595) [der *Nautilus* wehrte sich wie ein menschliches Wesen. Seine Stahlmuskeln krachten, manchmal richtete er sich auf und wir mit ihm! (2, S. 420)]

Zwar emanzipiert sich die Maschine vom normativen Bezugsrahmen des Naturalen, aber nicht, ohne zugleich auf diesen beziehbar zu bleiben. Der technische Apparat, so avanciert er sachlich-technologisch auch erscheinen mag, ist in den Halo des Humanen gestellt, immer auch humanisiert, gleichsam rückgebunden an Natur, Potenz, Willen eines unvergleichlichen Subjekts, subjektiviert. Wie gewiss auch immer Nemo durch seinen Super-Apparat auratisiert wird (wie dieser durch ihn), nicht das Subjekt ist hier der Annex der Maschine, wie Marx in seiner Analyse des Maschinensystems zeigt[15], sondern die Maschine ist ganz und gar Objektivation des Subjekts, seine gewaltige Entäußerung. Selbst die Symbiose zwischen Mensch und Maschine ist unter den Primat des Menschlichen gestellt, indem das Schiff als Nemos Kind bezeichnet wird: «il [Nemo, H.S.] aimait son navire comme un père aime son enfant!» (S. 146) [Ja, er liebte das Schiff, wie ein Vater sein Kind liebt! (1, S. 179)]

Dieser Logik entspricht auch die Disposition der Figuren. Alle, in der Hierarchie von Nemo an absteigend, sind vor allem «Menschen», mögen sie auch noch so markant von der Sachlichkeit ihrer Profession bestimmt sein. So reagiert der Walfänger Ned Land auch in der künstlichen Umwelt des U-Boots, tief unter der Meeresoberfläche, zutiefst menschlich mit seiner Sehnsucht nach der Erde, nach Fleisch. So ist Conseil, der Diener des Zoologieprofessors Aronnax, einerseits ein abstraktes Individuum, das manisch alle Tiere, die ihm vor Augen kommen, immerzu klassifiziert. Andererseits aber ist er seinem Herrn in anrührender, d.h. als anrührend hingestellter (Diener) Treue ergeben. Und Aronnax, so sehr er als Wissenschaftler typisiert ist, zugleich wird er als fühlende Kreatur gezeigt. Wenn er etwa, bei extremem Sauerstoffmangel, das Schiff im Eis festsitzend,

---

[15] Karl Marx/Friedrich Engels: *Das Kapital. Kritik der politischen Ökonomie.* In: Marx/Engels Werke. Bd. 23. Berlin: Dietz 1970: «In Manufaktur und Handwerk bedient sich der Arbeiter des Werkzeugs, in der Fabrik dient er der Maschine. Dort geht von ihm die Bewegung des Arbeitsmittels aus, dessen Bewegung er hier zu folgen hat. In der Manufaktur bilden die Arbeiter Glieder eines lebendigen Mechanismus. In der Fabrik existiert ein toter Mechanismus unabhängig von ihnen, und sie werden ihm als lebendige Anhängsel einverleibt.» (S. 445) Ganz offensichtlich ist Vernes Konstruktion des Verhältnisses zwischen Mensch und Maschine als erzählerisches Kontrastprogramm zur Realität der großen Industrie angelegt.

um Atem ringt und dem Tode ins Auge schaut («Je compris que j'allais mourir.» (S. 519)) [Ich begriff, dass ich sterben musste [...] (2, S. 317)].

Hier, wie auch in anderen Erzählungen, ist Vernes Botschaft: Wie avanciert die technischen Apparaturen auch sein mögen, wie ausgreifend die menschlichen Projekte, zu welchen Kältegraden technomorphe Subjektivität auch vorstoßen mag, niemals verselbständigen sich die Objektivationen zu einem ‚sinnesfremden Komplex' (Lukács).[16] Das Übergewicht des Sinns und des Subjekts über den Zusammenhang der Sachen bleibt in der Auszeichnung des Sittlichen gewahrt. Darin sind seine Romane Mythen des 19. Jahrhunderts.

Bei Hoffmann ist die Automate ein Fremdkörper in einer automatenfremden, artefaktarmen Wirklichkeit. Sie bricht in eine Lebenswelt ein, die – in der Figur Nathanaels freilich pathologisch verzerrt – von Kategorien der Zwischenmenschlichkeit (Familie, Vater, Mutter) und des Naturalen (menschlicher Körper, Glieder, Augen) beherrscht ist. Unter diesen Umständen ist das Artefakt noch ein Nischenphänomen; auf Enklaven und Reservate reduziert: *imitatio hominis*, Nachahmung des Menschen. So gerät es unvermeidlich in eine Konkurrenz mit dem transzendenten Konzept der Schöpfung. Der Wetterglashändler ist von Anfang an das luziferische Double Gottes (« – Der Alte hat's verstanden!» (S. 17)).

Damit stehen die Vorzeichen schlecht für ihn und sein Geschöpf, denn in diesem Rahmen kann kein Platz für einen zweiten Schöpfer sein. Dass seine und Spalanzanis Schöpfung die Auszeichnung des Menschlichen verfehlt – Seele[17] – ist Konsequenz dieser Anlage. Das Artefakt scheitert, weil ihm eine Konkurrenz mit Natur aufgezwungen wird, die es in diesem Bezugsrahmen nicht gewinnen kann.

Zugleich wird so aber auch verhindert, was der Super-Gau dieser imaginären Angst- und Gegenwelt der frühen Industrialisierung wäre: die Puppe mit Seele. Dann wären Original und Nachahmung ununterscheidbar. Die kategorialen Stützpfeiler dieser Welt brächen zusammen: Echtheit, Natur, Ursprung, Seele, Schöpfung. Dann ginge die spezifische Differenz des Humanen verloren.

---

16   Georg Lukács: *Die Theorie des Romans*, S. 53, 55 u.a.
17   Das Motiv des Androiden erscheint erst gegen Ende des 18. Jahrhunderts in negativer Perspektive. Der Grund dieses Perspektivenwechsels gegenüber der Zeit Vaucansons liegt in der Abkehr vom Homme-Machine-Paradigma: «Die neue Einschätzung des Menschen als einem *organisch* mit der Natur Verbundenem, die Betonung und hohe Wertschätzung seiner Individualität und seiner Emotionalität, stellt ein modifiziertes anthropologisches Modell dar,[...].» So Frank Wittig: *Maschinenmenschen. Zur Geschichte eines literarischen Motivs im Kontext von Philosophie, Naturwissenschaft und Technik*. Würzburg: Königshausen & Neumann 1997, S. 58.

Die Maschine rückte vor und rückte ein. Sie bräche aus ihrem Reservat aus. Mit unübersehbaren Folgen. Das aber ist der Prozess, der im letzten Drittel des 18. Jahrhunderts begann und heute sich immer noch fortsetzt, auf immer weiterer Stufenleiter. Hoffmanns imaginäre Angst-Welt ist eine Abwehr-Welt. Was sie keineswegs desavouiert, sondern ihre Hellsichtigkeit unterstreicht.

Hoffmanns Erzählung ist nicht nur von der Kategorie der (menschlichen) Natur, sondern auch vom Tabu des Naturalen beherrscht. Eben dieses hat sich bei Verne erledigt. Das bezeichnet die Modernität seiner erzählerischen Welt. Und nicht die Thematik. Darin hat er die Welt der Romantik überschritten, der er freilich mit der Überordnung des außerordentlichen Individuums über den Verbund der Apparate verhaftet bleibt.[18]

Die unerhörte Leistungsfähigkeit der Maschine kann überhaupt nur deshalb herausgestellt und zum Gegenstand der Bewunderung werden, weil im semantischen Raum seiner Erzählungen die Grenze des Naturhaften immer schon überschritten ist. Das zeigt sich darin, dass das technische Artefakt nicht fremd steht in einer durch psychologische und lebensweltliche Kategorien bestimmten Umwelt, sondern vielmehr eingebettet ist in den Verbund der Apparaturen. Diesem entspricht eine Form der Subjektivität und ein Diskurs: technomorphe Subjektivität, die Sprache der Analyse, der Beschreibung, der Berechnung und des Kalküls. Darin hat die Form der Subjektivität aufgehört, das tiefenseelisch innere Andere der technischen Welt zu sein. Bis auf den Überschuss der Sittlichkeit, dem aufgegeben ist, den Vorrang des Humanen gegenüber der reinen Technizität in der Maschinenwelt zu wahren.

Wenn also bei Verne die Maschine zu einem organischen Körper in Beziehung gesetzt wird, dann geht es um Überschreitung der Natur. Der Apparat ist *per se* das die Natur überschreitende Ding, das in seiner Potenz jegliche Natur übertreffende Ding. Der «Wal» ist eben kein Wal, sondern ein technisches Wunderwerk. In dieser Perspektive löst sich die Sphäre der Artefakta vom Maßstab der Natur. Das technische Artefakt ist in seiner Künstlichkeit als Jenseits- und Übernatur gerechtfertigt.

Verne vollzieht den Schritt zur Legitimation des technisch Artifiziellen. In der hoffmannschen Welt ist allein die geschaffene und geschöpfliche Natur

---

[18] Wobei hinsichtlich der verneschen Protagonisten die Erfahrung des deutsch-französischen Krieges eine Zäsur setzt. Die Figur Schultzes in *Les cinq cents millions de la Bégum* imaginiert ein Stück Zukunft der deutschen Geschichte. So Dirk Hoeges: Grün ist der Franzose und eisern der Deutsche. Jules Vernes ‹Les cinq millions de la Bégum› und die Technisierung nationaler Stereotypen. In: Götz Grossklaus/Eberhard Lämmert (Hg.): *Literatur in einer industriellen Kultur.* Stuttgart: Cotta 1989, S. 185–203.

legitim. In der verneschen emanzipiert sich das künstliche Objekt und gelangt zu eigenem Recht. Es wird autonom gegenüber der Natur. Es erwirbt einen eigenen Seinsstatus. Damit stößt die Überschreitung der Natur die Aura des Luziferischen ab, die ihr in einer traditionalen Welt anhaften muss.

In dieser Sicht erweisen sich die Überschreitung der terrestrischen Sphäre nach oben, in den Weltraum, und nach unten, in die Tiefen des Meeres, als adäquate erzählerische Kunstgriffe, jenseits bloß spannender Science-Fiction-Thematik. Der außerirdische und der Unter-Meeres-Raum sind Orte, wo man sich nur mit Hilfe der Maschinen bewegen kann, nur unter Einsatz von Technik überleben kann. Die Maschine kommt jenseits der Lebenswelt zu uneingeschränkter Legitimität. Mit anderen Worten: Verne hebelt die organische Konstruktion der Wirklichkeit aus, indem er Welten konstruiert, die ohne Maschinen nicht lebbar sind.

Was begehrt Nathanael? Nichts als Natur und Seele. Was begehren die Helden Vernes? Was die Apparate können und was nur mit ihnen zu schaffen ist. Nathanael ersehnt in der Puppe ein ausgezeichnetes Du und kann es nicht finden. Nicht den mindesten Blick hat er aber für die Puppe als kunstreiche Vorrichtung. Das ist der blinde Fleck der hoffmannschen Erzählung.[19] Das muss sie systematisch ausschließen.

In *La bête humaine (Das menschliche Tier)*[20] erzählt Zola eine ganz andere Geschichte, die zugleich aber unübersehbare Berührungspunke mit Hoffmann und Verne aufweist. Bei Hoffmann tritt das Artefakt als spektakulärer Fremdkörper in einer natural, organisch und zwischenmenschlich identifizierten Lebens-

---

[19] Wobei allein schon die Bedeutung des Puppen-Motivs im hoffmannschen Werk ein starkes Interesse anzeigt. Vgl Michel Cadot: Kunst und Artefakt in einigen *Nachtstücken* Hoffmanns. In: Jean-Marie Paul (Hg.): *Dimensionen des Phantastischen. Studien zu E.T.A. Hoffmann*. St. Ingbert: Röhrig 1998, S. 202 und seinen Hinweis, dass Hoffmann zwischen Bewunderung für und Widerwillen gegen technische Artefakte schwanke.
[20] Der Roman spielt im Eisenbahnermilieu. Seine Hauptfiguren sind Eisenbahner, ihre Frauen bzw. Geliebten. Alle Protagonisten gehören zum «System» Eisenbahn. Ebenso wie ihre dinglichen Elemente, Lokomotiven und Züge. Erstere, insbesondere die Maschine Jacques Lantiers, La Lison, erscheinen als lebende Wesen. Jacques, der psychisch kranke Sohn der Wäscherin Gervaise aus *L'assommoir*, wird zufällig Zeuge des Mordes von Roubaud und seiner Frau Séverine an dem Präsidenten Grandmorin. Schließlich wird er der Geliebte der Mörderin und tötet sie, weil er, erblich belastet, Liebe nicht ohne Mordlust erleben kann. Zu Tode kommen auch Flore, die Jacques unerwidert liebt, schließlich, in einem katastrophalen Eisenbahnunglück, auch die als Riesenpferd gefasste Lokomotive und ganz zum Schluss der Mörder Lantier selbst, der im fahrenden Zug auf der Lokomotive in einen Kampf mit seinem Heizer Pecqueux verwickelt wird. Beide geraten unter die Räder der mit großer Geschwindigkeit dahinrasenden Maschine.

welt auf. Aber nicht nur der Automat, sondern auch seine Schöpfer sind Fremde, Außenseiter, die das Stigma des Bösen, Unheimlichen oder doch Zwielichtigen (Spalanzani) tragen. Im *Sandmann* setzt die Begegnung mit dem Apparat Kräfte frei, welche die Person nicht beherrschen kann. Nathanaels Ich bricht unter dem Ansturm dieser Kräfte im psychotischen Schub zusammen. Dessen Außenrepräsentanz ist der Sturz vom Turm beim Anblick des wie immer plötzlich auftauchenden Coppola.

Die Puppe zeigt einen starken Willen zur Verfügung über die menschliche Natur an. Zugleich setzt sie einen Prozess in Gang, der diesen Willen mit Verdacht belegt und in der menschlichen Katastrophe gipfelt. Darin stimmen der *Sandmann* und Mary Shelleys zwei Jahre später (1818) erschienener *Frankenstein; or, The Modern Prometheus* bei allen Unterschieden offensichtlich überein. Es handelt sich um Gestalten eines epochalen Mythos.

Am Anfang steht das Begehren, einen künstlichen Menschen hervorzubringen. Es ist prinzipiell unter das Vorzeichen frevlerischen Tuns gestellt. Indem das Geschöpf, anders freilich in beiden Erzählungen, misslingt, bezeugt das Scheitern der Konstrukteure die Unersetzbarkeit Gottes und damit die unaufhebbare Differenz zwischen Gott und Mensch.[21] Zugleich ereignet sich indirekt durch die Katastrophe hindurch ein Positivum: Bestätigung einer immer noch natural und transzendent bestimmten Lebenswelt gegen das unaufhaltsam aufkommende Maschinenwesen. Der Mythos vollführt eine Bewegung der Abwehr.

Das ist der Problemstand, der bei Verne keine Rolle mehr spielt. In seiner Welt hat das technische Ding aufgehört, minoritär zu sein und einen Ausnahmezustand anzuzeigen. Vernes Erzählungen sind mental weit offen für die Maschine und ihr selbstverständlich positiv bewertetes, eigenständiges technisches Potential. Das setzt technisch die volle Ausbildung und Durchsetzung der Maschinentechnik voraus, sozial und kulturell den Fortschrittsoptimismus der «radikalen» Mittelschichten, welche die Dritte Republik tragen werden.[22]

Zola tut nun einen bemerkenswerten Schritt über Verne hinaus. Nicht allerdings, ohne in bestimmter Hinsicht an die Hellsichtigkeit seines romantischen

---

21 Pia Müller-Tamm/Katharina Sykora: Puppen, Körper, Automaten. Phantasmen der Moderne. In: Dies.: *Puppen, Körper, Automaten. Phantasmen der Moderne.* Düsseldorf: Oktagon 1999, S. 65–93 stellen in dieser Tendenz, allerdings in positiver Wendung, fest, die Androiden (künstliche Menschen) seien Beweise «einer gestalterischen Potenz, die den Menschen über sich selbst hinaus zu tragen scheint: Gott oder den Göttern gleich, schafft er seine eigenen Ebenbilder.» (S. 65)
22 Zu diesem Kontext, wie auch zur sozialgeschichtlichen Einbettung des Naturalismus: Hans Sanders: *Institution Literatur und Roman. Zur Rekonstruktion der Literatursoziologie.* Frankfurt/M.: Suhrkamp 1981, S. 187–203.

Vorgängers anzuknüpfen. Da ist zunächst der Status des technischen Dings in der Welt. Die technische Einrichtung, die Eisenbahn, ist wie bei Verne, zur selbstverständlichen Lebensmacht geworden. Mit einem wichtigen Unterschied. Vernes Erzählungen von der Umkreisung des Mondes und der U-Bootreise in den Tiefen des Meeres sind nicht von dieser Welt. Vielmehr spielen sie im super- und subterrestrischen Raum. Sie bezeichnen Sonderwelten, technische Nischenwelten, Enklaven. *Le tour du monde en quarante-huit jours* spielt zwar auf der Erde, aber es handelt sich um ein abstraktes, rein quantitativ ausgerichtetes, sonst aber weitgehend erfahrungsloses Raum- und Zeitexperiment. So wird das Unternehmen ausdrücklich als geometrische Bewegung charakterisiert: «Il ne voyageait pas, il décrivait une circonférence.» (S. 90)[23] [Er reiste nicht, er vollführte eine Kreisbewegung. Übs. H.S.]

Bei Zola prägt die Maschine die gesamte Lebenswelt. Es ist die Welt einer bestimmen sozialen Kategorie: der «cheminots» (Eisenbahner). Die Maschine hat aufgehört, das Begehren und das Schicksal nur einiger außergewöhnlicher Individuen zu beherrschen. Die Eisenbahnbediensteten sind eine für den Entwicklungsstand der Maschinentechnik repräsentative, große Gruppe. Sie lebt mit der Maschine, im Rhythmus der Maschine. Eingefügt in ein Mensch-Maschine-System, bestehend aus Lokomotiven, Waggons, Schienenwegen, Schranken, Telegraphen. Dazu kommt die *software* des Menschlichen: Dienstränge, technische Qualifikationen, Charakterzüge, wie das Pflichtgefühl Roubauds etwa, das auch dann nicht versagt, als er durch nächtelanges Kartenspielen zerrüttet ist. Alle Lebenstätigkeiten, insbesondere auch Zeitbewusstsein und Zeitgefühl, sind vom System bestimmt, dem Zyklus der minutengenau geregelten An- und Abfahrtszeiten der Züge:

> Un mois se passa, et un grand calme s'était fait de nouveau dans le logement que les Roubaud occupaient au premier étage de la gare, au-dessus des salles d'attente. Chez eux, chez leurs voisins du couloir, parmi ce petit monde d'employés, soumis à une existence d'horloge par l'uniforme retour des heures réglementaires, la vie s'était remise à couler, monotone. (S. 187)[24]
> Es verging ein Monat, und in die Wohnung, die die Roubauds im ersten Stock des Bahnhofs über den Wartesälen innehatten, war wieder große Ruhe eingekehrt. Bei ihnen, bei den Flurnachbarn, in dieser kleinen Welt von Angestellten, die in der gleichförmigen Wiederkehr der durch die Dienstordnung geregelten Stunden einem Dasein nach der Uhr unterworfen war, hatte das Leben wieder eintönig dahinzufließen begonnen. (S. 231)[25]

---

23 Zitiert nach Jules Verne: *Le tour du monde en quatre-vingts jours.* Paris: Garnier-Flammarion 1978.
24 Zitiert nach Emile Zola: *La bête humaine.* Paris: Garnier-Flammarion 1972.
25 Zitiert nach Emile Zola: *Das Tier im Menschen.* Übs. Gerhard Krüger. München: Winkler 1977.

Der Mensch als Anhängsel der Maschine. So scheint es zunächst. Das technische System ist vollkommen durchrationalisiert. Nun zeigt aber Zola in der Konsequenz seiner «wilden Ontologie» (Warning)[26], dass die menschliche Natur in der Rationalität des Systems nicht aufgeht. So sagt Jacques' Tante (Phasie) in Bezug auf die Eisenbahn:

> «Ah! C'est une belle invention, il n'y a pas à dire. On va vite, on est plus savant [...] mais les bêtes sauvages restent des bêtes sauvages, et on aura beau inventer des mécaniques meilleures encore, il y aura quand même des bêtes sauvages dessous.» (S. 88)
> «Ach, eine schöne Erfindung ist so was, da kann man sagen, was man will. Man fährt schnell, man ist viel besser unterrichtet [...] Aber wilde Tiere bleiben wilde Tiere, und wenn man auch noch bessere Maschinen erfindet, drin stecken trotzdem wilde Tiere.» (S. 64)

Der menschlichen Natur wird eine Tiefe zugesprochen, die der Maschine nicht zukommt. Deren Chiffre ist Heredität. Die Vererbung von – im Falle Jaques Lantiers vor allem – mörderisch-perversen Dispositionen, die sich jeder rationalen Kontrolle entziehen:

> La famille n'était guère d'aplomb, beaucoup avaient une fêlure. Lui, à certaines heures, la sentait bien, cette fêlure héréditaire; non pas qu'il fût d'une santé mauvaise, car l'appréhension et la honte de ses crises l'avaient seules maigri autrefois; mais c'étaient, dans son être, de subites pertes d'équilibre, comme des cassures, des trous par lesquels son moi lui échappait, au milieu d'une sorte de grande fumée qui déformait tout. Il ne s'appartenait plus, il obéissait à ses muscles, à la bête enragée. (S. 98)
> In der Familie war nicht alles ganz im Lot, viele hatten einen Dachschaden. In manchen Stunden spürte er ihn genau, diesen erblichen Dachschaden; nicht etwa, dass er eine schlechte Gesundheit gehabt hätte, denn nur die Furcht und die Scham vor seinen Anfällen hatten ihn früher abmagern lassen; aber in seinem Wesen traten plötzliche Gleichgewichtsstörungen auf, Bruchstellen gleichsam, Löcher, durch die sein Ich inmitten einer Art großer Dunstwolke, die alles verzerrt erscheinen ließ, entwich. Er war nicht mehr Herr über sich, er gehorchte seinen Muskeln, dem tollwütigen Tier. (S. 81)

Diese Stelle ist Teil eines größeren Abschnitts, der mit einer Selbstreflexion Lantiers in personaler Form einsetzt («Pourtant, il s'éfforçait de se calmer, il aurait voulu comprendre. Qu'avait-il donc de différent, lorsqu'il se comparait aux

---

26 Im Anschluss an Foucaults «ontologie sauvage». Es geht Rainer Warning: Kompensatorische Bilder einer ‚Wilden Ontologie': Zolas Les Rougon-Macquart. In: Ders.: *Die Phantasie der Realisten*. München: Fink 1999, S. 240–268 um die Bedeutung der Triebnatur bei Zola: «Der Zola, der auch jenseits aller Ideologiekritik von Interesse bleibt, der Zola, dessen Texte auch heute noch «plaisir» bereiten können, ist der Zola des «désir», der Zola der entfesselten Begierden.» (S. 245)

autres?» (S. 98)) [Doch er zwang sich zur Ruhe, er suchte zu begreifen. Was war im Vergleich mit den meisten Männern bei ihm denn so anders? (S. 80)]) Die Unverfügbarkeit der Natur kehrt auf dem fortgeschrittenen Stand technischer Rationalität als Unverfügbarkeit der menschlichen Natur zurück. Das ist die Leerstelle Vernes, nicht aber die Hoffmanns. Die nachdrückliche Markierung eines Unverfügbaren im Zentrum der menschlichen Natur entfernt Zola von Verne und rückt ihn überraschenderweise in die Nähe Hoffmanns. Der Ort des Unverfügbaren heißt bei Zola Triebnatur. Grandmorin, Roubaud, Pecqueux und vor allem Jaques Lantier sind zwanghaft Getriebene. Die unbeherrschbare Triebnatur ist das inmitten des durchrationalisierten Systems sich auftuende Andere desselben.

Nathanael ist überwältigt vom Schrecken, als er entdecken muss, dass das ersehnte Liebesobjekt «nur» eine Puppe ist. Die durch Enttäuschung und Schrecken freigesetzten zerstörerischen Kräfte bewirken seinen selbstmörderischen Sturz vom Turm. Lantier hat dem Zwang einer perversen Sexualiät nichts entgegenzusetzen, die im Genom seiner Familie angelegt ist. Er hat das düstere Erbe der Heredität anzutreten. Wozu in der Erzählung auch der Mythos vom akkumulierten Hass des Mannes gegen die Frau kommt:

> Puisqu'il ne les connaissait pas [die Reihe der Frauen, die seine Mordlust geweckt hatten, H.S.], quelle fureur pouvait-il avoir contre elles? Car, chaque fois, c'était comme une soudaine crise de rage aveugle, une soif toujours renaissante de venger des offenses très anciennes, [...] Cela venait-il donc de si loin, du mal que les femmes avaient fait à sa race, de la rancune amassée de mâle en mâle, depuis la première tromperie au fond des cavernes?» (S. 99)
> Was konnte er bloß für eine Wut auf sie alle haben, wo er sie doch gar nicht kannte? Denn jedes Mal war es gleichsam ein plötzlicher Anfall blinder Raserei, ein stets neu auflebender Durst nach Rache für uralte Beleidigungen, [...] Rührte es denn aus so weit zurückliegenden Zeiten her, von dem Bösen, das die Weiber dem anderen, seinem Geschlecht zugefügt hatten, von dem seit dem ersten Betrug in der Tiefe der Höhlen im Manne angesammelten Groll? (S. 82)

So versucht Jacques in einer Rationalisierung des Mythos vom Kampf der Geschlechter zu verstehen, was jenseits jeder Vernunft nur sein Triebschicksal ist. Wobei sein Erklärungsversuch mit dem Motiv der Heredität zeitlich dahingehend übereinstimmt, dass es sich jeweils um lange zurückliegende Vergangenheiten handelt, die unabwendbar auf die Gegenwart zugreifen. Unter beiden Aspekten steht die Gegenwart der Person unter dem Zwang des Vergangenen.

Die Person ist hilflos am Ort ihrer Gegenwart. Vergangenheit ist die «unterirdische» Gewalt, welche die Ratio des Systems ebenso wie jedes bewusste Wollen unterminiert. Unterhalb der durchgetakteten Zeit der Eisenbahn und ihres menschlichen Zubehörs treibt eine Tiefenzeit ihr Wesen, die sich dem Zugriff der rationalisierten Gegenwart entzieht. Die durch kein menschliches Können nachbildbare Tiefe des Selbst, bei Hoffmann heißt sie Seele, bei Zola «désir» (Begehren) oder auch «instinct». Das Spiritualitäts-Paradigma ist durch das zoologische der Animalität ersetzt. *Animal* tritt an die Stelle von *anima*. Aber sowohl Hoffmann wie Zola insistieren auf einer ratioinkompatiblen Tiefe der Person. Und selbst Verne setzt technomorpher Subjektivität eine unaufhebbare Grenze im sittlichen Antrieb des Menschen.

Freilich spricht Zolas Roman auch der Maschine eine Tiernatur zu. Jaques Lantiers Lokomotive, die Lison, ist das kraftvolle und am Ende in der Kollision mit einem Fuhrwerk zu Tode kommende Riesenpferd:

> La Lison, renversée sur les reins, le ventre ouvert, perdait sa vapeur, par les robinets arrachés, les tuyaux crevés, en des souffles qui grondaient, pareils à des râles furieux de géante. [...] semblable à une cavale monstrueuse, décousue par quelque formidable coup de corne, la Lison montrait ses bielles tordues, ses cylindres cassés, ses tiroirs et leurs excentriques écrasés, toute une affreuse plaie bâillant au plein air, [...] Justement, près d'elle, le cheval qui n'était pas mort, gisait lui aussi, les deux pieds de devant emportés, perdant également ses entrailles par une déchirure de son ventre. (S. 312)
>
> Die Lison, die mit offenem Bauch aufs Kreuz umgestürzt war, verlor ihren Dampf durch die abgerissenen Armaturen, die geplatzten Rohre, mit einem Fauchen, das gleich dem grimmigen Röcheln einer Riesin grollte. [...] gleich einer ungeheuerlichen, vom fürchterlichen Hornstoß eines Stieres aufgeschlitzten Stute, zeigte die Lison ihre verbogenen Triebstangen, ihre gebrochenen Zylinder, ihre zermalmten Schieber und deren Exzenter, eine richtige, in die freie Luft klaffende scheußliche Wunde, aus der weiterhin mit einem Getöse rasender Verzweiflung die Seele entwich. Gerade neben ihr lag auch das Pferd, das noch nicht tot war, dem aber beide Vorderfüße weggerissen worden waren und dem ebenfalls die Eingeweide durch einen Riß im Bauch herausquollen. (S. 438)

Übrigens ist «Pferd» eines der obsessi̇̀̀onellen [zwanghaft] Bilder der zolaschen Erzählung. Die Lokomotive «ist» Pferd. Die Frau «ist» «la cavale». Nana «ist» die Stute. Die Lison «ist» Maschine, Frau und Pferd zugleich. Kurz vor dem Unglück am Bahnübergang heißt es:

> Elle [la Lison, H.S.] n'était plus la docile d'autrefois, depuis qu'elle avait perdu dans la neige sa bonne vaporisation [bei einer Havarie im Tiefschnee, H.S.], son démarrage si aisé, devenue quinteuse et revêche maintenant, en femme vieillie, dont un coup de froid a détruit la poitrine. (S. 311)
>
> So fügsam wie einst war sie nicht mehr, seitdem sie damals im Schnee ihre gute Verdampfung, ihr so leichtes Anfahren eingebüßt hatte, sie war jetzt launisch und störrisch geworden wie eine gealterte Frau, die sich durch eine heftige Erkältung die Brust zugrunde gerichtet hat. (S. 437)

Die Vergleiche und Metaphern organisieren ein ständiges Gleiten zwischen den drei Seinsbereichen. An dieser Stelle ist die Parallelität zwischen der Maschine und einem der schwer verletzten Pferde des Fuhrwerks über eine Reihe von Einzelzügen durchgeführt.

Das wirft die Frage auf: Wenn Mensch und Maschine im zoologischen Paradigma konvergieren, wo bleibt dann der Überschuss des Humanen? Wird er nicht im übergreifenden zoologischen Bezug eingeebnet? Dann wäre auch die These einer diesbezüglichen Übereinstimmung zwischen Hoffmann und Verne unhaltbar.

Nun ist zwar die Lison das gewaltige Maschinen-Tier, aber sie ist ein Tier ohne aggressionsauslösende und unbeherrschbare *libido*. Absoluter Gehorsam ist das Zeichen ihrer Trieblosigkeit. Sie ist die «brave machine obéissante» (die brave, gehorsame Maschine) (S. 219)[27], wie Pecqueux denkt, als schließlich ihre Kräfte an der Steigung versagen. Sie ist vor allem auch die «maîtresse appaisante» (beruhigende Geliebte) (S. 65) für Jacques, der sich von der Unruhe seines perversen Triebs befreit fühlt, wenn er mit ihr zusammen ist. Er liebt sie als die einzige Frau, die er in der Liebe nicht zu töten begehrt:

> Ainsi que les autres machines de la Compagnie de l'ouest, en dehors du numéro qui la désignait, elle portait le nom d'une gare, celui de Lison, une station du Cotentin. Mais Jacques, par tendresse, en avait fait un nom de femme, la Lison, comme il disait, avec une douceur caressante.
> Et, c'était vrai, il l'aimait d'amour, sa machine, [...] Il en avait mené d'autres, des dociles et des rétives, des courageuses et des fainéantes; il n'ignorait point que chacune avait son caractère, que beaucoup ne valaient pas grand-chose, comme on dit des femmes de chair et d'os; de sorte que, s'il aimait celle-là, c'était en vérité qu'elle avait des qualités rares de brave femme. Elle était douce, obéissante, facile au démarrage, d'une marche régulière et continue, grâce à sa bonne vaporisation. [...]
> Il l'aimait donc en mâle reconnaissant, la Lison, qui partait et s'arrêtait vite, ainsi qu'une cavale vigoureuse et docile; (S. 180f.).
> Wie die anderen Lokomotiven der Westbahngesellschaft führte sie außer ihrer Kennnummer noch den Namen eines Bahnhofs, nämlich Lison, einer Station im Cotentin. Jacques aber hatte aus Zärtlichkeit daraus einen Frauennamen gemacht, die Lison, wie er liebkosend und sanft zu sagen pflegte.
> Und wirklich, seiner Lokomotive war er [...] in Liebe zugetan. Er hatte auch andere geführt, fügsame und widerspenstige, tüchtige und faule; er wußte genau, daß jede ihren Charakter hatte, daß gar manche nicht viel wert waren, wie man von Frauen aus Fleisch und Blut sagt,

---

27 Davon unbenommen sind die zerstörerischen Aspekte der Technik, so in diesem Roman u.a. die Eisenbahnwege, welche die Landschaft zerschneiden. Vgl. auch Pierre Morel: Les servantes d'Héphaestos. La machine dans l'œuvre romanesque d'Emile Zola. In: *Les lettres romanes* 47 (1993), S. 49–56, der allerdings bezogen auf das zolasche Werk allgemein formuliert: «malgré ses qualités, elle [la machine technique, H.S.], n'est en effet que le paravent et la manifestation privilégiée d'une réalité de nature plus profonde et fondamentalement méchante;» (S. 50).

> so daß es, wenn er diese hier liebte, in Wirklichkeit daher kam, daß sie die seltenen Qualitäten einer rechtschaffenen Frau hatte. Sie war sanft, gehorsam, fuhr leicht an, lief dank ihrer guten Verdampfung gleichmäßig und stetig. [...] Daher liebte er sie als dankbares Mannestier, seine Lison, die schnell wie eine kräftige und folgsame Stute abging und hielt; (S. 221f.).

Die Maschine ist die stets gehorsame Pferde-Frau.[28] In der Beziehung mit ihr findet der Kampf der Geschlechter nicht statt. In dieser Vorstellung wird die *differentia specifica* der menschlich-organischen Natur nachdrücklich gesetzt und unterstrichen. Die verhängnisvolle Doppelung von Animalität und *libido* wird erst in der Langzeitsteuerung der Heredität zur todbringenden Kombination. Demgegenüber ist die Lokomotive *animal minus libido* (qua hereditär bestimmter Triebzwang).[29] Die Maschine steht nicht unter dem Zwang einer Familiengeschichte, noch irgendeiner mythischen Vergangenheit. Sie ist ganz Gegenwart. Nur das menschliche Tier – *animal plus libido* und Tiefenzeitdeterminierung – ist in der Lage, ebenso gezwungen wie willentlich zu töten, sich selbst, wie die «Amazone» Flore, oder die Anderen wie Roubaud, seine Frau, J. Lantier. In die metaphorische Reihe Maschine-Mensch-Tier ist die Unterbrechung der langzeitbestimmten menschlichen Triebnatur eingefügt. Tiernatur und hereditär unverfügbare Triebbestimmung ist allein die Tiefen(Zeit)Formel der menschlich-unmenschlichen Akteure.

Bei Hoffmann ist das Artefakt das Objekt, das nicht Subjekt sein kann; bei Verne die potente Maschine aus eigenem Recht, die, vom Menschen geprägt, ihrerseits den Menschen prägt und eine ihr gemäße Welt hervorbringt; bei Zola das Element eines Mensch-Maschine-Systems, dessen Untergrund und Widerpart die ihm unzugängliche (Zeit)Tiefe einer sexuellen Getriebenheit ist.

---

28 Das ist die Perspektive Jacques'. Auf der Ebene der Erzählerrede wird aber der Scheinwerfer der Maschine auch als «une gueule de four dévorante» gefasst. Darauf weist Maarten van Buuren: *«Les Rougon-Macquart» d'Emile Zola. De la métaphore au mythe*. Paris: Corti 1986, S. 90 hin, der allerdings die beiden Perspektiven nicht auseinanderhält, sondern nur feststellt, in diesem Bild sei die Lison als «une des représentantes les plus angoissantes de la Mère Terrible» gefasst. Eine recht phantasievolle Deutung.

29 Das schließt gewisse sexuelle Konnotationen nicht aus, wie sie im «besoin de graissage» als Charakteristikum der Maschine anklingen. Vgl. Claude Seassau: *Emile Zola. Le réalisme symbolique*. Paris: Corti 1989, der diesen Aspekt richtig erfasst: «le grand besoin de graissage de la machine correspond à une faim sexuelle, [...].» (S. 147) Die Maschine ist nicht ohne *libido*, aber ohne durch den langzeitigen Erbzwang depravierte *libido*.

Global(literatur)geschichtliche Argumentationen

Vernes Helden, mögen sie nun Nemo, Cyrus Smith oder Phileas Fogg heißen, sind souveräne Individuen. In der Literaturgeschichte des 19. Jahrhunderts stehen sie nicht allein. Man denke an Sues Rodolphe de Gerolstein oder Dumas' Edmond Dantès. Zweifellos sind diese Helden von anderem Kaliber als Rastignac, Frédéric Moreau, die Wäscherin Gervaise, auch als Julien Sorel. Erstere setzen sich durch, mögen sie auch Leidende sein wie Nemo. Ihre Pendants aber müssen schließlich vor einer übermächtigen Wirklichkeit kapitulieren.

Offenbar arbeitet die kanonisierte Linie des Romans mit einem anderen Konzept der Person und vor allem mit einem anderen Wirklichkeitsmodell. Balzac, Flaubert, Stendhal und Andere sehen, dass die Wirklichkeit immer undurchlässiger für das Begehren der Subjekte wird und dass diese in der Anlage der Erzählung immer kleiner und unbedeutender werden müssen, um diesem neuen Problemstand Rechnung zu tragen. Während die neue Wirklichkeit der großen Maschinerie immer mehr als unentrinnbares «stahlhartes Gehäuse» (Weber)[30] erscheint, verlieren die Figuren an Handlungsmacht. Die Sachlichkeit der Sachen wird zum Fetisch und gewinnt an Gewicht. Die immer komplexeren Verhältnisse werden tendenziell für individuelles Verhalten unzugänglicher.

Das ist die Lebensbilanz, welche die Jugendfreunde am Ende der *Education sentimentale* (*Erziehung des Herzens*) formulieren: «Puis, ils accusèrent le hasard, les circonstances, l'époque où ils étaient nés.» (S. 444)[31] [Schließlich klagten sie den Zufall an, die Umstände, die Epoche, in der sie geboren wurden. Übs. H. S.] Das zeigt sich im Schicksal der Wäscherin Gervaise, die nicht nur in der äußeren Welt, sondern auch in ihrer Innenwelt (Erbzwang) auf unüberwindliche Widerstände stößt. Das ist auch die Erfahrung von Charles und Emma Bovary. Die Wirklichkeit ist zur Über-Wirklichkeit geworden. Unter diesen Voraussetzungen werden Über-Menschen seltener. Von dieser Lage der Dinge will der populäre Abenteuerroman des 19. Jahrhunderts weithin nichts wissen. Hier muss Wirklichkeit sich noch der Souveränität des starken Subjekts fügen. Es liegt auf der Hand, dass diese Auffassung der Dinge vielen Lesern ein starkes imaginäres Ausstiegsangebot macht.

Nun ist von diesen Differenzen und Konsequenzen das neuzeitliche Phantasma der Verfügung nicht unberührt. Offenbar vermag es sich nicht ungebrochen und unwidersprochen ins 19. Jahrhundert hinein fortzusetzen. Was

---

30 Max Weber: *Die protestantische Ethik I*, S. 188.
31 Gustave Flaubert: *L'éducation sentimentale. Histoire d'un jeune homme.* Paris: Garnier-Flammmarion 1969.

durchaus Erstaunen auslösen kann. Denn ist nicht das 19. Jahrhundert diejenige Epoche, in der die Fortschritte von Wissenschaft und Technik einen bis dahin unerhörten Sprung machen? Ohne Zweifel löst der Prozess der Industrialisierung gesellschaftliche und kulturelle Folgewirkungen aus, die denen der neolithischen Revolution an Tragweite entsprechen. Sie gipfeln in einer bis dahin nicht gekannten Herrschaft über die Natur.

Das scheint Kunst und Literatur der Moderne aber in weiten Teilen nicht zu beeindrucken. Im Gegenteil: Während das Potential der Verfügung exponentiell wächst, nimmt zugleich die Wachheit für Verfügungsresistenzen und immer neue Unverfügbarkeiten zu. Das Bewusstsein der Moderne ist, je mehr die Epoche fortschreitet, feingestellt auf Lücken, Ungereimtheiten und Widersprüche des Projekts der Moderne. Unter diesem Blickwinkel erkennt man die Komplementarität zwischen der optimistischen und der problematisch-problematisierenden Linie der modernen Kunst und Literatur. Überschneidungen selbstverständlich eingerechnet.

Es geht nicht nur um die Beherrschung der Außenwelten. Die Zweifel am emphatischen Verfügungsprojekt der Moderne betreffen, je länger desto mehr, auch die inneren Welten. Im macchiavellischen Koordinatenpaar *virtù/fortuna* ist das Subjekt als stark und prinzipiell immer handlungsfähig gedacht. Dann kommen die Widerstände gegen den Willen nicht aus den Tiefen der Subjektivität, sondern aus den harten Formationen der Außenwelt. So wird es auch noch bei Descartes und Gracián gesehen. Das bezeichnet die frühneuzeitliche Konstellation des Imaginären in der Phase ihrer Ungebrochenheit.

Aber schon bei La Rochefoucauld, in der zweiten Hälfte des 17. Jahrhunderts, taucht der *amour propre* als Instanz der Selbsthintergehung des Subjekts durch seine eigene Subjektivität auf. Von da an kann das Subjekt nicht mehr alles, was es will und immer mehr nur das, was es muss; als das, wozu seine ihm nicht zugänglichen inneren Triebinstanzen es drängen, oder woran sie es hindern. Dann machen sich mindestens zwei Kapitäne das Steuer streitig und der Kurs des Schiffs wird dementsprechend unsicher. Wohin das führt, zeigte sich bei Choderlos. Valmont desavouiert sein brilliant-libertines Bewusstsein, indem er sich trivialerweise in ein Subjekt verliebt, dem doch die Rolle des reinen Objekts zugewiesen war. Man sah es bei Nathanael, der seiner verstörten Innerlichkeit ausgeliefert ist. Man sah es schließlich auch bei Jacques Lantier, dessen *obstacle intérieur* schicksalhafte Determination durch das Genom heißt.

Das alles lässt – insbesondere auf das 19. Jahrhundert bezogen – keinen anderen Schluss als diesen zu: In dem Maße, in dem die äußeren Möglichkeiten der Verfügung über die Dinge wachsen, wird nicht nur das Bewusstsein für nicht aufgehende Rechnungen überscharf, sondern es nehmen auch die Widerstände aus den Tiefen der Subjektivität zu: Subjektivität als Selbstwiderstand.

Das bezeichnet das moderne Paradox der Verfügung. Diese Selbstunverfügbarkeit des Selbst ist es aber, wovon Vernes Helden und ihre zahlreichen Brüder und Schwestern, nicht nur im vorvergangenen Jahrhundert, frei sein wollen.

XI Der enttäuschte Parzival, *In Stahlgewittern*

Mit der Kreation der starken Maschine hat *homo sapiens* die Nachfolge der Götter angetreten. Aber es ist sehr die Frage, ob er die Welt jemals so souverän beherrschen wird wie seine Vorgänger. Denn die stählernen Geschöpfe rühren sich und werden immer selbständiger. Auch greifen sie beunruhigenderweise immer öfter und wirkungsvoller in den Gang der Dinge ein.

Der epische Imaginationsraum ist beherrscht von Figurationen des Subjektiven, der moderne von der Spannung zwischen der Sachlichkeit der Sachen, dem Fetisch der versachlichten Verhältnisse und dem Eigensinn des Subjekts. Während der *homme machine* der Neuzeit im Gleichschritt mit dem Willen zur Verfügung über die Dinge geht, begreift sich das Subjekt der Moderne als uneinnehmbarer Ort des Widerstandes gegen jene.

Bei E.T.A. Hoffmann, ebenso wie bei E. Zola, war mit dem Auftauchen von Apparaten und Maschinen in der Welt der Erzählung die Frage der Abgrenzung der menschlichen Natur vom Artefakt verbunden. Diese Frage bezeichnet offenbar ein säkulares Problem. Denn sie wird in Jüngers Tagebucherzählung *In Stahlgewittern* (1920) erweitert und radikalisiert. Dabei liegt die Einzigartigkeit der jüngerschen Erzählung in der Präsentation des Maschinenkrieges als moderne Erfahrung. Modern ist diese Erfahrung durch das Vorherrschen einer aus dem Handlungszusammenhang herausgelösten, freigesetzten Wahrnehmung, die sich vor allem auf schnell wechselnde Phänomene und Ereignisse richtet.[1]

---

1 Auf diesen Aspekt hat zuerst Karl H. Bohrer: *Die Ästhetik des Schreckens. Die pessimistische Romantik und Ernst Jüngers Frühwerk*. München/Wien: Hanser 1978 hingewiesen. Die Kriegsbücher seien nicht nur zu lesen «als literarisch brillante Dokumente eines im übrigen präfaschistischen Nationalismus, als atavistische Verherrlichung des Krieges und der Tugenden des Kriegers. Ohne diesen Aspekt zu unterschlagen, lassen sie sich als erste Darstellung des «Schreckens» [worunter Bohrer eine moderne Ästhetik des Grauens, des Schreckens und der Plötzlichkeit versteht, H.S.] im Kriege verstehen.» (S. 78) Bohrers Unterscheidung zwischen der Ideologie und der Ästhetik Jüngers ist richtig. Insbesondere in Bezug auf *In Stahlgewittern* ist aber zweifelhaft, ob Jüngers ideologische Position zutreffend erfasst ist. Der Autor ist zweifellos Nationalist und Militarist, aber im Sinne der Wilhelminischen Gesellschaft und der für diese charakteristischen Affinität des (Bildungs)Bürgertums zu den traditionalen Eliten. Daraus folgt nicht einfach eine Vorläuferschaft, wie die bequeme Formel vom Präfaschismus unterstellt. Schon die aristokratische Aura des jüngerschen Stoßtruppführers gibt hier Anlass zur Vorsicht. Was freilich nicht ausschließt, dass Jünger während der Weimarer Republik der «Chefideologe des soldatischen Nationalismus» war. So Thomas Rohkrämer: Die Verzauberung der Schlange. Krieg, Technik und Zivilisationskritik beim frühen Ernst Jünger. In: Wolfgang Michalka (Hg.): *Der Erste Weltkrieg. Wirkung, Wahrnehmung, Analyse*, München 1994: Piper, S. 852. Zur ideologischen Position Jüngers (zusammen mit Heidegger und Schmitt) prägnant

Die Dinge sind in der Perspektive eines Erzählers gesehen, der für sich ist, obwohl er kaum jemals allein, sondern in ein kollektives Geschehen eingebunden ist. Die Anderen sind da und nahe, aber zugleich eigenartig entfernt und subjektiv fern, denn sie sind über weite Passagen hin der Empathie entrückt. Das gilt für die eigenen Leute und erst recht, freilich für letzteren aus anderen Gründen, für den Gegner. Die Mitkämpfer stehen exzentrisch zum eigenen Erleben, obwohl sie sich in räumlicher Nähe und im Wahrnehmungsfeld befinden. Der Gegner befindet sich dreifach in exzentrischer Position: jenseits der Wahrnehmung, fern vom inneren Erlebnisraum und zugleich räumlich fern. Zwar wechselt die Erzählerrede zwischen den Pronomina «ich», «wir» und «man». Aber auch das «wir» begründet keine Erlebnisgemeinsamkeit. Das Ich im Kriege ist allein. Ebenso für sich wie alle Anderen. Das gilt insbesondere für die starken Wahrnehmungserlebnisse des Erzählers. So wenn er plötzlich mit einer verwesten Leiche konfrontiert wird und beim Anblick einer zweiten von Entsetzen gepackt wird:

> Ich sprang im Morgennebel aus dem Graben und stand vor einer zusammengeschrumpften französischen Leiche. Fischartiges, verwestes Fleisch leuchtete grünlichweiß aus der zerfetzten Uniform. Mich umwendend, prallte ich entsetzt zurück: neben mir kauerte eine Gestalt an einem Baum. (S. 30)[2]

Dirk Hoeges: Die wahre Leidenschaft des 20. Jahrhunderts ist die Knechtschaft (Camus). Die Nationalintellektuellen contra Menschen- und Bürgerrechte. Ernst Jünger, Martin Heidegger, Carl Schmitt. In: Wolfgang Bialas/Gerd G. Iggers (Hg.): *Intellektuelle in der Weimarer Republik*. Frankfurt/M.: Lang 1996, S. 91–104. Hoeges behandelt den 1932 erschienenen Essay *Der Arbeiter*. Obwohl sich dort einige Stellen finden, die im Sinne einer Vorläuferschaft zur nationalsozialistischen Herrschaft gelesen werden können, vermeidet Hoeges den Begriff Präfaschismus und fasst das verbindende Moment der «Nationalintellektuellen» in der Ablehnung der aufklärerisch-freiheitlichen Tradition: «Solche Positionen brachten Deutschland schon vor 1933 gezielt zu jedem Staats-, Politik- und Gesellschaftsverständnis in Opposition, das auf den Menschen- und Bürgerrechten beruhte.» (S. 101)
2 *In Stahlgewittern* wird zitiert nach Ernst Jünger: *In Stahlgewittern (1920)*. In: Sämtliche Werke. Bd. 1. Stuttgart: Klett-Cotta ²2001, S. 9–300. Diese Szene findet sich auch im Tagebuch – Ernst Jünger: *Kriegstagebuch 1914–1918*. Stuttgart: Klett-Cotta 2010 – aber es fehlt der Zusammenhang von schneller Bewegung und schockartiger Wahrnehmung ebenso wie das grünlichweiße Leuchten: «Am Knie sah man die Kniescheibe aus zerrissenen Fetzen hervorschauen, das umgebende Fleisch war weiß wie das von Schellfischen, [...]» (S. 33). Allerdings taucht das Farbadjektiv (Getrenntschreibung!) in einer späteren Eintragung auf: «Jedoch es klebte [...] noch grünlich weißes verwestes Fleisch zwischen den Gelenken, [...]» (S. 51). Das lässt die poetische Formung am späteren Erzähltext und ihre Ausrichtung erkennen.

Die Szene umfasst drei Takte: die schnelle Bewegung des Erzählers, ruckartiges Innehalten und schockhafte Wahrnehmung, die eins sind; worauf eine weitere schnelle Reaktion erfolgt, die wiederum mit einem Schock zusammenfällt. Die Beschreibung der zweiten Leiche ist im Gegensatz zur ersten ausführlicher. Am Ende wird aus dem Singular ein Plural des Schreckens: «Dutzende von Leichen, [...] in unheimlichem Totentanz erstarrt.» (S. 31) Der Tod löscht die Nationalität nicht aus, die an der Uniform erkennbar bleibt. Besonders bemerkenswert ist die Farbgebung: Steigerung ins Leuchten. Grünlichweiß. Nicht etwa Grünweiß. Letzteres bezeichnet klar abgegrenzte Farbfelder, etwa auf einer Flagge. Das setzt einen konsistenten Untergrund voraus. Grünweiß könnte auch der Name eines Tennisclubs sein. Aber grünlichweiß? Ausgeschlossen. Die Farben gehen ineinander über. Das setzt eine weiche Konsistenz voraus. Kurz: Es ist auch eine taktile Wahrnehmung von größter Widerwärtigkeit angedeutet.

Die räumliche Entrückung hat etwas mit der Verfassung des Krieges zu tun, von dem hier erzählt wird. Sie ist ebenso real, im Substrat der Erzählung gegeben, wie ihre Konstruktion. Denn es ist diese Gegebenheit, auf welche nachdrücklich abgehoben wird.[3] Das Kriegsgeschehen ist bestimmt durch die technisch hochentwickelte Kriegsmaschine, deren Geschosse weite Raumdistanzen überwinden. Die Kriegsmaschinerie überbrückt die Ferne zwischen den kämpfenden Heeren. Aber sie rückt sie nicht in die Nähe sinnlicher Wahrnehmung. Sondern nur in die Reichweite des Geschosses.

Auch Speer und Pfeil, vor allem letzterer, können beträchtliche Entfernungen durchmessen. Aber in der Regel kann man den Schützen und erst recht den Werfer sehen. Das Kampfgerät ist Instrument im Aktionsradius der sinnlichen Wahrnehmung. Es vermittelt zwischen zwei oder mehr kämpfenden Körpern, die sich als Kämpfer bzw. Gruppen von Kämpfern vor Augen haben. So liegen die Dinge im Epos der alten Welt.

Jüngers Erzählung ist fasziniert von dem Umstand, dass sich im Krieg der Maschinen weder der Gegner zeigt, noch das Kriegsgerät, das er in Gang setzt. Eben dieses begründet eine besondere Form der Wahrnehmung. Denn zwar entzieht sich der Gegner ebenso der Wahrnehmung wie seine Kampfinstrumente und damit auch der Ausgangspunkt, Ort und Zeit der in ihre Flugbahn eintre-

---

3 Bei Barbusse, Henri Barbusse: *Das Feuer* (1916). Hamburg/Berlin: Schwarzkopff ²2007, spielt dieser Aspekt jedenfalls eine geringere Rolle. Man sucht auch vergebens die Prägnanz der jüngerschen Aisthesis des Schreckens. Letzteres gilt auch für Remarque, Erich Maria Remarque: *Im Westen nichts Neues* (1929). Köln: Kiepenheuer u. Witsch ⁸2003. Auch Renn, Ludwig Renn: *Krieg* (1928). Berlin/Weimar: Reclam 1979, fällt diesbezüglich ab. Bei Zweig, Arnold Zweig: *Erziehung vor Verdun (1935)*. Berlin: Aufbau 2001, liegen die Dinge nicht anders. Schon der Titel lässt nichts Gutes erwarten.

tenden Geschosse. Um so sinnlich intensiver präsentieren sich die Endpunkte einer Wirkungskette, die im ästhetischen Nirgendwo beginnt. Als gewaltiges Geräuschszenario nämlich, in dem immer wieder ein massenhaftes, in seinen Konturen unscharfes, keinem einzelnen Geschoss zurechenbares «Flattern», oder auch Trillern und Zischen unterschieden wird:

> Wieder ertönte ein eigenartiges, nie gehörtes Flattern und Rauschen über uns und ertrank in polterndem Krachen. Ich wunderte mich, dass die Leute um mich her sich mitten im Lauf wie unter einer furchtbaren Drohung zusammenduckten. Das ganze erschien mir etwas lächerlich; etwa so, als ob man Menschen Dinge treiben sähe, die man nicht recht versteht. (S. 12)

Allerdings präsentiert sich das Kriegsgeschehen nicht einfach von selbst und selbstverständlich als hochgesteigerte Wahrnehmung, sondern es ist charakteristisch für das Verfahren der Erzählung, dass sie ein partiell abstraktes Geschehen auf sinnliche Intensität auslegt. Der Erzähler arbeitet gewissermaßen gegen die Abstraktheit des modernen Krieges an, indem er dessen konkrete Aspekte herausstellt. Insofern lässt sich das poetische Verfahren auch als Rekonkretisierung des Abstrakten fassen. Man beachte die expressive Bildsprache: Verlebendigung des Sachlichen, wobei «Flattern» die Vorstellung vom Fliegen und von Vögeln evoziert. Sodann die synästhetische Konstruktion eines Ertrinkens in einer Gehörswahrnehmung.

Die Unverständlichkeit, von der hier die Rede ist, ergibt sich aus der Fragmentierung des Wahrnehmungsraums. Dadurch kann dem Neuling, der zum ersten Mal im Kampf steht, als rein ästhetisches Phänomen erscheinen, was dem Erfahrenen das Nahen todbringender Geschossformationen ankündigt. So ist der Krieg in der Erzählung Aisthesis einer besonderen Art. Zunächst, weil das Subjekt der Wahrnehmung als für sich seiend erscheint, in sich abgeschlossen auch in seiner Erfahrungslosigkeit, entlassen und herausgetreten aus der Erlebnisgemeinschaft mit dem Anderen. Sodann, weil alle Wahrnehmung an das technisch erzeugte Bewusstsein eines weiten und unbestimmten Raums gebunden ist.

Das bewirkt auch, zunächst befremdlich angesichts der flächendeckenden Vernichtungskraft der Geschosssalven, eine Verselbständigung der Wahrnehmung. Denn solange der Wahrnehmende nicht getroffen wird, ist er Zuhörer und Zuschauer eines Geschehens, das buchstäblich über ihn hinweggeht. Er ist sozusagen nur abstrakt betroffen, oder der Möglichkeit, der jederzeitigen Möglichkeit nach. Insofern löst sich das sinnliche Erlebnis nicht aus einem Geschehnis-, wohl aber aus einem individuell zugänglichen Handlungszusammenhang. Darin korrespondiert die Wahrnehmung des technischen Krieges mit der Form moderner Wahrnehmung überhaupt. Insofern der Wahrnehmende nicht andauernd involviert ist, wohl aber ein- und feingestellt auf den sinnlichen Reiz als solchen. Ganz Auge, ganz Ohr, aber außen vor. Man erinnere sich an den Anfang von Aragons *Paysan de Paris*. Die Welt erscheint eher als Wahrnehmungs- denn als Handlungsraum. Der Erzähler begreift nur allmählich, dass sich in diesen unerhörten Wahrnehmungsereignissen nichts Anderes zeigt als der moderne Krieg:

> Was war das nur? Der Krieg hatte seine Krallen gezeigt und die gemütliche Maske abgeworfen. Das war so rätselhaft, so unpersönlich. Kaum, dass man dabei an den Feind dachte, dieses geheimnisvolle, tückische Wesen irgendwo dahinten. Das völlig außerhalb der Erfahrung liegende Ereignis machte einen so starken Eindruck, daß es Mühe kostete, die Zusammenhänge zu begreifen. Es war wie eine gespenstische Erscheinung im hellen Mittagslicht. (S. 13)

Der Krieg als getarntes Raubtier, das Etwas, das sein wahres Sein versteckt. Vor allem das gedoppelte, widersprüchliche Phänomen, das man nicht auf den ersten Blick erkennt. Was sich hier als bloße Erscheinung zeigt, ist in Wahrheit ein Geschehen. Der Krieg ist unpersönlich, weil sich nicht der Feind zeigt, sondern allein die Wirkungen der Geschosse sich bemerkbar machen, die er in Gang gesetzt hat. Ersterer kann sich gar nicht zeigen, weil er im Hintergrund eines weit gedehnten Raums agiert. Unter diesen Umständen treten starke (Teil)Wahrnehmungen an die Stelle wahrgenommener und begriffener Zusammenhänge. Wahrnehmung bezieht sich vor allem auf den wie selbständig gewordenen Augenblick vor dem Augenblick des Aufpralls des Geschosses auf die Dinge, den oder die Körper. Die Zeit der Fernwirkungen dehnt sich auf Kosten der Ausgangszeiten aus.

Eben diese Abstraktion des Kampfes als freigestellte und verselbständigte Aisthesis, die sich auf die Fernwirkungen eines Geschehens richtet, dessen Ursprünge im Dunkeln liegen, sind im epischen Kriege ausgeschlossen. Vielmehr ist hier Wahrnehmung in ein kleinräumiges und kurztaktiges Geschehen eingebunden, in dem Abwurf der Waffe und Erreichen ihres Ziels ein zeitliches Wahrnehmungskontinuum bilden. Das hat zur Folge, dass Aisthesis vor allem Wahrnehmung des Kampfgeschehens als Ensemble und nicht seiner ästhetisch wie vergrößerten sinnlichen Indikatoren ist. Der Kämpfer in der Welt des Epos ist mit Leib und Seele in ein Geschehen eingebunden, das ihm keine Zeit zur reinen Wahrnehmung lässt. Der Tod im Kampf nimmt keine ästhetischen Auszeiten. Was auch immer zu hören und zu sehen oder zu fühlen ist, bleibt dem Primat des Kampfgeschehens untergeordnet. Unter diesen Umständen gibt es keine prägnanten Augenblicke autonomer Wahrnehmung. Das besagt nichts Anderes, als dass der in der Erzählung herausgestellte Typus starker und momentaner Wahrnehmung ein Produkt des modernen Maschinenkrieges ist; des Krieges, dessen Modernität durch das Mikroskop der Erzählung in zigfacher Vergrößerung erscheinen kann.

Für das Kampfgeschehen, wie es in der *Ilias* entworfen wird, gilt demgegenüber: Es ist ganz ans Subjekt, seine körperliche Kraft und Geschicklichkeit gebunden. Bezogen auf den Absender des Geschosses wie hinsichtlich des Adressaten. Form, Reichweite und Wirkungsweise der Waffe bleiben an den Körper gebunden und überschreiten nicht seinen Aktionsradius. Unter diesen Umständen bleibt der Raum überschaubar. Als Einheit von Abschuss- und Zielort. Dann ist die oben beschrieben Form der Wahrnehmung ausgeschlossen.

Moderne Wahrnehmung ist überhaupt an die Fragmentierung des Wahrnehmungsraums und an die Entlastung der Wahrnehmenden von unmittelbaren Handlungszwängen gebunden. Eben dieses ermöglichen in der Erzählung die pausenlos feuernden Kriegsmaschinen, welche die Kombattanten immer auch über längere Zeitstrecken hinweg zu Zuschauern machen. Als wären die Maschinen die eigentlichen Akteure. Wir nähern uns dem Zentrum des jüngerschen Kriegstraumas, das ihn sein Leben lang nicht loslassen wird.

Die Wirkung der Waffe im epischen Kampf ist nicht nur an das körperliche Vermögen des Kämpfers gebunden, sondern sie fügt sich auch weitgehend seinen Intentionen. Diese zielen auf konkrete Gegner, die wechselseitig das Weiße im Auge des Anderen sehen können. Wenn die Waffe nicht trifft oder den abwehrenden Schild nicht durchdringt, ist das konkrete Ziel der Handlung verfehlt. Zwar scheitert die subjektive Intention dann an Umständen, die im Objekt liegen, aber dieses ist unmittelbar wahrnehmbar und eliminiert damit gerade nicht die Subjektzentrierung des epischen Kampfes. Alles ist sichtbar, aber nichts verselbständigt sich zur starken Wahrnehmung eines fragmentierten und damit in seinem Geschehnischarakter geschwächten Geschehens. Mit dem Vorrang des handelnden Subjekts bleibt das Übergewicht der Handlung unangetastet.

Das ist die zwar nicht explizierte, dennoch regulative Idee der Erzählung. Deswegen lässt sie sehen und hebt darauf ab, dass die Maschine ihre Geschosse ohne Rücksicht auf sinnliche Wahrnehmbarkeit abschickt. Beim Abschuss liegen Messdaten über die Position des Gegners, der gegnerischen Stellungen vor. Der Gegner selbst als Einzelner oder Vielheit der Einzelnen ist nicht im Visier. An die Stelle der Wahrnehmung tritt das Raummaß. Das Geschoss zielt nicht als Einzelnes auf Einzelne, sondern als Geschossformation auf Punkte im Raum. Deshalb fasst der Erzähler das Erlebnis seiner ersten Schlacht so zusammen: «Ich hatte an einer großen Kampfhandlung teilgenommen, ohne einen Gegner zu Gesicht bekommen zu haben.» (S. 39), um am Schluss bilanzierend von «diesem Kriege, in dem bereits mehr Räume als einzelne Menschen unter Feuer genommen wurden» (S. 299) zu sprechen.

Insgesamt entsteht dadurch auch der Eindruck der Geschossformation als eines selbständigen Agens. Der Wahrnehmende bemerkt Geräusche, die

Geschosse ankündigen, sie begleiten und die bei ihrem Auftreffen entstehen. Er nimmt ausschließlich Wirkungen wahr. Das Geschoss ist ein Ding, das seine Geschichte verschweigt.[4] Nur deshalb kann der Schein seiner Selbständigkeit entstehen. Das Geschoss ist ein Fetisch. Die Zirkulation der Geschosse im hochtechnisierten Krieg ist analog zur Zirkulation der Waren in der entwickelten Warengesellschaft entworfen. Es ist der technisch avancierte Kriegsapparat, der den fragmentierten Raum, den Fetisch des Geschosses, aber auch einen neuen Typus starker Aisthesis erzeugt.

In diesen Zusammenhang gehört: Der Krieg ist auf weite Strecken hin nicht eigentlich Kampf, sondern Arbeit, *labor*, Arbeit (nicht als Stoffwechsel mit der Natur, sondern) als niederdrückende Mühe:

> Der Dienst war anstrengend. [...]
> Diese endlosen, ermüdenden Nachtwachen [...] Die Morgendämmerung beleuchtete erschöpfte, kreidebeschmierte Gestalten, die sich zähneklappernd mit bleichen Gesichtern auf das faule Stroh der tropfenden Unterstände warfen. (S. 16f.)

Die Personalisierung der Morgendämmerung wirkt zugleich aktivierend und dynamisierend und stimmt in dieser Tendenz mit dem «sich werfen auf», statt etwa «fallen auf» oder «sich legen auf» überein. Die Kriegsapparatur und ihre Organisation subsumieren den Kriegsarbeiter, so wie die Arbeitsmaschine den Industriearbeiter im Frieden. In diesem Sinne präsentiert die Erzählung den Krieg als Fortsetzung des Friedens mit anderen Mitteln.[5] Seine Besonderheit liegt allein in seiner Todesträchtigkeit. Jüngers Darstellung des Krieges enthält auch eine implizite Kritik an der hochindustrialisierten Gesellschaft, indem er Anonymität als Auslöschung des Individuums und Arbeitszwang als Zerstörung authentischer Erfahrung diagnostiziert. Offensichtlich liegt dieser Kritik ein emphatischer Begriff des Individuums und überhaupt des konkreten Einzelnen zugrunde.[6]

---

4 In Anlehnung an das Diktum des Psychiaters Robert J. Stoller: «Ein Fetisch ist eine Geschichte, die sich als Ding ausgibt», zitiert bei Hartmut Böhme: *Fetischismus und Kultur. Eine andere Theorie der Moderne*. Reinbek: Rowohlt 2006, S. 401.
5 Zum Verhältnis zwischen Krieg und Arbeit bei Jünger, mit besonderer Berücksichtigung des Essays *Der Arbeiter*, vgl. Manfred Maengel: *Das Wissen des Kriegers oder der Magische Operateur Krieg und Technik im Frühwerk Ernst Jüngers*. Berlin: Xenomos 2005, S. 38, 49 u.a. Die Argumentation verbleibt allerdings weitgehend im Globalen.
6 Man sollte vorsichtig sein, hier einfach von romantischem Individualismus, oder, wie G. Lukács in solchen Fällen zu sagen pflegte, von romantischem Antikapitalismus zu sprechen. Ich stimme der These Rohkrämers, Thomas Rohkrämer: Die Verzauberung der Schlange, S. 849 zu, Jünger sei kein romantischer Technikgegner. Er versuche eine Kritik der Moderne auf dem

Der technisierte Tod untersteht dem Gesetz der Maschine. Demgemäß ist er großraumübergreifende Zerstörung von Dingen und Menschen im großen Stil, unter konsequenter Absehung von den Anschauungskategorien des Einzelnen und Konkreten. Er ersetzt Anschauung durch Berechnung. Das erzählende Ich reagiert, ebenso wie seine Kameraden, mit Enttäuschung auf diese Erfahrung. Hatte es sich doch vom Kriege etwas ganz Anderes versprochen: Abenteuer, Gefahr, Rausch, Ausstieg aus einer als lähmend empfundenen Sekurität des Friedens. Krieg nicht als Fortsetzung des Friedens mit anderen Mitteln, sondern Krieg als das ganz Andere der zivilen Welt. Es wollte nicht Arbeiter der Zerstörung, sondern heroischer Krieger sein:

> Nach kurzem Aufenthalt beim Regiment hatten wir gründlich die Illusionen verloren, mit denen wir ausgezogen waren. Statt der erhofften Gefahren hatten wir Schmutz, Arbeit und schlaflose Nächte vorgefunden, deren Bezwingung ein uns wenig liegendes Heldentum erforderte. Schlimmer noch war die Langeweile, die für den Soldaten entnervender als die Nähe des Todes ist. (S. 19)

Die jungen Leute, die begeistert in den Krieg gezogen waren, wollten nicht Helden der Arbeit, sondern Helden der kriegerischen Tat sein. Nur für kurze Frist aber stimmt das Erleben des Ich mit dem seiner Kameraden überein. Denn nur ersteres (und ganz wenigen Anderen, von denen allerdings kaum die Rede ist, gelingt das auch) befreit sich aus der Misere, um in eine glänzende Karriere als Einzelkämpfer einzutreten.

Allerdings ist keine Erzählung verstanden, wenn man ihre formalen Mittel ausblendet. Denn Erzählen heißt die Welt mimetisch im Bewandtnishorizont langzeitig angelegter subjektiver Lebensentwürfe auslegen. Das unterscheidet die Erzählung nicht nur vom Drama und dem Gedicht, sondern auch von allem diskursiven Sprechen.

In Stahlgewittern ist kein Tagebuch, vielmehr beruht und verweist es auf die Form des Tagebuchs. Dieses ist ein starkes Motiv im Text. Und indem nur der Erzähler ein Tagebuch führt, ist seine Einzigartigkeit, damit auch seine Distanz gegenüber allen Anderen unterstrichen. Der Diarist notiert das ihm Wichtige, das für sein Leben Bedeutsame, im Fluss der Zeit, meistens, wenn auch nicht immer von Tag zu Tag, ohne das Ende zu kennen. Er überantwortet sich der parzellierten Zeit, der Folge kurzer Zeitquanten, in die er gleichsam sein Leben zerlegt. Während Erzählung und Roman vom Ende her erzählt sind, beleuchtet das Tagebuchnotat den laufenden Ausschnitt aus dem Ensemble der Lebenszeit.

Niveau derselben. Was seine künstlerischen Mittel betrifft, so ist die Ästhetik des Schreckens das beste Beispiel dafür.

Tagebuchnotizen stellen eine Folge von Impressionen dar, in denen der Augenblick wichtig wird. Sie sind Fragmente eines Ganzen, dessen Totalität sich im Augenblick der Fixierung dem Bewusstsein entzieht. Darauf, auf der Fragmentierung, dem nicht gewussten Ganzen und dem prägnant markierten Augenblick beruht ihre Intensität. Deshalb ist das Tagebuch auch die Form, in der Kontingenz als Erfahrung in den Vordergrund tritt. Das Tagebuch legt die Welt im Rahmen des Hier und Heute aus. Es ist die Form partikularer Wahrnehmung schlechthin.

Damit wird sichtbar, dass Jüngers Auslegung des Maschinenkrieges als sinnliches Erlebnis markanter Augenblicke durch ihren Bezug zur diaristischen Form gestützt wird. Wiederholt spricht der Erzähler von seinem Tagebuch als seinem unentbehrlichen Begleiter und Utensil. Damit wird zugleich die Fiktion der Erzählung entfiktionalisiert, real fundiert und beglaubigt. Das Leben tritt in die Fiktion ein und diese wird auf jenes gegründet. Die Nähe zu den Surrealisten, welche die Barriere zwischen Kunst und Leben schleifen wollten, ist unübersehbar. Jünger ist ein konservativer Surrealist.

Auch besteht ein Zusammenhang zwischen dem Für-Sich des Ich und der Tagebuchfiktion. Denn das Tagebuch setzt voraus und formiert ein Selbstbewusstsein, das für sich auf die Mannigfaltigkeit der Welt reagiert. Das Tagebuch ist die Reflexionsform für ein Bewusstsein, das sich prinzipiell allein einen Reim auf sein Leben zu machen versucht. Das Tagebuch ist die Form des aus der Gemeinschaftlichkeit des Lebens heraustretenden bzw. herausgetretenen Bewusstseins. Es stellt eine privilegierte Beziehung zwischen dem Lauf der Zeit und dem individuellen Leben des Diaristen her. Dabei wird die Lebenszeit nicht als Ensemble langer Dauer (Autobiographie, Roman), sondern als Folge kurzer, in der Regel genau umgrenzter Quanten gefasst. Im Tagebuch wird der Tag wichtiger als Wochen, Monate und Jahre. Das setzt ein Zeitbewusstsein voraus, das überhaupt dem kurzen Zeitausschnitt Bedeutung beizulegen geneigt und in der Lage ist.

Die autobiographische Zeit ist anders als die diaristische in der Retrospektive organisiert. Rückblick als Überschau, die Überschaubarkeit voraussetzt und hervorbringt. Im Tagebuch wohnt das Bewusstsein dagegen dem kontingenten Verlauf des Lebens bei. Der Autobiograph weiß sein Leben, weil er es als ganzes überschaut. Der Diarist «überschaut» nur das ephemere Lebensquantum, das im Zeitabschnitt von ca. vierundzwanzig Stunden hinter ihm liegt. Wer Tagebücher verfasst, ist an den Zeitfragmenten seines Lebens mehr interessiert als an seiner Ganzheit. Im Tagebuch dominiert die Momentaufnahme über den Film, das 'Dunkel des gelebten Augenblicks' (Bloch) über das erkannte und gedeutete Ganze. Der Sinn des Tagebuchs ist der nicht gewusste Sinn des Ganzen. Das alles setzt schließlich auch ein zugespitztes Bewusstsein von Zeit als knapper

Ressource voraus. Das Tagebuch kann Material der Autobiographie sein, nicht umgekehrt. Das trifft für die jüngersche Erzählung zu.

Das Tagebuch ist temporal offen nach vorn. Es braucht keine Überschau über alle Zeiten des Lebens, um ihm Sinn beizulegen. In der Tagebuchnotiz löst sich der Sinn von überschauter biographischer Totalität und heftet sich statt dessen an die Intensität der kontingent-offenen Zeitfolge. Für den Diaristen wird die offene Kontingenz aufeinander folgender ephemerer Zeitstrecken als solche sinnvoll. Er begreift die Zeit seines Lebens nicht in der Form der Synthesis, sondern als Folge und Summe. Vor diesem Hintergrund zeigt sich, dass Jüngers Wahl der Tagebuchfiktion eine ästhetisch insgesamt konsequente Entscheidung war.

Was nun des Näheren die Enttäuschung betrifft, die offenbar von einiger Bedeutung ist: Die Krieger müssen erfahren, dass der Krieg keine Welt jenseits der auf der Maschinenindustrie beruhenden Gesellschaft ist. Sie sehen sich der Kontinuität der Arbeit in der Form ausgesetzt, zu der sie in der industriellen Zivilisation geworden ist: als Monotonie, Auslöschung der Individualität des Arbeiters, seine Vernutzung als Anhängsel der Maschine. Die Kriegsarbeit unterscheidet sich allein durch die Zutat äußersten Schreckens von der gewöhnlichen.

Der Erzähler begreift, dass dies der unerhörte Schrecken einer umfassenden Zerstörung ist. Die Erzählung nun bestimmt allein ihren Helden dazu, für sich, und unter entgegenstehenden Gesamtbedingungen des technischen Krieges, den Ausstieg zu einer glänzenden Manifestation seiner Individualität zu finden. Das Erzähler-Ich teilt anfänglich das Schicksal aller und ist am Ende doch der Einzige, dessen Einzigartigkeit in den zwei als Klimax angelegten Ordensverleihungen durch den höchsten Repräsentanten der Gesellschaft anerkannt wird. Insgesamt «realisieren» Inhalt, Aufbau und Erzählform einen starken Willen zur Einzigartigkeit in entgegenstehender Zeit.

Das jüngersche Selbst sucht, wie viele junge Menschen, außerordentliche Gelegenheiten der Bewährung. Wie jedoch soll man sich in einer verwüsteten Welt bewähren? Das berührt den Kern seines Traumas der «Materialschlachten» und ihrer Folgen.[7] Unter dem Eindruck der totalen Verwüstung der Dörfer durch die zum Kampf anrückenden (eigenen) Truppen notiert der Erzähler:

> Die Dörfer, die wir auf dem Anmarsch durchschritten, hatten das Aussehen großer Tollhäuser angenommen [...]

---

7 Steffen Martus: *Ernst Jünger*. Stuttgart: Metzler 2001 weist darauf hin, dass *In Stahlgewittern* im In- und Ausland auch als Antikriegsbuch rezipiert wurde. Die Gründe sieht er «in der abschreckenden Genauigkeit der Gewaltdarstellung» (S. 18). Das ist zweifellos die kritische Dimension der Aisthesis des Schreckens.

> Bis zur Siegfriedstellung war jedes Dorf ein Trümmerhaufen, jeder Baum gefällt, jede Straße
> unterminiert, jeder Brunnen verseucht, [...] alles Brennbare verbrannt; kurz, wir verwan-
> delten das Land, das den vordringenden Gegner erwartete, in eine Wüstenei. [...]
> Zum ersten Male sah ich hier die planmäßige Zerstörung, der ich später im Leben noch bis
> zum Überdruß begegnen sollte; sie ist unheilvoll mit dem ökonomischen Denken unserer
> Epoche verknüpft, bringt auch dem Zerstörer mehr Schaden als Nutzen und dem Soldaten
> keine Ehre ein. (S. 136)

Der Kommentar des letzten Absatzes wurde offenbar später hinzugefügt («später im Leben»).[8] Er steht durch seinen reflektierenden Charakter quer zur Unmittelbarkeit des Erlebnisses, die sonst im Text vorherrscht. Dennoch ist er kein Fremdkörper. Wie die Bildung «planmäßige Zerstörung» offenbart. Denn von der raumumfassenden Verwüstung durch die Kriegsmaschinen zeigt sich der Erzähler immer wieder abgestoßen. Die Hervorhebung der Planmäßigkeit daran ist zentrales Element seiner Kritik der industriellen Ratio und ein Basismotiv der gesamten Erzählung.[9]

Das Ich der Erzählung wollte der Herr sein[10], der bereit ist, sein Leben in die Schanze zu schlagen. Darauf bezieht sich die Rede von der Ehre am Ende des Zitats. Freilich war es als Herr nur ausgezogen, um als Knecht anzukommen. Als Knecht, dessen Los *labor* heißt. Zwar geht es im Krieg der großen Maschinen um Leben und Tod, wie je im Kriege. Aber sie erzeugen nicht nur Trichter- und Trümmerfelder, sondern, so die Perspektive des Erzählers, sie eliminieren alle Chancen der Selbstbewährung des Individuums. Denn im Zentrum der Entscheidung über Leben und Tod ist das Subjekt randständig geworden. Damit wird schließlich auch die Unterscheidung von Herr und Knecht gleichgültig, denn weder kann der Eine sich in der Arbeit entäußern noch der Andere im Kampf.

---

8 *In Stahlgewittern* wurde in den Jahren 1918/19 konzipiert. Es handelt sich also um eine Gestaltung der Kriegserfahrungen aus der – wenn auch nahen – Retrospektive. In den Jahren danach hat Jünger den Text mehrfach umgearbeitet. Die in der Gesamtausgabe bei Klett-Cotta erschienene Version ist die achte Fassung. Nach Dirk Blotzheim: *Ernst Jüngers «Heldenehrung». Zu Facetten in seinem Frühwerk.* Oberhausen: Athena 2000, S. 50, 57. Auch diese Szene findet sich im Tagebuch (S 224f.), aber die Erzählfassung ist nicht nur ausführlicher, sondern auch prägnanter.
9 Und sie wird zu einem zentralen Denkmotiv des späteren und späten Jünger werden. Vgl. Ernst Jünger: *Der Arbeiter (1930).* In: Sämtliche Werke. Bd. 8. Stuttgart: Klett-Cotta 1981, S. 11–317: «Noch besitzt die Erde ihre entlegenen Täler und bunten Riffe, wo kein Pfiff der Fabriken und keine Sirene der Dampfer erschallt, noch ihre Seitenstraßen, die romantischen Taugenichtsen offen stehen.» (S. 207)
10 Vgl. das Kapitel über Herrschaft und Knechtschaft in Hegels *Phänomenologie des Geistes*: Georg Wilhelm Friedrich Hegel: *Phänomenologie des Geistes.* In: Werke 3. Frankfurt/M.: Suhrkamp 1984, S. 145–155.

Leben und Tod, Niederlage oder Sieg sind nicht Alternativen, die individuellen Intentionen, Anstrengungen, Mobilisierungen von Tapferkeit folgen, sondern zunehmend mehr Funktionen von technischer Effizienz.

Die zentrale negative Erfahrung des jüngerschen Ich besteht darin, dass der Getroffene als Einzelner gar nicht gemeint ist. Vielmehr ist der Tod des Einzelnen Akzidenz eines Gesamtgeschehens, als Kollateralschaden, verursacht von einer Vernichtungsmaschinerie, die auf Raum- und Materialquanten ausgerichtet ist. In der Welt des hochtechnisierten Krieges ist die Rolle des Herrn gestrichen. Alle sind Arbeiter. Aber niemand entäußert sich in der Arbeit, weil alle Zubehör der großen Maschinen und ihres organisierten Verbunds sind.[11] Freilich, die Frage, die heute jedermann stellen würde, ob es sich denn als Herr im epischen Kriegerkampf schöner stürbe, kann im Rahmen der Erzählung nicht gestellt werden. Denn für den Erzähler ist, ebenso wie für die Wilhelminische Gesellschaft insgesamt, der Krieg selbstverständlich wie ein Naturereignis. Es gibt zwar Opposition gegen diesen Konsens, aber keine breite Ablehnung des Krieges im heutigen Sinne. Das Ich ist ein enttäuschter Parzival.

Man muss die historische Signatur von Enttäuschung als Figur der Erfahrung klären, um das zu verstehen. Das ist produktiver als Jünger zum Gottseibeiuns einer politisch korrekten Ideologiekritik zu machen. Wer enttäuscht wird, enttäuscht ist, hat sich notwendig vorher getäuscht. Er hat sich ein Bild, eine Vorstellung von den Dingen gemacht (Hoffmanns Nathanael!), die ihnen nicht entspricht. Das heißt auch: Die Wirklichkeit widerspricht nachdrücklich der vorwegnehmenden Imagination derselben. Entscheidend ist dieses: «Enttäuschung» setzt ein Subjekt voraus, das überhaupt die Welt entwirft, bevor es ihr wirklich begegnet. Vor jeder Erfahrung steht hier der Entwurf. Das ist das Positive an der Negativität der Enttäuschung. Sie verweist auf die Produktivität der Einbildung.

Es ist diese Spannung zwischen vorwegnehmender Vorstellung und tatsächlich eintretender Wirklichkeit, die im epischen Imaginationsraum ausgeschlossen ist. Es gibt dort keine Antizipationen der Figuren (über etwa die Angst vor dem Tode hinausgehend), die positiv auf Einlösbarkeit angelegt wären. Kassandras Warnungen sind etwas ganz Anderes. Enttäuschung als verweigerte Kompatibilität von vorlaufender Phantasie und tatsächlicher Erfahrung verweist nicht nur auf ein Vorauseilen der Imagination vor jeglicher Realität.

---

11 Vgl. den folgenden Satz Friedrich Georg Jüngers aus seinem 1949 erschienenen Essay *Maschine und Eigentum*: «Die Vervollkommnung der Automaten ist gleichbedeutend mit der zunehmenden Umformung der Person in einen Bestandteil.» Friedrich Georg Jünger: *Maschine und Eigentum*. Frankfurt/M.: Klostermann 1949, S. 127.

Dieses indiziert auch eine notwendig begrenzte, allenfalls partielle Kongruenz und Schnittmenge zwischen Vorstellung und Wirklichkeit. In der epischen Welt, die weit offen für starke Subjekte, und am weitesten geöffnet für das jeweils stärkste ist, kann dieses Problem nicht auftauchen. Möglich ist es nur in einer Welt, in der die Sachen vorgerückt sind. In welcher durch das Zusammenspiel von Sachen und Subjekten herbeigeführte Verhältnisse wichtiger geworden sind als Intention und Verhalten bloß letzterer. Nur unter solchen Bedingungen kann das Subjekt sich auf sich selbst zurückziehen und sich als eine Welt nehmen. Deshalb gibt es im Epos kein Vorlaufen der Subjektivität ins Leere uneinlösbarer Erwartungen. Auch noch im Grauen des Todes oder im Grauen vor dem Tode ist das Subjekt eins mit der Wirklichkeit. Es kann wohl Klage geben, aber nicht den inneren Dissens der Enttäuschung.

In diesem Sinne ist Enttäuschung eine Erfahrungsfigur der neuen Welt. Ihre vielleicht früheste markante Gestaltung ist Cervantes' Don Quijote. Im 19. Jahrhundert häufen sich nicht zufällig die Beispiele: Mme. Bovary, Rastignac, Frédéric Moreau, Etienne Lantier, und wie sie alle heißen. *In Stahlgewittern* ist auch in dieser Tradition zu sehen. Das wird nicht durch das historische Faktum widerlegt, dass die Enttäuschung des Helden der Erzählung zugleich realgeschichtlich die Erfahrung einer ganzen Generation war.[12] Schließlich wäre die Erzählung auch als Ausdruck einer archaischen Sehnsucht nach dem Kampf Mann gegen Mann, als romantische Rückwendung zur epischen Welt als ganze missverstanden. Das Ich der Tagebucherzählung ist ein enttäuschter und deshalb auch ein moderner Parzival.

Zur Modernität der Kriegserfahrung gehört bei gewissen Gelegenheiten selbst eine gewisse Behaglichkeit. Wenn die Maschinen pausieren, entstehen Nischen, in die sich so etwas wie angenehme Alltäglichkeit einnistet. Man liest, spielt Karten, trinkt Wein und was dergleichen mehr ist. Das nennt der Erzähler «Gemütlichkeit»:

> Ich schlenderte, ohne von Feuer behelligt zu werden, den verwüsteten Graben entlang. Es war die kurze Zeit der Vormittagsruhe, die mir noch oft auf den Schlachtfeldern als einzige Atempause zugute kam. Ich benutzte sie dazu, mir alles recht sorglos und gemütlich anzusehen. (S. 31)

---

12 So Thomas Rohkrämer: August 1914 – Kriegsmentalität und ihre Voraussetzungen. In: Wolfgang Michalka (Hg.): *Der Erste Weltkrieg. Wirkung, Wahrnehmung, Analyse*. München: Piper 1994, S. 759–777: Ein großer Teil der bürgerlichen jungen Männer sah den Kriegseinsatz (zunächst) «als Aufbruch zu einer ‹authentischen› Existenz» (S. 760). Und zwar im Gegensatz zu Skepsis und Fatalismus der älteren Generation. Es handelte sich um den «Konflikt zwischen der selbstzufriedenen Generation der Reichsgründung und einer unruhigen Jugend» (S. 769).

Wie diese Stelle zeigt, kann es sich dabei auch um eine entlastete Schaulust handeln, Grabentourismus. Der technische Krieg unter den Bedingungen der großen Industrie ist die Verbindung von «Aisthesis des Schreckens» (Bohrer) und Gemütlichkeit. Freilich, die Ereignisse des Schreckens und die kurzen Auszeiten der Behaglichkeit heben die Notwendigkeit nicht auf, den eigenen Körper bei entsprechender Gelegenheit vor dem Aufprall des Geschosshagels in Sicherheit zu bringen und das Leben zu bewahren. Die Faszination an der Wahrnehmung des Schreckens und der Kampf ums Überleben scheinen jeden Raum möglicher Reflexion zu besetzen. Das Ich verfügt über eine rauschhaft gesteigerte Wahrnehmungsfähigkeit, aber es denkt nicht. Dadurch erscheint auch der Krieg als ganzer, wie das Geschoss bzw. die massenhaft einschlagende Geschossformation, als ein «Ding», das seine Geschichte nicht erzählt. Er ist einfach phänomenal da. Er steht da, ohne eine Entstehung zu haben. Vor die Geschichte oder die Genesis des Krieges schiebt sich die lange Reihe der Geschichten des Krieges.

Der Held denkt nicht, aber er reagiert mit seiner Innerlichkeit, ringt um Fassung, die er angesichts der Zerstörung manchmal kaum bewahren kann, reagiert mit Mut und Nerven. Mangels Gelegenheit zur aktiven Bewährung im Kampf, nach der er unverwandt weitersucht, versucht er, Haltung zu zeigen. Mut und Tapferkeit des entmachteten und subsumierten Subjekts haben sich dann einfach nur im Ertragen des Grauens zu erweisen. Der Berichterstatter reagiert mit dem Resonanzraum seiner Innerlichkeit auf das Kriegsgeschehen. Und zwar so, dass er es erträgt und sich darin bewahrt. Dazu passt der lakonische Ton, in dem er die Todesfälle in seiner Kompanie registriert: «Hasselmannn Gewehrschuß durch den Arm» (S. 93f.). Wohlgemerkt, ohne Komma nach Hasselmann. Sprache der Sachlichkeit.

Das weithin zum Objekt gewordene Subjekt des Maschinenkrieges bewährt sich, indem es seine Innerlichkeit bewahrt, indem es sich durch das Grauen seelisch nicht zerstören lässt. Dabei hilft auch Sachlichkeit, Sprache einer faktisch kalkulierenden und konstatierenden Ratio, die andererseits im Gegensatz zum Begehren des Ich steht. Denn es sucht nach wie vor nach Möglichkeiten der Bewährung jenseits der subjektlosen Sachlichkeit zerstörungsstarker Maschinen.

Bis zu dem Punkt, wo ihre Suche Erfolg hat, erscheint die Innerlichkeit der Person vor allem als das Ensemble ihrer Schreckens-Abwehr-Mechanismen. Das betrifft insbesondere das Phlegma, das der Erzähler sich als charakteristische Eigenschaft zurechnet. Schließlich bringt «Regniéville» die Wende. Der enttäuschte Parzival wird sich selbst und die Anerkennung der Anderen finden. Vorweg geht das Kapitel «Langemarck». Dieser Abschnitt präsentiert im prägnanten Detail das Geschehen einer durch moderne Kriegstechnik bestimmten Schlacht. Es scheint sich um nichts als einen präzisen Bericht zu handeln.

Dennoch ist sein subtiler Kompositionscharakter unübersehbar. Im ersten, größeren Teil des Kapitels geht es darum, wie der Erzähler von der schweren Verwundung seines Bruders Friedrich erfährt, zu ihm eilt und seinen Abtransport veranlasst. Sodann ist die Perspektive der Erzählung durch das Tagebuch des Bruders bestimmt, aus dem ausführlich zitiert wird. Text im Text. *Mise en abyme.*

Damit treten zwei Erzählerstimmen zusammen. Wobei der Bruder die gleichen Bilder verwendet wie der Erzähler des Hauptteils. Nämlich einerseits solche, die das technisch bestimmte Kriegsgeschehen mit der Aktivität riesiger Arbeitsmaschinen vergleichen: etwa «wie ein riesenhaftes Hammer- und Walzwerk» (S. 188). Weiterhin diejenigen, die den Krieg auf Naturvorgänge beziehen: «Der tausendköpfige Bienenschwarm dieser Geschosse» (S. 186), «Die Erde sprang in fauchenden Fontänen auf, und ein Hagel von Splittern fegte wie ein Regenschauer über das Land.» (S. 185) Eine Auswahl aus dem Haupttext: «lauschten wir den langsamen Takten des Walzwerks der Front», «Der Atem des Kampfes» (S. 11), «Feuersturm» (S. 107), «Vernichtungsgebrüll der unzähligen Geschütze» (S. 238), «Feuerwalze» (S. 241), «Geschoßgarben wie Bienenschwärme» (S. 247), Panzer als «Kriegselefanten der technischen Schlacht» (S. 272). Der Bezug der Kriegsphänomene auf die gegensätzlichen Bereiche des Natürlich- Organischen und des technisch Artifiziellen kann als Ambivalenz und Gleiten der Bedeutungen, auch als Schwanken hinsichtlich der Auffassung des unerhörten Geschehens, schließlich insgesamt als Zeichen semantischer Komplexität verstanden werden.[13]

Dass die Perspektiven der beiden Erzähler bis hin zum «Bewußtsein des Glückes» (S. 189) in der Todesnähe übereinstimmen, unterstreicht die Wahrheit ihrer gemeinsamen Erfahrung, zugleich auch ihre brüderliche Gemeinsamkeit. Indem der Erzähler den Bruder zitiert, drückt er seine Nähe zu ihm aus. Das ist ein Akt der Identifikation mit dem schwer Verwundeten. An dieser Stelle jedenfalls wird die Erlebniseinsamkeit durchbrochen, die bisher so charakteristisch für den Erzähler war. Freilich ist auch hier der Wille zur Einzigartigkeit am Werk. Denn während Friedrich nur phantasiert, der Kaiser kümmere sich persönlich um ihn («es kam mir der Gedanke, daß nun gleich der Kaiser selbst eintreten und sich nach mir erkundigen werde.» S. 189), erkämpft sich Ernst realiter die Anerkennung desselben.

---

13 Auf das häufige Vorkommen von Naturmetaphern, wie «das Gewitter der Schlacht» (Klemm), «Traumgewitter» (Däubler), «Blutgewitter» (Benn) im literarischen Expressionismus weist Heimo Schwilk: *Ernst Jünger. Ein Jahrhundertleben. Die Biografie*. München/Zürich: Piper 2007, S. 215f. hin.

Wer, genauer noch, ist die Person, die hier spricht. Nach unseren heutigen, allerdings erst seit wenigen Jahrzehnten sehr friedlich gewordenen Maßstäben, handelt es sich um ein schwer gepanzertes Ich. Trotzdem öffnet es sich für das Grauen. Es erfasst es, stellt es heraus, ohne sich erfassen, ohne sich seelisch zerstören zu lassen. Das Subjekt panzert sich und nimmt sich zusammen, um seinen Zusammenbruch zu verhindern. Was ihm allerdings bei einer markanten Gelegenheit misslingt. Nach einem besonders katastrophalen und verlustreichen Kampf. Und vor den Augen seiner Untergebenen: «Ich warf mich zu Boden und brach in ein krampfhaftes Schluchzen aus, während die Leute düster um mich herumstanden.» (S. 235)

Bei anderen Gelegenheiten bietet es alle seine Abwehrkräfte auf. So auch, indem es mehrfach mitten in den Kampf hineinspringt. Und jedes Mal unverwundet oder auch getroffen aus der Aktion hervorgeht. Ohne jedoch umzukommen. Es verhält sich kontrapunktisch. Statt alles zu tun, um dem Kampfgeschehen auszuweichen, begibt es sich vielmehr offensiv hinein.

Unübersehbar ist, dass das Phantasma des unverletzbaren Ich eine wichtige Rolle spielt: «Knigge war ganz außer sich über meinen unglaublich festen Schlaf.» (S. 141) Der Erzähler verschläft buchstäblich die nächtliche Zerstörung des Hauses, in dem er sich aufhält. «Zum Erstaunen der Mannschaft raffte ich mich unverletzt wieder auf.» (S. 177) So, nachdem er «im Blitz eines furchtbaren Schlages zu Boden geworfen» (S. 177) worden war. «Ich war ganz allein.» (S. 243), kommentiert der Erzähler, als er, ohne Unterstützung seiner Kameraden, «Wütend» auf den Gegner losgeht. Unter unablässigem Bombenbeschuss hat er ein «Gefühl der Sicherheit» (S. 285). Ohne sich an den Angriffsplan zu halten, der den gestaffelten Vormarsch bestimmter Kompanien vorsieht, geht er als Einzelner vor: «Da von der Sechsten und der Achten noch nichts zu sehen war, beschloß ich anzugreifen, ohne mich lange um Staffelungen zu kümmern.» (S. 291) Wohlgemerkt, der zwanzigjährige Leutnant Jünger als Äquivalent zweier ganzer Kompanien! «Ich befahl also, mir zu folgen, und sprang mitten ins Feuer hinein. [...] Es war kaum erklärlich, dass ich nicht getroffen wurde» (S. 172). Das Phantasma der Unverletzbarkeit bestimmt das imaginäre – im lacanschen Sinne[14] – Selbstbild der Person und bildet ein Leitmotiv der gesamten Erzählung.

Es spielt auch eine unübersehbare Rolle bei der Suche des Erzählers nach einem Ausweg aus dem stählernen Gehäuse des maschinenzentrierten Krieges. Der Leutnant Jünger wird zum Stoßtruppführer ernannt. Damit hat er, so seine Sicht der Dinge, die Chance seiner persönlichen Bewährung. Im Kampf Mann

---

14 Jacques Lacan: *Le stade du miroir comme formateur de la fonction du Je*. In: Ders.: Ecrits I. Paris: Seuil 1966, S. 89–97.

gegen Mann kommt es auf den Mann an. Das Gesetz der Maschine scheint suspendiert. Das Warten im Graben, während die Maschinen arbeiten, hat ein Ende. Auch die Rolle der bloßen Wahrnehmung. An die Stelle der Aisthesis des Schreckens und der Gemütlichkeit tritt die Gnadenlosigkeit des Zweikampfs. Wiedergeburt, das ist der Tenor, des epischen Kriegers in dürftiger Zeit:

> Unter allen erregenden Momenten des Krieges ist keiner so stark wie die Begegnung zweier Stoßtruppführer zwischen den engen Lehmwänden der Kampfstellung. Da gibt es kein Zurück und kein Erbarmen. Das weiß jeder, der sie in ihrem Reich gesehen hat, die Fürsten des Grabens mit den harten, entschlossenen Gesichtern, tollkühn, geschmeidig vor und zurück springend, mit scharfen, blutdürstigen Augen, Männer, die ihrer Stunde gewachsen waren und die kein Bericht nennt. (S. 226)

Kein Bericht nennt sie, weil Berichte zur Sphäre des Plans und der Plan zur Ratio des technischen Krieges gehören. Die Sehnsucht nach «Erregung» weit jenseits des erfahrungslosen Alltags. Hier erfüllt sie sich. Alles hängt von der körperlichen und mentalen Stärke zweier einzigartiger Individuen ab und nichts von der flächendeckenden Feuerkraft der Apparate. Das alles wird mit einer Aura des Aristokratischen umgeben. Nicht unwichtig in der Perspektive des bürgerlichen Offiziers, dessen Dienstvorgesetzte zum großen Teil Adlige sind.

Der Erzähler scheint nach der Ernennung zum Stoßtruppführer zu finden, was er begehrte: Abenteuer, Gefahr und persönliche Bewährung. Die Wirklichkeit scheint dem Begehren des Subjekts entgegenzukommen. Darin liegt eine partielle Rücknahme der «Enttäuschung», die den Anfang der Erzählung bestimmt hatte. Partiell ist sie, weil sich an den Rahmenbedingungen des Maschinenkrieges und seiner Vernichtung der Individualität nichts ändert. Im Großen und Ganzen eines übergreifenden Geschehens, das den Träumen des Erzählers zuwiderläuft, gibt es aber von nun an immer öfter einzelne Situationen, Hochzeiten starker Erlebnisse, die dem negativen Ganzen das gesuchte Andere entgegensetzen.

Das bedeutet: Nicht die Figur ändert sich, wohl aber die Umstände. Letztere scheinen sich an erstere anzupassen. Nicht umgekehrt. Wir stoßen wiederum auf das Phantasma des starken Selbst. Jede bestandene Gefahr ist Manifestation der eigenen Identität. Und die Probe aufs Exempel, dass die eigenen Werte auch für Andere gelten. Vor allem für die eigenen Leute. Es wird deutlich, dass das anfangs in sich eingekapselte Ich sich zunehmend gegenüber dem Kollektiv öffnet. Vor allem zeigt sich, dass die Werte, an denen der Protagonist orientiert ist, trotz allem einen Ort in der Welt haben. Wenn auch nicht im großen Ganzen des übergreifenden Kriegsgeschehens, sondern jeweils bei Gelegenheit. Die okkasionelle Geltung subjektbestimmter Werte ist der Werteindifferenz des Maschinenkrieges gleichsam abgerungen.

Die Erzählung ist dementsprechend konsequent als Folge von Episoden angelegt.[15] Diese ist in ein Gesamtgeschehen eingelassen, das im Hintergrund bleibt und nur selten angesprochen wird. Das ist der Krieg als umfassender Plan. Zwischen diesen Aspekten besteht nicht zufällig eine Spannung. Denn es ist der Krieg als Plan und System, in dem die Maschine die zentrale Rolle spielt. Während der Kampf als Episode den Weg bezeichnet, den das Ich gesucht hatte.

Das Subjekt der Tagebucherzählung ist ein Held, der sich in einer ihm insgesamt unzuträglichen Welt sucht. Es ist eine zwiespältige Welt, in welcher der Held seine zwiegespaltenen Erfahrungen macht: andauernde Enttäuschung an der Ratio des technisch durchgeplanten Krieges einerseits und Befriedigung in der Rolle des Stoßtruppführers andererseits. Dort und fern das erlebnis- und wahrnehmungsjenseitige abstrakte System des technisierten Krieges, hier und immer ganz nah, körpernah, das Ereignis des Einzelkampfes in seiner ganzen Intensität. Nur im Ereignis und in der Episode kommt der Held zu sich selbst. Das unterstreicht seine Fremdheit in der (Kriegs)Welt als ganzer. Der Stoßtruppführer ist eine Nischenexistenz.

Dass der Erzähler sich nie von seinem Tagebuch trennt, wie gelegentlich im Text vermerkt, ist nicht zufällig. Vielmehr zeigt es an, dass er die Dinge mit dem Blick des Künstlers sieht. Unter diesem Blick ist die Welt abstrakt und erfahrungslos geworden. In diesem Zusammenhang ist die Begegnung mit dem Generalsstabsoffizier nach einer gescheiterten Offensive bezeichnend. Dieser, so die Szene, sitzt in seinem Büro, lässt den Leutnant, der in einer militärischen Aktion von einiger Bedeutung gescheitert ist, zu sich kommen und macht ihn für das Scheitern verantwortlich. Ohne irgendeine Ahnung von den konkreten Umständen, von den unlösbaren Schwierigkeiten in der konkreten Situation zu haben:

> Der Generalstabsoffizier der Division empfing mich in seinem Arbeitszimmer. Er war recht gallig, und ich merkte zu meinem Ärger, daß er versuchte, mich für den Ausgang des Unternehmens verantwortlich zu machen. Wenn er den Finger auf die Karte legte und Fragen stellte wie etwa: «Warum sind Sie denn nicht rechts in diesen Laufgraben abgebogen?» merkte ich, daß ein Durcheinander, in dem es Begriffe wie rechts und links gar nicht mehr gibt, außerhalb seiner Vorstellung lag. Für ihn war das Ganze ein Plan, für uns eine mit Leidenschaft erlebte Wirklichkeit. (S. 200)

---

15 Zur Form der Erzählung finden sich gute Beobachtungen bei Jürgen Kron: *Seismographie der Moderne. Modernität und Postmodernität in Ernst Jüngers Schriften von In Stahlgewittern bis Eumeswil.* Frankfurt/M.: Lang 1998. So: «Montage von Einzelteilen» (S. 31), «dissoziierter statt geschlossener Raum» (S. 38), «diskontinuierliche und akausale Erzählweise» (S. 39). Es findet sich auch der Hinweis auf das «Schema des Heldenepos» (S. 46).

Das Arbeitszimmer und der Finger auf der Karte bezeichnen die wertmindere Sphäre fern vom Kampf. Der Mann ist «gallig». Es fehlt ihm an Vitalität. Er vermag nicht zu begreifen, dass Kampf etwas mit der Affektivität der Kämpfenden zu tun hat. Schon gar nicht versteht er, dass Kämpfen immer auch Chaos bedeutet. Storno aller rationalen Kategorien. In diesem Offizier, Charaktermaske abstrakter Ratio, zeigt sich die Negativität der Welt, welche die Erzählung im Auge hat. Der Maßstab dieser Kritik ist letztlich die Kunst. Denn es ist der Künstler-Kämpfer Jünger, der im Tagebuch aus der trockenen Kälte des abstrakten Krieges den heißen Saft sinnlicher Intensität presst. Jedoch nicht die Kunst als Weihe des Feierabends ist der Maßstab, sondern als Modell eines reichen Lebens. Abermals zeigt sich die Affinität des 1895 geborenen Jünger zu den Intentionen der surrealistischen Generation.

Nun ist der «Stoßtruppführer», bevor er in die Erzählung eingehen kann, eine Erfindung der kaiserlichen Militärstrategen. Stoßtruppführer wurden von deutscher Seite «als flexibel agierende Überwinder des Raums» eingesetzt, die «auch im industrialisierten Krieg die direkte Kampfsituation mit dem Gegner suchen [...] sollten.»[16] Später wird dieses Konzept von den Ententemächten übernommen. Man sieht an diesem Beispiel ein weiteres Mal, wie der Text arbeitet. Denn auch die zentrale Erfahrungsfigur der Enttäuschung ist keineswegs «nur» eine poetische Erfindung. Sie ist aus der Realgeschichte – Enttäuschung der jungen Generation des Wilhelminischen Bildungsbürgertums an der Wirklichkeit des Krieges – in die Erzählung eingewandert, um dann, wie der «Stoßtruppführer», etwas ganz Anderes zu werden: tragendes Motiv eines zugleich auf die literarische Tradition bezogenen poetischen Konstrukts, das bei der Gestaltung einer großen Desillusion im Sinne Flauberts (*Education sentimentale*) nicht stehen bleiben will. Was nun den Stoßtruppführer betrifft, so bildet er einen poetischen Mythos im Spannungsfeld zwischen Anachronismus und Gegenwärtigkeit. Der Erzähler ahnt, das ergibt sich aus dem Gesamttenor des Buchs, dass dieser eine schon in die Dämmerung der Geschichte eintretende Gestalt ist. Deshalb umgibt er sie mit der Aura des letzten Mals. Die Zukunft wird der Maschine und dem abstrakten System gehören.[17]

---

16 Wolfgang Kruse: *Der Erste Weltkrieg*. Darmstadt: Wiss. Buchges. 2009, S. 55.
17 Zur Spannung zwischen Mensch und Maschine vgl. auch die folgenden Sätze aus *Der Kampf als inneres Erlebnis*: Ernst Jünger: *Der Kampf als inneres Erlebnis (1922)*. In: Sämtliche Werke. Bd. 7. Stuttgart: Klett-Cotta 1980, S. 11–103: «Der Kampf der Maschinen ist so gewaltig, daß der Mensch fast ganz davor verschwindet [...] Der Kampf äußerte sich als riesenhafter, toter Mechanismus und breitete eine einzige, unpersönliche Welle der Vernichtung über das Gelände [...] Und doch: hinter allem steht der Mensch. Er gibt den Maschinen erst Richtung und

Der moderne Parzival stemmt sich mit einer äußersten Anstrengung der Individualisierung der Deindividualisierung des Maschinenkrieges entgegen. Damit führt er einen doppelten Krieg: den Krieg der Nationen, an dem alle teilnehmen, und seinen eigenen. Diesen unterstellt er der Frage, wie sich das Individuum, überhaupt das konkrete Einzelne und die Wahrnehmung des Konkreten, noch einmal in einer (Kriegs)Welt behaupten könne, die unaufhaltsam begonnen hat, auf die Seite der Apparate, der Sachen und der Sachlichkeit, der abstrakten Ratio, des Plans und des Systems umzuschwenken. Deshalb die unbezähmbare Kampfeslust des Kompanieführers Jünger, der, schwer verletzt, seine Männer zum Weiterkämpfen auffordert. Deshalb auch die ausführliche Erzählung von der schweren Verwundung und den Fieberträumen in Todesnähe. Denn das Schweben zwischen Leben und Tod erscheint als die individuelle und existentielle Extremsituation *par excellence:*

> Gleichzeitig mit der Wahrnehmung des Treffers fühlte ich, wie das Geschoß ins Leben schnitt [...] Als ich schwer auf die Sohle des Grabens schlug, hatte ich die Überzeugung, dass es unwiderruflich zu Ende war. Und seltsamerweise gehört dieser Augenblick zu den ganz wenigen, von denen ich sagen kann, daß sie wirklich glücklich gewesen sind. In ihm begriff ich, wie durch einen Blitz erleuchtet, mein Leben in seiner innersten Gestalt. (S. 293)

Als augenblickshafte Erleuchtung. Womit diese Szene sich in den Motivzusammenhang der Aisthesis des Plötzlichen und Konkreten einfügt.

Der Schluss der Erzählung stellt eine ästhetisch konsequente Lösung aller Probleme dar, die gestellt waren. Der moderne Parzival hat seine Anfangsenttäuschung in Bewährung und Anerkennung verwandelt. Am Ende zählt er die erlittenen Verwundungen, kommt auf vierzehn und stellt befriedigt fest: «In diesem Kriege, in dem bereits mehr Räume als einzelne Menschen unter Feuer genommen wurden, hatte ich es immerhin erreicht, daß elf von diesen Geschossen auf mich persönlich gezielt waren.» (S. 299)[18] Die Verleihung zweier Orden spielt eine auch formal, im Aufbau der Erzählung tragende Rolle. Zunächst des Ritterkreuzes und schließlich, nachdrucksstark ganz am Ende platziert, die Ver-

---

Sinn [...] Er ist das gefährlichste, blutdürstigste und zielbewußteste Wesen, das die Erde tragen muß.» (S. 102)
18 In seinem Essay *Die totale Mobilmachung*, Ernst Jünger *Die totale Mobilmachung (1930)*. In: Sämtliche Werke. Bd. 7. Stuttgart: Klett-Cotta 1980, S. 119–142, notiert der Verfasser: «Wir haben das Zeitalter des gezielten Schusses bereits wieder hinter uns. Der Geschwaderführer, der in nächtlicher Höhe den Befehl zum Bombenangriff erteilt, kennt keinen Unterschied zwischen Kämpfern und Nichtkämpfern mehr, und die tödliche Gaswolke zieht wie ein Element über alles Lebendige dahin.» (S. 128)

leihung des *Pour le mérite*, des höchsten kaiserlichen Ordens, durch den Kaiser selbst:

> An einem dieser Tage, es war der 22. September 1918, erhielt ich vom General von Busse folgendes Telegramm:
> «Seine Majestät der Kaiser hat Ihnen den Orden Pour le mérite verliehen. Ich beglückwünsche Sie im Namen der ganzen Division.» (S. 300)

Was das Verfahren der Erzählung betrifft, so überschreitet ihr Schluss die anfangs so nachdrücklich herausgestellte Tagebuchfiktion. An die Stelle der Addition des kontingenten Erlebnismaterials tritt eindeutig die komponierte Synthese. Anerkennung und Bestätigung lassen das Leben des jungen Mannes als ein sinnvolles Ensemble erscheinen. Die beiden Ordensverleihungen, die erste etwa im letzten Drittel der Erzählung, die zweite ganz am Schluss, in der Form der Klimax angeordnet, bezeichnen *rites de passage* (van Gennep). Denn nicht nur findet sich das Selbst, sondern es findet auch zu den Anderen. Es überwindet sein anfängliches isoliertes Für-Sich, um mit der Anerkennung seiner Gruppe zugleich symbolisch in sie aufgenommen zu werden.

Mit der Verleihung des höchsten Ordens durch den höchsten Repräsentanten der gesellschaftlichen Ordnung hat es eine komplexe Bewandtnis. Dazu gehört auch ein unübersehbarer Zusammenhang zwischen dem Leben des Verfassers und seinem Werk. Denn der Kaiser ist als oberster Repräsentant der gesellschaftlichen Norm (militärische Tapferkeit) zugleich eine Repräsentanz des Vaters. Von Jünger ist bekannt, dass er ein höchst problematischer Sohn war. Sein eigener Vater, ein typischer Vertreter des Bildungsbürgertums, promovierter Chemiker, verdiente ein Vermögen im Kalihandel und erhob sich damit auch über seine Schicht. Gegenüber dem Sohn pflegte er seine Erfolge herauszustreichen. Was dessen prekäre Situation nicht erleichterte. Denn als Schulversager sah er eine Zukunft als verkrachte Existenz vor sich.[19] Damit hängt auch sein Ausreißen in die Fremdenlegion zusammen.

Der Erzähler, der sich der Anerkennung durch den eigenen Vater nicht sicher sein konnte, erringt die zweifelsfreie Anerkennung durch den höchsten Vater. Immerhin ist es ersterer, der den Sohn auf den rechten Weg bringt: «Melde dich doch als Fahnenjunker», schlug mein Vater mir vor, [...] und ich entsprach seinem Wunsche, obwohl es mir zu Beginn des Krieges viel lockender erschienen war, mich als einfacher Schütze und nur für mich allein verantwortlich zu beteiligen.» (S.39f.) Der Wilhelminische Parzival ist, anders als sein Vorgänger

---

19 Heimo Schwilk: *Ernst Jünger*, S. 57.

bei Chrétien, nicht vaterlos. Vielmehr sind es die Väter, die seinen Weg bestimmen.

Wenn man dem gewiss spekulativen Gedanken folgen will, so wird in der Erzählung der reale und unbefriedigte Wunsch nach Anerkennung auf eine fiktiv-reale Instanz übertragen und findet in dieser Übertragung höchste Befriedigung. Es ist schließlich ein charakteristisches Merkmal der Erzählung selbst, die diese Spekulation nahelegt. Denn es zeigte sich, dass ihre zentralen Motive einerseits unmittelbar der realen Geschichte entnommen und andererseits in einen literarischen Traditionszusammenhang einkomponiert wurden. So die Figur der «Enttäuschung», so der «Stoßtruppführer».

Auch das Wunschbild des ritterlichen Kriegers lässt sich in der Wilhelminischen Gesellschaft verorten. Denn obwohl der technische Krieg «radikal die klassische [...] Vorstellung vom Heldentum der Tat» zerstörte, wurden die überlieferten Ritter-Ideale beibehalten.[20] Bezieht man schließlich in das Gesamtbild ein, dass das Bildungsbürgertum der Wilhelminischen Ära, wie jedes mittlere Bürgertum, in einer prekären Zwischenstellung zwischen oben und unten, dazu tendierte, sich der traditionalen Elite anzunähern, so hat die Übertragung des Anerkennungswunsches auf den höchsten Repräsentanten dieser Elite sein historisches Geschmäckle.[21] Der enttäuschte und befriedigte Parzival reitet nur unter ganz besonderen Kautelen in die Moderne.

---

20 So Helmut Fries: *Die große Katharsis. Der Erste Weltkrieg in der Sicht deutscher Dichter und Gelehrter.* Bd. 1. Konstanz: Verlag am Hockgraben 1994, S. 240, 242.
21 Vgl. Volker Ullrich: *Die nervöse Großmacht. Aufstieg und Untergang des deutschen Kaiserreichs 1871–1918.* Frankfurt/M.: Fischer ²2007: Das Bildungsbürgertum partizipiert zwar an der allgemeinen Prosperität, bleibt aber stark hinter dem Wirtschaftsbürgertum zurück. Während viele neureiche Industriekapitäne und Bankherren ein erhebliches Selbstbewusstsein an den Tag legen (S. 287), finden sich «Selbstzweifel» und «Statusängste» auf Seiten des Bildungsbürgertums. Ullrich diagnostiziert ein «ausgeprägtes Krisenbewusstsein mit stark kulturpessimistischem Einschlag» seit der Jahrhundertwende. Und: «Das Gefühl wachsender Bedrohung, nicht zuletzt durch den Aufstieg des organisierten Proletariats, trieb das Bildungsbürgertum nach rechts, an die Seite der alten Machteliten, und machte es aufnahmebereit für kompensatorische Ideologien wie Nationalismus und Militarismus.» (S. 288)

XII Schlussbetrachtungen: Subjekte und Sachen. Imaginationsräume der europäischen Literatur

Die anthropologische Konstellation der *Ilias* ist durch die Beziehung zwischen Göttern, Menschen und «Sachen» bestimmt: das anthropologische Dreieck der alten Welt. Darin kommt den Göttern ein deutliches Übergewicht zu. Dieses Verhältnis repräsentiert die *conditio humana* in einer frühen, in Europa schon bald aufgegebenen historischen Gestalt.

Im Blick auf die Götter wird sich der Mensch seiner Schranken bewusst. Diese Erfahrung wird immer wieder als höchst schmerzhaft hingestellt. Die Klage über das Los der Sterblichen verstummt nie. Und noch in jeder Klage äußert sich der Wunsch, dass es anders sein möge. Die Grenze zwischen Göttern und Menschen ist freilich nicht ganz geschlossen, sondern sie weist durchlässige Stellen auf. Indem sie sich zum Beispiel sexuell verbinden und Nachkommen zeugen können. Aber die Sprösslinge dieser gefährlichen Beziehungen sind sterblich. Auch Achill. Um so prägnanter ist in diesen punktuellen Grenzüberschreitungen markiert, was gerade nicht überstiegen werden kann: die Zeitmauer, welche die zeitarmen Geschöpfe vom unbegrenzten Zeitreichtum der Götter trennt.

Die Götter verfügen nicht nur über die Zeit, sondern auch über den Raum. Sie sind schnelle Raumüberwinder, am Boden, in der Luft und in den Tiefen des Meeres. Auffälligerweise können sie, was viel später gewisse menschlich erzeugte Gegenstände können werden: U-Boote, Flugzeuge, Maschinenfahrzeuge zu Lande. Die Götter nehmen im imaginären Langzeitraum das Potential schneller Bewegungsapparate vorweg. Aber wohlgemerkt, gerade nicht als Apparate, sondern als starke Subjekte.

Sie sind ein Spiegel des Imaginären. Indem sie zeigen, was sie können, wecken sie den menschlichen Wunsch, es ihnen gleich zu tun. In ihrem Anblick wird der Mensch zwar seiner Beschränkungen inne. Aber in diesem Innewerden entäußert sich auch ein Begehren. Das Zusammenleben mit den Göttern lässt ein starkes Motiv am Horizont erscheinen: in der schmerzlich-lustvollen Anschauung der Unbegrenztheit von Wesen, die so ähnlich-anders sind, die Erweiterung der eigenen Begrenzungen ins Auge zu fassen. Die Imagination der göttlichen Unbegrenztheit wäre dann ein anthropologischer Treibsatz, wie andere auch; eine bestimmte Form, in der sich die umfassende menschliche Unzufriedenheit mit allen bloß gegebenen Ausgangsbedingungen äußerte. In diesem Zusammenhang allerdings ginge es ums Ganze: die Grenzpfeiler der Kreatürlichkeit selbst zu versetzen. Jedenfalls stellt der Imaginationsraum der epischen Erzählung dem Menschen in der Gestalt der Götter sein *totaliter aliter* (ganz anders) zugleich im Modus der Ähnlichkeit vor Augen. Als Inbegriff aller Grenzen, die überhaupt überschreitbar sind.

Man sieht, wie die Imagination der epischen Erzählung arbeitet. Sie konstruiert einen symbiotischen Raum, der Menschen und Götter verbindet. Im Spiegel der Götter kann der Mensch sich selbst sehen. Der Spiegel ist ein Katalysator der besonderen Art. Denn zum Jubel besteht vor der Hand kein Anlass. Im Spiegel erblickt der Mensch seine Gottähnlichkeit und zugleich sein ganzes Elend.[1] Aber indem der Spiegel die Vollkommenheit des Anderen als zugleich Ähnlichem zeigt, gibt er die Richtung eines *Venceremos* vor. Am Ende unserer Geschichte wird sich der «Prothesengott» (Freud)[2] an die Stelle der Götter setzen und Apparate, Techniken, Formen des Wissens entwickeln, die den frühen Traum seiner Erfüllung annähern...

Es ist die epische Erzählung, die das Leben mit den Göttern und die scharfe Differenz zwischen Menschen und Göttern in einer unverwechselbaren Geschichte fasst. Kaum ein Grieche wird jemals realiter einem Gott begegnet sein, während er ackerte, molk, Tiere schlachtete, kämpfte oder Kinder zeugte. Es gab, wie in jeder Zivilisation, eine Prosa des Lebens. Gewiss gehörte das Götteropfer dazu, aber doch als Element eines durchaus auch diesseitigen Lebens. Es ist das Epos, das die Götternähe der alten Welt in ein Modell des beständigen Lebens mit den Göttern überträgt.[3]

Hegel und in Anschluss an ihn Georg Lukács haben versucht, den Grundzug der epischen Welt gegenüber der Welt des Romans als selbstverständliche Präsenz des Sinns[4] zu fassen. Lukács spricht von der «Lebensimmanenz des Sinns».[5] Das ist gewiss nicht unzutreffend, überspringt aber die konkrete

---

1 In Bezug zu Jacques Lacan: *Le stade du miroir comme formateur de la fonction du Je*, S. 89–97 und abwandelnd.
2 Sigmund Freud: *Das Unbehagen in der Kultur* (1930). In: Sigmund Freud Studienausgabe. Bd. X. Frankfurt/M.: Fischer ³1974, S. 222.
3 Allerdings gibt es nicht nur literarische, sondern auch epigraphische Quellen, die von Begegnungen mit Göttern sprechen; davon die meisten auf Träume bezogen, deutlich weniger auf den Wachzustand. So Emily Kearns: Religious practice and belief. In: Konrad H. Kinzl (Hg.): *A companion to the classic world*. Malden/Oxford u.a.: Blackwell 2006, S. 312, 321. Zur Götternähe des griechischen Lebens vgl. auch Christian Meier: *Kultur, um der Freiheit willen. Griechische Anfänge – Anfang Europas?* München: Siedler 2009, S. 129–137.
4 Georg Wilhelm Friedrich Hegel: *Vorlesungen über die Ästhetik III*. Eine der zentralen Formulierungen lautet: «Das Passendste für den ganzen Lebenszustand, den das Epos zum Hintergrunde macht, besteht darin, dass derselbe für die Individuen bereits die Form vorhandener Wirklichkeit hat, doch mit ihnen noch in dem engsten Zusammenhange ursprünglicher Lebendigkeit bleibt.» (S. 339f.)
5 Georg Lukács: *Die Theorie des Romans*, S. 32 u.a.

Faktur der epischen Erzählung. Damit wird ein höchst abgeleitetes Phänomen primär gesetzt. Wohl ist richtig, dass es in der Welt der Epen keine krude Alltäglichkeit gibt, keine menschliche Verrichtung und sei sie noch so alltäglich, keine Gegebenheit, keine Sitte des Lebens, die bloße faktische Vollzüge wären. Aber dieses sind Ableitungen aus der Basisimagination der epischen Erzählung, die Götter als reale Wesen mit menschlicher Gestalt in die menschliche Lebenswelt einzukomponieren. Das ist bei Hegel deutlicher ausgesprochen, indem er zu den «Hauptmomenten» des Epos auch die «unter Leitung der Götter und des Schicksals handelnden Individuen»[6] zählt.

In der fiktiven Symbiose mit dem unerreichbaren Double, vorgestellt als wirkliches Verhältnis, ist das elementare und für die menschliche Verfassung prägende Begehren nach Selbstüberschreitung gleichsam nach außen gesetzt, exteriorisiert. Exteriorisierung, Heraussetzung des Seelischen in konkreten Gestalten, ist ein zentraler «Mechanismus» der alten Welt, ebenso wie Interiorisierung, Hineinnahme ins Innere, in der neuen.

Augustinus nutzt konsequent eine Möglichkeit des autobiographischen Sprechens: die ganze Welt als Material für die Präsentation eines Ich zu behandeln. Indem er die gesamte sinnlich erfahrbare Wirklichkeit, ebenso wie die Beziehungen mit Anderen, bis auf ein Minimum zum Verschwinden bringt. Dieses geschieht nicht zufällig, sondern es ist dem Erzähler durchaus bewusst und er will es so. In den *Confessiones* ist alles der Beziehung des Ich zu seinem Gott untergeordnet.

Der Kunstgriff des Textes besteht darin, in einen «Dialog» mit einem Gegenüber einzutreten, das (physisch) nicht anwesend ist. Damit bestimmt das sprechende Ich, bei aller Bescheidenheit der Annäherung und bei aller Selbstverkleinerung, gleichwohl über die *terms of trade* dieses Dia-Mono-Logs. Die Asymmetrie zwischen einem hier und jetzt Anwesenden und einem vorgestellten, wenn auch als real gedachten Adressaten, eröffnet eine unerhörte Chance. Augustinus nutzt sie dazu, sich auf Augenhöhe mit seinem Gott zu erheben.

Auch hier stößt man auf einen Spiegel. Aber er zeigt ein anderes Bild. In der epischen Erzählung unterstreicht der Spiegel der Götter bei aller Menschenähnlichkeit zugleich eine uneinholbare Differenz. Deshalb sind die Götter Verkörperungen eines aufs Ganze unerfüllbaren Begehrens. Bei Augustinus spiegelt der Gott wider, was der Mensch zwar nicht – in den Dimensionen des Göttlichen – ist, woran er aber durchaus teilhat.

Das Dispositiv seiner Autobiographie erlaubt es Augustinus, bis zu einem gewissen Punkt über sein göttliches Gegenüber zu verfügen. Indem er ihm einen

---

6 Georg Wilhelm Friedrich Hegel: *Vorlesungen über die Ästhetik III*, S. 373.

Text vorspricht, gegen den er keine Einwände erheben kann. Und zwar deshalb, weil für ihn die Rolle des Schweigenden vorgesehen ist. Der entscheidende und alle anderen Unterschiede hervorbringende Unterschied zwischen der epischen und der autobiographischen Erzählung besteht darin, dass letztere die Begegnung zwischen Mensch und Gott in einen seelisch-spirituellen Raum verlagert. Es ist die doppelte Vergeistigung des Gottes wie des Menschen, die den Abstand zwischen den beiden gegenüber dem Epos beträchtlich verringert.

Das besagt, dass schon im Grundriss der *Confessiones* eine Inthronisation des Menschen stattfindet. Und dass deren zentrale Bedingung die Interiorisierung des Gottes ist. Eben dieses bezeichnet eine unüberschreitbare Grenze der mythischen Erzählung. Das Äußerste, was sie leisten kann, ist, den Augenblick der Erscheinung des Gottes in einen Halo der Ambivalenz, des Gleitens zwischen Außen- und Innenwelt, zu stellen. Die epischen Götter sind auch deshalb unerreichbar, weil sie exteriorisiert sind. Weil Augustinus seinen Gott in seiner eigenen Anrede hervorbringt, kann der Selbstentwurf seines Textes die Grenzen des Epos weit überschreiten. Denn bei aller Menschenähnlichkeit bleibt der Gott der *Ilias* der total Andere. Deshalb kann er zur Chiffre eines ebenso ungeheuren wie unerfüllbaren und latent bleibenden Begehrens werden: über die Fülle des göttlichen Seins zu verfügen.

Die Imagination der *Confessiones* kann ihren ganz anderen Weg aber nur deshalb einschlagen, weil ihr das Weltmaterial der christlichen Religion zur Verfügung steht. Der christliche Gott ist einer, der sein Geschöpf als Du nimmt. Nur deshalb kann das Geschöpf den Spieß umdrehen und seinem Schöpfer und seiner Göttlichkeit in einer Weise nahe kommen, die in der mythischen Erzählung ausgeschlossen ist.

Bei Augustinus erfüllt sich ein Begehren, das sich bei Homer in grandioser Weise zeigt, aber weit von jeder Erfüllung entfernt: sich dem Sein des Gottes anzunähern. Das gelingt, weil der christliche Theologe sich darauf beschränkt, seiner Annäherung an den Gott eine spirituelle Form zu geben. Damit entfallen alle Unterschiede des «physischen» Daseins zwischen Mensch und Gott, die in der *Ilias* immer wieder Anlass zur Klage sind.

Gewiss arbeitet auch die epische Erzählung mit einer Spiritualisierung ihres Realmaterials. Aber die Religion, auf der sie fußt, erlaubt es nicht, die Alterität der Götter jenseits der realen Welt zu konstruieren, sie aus der physischen Verkettung der Dinge gänzlich herauszulösen. Deshalb bleibt in aller schmerzlichen Schärfe, und zwar als Element der äußeren Realität bestehen, was die Götter von den Menschen unterscheidet: ihre Zeitenthobenheit und ihre Verfügung über den Raum.

Die Unterschiede zwischen heidnischem Epos und christlicher Autobiographie bezeichnen auch einen Akzentwechsel innerhalb der anthropologischen

Konstellation. Denn die Autobiographie zieht die Sphäre des Physischen und Gegenständlichen überhaupt ein und konzentriert alles auf das asymmetrische Gespräch zwischen einem physisch zwar anwesenden, aber nur das Geistige wollenden und einem jenseits aller räumlichen Gegebenheit anwesend-abwesenden Subjekt. Darin wird die Subjektzentrierung der epischen Welt, die eine Welt mit schwacher Sachsphäre ist, fortgeführt und radikalisiert. Was der Mensch ist und sein kann, wird bei Augustinus allein im Gespräch zwischen (zwei!) Subjekten entschieden. Ohne Dazwischentreten von sachlichen Vermittlungsinstanzen, wie dem Krieg oder anderer Ereignisse; oder einer dritten Person. Deshalb zeichnet sich das Szenario der augustinischen Autobiographie durch eine extreme Verdichtung der Subjektsphäre aus.

Die Widerstände der äußeren Wirklichkeit spielen kaum eine Rolle. Um so wichtiger werden die inneren. Bei Augustinus werden alle Hemmnisse verinnerlicht, das heißt zu inneren Hindernissen umgedeutet. Das zeigt sich in der Kehre. In der Kehre überwindet das augustinische Selbst seinen eigenen inneren Widerstand gegen die Wahrheit – und gegen seine Selbsterhöhung. Denn der Mensch, der in der Unwahrheit verbleibt, bleibt auch eine kriechende und unwürdige Kreatur. Damit tritt eine verborgene «pragmatische» Dimension der augustinischen Suche nach der Wahrheit hervor. Denn sie ist es, welcher der Suchende alles verdankt. Ohne Wahrheit gibt es keinen Aufstieg.

Mit den Göttern leben, heißt auch, in Welten leben, die den Göttern gehören, nicht den Menschen. Das gilt vollumfänglich in der epischen Welt. Mit Einschränkungen aber bereits in der auf der christlichen Religion als ihrem *fundamentum in re* beruhenden Lebenserzählung des Augustinus. Überhaupt situiert sich die augustinische Selbsterzählung auch historisch am Rande, zwischen später Antike und frühem Mittelalter. So überrascht es nicht, dass wir bei Chrétien auf charakteristische Züge stoßen, denen wir schon bei Augustinus begegnet sind. Dazu gehört ganz allgemein die Bedeutung des Inneren. Insbesondere aber die Unsicherheit des Helden. Dass er ein Suchender ist, in der Gefahr des Fehlgehens. Und dass ihm ein Sollen verbindlich, aber nicht selbstverständlich vorgegeben ist, das allererst erkannt werden muss. Beide, der augustinische und der chrétiensche Held, müssen eine Anstrengung unternehmen, um zu erkennen, was sie sollen. Damit sind sie in besonderer Weise als aktive Subjekte «gefragt».

Dazu kommt nun bei Chrétien das Ethos des Rittertums. Wenn auch alle seine zentralen Elemente transzendent begründet sind, so eröffnet es doch zugleich einen Raum der Innerweltlichkeit, der bei Augustinus undenkbar ist. Was vom augustinischen Skript in den Erzählungen des hochmittelalterlichen Dichters übrig bleibt, ist eine Grundlinie. Das betrifft nicht nur allgemein die Bedeutung der inneren Motive der Protagonisten, sondern – im *Perceval* und in *Erec et Enyde* – auch die lebensgeschichtliche Entscheidungssituation.

Bei Augustinus ist das die Kehre. Sie eröffnet einen plötzlichen und augenblicklichen Zugang zur Wahrheit. Damit fällt das Leben in die beiden disparaten Teile der falschen Anfänge und des schließlich gefundenen rechten Weges auseinander. Die Wende lässt erkennen, welche Gefahr in diesem Entwurf über dem Leben schwebt: eingeschlossen sein im Falschen, in der Blindheit des Irrtums, dem Elend der Gottferne. Das wäre zugleich die Chancenlosigkeit eines Geschöpfs, dem jeder Aufstieg verwehrt ist. Das Leben ist in ganz anderer Weise risikoreich geworden als in der epischen Welt. Dort ist das große Risiko der jederzeit mögliche Untergang im Tode. Hier ist es die Verfehlung des Richtigen, die mit dem Index des «Untergangs» versehen ist.

Mit den Elementen der Entscheidungssituation und der Kehre wird aber das Leben auf ganz neue Weise beweglich. Denn eine Lebensgeschichte mit Drehpunkt haben, heißt bei beiden christlichen Autoren übereinstimmend, seinen Status als Mensch (und Ritter) wechseln können. Die Funktion dieses Strukturmerkmals besteht offenbar darin, Statusveränderungen zu ermöglichen, die auf sittlich relevanten Entscheidungen beruhen. Was prinzipiell Fall oder Aufstieg bedeuten kann. Damit ist das Leben auf Chance abgestellt. Und auch am Anfang ergebnisoffen. Ersichtlich ist es das realhistorische Substrat der christlichen Religion, das der Phantasiearbeit der Texte die Richtung vorgibt.

Das Leben unter dem Vorzeichen der christlichen Religion ist einem ganz besonderen Sollen unterstellt. Augustinus tut, was er soll, was ihm als Geschöpf aufgegeben ist, wenn er sich in der Kehre seinem Gott zuwendet. Parzival hingegen verfehlt sein Sollen, indem er beim Anblick der blutenden Lanze und des Grals den Mund nicht aufmacht. Ein bedeutsamer Unterschied zwischen der Konstruktion der Kehre bei Augustinus und der Entscheidungssituation bei Chrétien liegt darin, dass sich ersterem die Wahrheit in einem Augenblick der Erleuchtung erschließt: «Tolle, lege» (Nimm es, lies es). Demgegenüber ist im *Perceval* das Rechte zu erkennen die Aufgabe, in welcher der Held versagt. Umgekehrt aber, bei gleicher Ausgangssituation, in *Erec et Enyde*. Parzival versagt, Enide gewinnt, aber nicht in einem Augenblick der versagten oder gewährten Erleuchtung, sondern jeweils nach längerem inneren und unsicheren Hin und Her.

Die Wahrheit zeigt sich nicht mit einem Mal. Sie muss erschlossen werden. Dazu ist ein gewisser Aufwand an Reflexion erforderlich, den Parzival nicht in der Lage ist aufzubringen. Sein Versagen, ebenso wie Enides Erfolg, ist an eine komplexe, schwer überschaubare Situation gebunden, die von den Helden eine vernünftig begründete Entscheidung zwischen Alternativen des Handelns verlangt. Das Rechte scheint nicht als Erleuchtung auf, sondern es ist aus der Sicht des jungen Mannes unerkennbar, verborgen, kryptisch. Es entzieht sich ihm. Aber es entzieht sich ihm nur, weil er etwas nicht kann, was von ihm verlangt wird: zwischen der Allgemeinheit von Maximen und ihrer Anwendung bzw. Suspendierung in konkreter Situation zu entscheiden.

Dass Parzival und Enide den konkreten Gehalt einer Entscheidungssituation durch eine Anstrengung der Reflexion zu erfassen haben, unterscheidet ihre Lage von der Augenblicklichkeit der Kehre. In diesem Unterschied wird insgesamt sichtbar, was die Welt Chrétiens von der augustinischen unterscheidet: dass es nicht einfach auf einen Augenblick ankommt, sondern auf den Augenblick einer richtig entschiedenen Unsicherheit. Der Augenblick fällt der Person nicht zu, sondern sie muss ihn sich erarbeiten. Sie wird nicht in der Erleuchtung illuminiert, sondern muss sich mühsam ein Licht anzünden.

Im Konkretum der Situation zeigt sich der Bedeutungszuwachs von Innerweltlichkeit als wesentliches Merkmal der chrétienschen gegenüber der augustinischen Wirklichkeit. Das lässt auch sehen, dass die Realität komplexer geworden ist. Nicht im Zuge einer Erleuchtung erscheint das Richtige. Sondern es sind Abwägung, Erkenntnis und Reflexion vonnöten. Das schließt einen entsprechenden Zustand der Person ein, die all dieses zu leisten hat. Sie hat mehr dazuzutun und muss dem entsprechend denk- und handlungsfähig sein.

Freilich, was Parzival betrifft, so ist sein Problem eine intrikate Verschlingung von Innerweltlichkeit und Transzendenz. Ebenso wie in seinem Versagen innerweltlicher Fehlgriff und Verfehlung gegenüber seinem Gott sich verbinden. Enides Aufgabe ist nicht ganz diesseitig, weil das religiös begründete Institut der Ehe im Spiel ist, aber doch immerhin um einiges diesseitiger. Ohne Zweifel hat die Welt an Gewicht gewonnen. Und auch die Dinge. Denn auf der Gralsburg hängt alles von der Erkenntnis und vom Willen zu erkennen ab, welche Bedeutung gewisse rätselhafte Sachen haben. Hinter der blutenden Lanze soll der Schmerz des Gralskönigs erahnt werden. Das heißt: Den hier so merkwürdig in Szene gesetzten Dingen, auch dem Gral, ist ihre nicht-dingliche Bedeutung zu entnehmen. Es handelt sich keineswegs um triviale Gegenstände. Es sind nicht einfach Gegenstände, die mit anderen im Raum vorkommen, sondern mit Spiritualität hoch angereicherte Objekte. Sie verweisen auf einen humanen und einen göttlichen Bewandtniszusammenhang.

Die chrétiensche Welt teilt mit der augustinischen den Grundriss der Verinnerung, der Ausrichtung des menschlichen Lebens an einem Sollen und vor allem ihren Bezug auf die Sphäre des Göttlichen. Aber im chrétienschen Roman kehrt, auf ganz anderer Ebene, die Fülle der Welt wieder, die im autobiographischen Sprechen des Augustinus ausgeklammert war. Es ist eine Welt mit erweitertem Feld der Innerweltlichkeit. Das zeigt sich darin, dass der Ritter Probleme zu lösen hat, bei denen Gott außen vor bleibt. Weder im Kampf hilft Beten, noch bei der Entzifferung des Gralsgeheimnisses. Im Vergleich mit Augustinus treten bedeutsame Gegebenheiten, Umstände, Situationen auf, in die sich der Gott nicht einmischt; ganze Bereiche, die nunmehr an weltliche Geschicklichkeit und Klugheit fallen.

Sichtlich macht die Welt Boden, erweitert ihr Territorium. Dann kommt es auf die Fähigkeiten des Menschen an, die nicht allein und unmittelbar davon abhängen, wie er zu den Göttern steht, ob sie ihn lieben oder hassen, oder ob er ihnen gleichgültig ist. Insofern steht Chrétien schon am Ausgang einer anthropologischen Konstellation, die ganz von der Macht der Götter bestimmt ist. Auf der Scheidelinie zwischen einer theozentrischen Welt und jener zukünftigen, in welcher der vereinsamte Gott immer schwächer werden wird.

Wenn auch Chrétiens Wirklichkeit durch die Wiederkehr der epischen Fülle bestimmt ist, die Augustinus zurückweist, so ist sie doch zugleich gegenüber dem Epos tiefgreifend verändert. Sie ist durch eine Verstärkung der Weltlichkeit der Welt, aber andererseits noch keineswegs durch das Vorrücken der Sachlichkeit der Sachen bestimmt. Dafür ist die Zeit noch nicht reif. Denn die Dinge, das zeigt die Szene auf der Gralsburg, sind spirituelle Zeichen. Mit ihnen hat es seine teils menschliche, teils göttliche Bewandtnis. Fast möchte man sagen: Der Gott und die Welt teilen sich die Welt.

Unverkennbar ist, dass die imaginäre Arbeit aller Texte, die Welten mit Göttern entwerfen, unter das Gesetz der Spiritualisierung gestellt ist. In der *Ilias*, indem alles, was sich ereignet, zwar in der Welt geschieht, aber zugleich die Sphäre der Innerweltlichkeit überschreitet. Auch jegliche alltäglich-prosaische Tätigkeit ist im Epos per Gattungsdekret ausgeschlossen. Gewiss ist die Geringschätzung der Arbeit in der antiken Kultur eine Voraussetzung für die Konzentration der Erzählung auf den Kampf. Diese Fokussierung erlaubt jedenfalls, die großen Fragen des menschlichen Lebens in den Vordergrund zu stellen: als immer wieder dramatisch beschworener Übergang zwischen Leben und Tod und darin nachdrücklich sich auftuender Abgrund zwischen Göttern und Menschen. Bei Augustinus bezeichnet Spiritualisierung den Entwurf einer Welt der Innerlichkeit, die auf einer weitgehenden Ausklammerung des konkreten Lebens beruht. Im chrétienschen Roman trägt das idealisierende Konstrukt eines auf sich gestellten, materiell desinteressierten Ritters die Züge der Vergeistigung.

Das *Decameron* gehört chronologisch noch zum selben geschichtlichen Raum wie die Romane Chrétiens. Aber seine Konstruktion der Wirklichkeit, ebenso wie seine Anthropologie, sein Entwurf des Lebens insgesamt, unterscheiden sich fundamental von der hochmittelalterlichen Erzählung. In diesem Sinne zentral ist die nun klar erkennbare Marginalisierung des Gottes. Man übertreibt sicherlich nicht, wenn man von einem Transzendenzschwund spricht. Insofern besteht ein Bruch zwischen Chrétiens und Boccaccios Welt. Die Religion verliert aufs Ganze gesehen ihre imaginationsbestimmende Kraft. Statt ihrer ist es nun eine innerweltliche Praxis, die Tätigkeit des Kaufmanns, die den semantischen Horizont, auch das formale Arrangement vieler Novellen bestimmt.

Das heißt nicht, dass Gott, Kirche, Religion bei Boccaccio keine Rolle mehr spielten. Im Gegenteil. In einer Reihe von Erzählungen geht es um das fragwürdige Verhalten von Geistlichen, ihre Dummheit oder ihre Gerissenheit, oft ihre Gottlosigkeit. Religiöse Praktiken sind von großer Bedeutung, wie etwa die Geschichten vom heiligen Leichnam und vom Erzbösewicht Cepparello bezeugen.

Das ist nicht der springende Punkt. Vielmehr darum geht es, dass eine Welt sich auftut, für die Gott und *religio* nicht mehr, für die insgesamt auch keine weltliche Sittlichkeit mehr ausschlaggebend sind. Dementsprechend ändern sich das Handeln der Person und seine Voraussetzungen. Die Realität ist einfach nur da. Und zwar als Vielfalt ihrer Möglichkeiten. Daran hat jedes Tun sich auszurichten. Aber nicht, indem es den Vorgaben eines ethischen Kanons folgt, sondern indem es sich erfolgsorientiert an konkreten Lagen ausrichtet. Wenn Handeln sich nur gewissen Gegebenheiten anpassen muss, die einfach da sind, entstanden sind, ohne dass es mit ihnen eine über sie hinausweisende Bewandtnis hätte, dann tritt eine neue Form des Lebens hervor.

Solche Situationen sind faktisch gegeben, wenngleich menschliche Akteure in sie verwickelt sind. Sie tauchen zum Beispiel in Zusammenhängen auf, die sich von den konkreten Intentionen einzelner Gestalten abgelöst haben. In diesen Kontexten muss sich nicht nur die Person neu orientieren. Vielmehr zeigt sich in ihnen auch ein Bedeutungszuwachs der Sachen als Inbegriff von nicht intendierten noch intendierbaren Gegebenheiten. Dann trifft das Verhalten der Protagonisten auf eine dichte Schicht von Verhältnissen.

Diese «Verhältnisse» sind «breiter» als jeder Kanon der Sittlichkeit. Wenn die Sachen als Widerstand der Verhältnisse vorrücken, wenn also die Verhältnisse die Gewalt von Sachen annehmen, bekommen sie ein Übergewicht nicht nur über die konkreten Absichten der Handelnden, sondern auch über jegliches Ethos, ob transzendent oder innerweltlich. Dann treten die Verhältnisse nicht nur dem Verhalten, sondern auch dem Sollen als etwas Anderes gegenüber.

Solche Sachlagen sind nicht nur ethisch indifferent, sondern auch kontingent. Durchaus kommen im *Decameron* sittlich relevante Konstellationen vor, aber meistens im Verein mit ganz anderen. Diese sind zufällig, immer auch anders möglich, von jedem subjektiven Wollen und übersubjektiven Sollen gleichsam emanzipiert. Kontingenz meint demnach eine durch drei Aspekte bestimmte Konstellation: unabhängig von subjektiver Intention, übersubjektivem Ethos und unpräjudizierbar, unvordenklich, ein Eintreten aus reiner Sach- oder Sach-Mensch-Verknüpfung. Dem entsprechend hat ein Handeln keinen Sinn mehr, das sich an einem transzendenzbezogenen Sollen ausrichtet. Denn solches Tun muss voraussetzen, dass alles Geschehen vorhergesehen und vorhergewollt, providentiell ist. Es muss nicht nur eine ethosbestimmte, sondern auch eine subjektzentrierte Welt voraussetzen.

Zusammenfassend: Die anthropologische Balance, die in den theozentrischen Imaginationsräumen (Homer, Augustinus, Chrétien) durch das Übergewicht der Subjekte über die Sachen charakterisiert war, verlagert sich zum Sachpol hin. Wenn in den langen Interaktionsketten einiger Novellen nicht-intendierte Folgewirkungen des Handelns auftreten, dann ist die Wirklichkeit nicht mehr von einzelnen Individuen und ihren Vorstellungen bestimmt. Weder vom Helden noch von seinen Gegenspielern, sondern von Umständen, die so etwas wie die Bilanz aller Intentionen aller Akteure darstellen. Es sind diese Gegebenheiten, welche die neue Qualität einer von jenen abgelösten Sachlichkeit aufweisen. Dann hat sich das Verhalten des Individuums in erster Linie am Erfolg, am Endresultat seines Handelns auszurichten, und nicht an einem vorgegebenen Modus desselben. Der Protagonist hat sich nicht zu fragen, ob sein Handeln im Sinne eines normativen Kanons gut oder schlecht ist, sondern ob es schlussendlich zum Erfolg führt.

Erfolgreich wollen gewiss auch die ritterlichen Helden sein. Zum Erfolg führen heißt aber nunmehr nichts Anderes als für die handelnde Person nützlich sein, ihren Interessen entsprechen. Und nichts weiter. Das kann es in theozentrischen Fiktionen nicht geben. Denn jedes Handeln, das sich an einem Repertoire der Sittlichkeit ausrichtet, kennt etwas Höheres als individuelle Nützlichkeit. Überhaupt ist darin das Individuum nicht als ein Letztes genommen. Nur wenn das der Fall ist, kann der Typus reinen Zweckhandelns entstehen. Dann hört der Weg auf, das Ziel zu sein. Vielmehr beherrscht das Ziel den Weg ganz und gar.

Unter diesen Umständen kommt dem kalkulierenden und planenden Scharfsinn die Rolle zu, eine in ihren Kontingenzen sich entziehende Welt dennoch für den Zugriff der Subjekte verfügbar zu halten. Scharfsinn kompensiert und reduziert Zufälligkeit, ganz unabhängig davon, ob in jedem einzelnen Fall das Projekt des Helden auch realisierbar ist. Mentale Präsenz und die Fähigkeit, zukünftige Lagen zu antizipieren ist die Antwort des Subjekts auf die zunehmende Unüberschaubarkeit der Dinge. Damit wirft es sein Gewicht in die Waagschale, die begonnen hat, sich auf die Seite der Sachen zu neigen. Die theozentrische Welt ist für den Menschen offen, wenn die Götter ihn lieben, oder wenn er, wie bei Augustinus und bei Chrétien, alles richtig macht. In der fortunatischen Wirklichkeit wird die Passung zwischen Mensch und Welt durch den neuen Typus rationalen Verhaltens garantiert.

All das ereignet sich keineswegs nur in der Literatur. Vielmehr nehmen die Texte den Duktus und Tenor des realgeschichtlichen Prozesses der Modernisierung in sich auf. Aber nicht im Sinne einer wie immer gearteten Widerspiegelung, sondern als Material und Matrix ihrer Imaginationen. Parzivals Problem gibt es nur im *Perceval,* in dieser bestimmten Fassung. Und den Scharfsinnskampf zwischen dem Abt und dem jungen Mönch gibt es nur im *Decameron.* Die Texte verarbeiten das Realitätsmaterial, indem sie ihm einen realgeschichtlich unvordenklichen *Drive* und *Spin* geben. In diesen Ausrichtungen und Wendungen werden prägende Erfahrungen der realen Lebenswelten, so die Not des frühen Sterbens, so auch substantielle existentielle Unsicherheiten oder die Lust an der Bewährung oder der Durchsetzung der eigenen Interessen ins Visier genommen, zentriert, auf die Spitze getrieben. Dadurch werden sie nachdrücklich sichtbar gemacht, in den entlasteten Parallelwelten der Fiktion immer wieder durchgespielt und auch gelegentlich so bearbeitet, dass neue Imaginationen als neue Modelle des Handelns in die Wirklichkeit eingehen können. Das Werther-Fieber ist nur ein, aber nicht das einzige Beispiel.

Obwohl das *Decameron* seinem Zeitindex nach noch dem Spätmittelalter zugehört, obwohl es voller mittelalterlicher Vorstellungen ist (was manche Forscher – wie Branca – veranlasst hat, es ganz dem Mittelalter zuzuschlagen), eröffnet es in unserer Reihe den Imaginationsraum der frühen Neuzeit. Darin positionieren sich die italienischen Autobiographien des 16. Jahrhunderts ebenso wie Montaignes *Essais.* Indem der Gott sich an den Rand des Universums zurückzieht, dehnt sich nicht nur das Feld der Innerweltlichkeit weiter aus. Zugleich legt der Sachpol der anthropologischen Dyade an Gewicht gegenüber der Subjektseite zu.

Was sich auch darin zeigt, dass die Person in den Autobiographien Cardanos und Cellinis sich vor allem als Körperding begreift, das als solches mit einer dinglich bestimmten Welt korrespondiert. Deshalb sind diese Viten durch Erfahrungen von Heterogenität, Mannigfaltigkeit, Singularität und Körperlichkeit geprägt. Und nicht von Innerlichkeit, Einheit, Kohärenz, Kontinuität und Synthesis, wie die Lebensgeschichte Rousseaus. Freilich gibt es auch hier Gegenkräfte der Kontingenz- und Vielheitsreduktion. So das Lebenswerk der Protagonisten in seiner jahrzehnteumspannenden Beständigkeit. Anders als die äußere Realität ist jenes ganz der Schaffenskraft, dem Können und der Beharrlichkeit der Person unterstellt. In diesen Zusammenhang gehört auch Guicciardinis *discrezione* (Unterscheidungsvermögen, Maß), die versucht, den schnell wechselnden Ereignissen ihre Tendenz abzulauschen. Letztere entspricht der Funktion nach der Geistesgegenwart des decameronischen Helden und seinem Willen, einen Fuß in die Tür der Zukunft zu stellen. Mit scharfem Unterscheidungsvermögen, auch Maß (*discrezione*), Kalkül und Plan, ebenso mit dem über Jahrzehnte gewachsenen Lebenswerk, setzt die Person der Macht der Dinge ihren Anspruch auf Eigenmächtigkeit entgegen.

Wobei die unterschiedlichen Formen der Selbstmanifestation auch von der jeweiligen Sprachform abhängen. So können in der Erzählung Plan und Projekt wichtig werden, weil keine Novelle ohne aktive Helden auskommt. In der Autobiographie können die Werke herausgestellt werden, weil dem Autobiographen an seinem künstlerischen oder wissenschaftlichen Lebenswerk aufgeht, als was er sich in der Welt gezeigt hat, wie Cellini sagt. Und das Abheben auf den Scharfsinn als Schlüssel zur Wirklichkeit ist ein zentrales Motiv der Aphoristik. Auf Guicciardinis *discrezione* folgt die *agudeza* (Scharfsinn) Graciáns. Das gilt auch für Montaigne. Denn einerseits modellieren[7] die *Essais* die Mannigfaltigkeit einer unpräjudizierbaren Erfahrungswelt. Auf der anderen Seite ist die Reihe ihrer heterogenen, immer wieder neu einsetzenden Texte durch das durchlaufende Moment der Ichbezüglichkeit zugleich einer Synthese unterstellt.

Alle Texte dieser Reihe, das *Decameron*, die Viten Cardanos und Cellinis, die moralistischen Reflexionen Guicciardinis bis hin zu Montaigne entwerfen das Bild einer fortunatischen Welt. Das meint eine Wirklichkeit, die im Gegenzug zur epischen längst begonnen hat, sich in ihrer Objektivität zur Geltung zu bringen; aber ganz anders als die spätere, durch die großen Arbeitsmaschinen geprägte, welche Waren produzieren, die wie selbständig zu zirkulieren scheinen. Vielmehr als Inbegriff von Ereignissen, die unkalkulierbar und mit Macht auf den Menschen, im wörtlichen Sinne auch auf seinen Körper auftreffen. Das Individuum, wie immer es versucht, sich zur Geltung zu bringen, kommt jedenfalls nicht darum herum, immer auch Mimikry an die fortunatische Welt zu betreiben. Darin wird es zu ihrem Analogon. Selbst seine Geistesgegenwart gehört dazu. Es nimmt ihren fortunatischen Charakter als beständige Versatilität in die eigene Innerlichkeit auf.

Was Montaigne betrifft, so ist er bei aller diesbezüglichen Übereinstimmung mit den italienischen Autobiographen allerdings weit davon entfernt, sich als Körperding zu erfahren. Wohl geht sein Ich am Körper auf, findet er über die Erfahrung seines Körpers auch Zugang zu seiner Seele. Aber er fasst diese doch als ein von der Dinglichkeit des Körpers Verschiedenes. Mehr noch, er fasst die Seele, die seelische Einstellung auf die Dinge, die Haltung ihnen gegenüber, als wichtigen Faktor in der Welt. Was die Welt ist, ist immer auch abhängig vom Verhältnis des Menschen zu den Dingen. Man könnte sagen: Der Mensch und die Dinge treten in einen Dialog miteinander ein. Zwar entspricht die Form der *Essais* den italienischen Autobiographien auch darin, was die Bedeutung von Diskontinuierlichkeit und Heterogenität betrifft, aber insgesamt bringt

---

7 Im Sinne Lotmans: Jurij M. Lotman: *Die Struktur des künstlerischen Textes.*

Montaigne das Gewicht des Subjektiven weitaus nachdrücklicher in die Balance des Lebens ein.

Zu den Unterschieden zwischen Montaigne und den Italienern gehört auch die entschiedene Wendung der Aufmerksamkeit nach innen; aber ohne jede Verkapselung in der eigenen Innerlichkeit. Denn er ist so fasziniert von Erfahrungsreichtum der Welt, so eingestellt auf die konkrete Besonderheit der Dinge, dass er diese Haltung auch gegenüber sich selbst einnimmt. Das heißt, er blickt nachdrücklich, nicht nur beiläufig nach innen. Er entdeckt auch in seinem Inneren eine Welt und er will sie erforschen. Diese Wende nach innen aus Faszination am außen fehlt bei den Italienern. Auch sie modifiziert die anthropologische Konstellation: im Sinne einer Relativierung des Übergewichts der Dinge. Indem das Subjekt eine Tiefe in sich entdeckt, die es in die Sphäre der Dinge einbringen will.

Die gesamte Epoche steht, was ihre Faszination am Einzelnen und unwiederholbar Konkreten betrifft, unter dem Vorzeichen eines gewissermaßen über die Ufer der nominalistischen Erkenntnistheorie getretenen, generalisierten «Nominalismus». Dieser scheint in die alltägliche Lebenswelt und die alltägliche Einstellung zu den Dingen eingedrungen zu sein. So etwa wie im zwanzigsten Jahrhundert der Freudianismus. Heute verwendet jedermann Begriffe wie «Komplex», «Neurose», «Fixierung» und dergleichen.

Freilich wirft das die Frage nach der Henne und dem Ei auf. Konzeptualisierte Freud nicht auch eine lebensweltliche Aufmerksamkeitsrichtung seiner Zeit? Gilt das vielleicht in ähnlicher Weise für den Nominalismus der mönchischen Studierstuben? Dann wären neue Erfahrungen des Konkreten und Singulären mit Sitz im Leben aufgetreten, die im Rahmen des tradierten Begriffsrealismus nicht zureichend erklärt werden konnten und neue begriffliche Zurüstungen erzwangen. Es liegt nahe, eine Zirkulation der Aufmerksamkeiten zwischen Lebenswelt, Studierstube und den Imaginationen der Literatur anzunehmen. Jedenfalls zeigen die literarischen Imaginationen an, dass die «mental habits» der Aufmerksamkeit fürs Einzelne und Konkrete, nicht zuletzt auch der Lust daran – «vedere il mondo» (die Welt sehen) ist eine Art Motto bei Cellini! – sich zu einem epochalen Habitus[8] formiert haben. Dann wäre der lebensweltlich verallgemeinerte «Nominalismus» zu einem umfassenden Organisator von Erfahrung geworden.

Davon kann bei Chretien noch keine Rede sein. Zwar liegt der Nominalismus, wie Erich Köhler sagt (vgl. Chrétienkapitel), im 12. Jahrhundert in der Luft, aber er ist noch weit davon entfernt, die Wahrnehmung der Dinge überhaupt zu

---

8 Im Sinne Bourdieus: Pierre Bourdieu: *Zur Soziologie der symbolischen Formen*, S. 142f.

strukturieren. Chrétiens Welt ist noch viel zu sehr von der Geltung allgemeiner (Verhaltens)Normen bestimmt, als dass die Wirklichkeit in ihrer «empirischen» Konkretheit zum Gegenstand einer besonderen Aufmerksamkeit werden könnte. Hier verfehlt der Held, zwar in einem lebensgeschichtlich ausschlaggebenden, aber gerade insofern auch außergewöhnlichen Augenblick, die Besonderheit einer Situation. So außergewöhnlich ist diese Situation, dass sie eine Prüfung von größtem Schwierigkeitsgrad darstellt. Deutlicher kann kaum werden, dass die Einstellung aufs Konkrete noch weit von der Normalität entfernt ist. Nicht Pflicht, sondern Kür.

Der Aufmerksamkeitshabitus Konkretion taucht vielmehr als Postulat am Horizont einer Wirklichkeit auf, die am Vorrang des Allgemeinen orientiert ist. Der «Nominalismus» bricht als ebenso starke wie außerordentliche Erfahrung in ein ganz anders ausgerichtetes kulturelles Feld ein. Er durchbricht das Wiederholungsschema der immer gleichen Bewährungsproben im *cors à cors*. Ein einziges Mal im Leben sieht sich der Held mit einer Situation konfrontiert, die sich niemals wiederholen wird. In diesem Augenblick und nicht später – als er am nächsten Morgen die Frage stellt, ist es zu spät – wird ihm die Aufgabe gestellt, zu fragen. Er soll also nicht nur einfach konkret aufs Konkrete reagieren. Er soll vielmehr auch *jetzt* reagieren. Das Konkretionspostulat ist doppelt markiert: situativ und temporal. Kein Zweifel, hier tritt eine Erfahrung von allergrößter Bedeutung auf, aber als Erfahrung von allergrößter Außerordentlichkeit. Das besagt: Im Imaginationsraum der frühen Neuzeit verallgemeinert sich eine Form der Erfahrung, die bei Chrétien trotz aller Bedeutungsschwere noch eine Randstellung innehat.

Machiavelli und Descartes überschreiten die Grenze zu einem Imaginationsraum, der von einem neuen Antrieb zur Bemeisterung der Dinge besetzt ist. Dabei zeigt sich bei Machiavelli, dass die Eröffnung neuer Horizonte sich keineswegs nach der Chronologie richtet. Begreifbar ist sie hingegen mit dem Konzept der Gleichzeitigkeit des Ungleichzeitigen. Denn der *Principe* erscheint 1532, vor den Autobiographien der Italiener und vor den *Essais*. Er bildet mit den *Ricordi* den Auftakt dieser Reihe. Gleichwohl überschreitet er den Horizont seiner Nachfolger, an den er zugleich gebunden bleibt. Der machiavellische Bruch ist in einen Raum der Kontinuität eingebettet.

Machiavelli begreift Wirklichkeit gerade nicht mehr ausschließlich unter den Auspizien des Konkreten, unwiederholbar Einzelnen und von Fall zu Fall Variablen. Das berührt das nominalistische Paradigma. Machiavelli erkennt, dass sich einer Reihe von *prima vista* ganz unterschiedlichen geschichtlichen Ereignissen, Lagen und Vorgängen übereinstimmende Merkmale entnehmen lassen. Damit muss er auf Wiederholungen ähnlicher Gegebenheiten stoßen. Diese Wiederholungen, das bleibt ihm nicht verborgen, treten offenbar nicht chaotisch oder zufällig, sondern mit einer gewissen Regelmäßigkeit ein. Sie lassen sich geradezu auf Regeln hin auslegen. Um das aber zu sehen, ist abstrahierende Ratio erforderlich. Man muss sich von einer Einstellung auf die Wirklichkeit lösen, die in allem immer nur *diversité*/Verschiedenheit (Montaigne) wahrnimmt.

Das ist ein Blick auf die Dinge, den wir in den anderen Texten dieser Reihe vergeblich suchen. Wer diesen Blick einnimmt, reagiert nicht spontan von Fall zu Fall, sondern er verfügt über ein Instrumentarium, das ihm erlaubt, den Einzelfall einer Reihe von Fällen zu subsumieren. Gewissermaßen kommt das analysierende und handelnde Subjekt in einer fallübergreifenden Reflexion zur Ruhe. Damit befindet es sich in einer gegenüber der Besonderheit des einzelnen Falles souveränen Position.

Kein Zweifel kann daran bestehen, dass diese abstrahierende Einstellung gegenüber der empirischen Konkretheit der Dinge in einer Beziehung zu jener Form des Wissens steht, die durch die aufstrebenden Naturwissenschaften repräsentiert wird. Denn dabei handelt es sich um ein Wissen, das erstens über die Empirie des Einzelnen zu Gesetz und Regel vorstößt und das zweitens auf die Beherrschung der Dinge abzielt. Das sind die beiden wesentlichen Übereinstimmungen der machiavellischen Konstruktion der Wirklichkeit mit der «postnominalistischen» der Naturwissenschaften.

Damit verändert sich ein weiteres Mal die anthropologische Konfiguration. Die Subjektseite kommt in Bewegung. Nicht mehr betreibt das Selbst einfach Mimikry an die Dinge, entwirft sich als ihr Analogon. Vielmehr geht es auf sie los. Dieses, indem es sie nach einem Modell konstruiert, das der abstrahierenden Dimension seines Erkenntnisapparats entspricht. In den Naturwissenschaften als entwickeltster Form dieses Wissens bedeutet das, Ratio als mathematische Vernunft auf die Dinge zu projizieren. So weit geht Machiavelli freilich nicht. Geschichte ist nicht mathematisierbar wie Natur. Die Singularität des Einzelnen ist geschichtlich nicht eliminierbar. Dieser entspricht die erzählerische Vergegenwärtigung von Geschichte. Erzählung bezeichnet die Grenze abstrahierender Ratio. Das weiß Machiavellli. Deshalb bettet er seine Abstraktionen stets in Erzählungen ein.

An unserer Diagnose ändert das nichts. Denn von zentraler Bedeutung ist Machiavellis Versuch, Geschichte durch abstrahierende Ratio beherrschbar zu machen. Damit bringt sich das Subjekt in einer Weise gegenüber den Dingen zur Geltung, welche die Geistesgegenwärtigkeit der decameronischen Helden und ihren Willen, Zukunft planvoll herbeizuführen, hinter sich lässt. Erst recht die autobiographische Selbstmanifestation im Werk und selbst noch die immerhin prägnante Ichbezüglichkeit der *Essais*. Gleichwohl ist ein Zusammenhang als Verhältnis von Anfängen, Ansätzen und Fortsetzung, Steigerung erkennbar. Die gemeinsame Richtung ist deutlich.

Mit der Waffe der abstrahierenden Ratio geht der Handelnde zum Angriff auf die Dinge über. Aber das bedeutet kein Abdanken der Dinge; keine Resubjektivierung, keine Verlagerung der anthropologischen Balance auf die Seite des Subjekts. Und erst recht keine Rückkehr zur Subjektzentrierung des theozentrischen Imaginationsraums. Denn die Dynamisierung der Subjektseite setzt die erkannte und in ihrem Gewicht ernst genommene Komplexität der Dinge voraus. Nicht nur wendet sich eine neue Form der Erkenntnis den Dingen zu, sondern sie nimmt sie auch für erkenntniswürdig. Denn von ihrer «richtigen» Erkenntnis hängt ab, ob sie beherrschbar sind.

Verfügung über die Dinge ist das neue Paradigma, an dem sich die Naturwissenschaften ebenso orientieren wie Machiavellis rationale Konstruktion der Geschichte. So taucht hier nicht nur ein anderer Entwurf des Menschen und der Wirklichkeit auf, sondern auch ein ganz anderes Verhältnis zwischen Menschen und Dingen. Die Dinge erscheinen als in ihrer Sachgesetzlichkeit dichte Formation. Als entgegenstehende Wirklichkeit, auf die vor allem zugegriffen werden soll. Aber dem Zugriff fügt diese sich keineswegs von selbst. Vielmehr muss sie durch eine dynamische Vernunft, welche die Schicht der bloßen Erscheinungen durchdringt, allererst in ihrer Opazität erschlossen werden. Das bezeichnet die Mentalität der Verfügung und ihr Pathos.

Formiertes Subjekt und formierte Welt bilden in diesem Konzept ein Paar. Wie auch schon das Duo der fortunatischen Welt und des fortunatischen Selbst. Letzteres war aber weitgehend der Regie der Dinge unterstellt. Nun fällt die Leitung ans Subjekt. Allerdings steht Machiavelli im Übergangsbereich zwischen beiden Formationen. Denn nicht nur halten sich in seinem Werk optimistische und skeptische Äußerungen eine labile Waage, was die menschlichen Chancen gegenüber der Herrschaft Fortunas betrifft. In erster Linie ist es der *Principe*, der dann und wann *virtù* die Oberhand gegenüber Fortuna zuspricht. Insgesamt ist aber Machiavellis Unsicherheit groß, was die Spielräume der handelnden Tüchtigkeit betrifft. Auch in diesem Punkt spielt die Redegattung eine bedeutende Rolle. So neigt sich im Gedicht – La Fortuna – die Balance klar zur Seite der unbeeinflussbaren Schicksalhaftigkeit der Dinge hin.

In einem wichtigen Punkt, und das zeigt sich nicht zufällig in der Erzählung (*Castruccio Castracani*), bleibt Machiavelli dem fortunatischen Beziehungsmuster verhaftet: Was die Fragilität und Ausgeliefertheit des Körpers an die Dinge betrifft. Das sehen die Autobiographen und Montaigne ganz genau so. Es ist Descartes, nicht Machiavelli, der den Bruch mit dem Fortuna-Modell vollzieht. Er zieht dem Körper-Argument den Boden unter den Füßen weg, indem er eine strikt von der *res extensa* abgegrenzte *res cogitans* konstruiert. Dann kann die Vernunft völlig losgelöst vom Körper und ungestört ihr Geschäft betreiben.

Auch überschreitet bei Descartes der Wille zur Bemeisterung der Dinge die engen Grenzen der Geschichte und dringt ins weite Territorium der Natur ein. Dass ein Mathematiker und Physiker diesen großen Schritt vollzieht, unterstreicht die dynamische Rolle der Naturwissenschaften. Gewiss sollte man nicht vergessen, dass sich bereits im *Decameron* ein Antrieb bemerkbar macht, in den Lauf der Dinge einzugreifen. Aber jener agiert im Rahmen des fortunatischen Realitätsentwurfs. Es geht in allen Kalkülen, Plänen und Projekten immer nur um konkrete Vorteile in konkreten Situationen. Der Wille, die Oberhand zu gewinnen, bleibt okkasionell begrenzt. Niemals werden über die einzelne Gelegenheit hinaus langzeitige Reihen von Gelegenheiten ins Auge gefasst. Mit anderen Worten: Kalkül, Plan und Projekt des decameronischen Helden operieren in einem sehr engen momentanen Zeithorizont. Der Held der Novelle ist nur auf kleine Zukunft aus. Er hängt am Konkreten. Er segelt auf Sichtweite zum Ufer der Gegenwart.

Machiavelli, Descartes und Gracián sehen sehr wohl die Macht der Kontingenz. Das verbindet sie mit Boccaccio, Cardano, Cellini und Guicciardini bis hin zu Montaigne. Aber während letztere den Zufallslauf der Dinge als geltende, definitive, unhintergehbare, auch *last but not least* lustvolle Erfahrung nehmen, haben erstere nichts mehr im Sinn, als sich aller Kontingenzen zu entledigen. Die Lust der Analyse und des Zugriffs tritt an die Stelle des Hungers auf konkrete Erfahrung. Dann wird alles Singuläre in letzter Konsequenz als Sinnentrug gesehen; der Schleier der Erscheinungen, hinter dem das verborgene Wesen gesucht wird. Plato *redivivus*. Und eben diese Durchquerung des Konkreten bezeichnet ein anderes geschichtliches Begehren. Wenn gezeigt werden kann, dass alles Einzelne nur Element in regelhaft verlaufenden Prozessen ist, wird die Welt überschaubar. Dann versucht der Mensch, eine starke Wirklichkeit unter sich zu bringen, stärker als der Widerstand der Dinge zu werden. Das bezeichnet den wesentlichen Unterschied gegenüber dem fortunatischen Paradigma, in dessen Einflussbereich die Person nur versucht, sich beweglich dem schnellen Wechsel der Umstände anzupassen.

Gracián sieht, dass nicht nur Natur, Geschichte und Kollektive sich auf Regeln ziehen, prognostizieren und steuern lassen, sondern auch Einzelpersonen. Kommunikation ist beherrschbar. Das ist seine zentrale Botschaft. Und zwar nicht nur von Fall zu Fall, sondern über eine unbestimmt lange Serie von Fällen und Situationen hinweg. Im *Oráculo* wird dieses anthropologische Skript möglich durch seine Orientierung am großen Bezugsparadigma der Epoche, der Maschine. Wie sich mechanische Apparate für eine gewisse Zeit «programmieren» lassen, so auch Personen.

Aber nicht nur der Andere soll gesteuert werden wie eine Maschine. Fremdsteuerung setzt Selbststeuerung voraus. Deshalb muss das *Ego* identisch mit seinen rationalen Absichten sein; gänzlich ohne nicht-rationale Überschüsse. Nicht nur behandelt es den Anderen wie einen Automaten, der «richtig» eingestellt werden muss. Es funktioniert *mutatis mutandis* auch selber so. Indem es immer nur das denkt und tut (und fühlt), was seinen rationalen Motiven entspricht. Graciáns Starkkopf ist die rational vollkommen mit sich übereinstimmende Person. In der Konstanz seiner Motive, in der Unablässigkeit eines immer gleich gerichteten Denkens, Fühlens und Handelns.

Dass die Maschine das Bezugsparadigma ist, erhellt auch daraus, dass die graciánsche Person im Modell störungsfrei funktioniert. Das ist das «Geheimnis» ihres Erfolgs. Kommunikation bei Gracián ist das reibungslose und hierarchische Zusammenspiel zweier in all ihren Verhaltensweisen vollkommen vorhersehbarer Individuen. Der Unterschied zwischen dem *sabio* (dem Klugen, Weisen) und seinem Gegenüber liegt allein darin, dass ersterer immer über einen Gang mehr verfügt. Er ist für sich selbst ebenso verfügbar wie der Andere für ihn. Lediglich in der Anwendung seiner Mittel, die sich von denen des Anderen so gut wie nicht unterscheiden, ist er vollkommener als der Andere.

Das schließt einige Umbauarbeiten an der anthropologischen Grundstellung ein. Die Sachlichkeit der Sachen springt über auf ihren Gegenpol. Denn Subjektivität muss versachlicht werden, um beherrschbar zu sein. Dieser Konfiguration sind wir schon einmal begegnet. Aber in einer gänzlich anderen Kontext. Man erinnere sich an die dingliche Auffassung des eigenen Körpers in den italienischen Autobiographien. Aber diese war dem Primat der Dingseite unterstellt. Darin liegt der wesentliche Unterschied zur Sachlichkeit der graciánschen Person als Selbst- und als Fremdentwurf. Denn in letzterem ist Sachlichkeit Wille zur Macht.

Hier wird Subjektivität unter das Vorzeichen der Sachlichkeit gestellt, um jene als Selbstbeherrschung und Beherrschung des Anderen umfassend manipulieren zu können. Anders als in der vordergründig ähnlich erscheinenden Fortuna-Konstellation, in der sich die Person vor allem an eine übermächtige, schnell wechselnde Wirklichkeit anpasst, betreibt der graciánsche Held Mimikry ans Sachliche, um ein Höchstmaß an Handlungsspielraum zu gewinnen.

Durch die Idee der Regel, bei Machiavelli in Ansätzen, voll entwickelt sodann bei Descartes und Gracián wird das anthropologische Basisverhältnis einem umfassenden Konzept unterstellt. Indem auch der Mensch wie eine Maschine gedacht wird, stellt sich ein Gleichgewicht zwischen den Schalen der Waage her. Anders als in der fortunatischen Beziehung ist dieses nunmehr unter die Ägide eines nicht nur beweglichen, sondern hochaktiven Subjekts gestellt. Die Balance mit Übergewicht des subjektiven Willens zur Bemeisterung der Realität trägt die Signatur einer schon fortgeschrittenen Säkularisierung. Im theozentrischen Imaginationsraum ist diese Beziehungsfigur ausgeschlossen. Denn sie setzt nicht nur, wie die fortunatische Struktur, eine «autonom» gewordene Wirklichkeit voraus, sondern ein Subjekt, das sie auch in den Griff kriegen will. Das ist unmöglich, so lange die Götter für den Lauf der Dinge verantwortlich gemacht werden.

Dieses Modell wird in der zweiten Hälfte des 17. Jahrhunderts, bei La Rochefoucauld, aber nicht nur hier, zurückgewiesen und tritt bei Rousseau und, was unsere Reihe betrifft, bei Choderlos in eine bis heute irreversible Krise ein. La Rochefoucauld macht im *amour-propre* (Eigenliebe) einen jedem bewussten Zugriff unzugänglichen, irrationalen Kern des menschlichen Wesens aus. Aber freilich dementiert er seine «These» noch auf der Ebene der moralistischen Rede, die für sich in Anspruch nimmt, eben diese rationale Inkommensurabilität ins Licht der rationalen Erkenntnis zu stellen. Erst bei Rousseau, nach 1750, stellt sich die Person der Welt als ihr ganz Anderes, und in dieser totalen Andersartigkeit mit höchster Legitimität versehenes «tiefes» Subjekt gegenüber.

Bei Choderlos spielt die Idee der Maschine immer noch eine wichtige, schließlich aber durch die Erzählung verneinte Rolle. Damit stößt das Projekt der Verfügung, das bei Machiavelli, Descartes und Gracián auf immer höherer Stufenleiter durchgespielt wurde, auf eine bedeutsame Grenze. Denn bei Gracián betreibt das Subjekt Anähnelung an die Sachlichkeit der Sachen, um über den Anderen wie einen Gegenstand herrschen zu können. Nun aber zeigt sich im Scheitern des libertinen Projekts, dass die Person mit keiner Sache verrechenbar ist.

Zunächst wird die Frau, deren Liebe der Verführer wecken will, mit Reizen (den leeren Zeichen der Liebe) bearbeitet, wie man jeden beliebigen Körper stimulieren könnte. Sie wird als «reizbare Maschine» behandelt.[9] Worin sich die Beeinflussung der Erzählung durch den Sensualismus erweist. Dieser Teil des Projekts gelingt durchaus nach Plan. Nicht aber der andere, den Verführer betreffende. Denn dieser fasst sich als Experimentator auf, der emotional strikt außerhalb der Versuchsanordnung bleiben will.

Das misslingt katastrophal. Denn in ihm regt sich schließlich das Gefühl, das er für sich selbst strikt ausschließen wollte: die Liebe zur getäuschten Frau. Damit tritt ein Unwillkürliches am Subjekt der Verführung hervor, das der leitenden Idee des Experiments – Verfügung über den Anderen durch perfekte Willkürlichkeit – scharf entgegengesetzt ist. Am Ich erscheint etwas, das sich nicht im Modus der Sachlichkeit behandeln lässt. Das Ich ist anders. «Je suis autre»/Ich bin anders (Rousseau), hätte auch Valmont sagen können. Aber nicht

---

9 Vgl. Philipp Sarasin: *Reizbare Maschinen. Eine Geschichte des Körpers. 1765–1914.* Frankfurt/M.: Suhrkamp 2001, insbesondere S. 51–62.

als Affirmation seines Selbstbewusstseins, sondern als Eingeständnis seines Scheiterns. Jedenfalls liegt am Ende des Romans klar zutage, dass es im imaginären Universum der Verfügbarkeiten ein hartnäckiges Widerstandsnest gibt.

Der Verführer begreift sich selbst ganz als agierende Ratio. Was – wie beim graciánschen *sabio* – ausschließt, dass er von irgendeiner irrationalen Kraft in seiner Psyche behindert würde. Aber das cartesisch-sensualistische Arrangement misslingt doppelt: 1. indem der Selbstentwurf des Verführers als reines Ratio-Subjekt scheitert. 2. indem die zentrale Prämisse der Versuchsanordnung widerlegt wird, dass der Experimentator als Akteur und reiner Beobachter außerhalb des Experiments bleiben könne. Der kalte Verführer rutscht gegen seinen Willen in die Versuchsanordnung hinein. Er geht seiner Exterritorialität, seiner Beobachterrolle und seiner Handlungssouveränität verlustig. Die genuin cartesianische Idee der strikten Gegenüberständigkeit von Subjekt und Gegenstand erweist sich als nicht haltbar.

Ebenso wie Machiavelli postiert sich Choderlos auf der Grenze zwischen zwei Paradigmen. Er führt den Optimismus der Verfügung zum Höhepunkt, auf seine letzte Konsequenz und zugleich in die Krise. Was die Konsequenz betrifft, ist zu bedenken, dass es bei Gracián zwar um Bewunderung und Respekt, Ehre und Ansehen ging; aber nicht um die Liebe, das allerpersönlichste und stärkste der Gefühle. Graciáns Projekt verbleibt im Raum der sozialen Geltungen und bezieht sich nicht auf das innerste Gefühlszentrum der Person. Die Krise ist irreversibel.

Dieser libertine Roman ist, wie alle anderen Romane des 18. Jahrhunderts, am Primat der Moral orientiert. Letztlich soll sich erweisen, dass es in der Welt gerecht zugeht. Deshalb muss der Libertin scheitern. Und indem er scheitert, zeigt die Erzählung, dass der Mensch nicht in der Dualität von *res cogitans* (die Ratio des Verführers) und *res extensa* (der Körper und ihm als nur abgeleitete Instanz nachgeordnet die Seele der unglücklichen Verführten) aufgeht. Vielmehr hat er sich vor allem an einer Sittlichkeit auszurichten. Damit steht Choderlos quer zum mehr oder weniger exponierten Amoralismus Boccaccios, Machiavellis und Graciáns.

Während der Imaginationsraum der frühneuzeitlichen Erzählung vom Substrat einer kaufmännischen Ratio geprägt ist, die sich von normativ-ethischen Vorgaben zu befreien trachtet, ist das mentale Universum der klassischen Welt- und Lebensauffassung, ebenso wie die Mentalität des aufsteigenden Bürgertums, am Primat der Institutionen und der institutionellen Sollgeltungen orientiert. Diese Verhältnisse kommen erst in Bewegung, wenn ein Subjekt erscheint, dessen innere Natur im Rahmen der Institutionen keinen Platz mehr findet.[10]

---

10 Hans Sanders: *Das Subjekt der Moderne.*

Die Person, das ist die Bilanz des libertinen Scheiterns, ist «tiefer» als ihre rationalen Motive. Das rational formierte Selbst bewegt sich im Gleichschritt mit dem Prozess der Rationalisierung. Es ist das Subjekt, das kann, was es will, das identisch ist mit seinen bewussten Gründen, das seine eigenen Kurzzeitimpulse, spontanen Regungen, Antriebe vollkommen beherrscht. Es ist auch das ichzentrierte *Ego*, das seine Es-Impulse jederzeit kontrollieren kann.

Darin entspricht es der disziplinierten, an sachlichen Zwecken orientierten, zielbewusst und «langsichtig» handelnden Person, wie sie mit unterschiedlichen Konturen und in verschiedenen Begründungszusammenhängen bei Weber und Elias entworfen wird.[11] In den literarischen Imaginationsräumen seit der späten Neuzeit (La Rochefoucauld, Racine, Mme de Lafayette usw.) und der frühen Moderne taucht aber eine Form der Subjektivität auf, die mit den Imperativen der Rationalisierung überkreuz gerät. Sie zeigt sich in Gestalten, die an einem überschüssigen Begehren leiden, das an der Realität wie abprallt (Julie d'Etanges, Julien Sorel, Mme Bovary, Frédéric Moreau).

Die Karriere dieses literarischen Typus hält bis heute an. Sie wird erst beendet sein, wenn der erste Turing-Test gelingt. In diesem Zusammenhang sind auch Hoffmann, Verne, Zola und Jünger zu sehen. Die Problematik erfährt dadurch ihre besondere Zuspitzung, dass Artefakte in der fiktiven Lebenswelt auftauchen, die tief ins Leben der Protagonisten eingreifen. Vor allem beginnen sie, dem Leben als fremde und stumme Objekte gegenüberzutreten und es an sich auszurichten. Daraus entsteht eine neue anthropologische Figur. Zwar gibt es auch im epischen Imaginationsraum künstlich hergestellte Gegenstände. So etwa die ausführlich beschriebenen Waffen der Helden, Agamemnons Beinschienen oder der Schild des Achill. In einer subjektzentrierten Welt sind sie aber keineswegs bloße Dinge, sondern sie sind in einen menschlichen Sinnzusammenhang gestellt. Sie sind von jeder Äußerlichkeit, Fremdheit und auch Bedrohlichkeit weit entfernt. Sie stehen nicht gegenüber, sondern sie gehören intim dazu. Vor allem auch sind sie ohne die Trivialität jedes nur einfach vorfindlichen Dings. Sie sind vielmehr bedeutsame Dinge in einer noch nicht ‚zur Prosa geordneten Wirklichkeit' (Hegel).[12]

Vergleicht man diese Konstellation mit der bei Jules Verne entworfenen, so fällt ein Moment der – allerdings anachronistischen – Ähnlichkeit auf. Verne konstruiert die Beziehung zwischen Ding und Mensch so, dass die großtechnischen Apparate – so etwa Nemos U-Boot – als Emanationen des Subjekts

---

11 Max Weber: *Die protestantische Ethik I*; Norbert Elias: *Über den Prozess der Zivilisation*, S. 312–454.
12 Georg Wilhelm Friedrich Hegel: *Vorlesungen über die Ästhetik III*, S. 392.

erscheinen. Während aber die Anbindung der Dinge an die Sphäre der Subjekte in der epischen Welt alternativlos ist, verhält es sich in der industrie- und technikbestimmten Welt ganz anders. Hoffmann und Zola können sich dem Optimismus Vernes nicht anschließen, wonach der Mensch selbstverständlich über die Maschine verfügt. Mehr noch, wonach er eine Symbiose mit dem Apparat eingeht, in der alle überschüssigen Wünsche zur Ruhe kommen. Die Figuren haben vielmehr Schwierigkeiten mit der Ratio, mit der eigenen, wie der in den Apparaten verkörperten. Sie sind als deren ganz Anderes entworfen. Die Person ist (für sich) ein Abgrund. Eine Beziehungsfigur, die wir bei Machiavelli, Descartes und Gracián angetroffen haben, Gleichschritt, Balance, Homöostase zwischen dem Subjekt und seinem Gegenüber unter der Prämisse der Regel, bricht sich nunmehr am Gegenüber der Apparate.

Das Subjekt der Literatur steigt gleichsam aus dem Prozess der Modernisierung aus. Es erscheint als Inbegriff eines Unverfügbaren und für sich selbst Unverfügbaren. Es erscheint als eine (innere) Welt mit eigenen Gesetzen, eine Parallelwelt ohne Ausgang. Dieses allerdings mit durchaus unterschiedlichen Konturen. Bei Hoffmann tritt die gestörte Person auf, die vor der Seelenlosigkeit des Automaten zurückschreckt. Bei Zola der kranke Held, der ganz anders als noch die am menschlichsten erscheinende Maschine durch den generationenübergreifenden Zwang einer hereditären Triebdisposition gesteuert wird. Die formalen Innovationen der modernen Literatur dienen dazu, dieses Subjekt immer wieder neu «zur Welt zu bringen.»

Bei Jünger will das Ich seine unvergleichliche Individualität in einer durch die große Maschine entindividualisierten und entkonkretisierten Realität unter Beweis stellen. Sein Held gerät nicht nur in eine Gegenposition zur individualitäts- und konkretionsindifferenten Arbeitsweise der Apparate, sondern auch zur Rationalität des Gesamtsystems Krieg und Kriegsplanung, in dem die große Kampfmaschine das Sagen hat. Der sinn- und sinnenleeren Ratio des Systems setzt die Imagination der Erzählung nicht nur eine im Detail prägnante Ästhetik des Schreckens, sondern insgesamt eine Rekonkretisierung und Poetisierung abstrakter Sachlichkeit entgegen.

Diese bezeichnet eine Tendenz, die weit über den jüngerschen Text hinausweist. Denn es ist ein charakteristischer Zug der modernen Literatur, auf eine versachlichte und damit auch trivial gewordene Wirklichkeit mit Verfahren der Entsachlichung zu antworten. Wie es in der poetisierenden Darstellung der Lokomotive bei Zola und Huysmans (*A rebours*) geschieht. Auch in der Madeleine-Szene bei Proust, wo ein bloßes Nahrungsding zum Katalysator bedeutsamer Erinnerungen wird. «Rivebelle» gehört in diesen Zusammenhang. Ebenso wie Marinettis Rennwagen, von dem das Futuristische Manifest sagt, er sei schöner als die Nike von Samothrake. Oder Bretons *hasard objectif*, der ein kontingentes Geschehen an einen humanen Bewandtniszusammenhang zurückbindet. So auch der «Aeroplan» in der Eröffnungsszene von V. Woolfs *Mrs Dalloway*. Schließlich das Grammophon der leirisschen Autobiographie. Die Beispiele ließen sich lange fortsetzen.

Der Eigensinn des literarischen Subjekts in der Moderne, sein Ausstieg aus dem Gleichschritt mit dem Prozess der Modernisierung, eröffnet erst gewisse Möglichkeiten der modernen Literatur. Immer geht es dabei auch um die Entsachlichung der Sachen. Und in einer Epoche, die sich nicht zuletzt durch eine erfahrungseinebnende Verselbständigung der Sachen, Sachlichkeiten und Sachzwänge auszeichnet. Die moderne Literatur verfügt über ein fetischschwächendes Potential. Sie versucht unablässig, den Schleier der Sachlichkeit zu heben, der sich über die Dinge gebreitet hat. Poesie der Moderne.

Danksagung

Das Buch hatte viele uneigennützige Helfer. Ich danke der Kollegin Christa Bürger und den Kollegen Peter Bürger, Ekkehard Eggs, Dirk Hoeges, Irmbert Schenk für genaue Lektüre, Anregungen und freimütige Kritik; Chr. Bürger insbesondere für intensive Auseinandersetzung mit dem Boccaccio-Teil, P. Bürger für seine Bemerkungen zum Choderlos-Kapitel, E. Eggs für seine beharrlichen Einwände, den «Chrétien» und den «Gracián» betreffend, D. Hoeges für die engagierte Diskussion des Kapitels über Machiavelli und Descartes, sowie die erfrischenden Streitgespräche über Jünger, I. Schenk für seine offene Kritik an der Autoreneitelkeit in der Erstfassung der Einleitung. Auch wenn der Autor sich nicht in jedem einzelnen Fall überzeugen ließ, so hat er doch jedem Echo aufmerksam nachgehorcht.

Mein Dank gilt auch meinen Doktorandinnen Sylvia Kindlein, Gesa Kresse und Birte March, sowie den Freunden Günter Bommert (für seine stilistische Empfindlichkeit), Lutz Krützfeldt (auch aber nicht nur für kritische Rundumschläge) und Gerald Schneider (besonders für seinen orthographischen Scharfblick).

Last but not least bedanke ich mich bei meiner Hilfskraft Yvonne Vogelsang, die mir viel Mühe bei der technischen Herstellung des Manuskripts erspart hat.

Schließlich möchte ich nicht unerwähnt lassen, dass die mir vom Präsidenten der Universität Hannover gewährte Freistellung für die Forschung das Ihrige zum Abschluss des Unternehmens beigetragen hat.

Literatur

Abel, Günter: *Stoizismus und frühe Neuzeit. Zur Entstehungsgeschichte modernen Denkens im Felde von Ethik und Politik*. Berlin/New York: de Gruyter 1978.
Aertsen, Jan A.: Einleitung: Die Entdeckung des Individuums. In: Ders./Andreas Speer (Hg.): *Individuum und Individualität im Mittelalter*. Berlin/New York: de Gruyter 1996, S. IX–XVII.
Aguirre, José M.: Agudeza o arte de ingenio y el barroco. In: Institución Fernando el Católico (Hg.): *Gracián y su época. Actas, ponencias y comunicaciones*. Zaragoza: Institución Fernando el Católico 1986, S. 181–190.
Albert, Mechthild: Gesellschaftliche Symbolik bei Chrétien de Troyes. Zum Verhaltenscode von chevalerie und courtoisie im Conte du Graal. In: *Archiv für das Studium der neueren Sprachen* 239 (2002), S. 313–331.
Aristoteles: *Nikomachische Ethik*. In: Philosophische Schriften in sechs Bänden. Bd. 3. Hamburg: Meiner 1995.
Ashley, Maurice: *Das Zeitalter des Barock. Europa zwischen 1598 und 1715*. München: Kindler 1968.
Assoun, Paul L.: Mensonge passionné et vérité inconsciente: Pour une psychanalyse des Liaisons dangereuses. In: Ders. (Hg.): *Analyses et réflexions sur Laclos, Les Liaisons dangereuses, la passion amoureuse*. Paris: Ellipses 1991, S. 113–119.
Augustinus: *Bekenntnisse*. Lateinisch und Deutsch. Übs. Joseph Bernhart. Frankfurt/M.: Insel 1987.
Aurelius, Marcus: *Wege zu sich selbst*. Übs. Willy Theiler. Zürich: Artemis ²1974.
Bachtin, Michail M.: *Formen der Zeit im Roman. Untersuchungen zur historischen Poetik*. Frankfurt/M.: Fischer 1989.
Balmas, Enea: *La Renaissance II. 1548–1570*. Paris: Arthaud 1974.
Barbusse, Henri: *Das Feuer* (1916). Hamburg/Berlin: Schwarzkopff ²2007.
Barthes, Roland: *Mythologies*. Paris: Seuil 1957.
Batkin, Leonid M.: *Die historische Gesamtheit der italienischen Renaissance. Versuch einer Charakterisierung eines Kulturtyps*. Dresden: VEB Verlag der Kunst 1979.
Battaglia, Salvatore: *Giovanni Boccaccio e la riforma della narrativa*. Napoli: Liguori 1969.
Bettinson, Christopher: France and Europe 1559–1598. In: Keith Cameron (Hg.): *Montaigne and his age*. Exeter: Univ. of Exeter 1981.
Bloch, Marc: *La société féodale*. Paris: A. Michel ⁵1968.
Blockmans, Wim/Hoppenbrouwers, Peter: *Introduction to medieval Europe. 300–1550*. London/New York: Routledge 2007.
Blons-Pierre, Cathérine: *Lecture d'une œuvre. Le conte du Graal de Chrétien de Troyes. Matière, sens et conjointure*. Paris: Ed. Du Temps 1998.
Blotzheim, Dirk: *Ernst Jüngers «Heldenehrung». Zu Facetten in seinem Frühwerk*. Oberhausen: Athena 2000.
Blüher, Karl A.: ‚Mirar por dentro'. El analisis introspectivo del hombre en Gracián. In: Neumeister, Sebastian/Briesemeister, Dietrich (Hg.): *El mundo de Gracián*. Berlin: Colloquium 1991, S. 203–217.
Blumenberg, Hans: Wirklichkeitsbegriff und Wirkungspotential des Mythos. In: Manfred Fuhrmann (Hg.): *Terror und Spiel. Probleme der Mythenrezeption*. München: Fink 1971, S. 11–66.
– *Arbeit am Mythos*. Frankfurt/M.: Suhrkamp 1990.

– *Lebenszeit und Weltzeit.* Frankfurt/M.: Suhrkamp 2001.
Boccaccio, Giovanni: *Decameron.* Torino: Einaudi ²1992.
– *Das Dekameron.* Übs. Karl Witte. Düsseldorf/Zürich: Artemis & Winkler 2005.
Böhling, Frank: Stoa; Stoizismus. In: Joachim Ritter/Karlfried Gründer (Hg.): *Historisches Wörterbuch der Philosophie.* Bd. 10. Darmstadt: Wiss. Buchges. 1998, S. 175–186.
Böhme, Hartmut: *Fetischismus und Kultur. Eine andere Theorie der Moderne.* Reinbek: Rowohlt 2006.
Boethius: *Consolatio philosophiae. Trost der Philosophie.* Lateinisch u. Deutsch. Übs. Ernst Gegenschatz u. Olof Gigon. Düsseldorf/Zürich: Artemis & Winkler ⁶2002.
Bohrer, Karl H.: *Die Ästhetik des Schreckens. Die pessimistische Romantik und Ernst Jüngers Frühwerk.* München/Wien: Hanser 1978.
Bondanella, Peter: Aggiornamento bibliografico. Cinque anni di critica guicciardiniana: opere di carattere generale. In: *Annali d'Italianistica* 3 (1985), S. 159–167.
Bontaudou, Christiane: *Montaigne.* Paris: Librairie Générale Française 1984.
Bourdieu, Pierre: *Zur Soziologie der symbolischen Formen.* Frankfurt/M.: Suhrkamp 1974.
– *La distinction. Critique sociale du jugement.* Paris: Ed. de Minuit 1979.
Brachtendorf, Johannes: *Augustins ‹Confessiones›.* Darmstadt: Wiss. Buchges. 2005.
Branca, Vittore: Traditione medievale e epopea mercantile nel Decameron. In: Natale Tedesco (Hg.): *La prosa del Boccaccio. Crestomazia della critica.* Caltanissetta/Roma: S. Sciascia 2002, S. 47–55.
Brockmeier, Peter: *Lust und Herrschaft. Studien über gesellschaftliche Aspekte der Novellistik. Boccaccio, Sacchetti, Margarete von Navarra, Cervantes.* Stuttgart: Metzler 1972.
– Geistesgegenwart und Angstbereitschaft. Zur Funktion des *subito* in Boccaccios Novellen. In: Ders. (Hg.): *Boccaccios Decameron.* Darmstadt: Wiss. Buchges. 1974, S. 369–382.
Brodersen, Kai/Zimmermann, Bernhard (Hg.): *Metzler Lexikon Antike.* Stuttgart/Weimar: Metzler 2000.
Brooks, Peter: Words and ‚the Thing'. In: Denis Hollier (Hg.): *A new history of french literature.* Harvard: Harvard Univ. Press 1994, S. 537–543.
Buck, August: Das Lebensgefühl der Renaissance im Spiegel der Selbstdarstellung *Petrarcas* und *Cardanos.* In: Guenter Reichenkron (Hg.): *Formen der Selbstdarstellung. Festgabe für Fritz Neubert.* Berlin: Duncker & Humblot 1956, S. 35–52.
– Die italienische Renaissance aus der Sicht des 20. Jahrhunderts. In: Ders.: *Die italienische Renaissance aus der Sicht des 20. Jahrhunderts.* Stuttgart: Steiner 1988, S. 35–49.
Buck, Günther: Über die Identifizierung von Beispielen – Bemerkungen zur ‚Theorie der Praxis'. In: Odo Marquard/Karlheinz Stierle (Hg.): *Identität.* München: Fink ²1996, S. 61–81.
Bürger, Peter: *Das Verschwinden des Subjekts. Eine Geschichte der Subjektivität von Montaigne bis Barthes.* Frankfurt/M.: Suhrkamp 1998.
Bumke, Joachim: *Höfische Kultur. Literatur und Gesellschaft im hohen Mittelalter.* Zwei Bände. München: DTV ²1986.
Burckhardt, Jacob: *Die Kultur der Renaissance in Italien* (1860). Frankfurt/M.: Dt. Klassiker-Verl. 1989.
Burkert, Walter: *Griechische Religion der archaischen und klassischen Epoche.* Stuttgart: Kohlhammer 1977.
Buuren, Maarten van: *«Les Rougon-Macquart» d'Emile Zola. De la métaphore au mythe.* Paris: Corti 1986.

Bynum, Caroline W.: *Jesus as mother. Studies in the spirituality of the High Middle Ages.* Berkeley/Los Angeles: Univ. of Calif. Press 1982.
Cadot, Michel: Kunst und Artefakt in einigen *Nachtstücken* Hoffmanns. In: Jean-Marie Paul (Hg.): *Dimensionen des Phantastischen. Studien zu E.T.A. Hoffmann.* St. Ingbert: Röhrig 1998, S. 201–211.
Canavaggio, Jean: *Historia de la literatura española. Tomo III. El siglo XVII.* Barcelona: Ed. Ariel 1975.
Cardano, Gerolamo: *Della mia vita.* Milano: Serra e Riva 1982.
– *Des Girolamo Cardano von Mailand (Buerger von Bologna) eigene Lebensbeschreibung.* Übs. Hermann Hefele. Jena: Eugen Diederichs 1914.
Cassirer, Ernst: *Was ist der Mensch? Versuch einer Philosophie der menschlichen Kultur.* Stuttgart: Kohlhammer 1960.
Cazenobe, Colette: *Le système de libertinage de Crébillon à Laclos.* Oxford: Voltaire Foundation 1991.
Cellini, Benvenuto: *La vita.* Torino: Einaudi 1982.
– *La vita.* Übs. Heinrich Conrad. Frankfurt/M./Wien: Büchergilde Gutenberg 1994.
Cervigni, Dino S.: The disenchanted heroes in Cellini's Vita and Cervantes' Don Quijote. In: *Hispano-Italic-Studies* 2 (1979), S. 41–63.
– *The «Vita» of Benvenuto Cellini. Literary tradition and genre.* Ravenna: Longo 1979.
Chiffoleau, Jacques: *Du christianisme flamboyant à l'aube des Lumières.* Paris: Seuil 1988.
Chrétien de Troyes: *Œuvres complètes.* Paris: Gallimard 1994.
– *Erec und Enide.* Übs. Ingrid Kasten. München: Fink 1979.
– *Yvain.* Übs. Ilse Nolting-Hauff. München: Fink ²1983.
– *Der Percevalroman.* Übs. Monica Schöler-Beinhauer. München: Fink 1991.
Compère, Daniel: *Approche de l'île de Jules Verne.* Paris: Minard 1977.
Cusset, Catherine: The lesson of libertinage. In: *Yale French Studies* 94 (1998), S. 1–14.
Defaux, Gérard: De I,20 («Que philosopher est apprendre à mourir») à III,12 («De la phisionomie»): écriture et essai chez Montaigne. In: Claude Blum (Hg.): *Montaigne et les «Essais» 1588–1988.* Paris: Champion 1990, S. 93–118.
Demand, Christian: Säkularisierung als Mythos. In: *Merkur* 64 (2010), S. 726–737.
Derrida, Jacques: La différance. In: Ders.: *Marges de la philosophie.* Paris: Ed. de Minuit 1972, S. 1–29.
Descartes, René: *Oeuvres et lettres.* Paris: Gallimard 1953.
– *Über die Leidenschaften der Seele.* Übs. Artur Buchenau. Leipzig: Meiner ³1911.
– *Regeln zur Ausrichtung der Erkenntniskraft.* Übs. Lüder Gäbe. Hamburg: Meiner 1972.
– *Meditationen.* Dreisprachige Parallelausgabe. Latein-Französisch-Deutsch. Übs. Andreas Schmidt. Göttingen: Vandenhoeck & Ruprecht 2004.
Döffinger-Lange, Erdmuthe: *Der Gauvain-Teil in Chrétiens Conte du Graal. Forschungsbericht und Episodenkommentar.* Heidelberg: Winter 1998.
Duby, Georges: *Les trois ordres ou l'imaginaire du féodalisme.* Paris: Gallimard 1978.
– *Le moyen âge. De Hugues Capet à Jeanne d'Arc 987–1460.* Paris: Hachette 1987.
– *Guillaume le Maréchal oder der beste aller Ritter.* Frankfurt/M.: Suhrkamp 1997.
Duranton-Mallet, Françoise: Propositions pour une lecture analytique de «La vita» de Benvenuto Cellini. In: *Revue des études italiennes* 29 (1983), S. 223–231.
Edelmayer, Friedrich: Die spanische Monarchie der Katholischen Könige und der Habsburger (1474–1700). In: Pedro Barceló u.a.: *Kleine Geschichte Spaniens.* Stuttgart: Reclam 2004, S. 123–207.

Eggs, Ekkehard: *Die Rhetorik des Aristoteles. Ein Beitrag zur Theorie der Alltagsargumentation und zur Syntax von komplexen Sätzen (im Französischen)*. Frankfurt/M.: Lang 1984.
– Die frühneuzeitliche Rezeption der aristotelischen Rhetorik in Frankreich und Italien. In: Joachim Knape/Thomas Schirren (Hg.): *Aristotelische Rhetorik-Tradition*. Stuttgart: Steiner 2005, S. 197–272.
– Res-verba-Problem. In: Gert Ueding (Hg.): *Historisches Wörterbuch der Rhetorik*. Band 7: Pos-Rhet. Tübingen: Niemeyer 2005, S. 1200–1310.
– *Beispielsweise nämlich so [...] und ihre französischen und englischen Äquivalente*. Unveröffentlichtes Manuskript. Hannover 2010.
Elias, Norbert: *Über den Prozess der Zivilisation. Soziogenetische und psychogenetische Untersuchungen. Bd. 2. Wandlungen der Gesellschaft. Entwurf zu einer Theorie der Zivilisation*. Frankfurt/M.: Suhrkamp [5]1978.
Erbse, Hartmut: *Untersuchungen zur Funktion der Götter im griechischen Epos*. Berlin/New York: de Gruyter 1986.
Erdheim, Mario: *Die gesellschaftliche Produktion von Unbewusstheit. Eine Einführung in den ethnopsychoanalytischen Prozess*. Frankfurt/M.: Suhrkamp [2]1988.
Ette, Ottmar: Literaturwissenschaft als Lebenswissenschaft. Eine Programmschrift im Jahr der Geisteswissenschaften. In: Ders./Wolfgang Asholt (Hg.): *Literaturwissenschaft als Lebenswissenschaft. Programm – Projekte – Perspektiven*. Tübingen: Narr 2010, S. 11–38.
Feistner, Edith: Bewusstlosigkeit und Bewusstsein: Zur Identitätskonstitution des Helden bei Chrétien und Hartmann. In: *Archiv für das Studium der neueren Sprachen* 236 (1999), S. 241–264.
Ferrán, Jaime: Algunas constantes en la picaresca. In: Manuel Criado del Val (Hg.): *La picaresca. Origines, textos y estructuras*. Madrid: Fundación universitaria española 1979, S. 53–62.
Ferrari, Jean: Stoicisme. In: Sylvain Auroux (Hg.): *Encyclopédie philosophique universelle II. Les notions philosophiques*. Paris: Pr. Univ. de France 1990, S. 2457–2458.
Flasch, Kurt: *Das philosophische Denken im Mittelalter. Von Augustin bis Machiavelli*. Stuttgart: Reclam 1988.
– *Augustin. Einführung in sein Denken*. Stuttgart: Reclam [3]2003.
Flaubert, Gustave: *L'éducation sentimentale. Histoire d'un jeune homme*. Paris: Garnier-Flammmarion 1969.
Flori, Jean: Pour une histoire de la chevalerie. L'adoubement dans les romans de Chrétien de Troyes. In: *Romania* 100 (1979), S. 21–53.
Frame, Donald M.: But what are Essays? Montaigne read in 1580. In: Marcel Tetel (Hg.): *Montaigne (1580–1980)*. Paris: Nizet 1983, S. 89–103.
Frappier, Jean: *Chrétien de Troyes*. Paris: Hatier 1968.
Freud, Sigmund: *Neue Folge der Vorlesungen zur Einführung in die Psychoanalyse*. In: Sigmund Freud. Studienausgabe. Bd. I. Frankfurt/M.: Fischer 1969.
– *Das Unheimliche* (1919). In: Sigmund Freud. Studienausgabe. Bd. IV. Frankfurt/M.: Fischer 1970, S. 241–274.
– *Das Unbehagen in der Kultur* (1930). In: Sigmund Freud Studienausgabe. Bd. X. Frankfurt/M.: Fischer [3]1974, S. 197–270.
– *Das Ich und das Es*. In: Sigmund Freud Studienausgabe. Bd. III. Frankfurt/M.: Fischer 1975, S. 273–330.
Fricke, Harald: *Aphorismus*. Stuttgart: Metzler 1984.

Friedrich, Hugo: *Montaigne* (1949). Bern/München: Francke ²1967.
– Immoralismus und Tugendideal in den *Liaisons dangereuses (1935)*. In: Ders. (Hg.): *Romanische Literaturen I*. Frankfurt/M.: Klostermann 1972, S. 177–202.
– Überblick über den Gang der italienischen Literatur (1954). In: Ders.: *Romanische Literaturen II. Italien und Spanien*. FrankfurtM.: Klostermann 1972, S. 13–31.
Fries, Helmut: *Die große Katharsis. Der Erste Weltkrieg in der Sicht deutscher Dichter und Gelehrter*. Bd. 1. Konstanz: Verlag am Hockgraben 1994.
Funke, Hans-Günter: Superare gli antichi e i moderni – Das Thema des Wettstreits in der *Vita Benvenuto Cellinis*. In: Klaus W. Hempfer/Enrico Straub (Hg.): *Italien und die Romania in Humanismus und Renaissance. Festschrift für Erich Loos*. Wiesbaden: Steiner 1983, S. 17–37.
Gadol, Joan: Die Einheit der Renaissance: Humanismus, Naturwissenschaft und Kunst. In: August Buck (Hg.): *Zum Begriff und Problem der Renaissance*. Darmstadt: Wiss. Buchges. 1969, S. 395–426.
Gallais, Pierre: *Perceval et l'initiation*. Paris: Ed. du Sirac 1972.
Galle, Roland: Machiavelli und die Moralistik. In: *Poetica* 20 (1988), S. 47–78.
Garavini, Fausta: Montaigne, l'exemplum et le fantasme. In: Ilana Zinguer (Hg.): *Le lecteur, l'auteur et l'écrivain. Montaigne 1492–1592–1992*. Paris: Champion 1993, S. 201–209.
Gehlen, Arnold: *Philosophische Anthropologie und Handlungslehre*. In: Gesamtausgabe. Bd. 4. Frankfurt/M.: Klostermann 1983.
– *Der Mensch. Seine Natur und seine Stellung in der Welt*. Wiesbaden: Aula ¹³1986.
Gennep, Arnold van: *Übergangsriten (Les rites de passage)*. Frankfurt/M.: Campus 1986.
Gessmann, Martin: *Montaigne und die Moderne. Zu den philosophischen Grundlagen einer Epochenwende*. Hamburg: Meiner 1997.
Gilbert, Felix: *Machiavelli and Guicciardini. Politics and history in sixteenth-century Florence*. Princeton: Princeton Univ. Press 1965.
Giraud, Yves/Jung, Marc-René: *La Renaissance I. 1480–1548*. Paris: Arthaud 1972.
Goldberg, Jonathan: Cellini's *Vita* and the conventions of early autobiography. In: *Modern Language Notes* 89 (1974), S. 71–83.
Goldstein, Jürgen: *Kontingenz und Rationalität bei Descartes. Eine Studie zur Genese des Cartesianismus*. Hamburg: Meiner 2007.
Goodman, Nelson: *Sprachen der Kunst. Entwurf einer Symboltheorie*. Frankfurt/M.: Suhrkamp 1995.
Gracián, Baltasar: *Oráculo manual y arte de prudencia*. Madrid/Barcelona u.a.: Anaya 1968.
– *Handorakel und Kunst der Weltklugheit*. Übs. Arthur Schopenhauer. Stuttgart: Reclam 1954.
Graf, Fritz: Religion und Mythologie im Zusammenhang mit Homer: Forschung und Ausblick. In: Joachim Latacz (Hg.): *Zweihundert Jahre Homer-Forschung. Rückblick und Ausblick*. Stuttgart/Leipzig: Teubner 1991, S. 331–362.
Grant, Michael/Hazel, John: *Lexikon der antiken Gestalten und Mythen*. München: DTV ¹⁶2001.
Grethlein, Jonas: *Das Geschichtsbild der Ilias. Eine Untersuchung aus phänomenologischer und narratologischer Perspektive*. Göttingen: Vandenhoeck & Ruprecht 2006.
Guicciardini, Francesco: *Ricordi*. In: Opere di Francesco Guicciardini. Bd. 2. Torino: Utet 1970, S. 723–848.
– *Vom politischen und bürgerlichen Leben – «Ricordi»*. Übs. Karl J. Partsch. Leipzig: Küpper 1942.
Guillelmus de Ockham: *Summa logicae*. St. Bonaventure. New York: St. Bonaventure Univ. 1974.

Gurjewitsch, Aaron J.: *Das Weltbild des mittelalterlichen Menschen*. München: Beck 1997.
Habermas, Jürgen: *Technik und Wissenschaft als Ideologie*. Frankfurt/M.: Suhrkamp ²1969.
– Die klassische Lehre von der Politik in ihrem Verhältnis zur Sozialphilosophie. In: Ders.: *Theorie und Praxis. Sozialphilosophische Studien*. Frankfurt/M.: Suhrkamp ⁴1971, S. 48–88.
– *Glauben und Wissen*. Frankfurt/M.: Suhrkamp 2001.
Hägermann, Dieter/Schneider, Helmuth: Landbau und Handwerk. 750 v. Chr. bis 1000 n. Chr. In: Wolfgang König (Hg.): *Propyläen Technikgeschichte*. Bd. 1. Berlin: Propyläen ²1997.
Hanning, Robert W.: *The individual in twelfth-century romance*. New Haven/London: Yale-Univ.-Press 1977.
Hastings, Robert: *Nature and reason in the Decameron*. Manchester: Manchester Univ. Press 1975.
Haug, Walter: O Fortuna. Eine historisch-semantische Skizze zur Einführung. In: Burghart Wachinger/Ders. (Hg.): *Fortuna*. Tübingen: Niemeyer 1995, S. 1–22.
Hegel, Georg Wilhelm Friedrich: *Vorlesungen über die Ästhetik III*. In: Werke 15. Frankfurt/M.: Suhrkamp ²1976.
– *Phänomenologie des Geistes*. In: Werke 3. Frankfurt/M.: Suhrkamp 1984.
Heidegger, Martin: *Sein und Zeit*. Tübingen: Niemeyer ¹⁰1963.
Heinzmann, Richard: *Philosophie des Mittelalters*. Stuttgart/Berlin/Köln: Urban ²1992.
Hess, Gerhard: Guicciardini und die Anfänge der moralistischen Literatur. In: Ders.: *Gesellschaft, Literatur, Wissenschaft. Gesammelte Schriften 1938–1966*. München: Fink 1967, S. 14–29.
Höffe, Otfried: Drei Pioniere der Moderne. Machiavelli, Bacon, Hobbes. In: *Merkur* 61 (2007), S. 1134–1144.
Hoeges, Dirk: Skepsis und Entschiedenheit. Zur Bedeutung und Struktur von Michel de Montaignes Essay ‚Des Cannibales'. In: *Romanistische Zeitschrift für Literaturgeschichte* 2 (1978), S. 78–96.
– Grün ist der Franzose und eisern der Deutsche. Jules Vernes ‹Les cinq millions de la Bégum› und die Technisierung nationaler Stereotypen. In: Götz Grossklaus/Eberhard Lämmert (Hg.): *Literatur in einer industriellen Kultur*. Stuttgart: Cotta 1989, S. 185–203.
– Die wahre Leidenschaft des 20. Jahrhunderts ist die Knechtschaft (Camus). Die Nationalintellektuellen contra Menschen- und Bürgerrechte. Ernst Jünger, Martin Heidegger, Carl Schmitt. In: Wolfgang Bialas/Gerd G. Iggers (Hg.): *Intellektuelle in der Weimarer Republik*. Frankfurt/M.: Lang 1996, S. 91–104.
– Zur Ästhetik der Macht. Machiavellis «neuer Fürst» – eine Herrschernovelle. Von ‚Castruccio Castracani' zu ‚Il principe'. In: Ders. (Hg.): *Niccolò Machiavelli. Das Leben Castruccio Castracanis aus Lucca*. München: Beck 1998, S. 45–74.
– *Niccolò Machiavelli. Die Macht und der Schein*. München: Beck 2000.
– *Niccolò Machiavelli. Dichter – Poeta*. Frankfurt/M.: Lang 2006.
– *Niccolò Machiavelli, Il principe: Perspektive, Architektur und Mnemonik*. Unveröff. Manuskript. Köln 2009.
Hösle, Johannes: Mythisierung und Entmythisierung in den literarischen Selbstdarstellungen der Renaissance (Cellini, Cardano, Montaigne). In: *Neohelicon* 3 (1975), S. 109–127.
Hoffmann, Ernst T. A.: *Der Sandmann*. Frankfurt/M.: Insel 1986.
Hoffmann, Georges: Les additions de 1584–1588: l'écriture seconde de Montaigne. In: Claude Blum (Hg.): *Montaigne et les «Essais» 1588–1988*. Paris: Champion 1990, S. 203–212.

Hoggan, Daniel G.: Le péché de Perceval. Pour l'authenticité de l'épisode de l'ermite dans le conte du Graal de Chrétien de Troyes. In: *Romania* 93 (1972), S. 50–76, S. 244–275.
Holmes, Urban T.: *Chrétien de Troyes*. New York: Twayne 1970.
Homer: *Ilias*. Übs. Wolfgang Schadewaldt. Frankfurt/M.: Insel 1975.
Horkheimer, Max: *Machiavelli und die psychologische Geschichtsauffassung*. In: Ders.: Gesammelte Schriften. Bd. 2. Philosophische Frühschriften 1922–1932. Frankfurt/M.: Fischer 1987, S. 181–204.
Hossenfelder, Malte: *Die Philosophie der Antike 3. Stoa, Epikureismus und Skepsis*. München: Beck 1985.
Howarth, William L.: Some principles of autobiography. In: *New literary history* 5 (1974), S. 363–381.
Husserl, Edmund: *Zur Phänomenologie des inneren Zeitbewusstseins*. In: Husserliana X. The Hague: Nijhoff 1966.
– *Die Krisis der europäischen Wissenschaften und die transzendentale Phänomenologie*. Hamburg: Meiner ²1982.
Inwood, Brad: Stoicism. In: David Furley (Hg.): *Routledge History of Philosophy. Vol. II. From Aristotle to Augustine*. London/New York: Routledge 1999, S. 222–252.
Jagu, Armand: *La conception grecque de l'homme d'Homer à Platon*. Hildesheim/Zürich/New York: Olms 1997.
Jaton, Anne-Marie: *Le corps de la liberté. Lecture de Laclos*. Wien: Age d'Homme 1983.
Jauß, Hans R.: Epos und Roman – eine vergleichende Betrachtung an Texten des 12. Jahrhunderts (Fierabras – Bel inconnu) (1962). In: Henning Krauß (Hg.): *Altfranzösische Epik*. Darmstadt: Wiss. Buchges. 1978, S. 314–337.
– *Ästhetische Erfahrung und literarische Hermeneutik*. Frankfurt/M.: Suhrkamp 1997.
Jonkers, Art Roeland Theo/Steinle, Friedrich: Magnetismus. In: Friedrich Jaeger (Hg.): *Enzyklopädie der Neuzeit*. Bd. 8. Stuttgart/Weimar: Metzler 2008, S. 1103–1111.
Judovitz, Dalia: *Subjectivity and representation in Descartes. The origins of modernity*. Cambridge: Cambridge Univ. Press 1988.
Jünger, Ernst: *Ansprache zu Verdun. Am 24. Juni 1979*. In: Sämtliche Werke. Bd. 7. Stuttgart: Klett-Cotta 1980, S. 527–533.
– *Der Kampf als inneres Erlebnis (1922)*. In: Sämtliche Werke. Bd. 7. Stuttgart: Klett-Cotta 1980, S. 11–103.
– *Die totale Mobilmachung (1930)*. In: Sämtliche Werke. Bd. 7. Stuttgart: Klett-Cotta 1980, S. 119–142.
– *Der Arbeiter (1930)*. In: Sämtliche Werke. Bd. 8. Stuttgart: Klett-Cotta 1981, S. 11–317.
– *In Stahlgewittern (1920)*. In: Sämtliche Werke. Bd. 1. Stuttgart: Klett-Cotta ²2001, S. 9–300.
– *Kriegstagebuch 1914–1918*. Stuttgart: Klett-Cotta 2010.
Jünger, Friedrich Georg: *Maschine und Eigentum*. Frankfurt/M.: Klostermann 1949.
Kablitz, Andreas: Zur Fortuna-Konzeption in Boccaccios Decameron. In: *Italienische Studien* 12 (1990), S. 7–25.
– Boccaccios Decameron zwischen Archaik und Modernität. Überlegungen zur achten Novelle des zehnten Tages. In: Ders./Ulrich Schulz-Buschhaus (Hg.): *Literarhistorische Begegnungen. Festschrift zum sechzigsten Geburtstag von Bernhard König*. Tübingen: Narr 1993, S. 147–181.
Käuser, Andreas: Die anthropologische Theorie des Körperausdrucks im 18. Jahrhundert. Zum wissenschaftlichen Status der Physiognomik. In: Rudolf Behrens/Roland Galle

(Hg.): *Leib-Zeichen. Körperbilder. Rhetorik und Anthropologie im 18. Jahrhundert.* Würzburg: Königshausen & Neumann 1993, S. 41–60.
Kajanto, Iiro: Fortuna. In: Theodor Klauser (Hg.): *Reallexikon für Antike und Christentum.* Bd. VIII. Stuttgart: Hiersemann 1972, S. 182–197.
Kant, Immanuel: *Kritik der Urteilskraft.* In: Werkausgabe. Band X. Frankfurt/M.: Suhrkamp ³1978.
Kearns, Emily: Religious practice and belief. In: Konrad H. Kinzl (Hg.): *A companion to the classic world.* Malden/Oxford u.a.: Blackwell 2006, S. 311–326.
Keen, Maurice: *Das Rittertum.* Düsseldorf: Albatros 2002.
Keidel, Christine: *Ästhetik des Fragments. Fragmentarisches Erzählen bei Jean-Philippe Toussaint und Jean Echenoz.* Frankfurt/M.: Lang 2009.
Kellermann, Wilhelm: *Aufbaustil und Weltbild Chrestiens von Troyes im Perzevalroman.* Darmstadt: Wiss. Buchges. ²1967.
Kierkegaard, Sören: *Entweder – Oder.* Teil I und II. München: DTV ⁵1998.
Knufmann, Helmut: *Das Böse in den Liaisons dangereuses des Choderlos de Laclos.* München: Fink 1965.
Köhler, Erich: Le rôle de la «coutume» dans les romans de Chrétien de Troyes. In: *Romania* 81 (1960), S. 386–397.
– *Ideal und Wirklichkeit in der höfischen Epik.* Tübingen: Niemeyer ³2002.
Kojève, Alexandre: Zusammenfassender Kommentar zu den ersten sechs Kapiteln der «Phänomenologie des Geistes». In: Hans F. Fulda/Dieter Henrich (Hg.): *Materialien zu Hegels «Phänomenologie des Geistes».* Frankfurt/M.: Suhrkamp 1973, S. 133–188.
Koselleck, Reinhart: *Vergangene Zukunft. Zur Semantik geschichtlicher Zeiten.* Frankfurt/M.: Suhrkamp 1979.
Krauss, Werner: *Graciáns Lebenslehre.* Frankfurt/M.: Klostermann 1947.
Kreuzer, Johann: *Gestalten mittelalterlicher Philosophie. Augustinus, Eriugena, Eckhart, Tauler, Nikolaus v. Kues.* München: Fink 2000.
– *Augustinus zur Einführung.* Hamburg: Junius 2005.
Krieger, David J./Belliger, Andréa: Einführung. In: Dies. (Hg): *Ritualtheorien. Ein einführendes Handbuch.* Wiesbaden: Westdeutscher Verl. ²2003, S. 7–34.
Kron, Jürgen: *Seismographie der Moderne. Modernität und Postmodernität in Ernst Jüngers Schriften von In Stahlgewittern bis Eumeswil.* Frankfurt/M.: Lang 1998.
Kruse, Wolfgang: *Der Erste Weltkrieg.* Darmstadt: Wiss. Buchges. 2009.
Küpper, Joachim: *Diskurs-Renovatio bei Lope de Vega und Calderón.* Tübingen: Narr 1990.
– Affichierte ‚Exemplarität', tatsächliche A-Systematik. Boccaccios Decameron und die Episteme der Renaissance. In: Klaus W. Hempfer (Hg.): *Renaissance – Diskursstrukturen und epistemologische Voraussetzungen.* Stuttgart: Steiner 1993, S. 47–93.
Kullmann, Wolfgang: Gods and men in the Iliad and the Odyssey. In: Ders.: *Homerische Motive. Beiträge zur Entstehung, Eigenart und Wirkung von Ilias und Odyssee.* Stuttgart: Steiner 1992, S. 243–263.
Kushner, Eva: Monologue et dialogue dans les deux premiers livres des Essais, in: Marcel Tetel (Hg.): *Montaigne (1580–1980).* Paris: Nizet 1983, S. 103–121.
Lacan, Jacques: Le stade du miroir comme formateur de la fonction du Je. In: Ders.: *Ecrits I.* Paris: Seuil 1966, S. 89–97.
– L'instance de la lettre dans l'inconscient ou la raison depuis Freud. In: Ders.: *Ecrits I.* Paris: Seuil 1966, S. 249–289.
Laclos, Choderlos de: *Œuvres complètes.* Paris: Gallimard 1979.

- *Gefährliche Liebschaften*. Übs. Wolfgang Tschöke. München/Wien: Hanser 2003.
Lacy, Norris J.: *The craft of Chrétien de Troyes: An essay on narrative art*. Leiden: Brill 1980.
Lafond, Jean: Achèvement/inachèvement dans les Essais. In: Claude Blum (Hg.): *Montaigne et les «Essais» 1588–1988*. Paris: Champion 1990, S. 175–188.
Laplanche, Jean/Pontalis, Jean-Bertrand: *Das Vokabular der Psychoanalyse*. Zwei Bände. Frankfurt/M.: Suhrkamp ⁴1980.
Lasinger, Wolfgang: *Aphoristik und Intertextualität bei Baltasar Gracián. Eine Strukturanalyse mit subjektgeschichtlichem Ausblick*. Tübingen: Narr 2000.
Latacz, Joachim: *Kampfparänese, Kampfdarstellung und Kampfwirklichkeit in der Ilias, bei Kallinos und Tyrtaios*. München: Beck 1977.
- Zur Einführung. In: Ders. (Hg.): *Homer. Die Dichtung und ihre Deutung*. Darmstadt: Wiss. Buchges. 1991, S. 1–29.
- Formelhaftigkeit und Mündlichkeit. In: Ders. (Hg.): *Homers Ilias. Gesamtkommentar. Prolegomena*. München/Leipzig: Saur 2002, S. 39–59.
Lecarme, Jacques/Lecarme-Tabone, Eliane: *L'autobiographie*. Paris: Colin 1997.
Le Goff, Jacques: *Die Geburt Europas im Mittelalter*. München: Beck 2004.
Lejeune, Philippe: *Le pacte autobiographique*. Paris: Seuil 1975.
Link-Heer, Ursula: Italienische Historiographie zwischen Spätmittelalter und früher Neuzeit. In: Hans Ulrich Gumbrecht/Dies. u.a. (Hg.): *Grundriss der romanischen Literaturen des Mittelalters*. Bd. XI,1. Heidelberg: Winter 1987, S. 1067–1129.
Lotman, Jurij M.: *Die Struktur des künstlerischen Textes*. Frankfurt/M.: Suhrkamp 1973.
Lukács, Georg: *Die Theorie des Romans. Ein geschichtsphilosophischer Versuch über die Formen der großen Epik* (1920). Neuwied/Berlin: Luchterhand ²1974.
Machiavelli, Niccolò: *Il principe*. Italienisch u. Deutsch. Übs. Philipp Rippel. Stuttgart: Reclam 1986.
- *La vita di Castruccio Castracani*. Napoli: Liguori 1986.
- *Das Leben Castruccio Castracanis aus Lucca*. Übs. Dirk Hoeges. München: Beck 1998.
Manfred Maengel: *Das Wissen des Kriegers oder der Magische Operateur Krieg und Technik im Frühwerk Ernst Jüngers*. Berlin: Xenomos 2005.
Malville, Patrick: Raison et passion. Laclos, le libertin et le philosophe. In: Paul-Laurent Assoun u.a. (Hg.): *Analyses et réflexions sur Laclos, Les liaisons dangereuses, la passion amoureuse*. Paris: Ellipses 1991, S. 104–109.
Mandrou, Robert: *Introduction à la France moderne. Essai de psychologie historique*. Paris: Michel 1961.
Markulin, Joseph: Guicciardini's *Ricordi* and the idea of a book. In: *Italica* 59 (1982), S. 296–305.
Marquard, Odo: Ende des Schicksals? Einige Bemerkungen zur Unvermeidlichkeit des Unverfügbaren. In: Ders.: *Abschied vom Prinzipiellen*. Stuttgart: Reclam 1987, S. 67–90.
Martin, Daniel: *Montaigne et la fortune. Essai sur le hasard et le langage*. Paris: Champion 1977.
Martus, Steffen: *Ernst Jünger*. Stuttgart: Metzler 2001.
Marx, Karl/Engels, Friedrich: *Das Kapital. Kritik der politischen Ökonomie*. In: Marx/Engels Werke. Bd. 23. Berlin: Dietz 1970.
Masseau, Didier: Le dévoiement des Lumières. In: *Europe* 885/886 (2003), S. 18–33.
Matzat, Wolfgang: Die moralistische Affektkonzeption in Choderlos de Laclos' *Les liaisons dangereuses*. In: *Romanische Forschungen* 104 (1992), S. 293–312.
Mauss, Marcel: *Die Gabe. Form und Funktion des Austauschs in archaischen Gesellschaften*. Frankfurt/M.: Suhrkamp 1968.

McCallan, David: The nature of libertine promises in Laclos' *Les liaisons dangereuses*. In: *The Modern Language Review* 98 (2003), S. 857–870.

Meier, Christian: *Kultur, um der Freiheit willen. Griechische Anfänge – Anfang Europas?* München: Siedler 2009.

Meier, Franziska: Überlegungen zum autobiographischen Schreiben in der Renaissance. Benvenuto Cellinis *Vita* und Girolamo Cardanos *De vita propria*. In: *Romanische Forschungen* 116 (2004), S. 34–65.

Mende, Michael: Maschine. In: Friedrich Jaeger (Hg.): *Enzyklopädie der Neuzeit*. Bd. 8. Stuttgart/Weimar: Metzler 2008, S. 71–95.

Menéndez Peláez, Jesús u.a.: *Renacimiento y barroco*. León: Everest 2005.

Meyer, Jean: *La France moderne*. Paris: Fayard 1985.

Miething, Christoph: Virtù als Fortuna. Zur *Vita* des Benvenuto Cellini. In: August Buck (Hg.): *Biographie und Autobiographie in der Renaissance*. Wiesbaden: Harrassowitz 1983, S. 73–90.

Miller, Jon: Mechanismus. In: Friedrich Jaeger (Hg.): *Enzyklopädie der Neuzeit*. Bd. 8. Stuttgart/Weimar: Metzler 2008, S. 201–207.

Minchinton, Walter: Europe in the time of Montaigne. In: Keith Cameron (Hg.): *Montaigne and his age*. Exeter: Univ. of Exeter 1981, S. 133–145.

Misch, Georg: *Geschichte der Autobiographie*. Vierter Band. Zweite Hälfte. Frankfurt/M.: Schulte-Bulmke 1969.

Moliner, María: *Diccionario del uso del español. H-Z*. Madrid: Gredos 1967.

Montaigne, Michel de: *Œuvres complètes*. Paris: Gallimard 1962.

– *Essais*. Übs. Hans Stilett. Frankfurt/M.: Eichborn 1998.

Morel, Jacques: *La Renaissance III. 1570–1624*. Paris: Arthaud 1973.

Morel, Pierre: Les servantes d'Héphaestos. La machine dans l'œuvre romanesque d'Emile Zola. In: *Les lettres romanes* 47 (1993), S. 49–56.

Morris, Colin: *The discovery of the individual. 1050–1200*. Toronto u.a.: Univ. of Toronto Press [3]1991.

Müller-Tamm, Pia/Sykora, Katharina: Puppen, Körper, Automaten. Phantasmen der Moderne. In: Dies.: *Puppen, Körper, Automaten. Phantasmen der Moderne*. Düsseldorf: Oktagon 1999, S. 65–93.

Münkler, Herfried: *Machiavelli. Die Begründung des politischen Denkens der Neuzeit aus der Krise der Republik Florenz*. Frankfurt/M.: Europ. Verl.-Anstalt 1982.

Muscetta, Carlo: Struttura e forma del «Decameron». In: Natale Tedesco (Hg.): *La prosa del Boccaccio*. Caltanissetta/Roma: S. Sciascia 2002, S. 71–94.

Neumann, Gerhard: Einleitung. In: Ders. (Hg.): *Der Aphorismus. Zur Geschichte, zu den Formen und Möglichkeiten einer literarischen Gattung*. Darmstadt: Wiss. Buchges. 1976, S. 1–18.

Neumann, Uwe: *Augustinus*. Reinbek: Rowohlt [2]2004.

Neuschäfer, Hans-Jörg: *Boccaccio und der Beginn der Novelle. Strukturen der Kurzzählung auf der Schwelle zwischen Mittelalter und Neuzeit*. München: Fink 1969.

Nieto Jiménez, Lidio/Alvar Ezquerra, Manuel (Hg.): *Nuevo tesoro lexicográfico del español (Siglo XIV–1726)*. Madrid: Arco/Libros 2007.

Nietzsche, Friedrich: *Also sprach Zarathustra*. In: Kritische Studienausgabe. Bd. 4. München/Berlin u.a.: DTV/de Gruyter 1988.

Nøjgaard, Morten: L'éducation de la marquise: Un contre-exemple? A propos des *Liaisons dangereuses*. In: *Orbis litterarum* 57 (2002), S. 403–431.

Osterhammel, Jürgen: *Die Verwandlung der Welt. Eine Geschichte des 19. Jahrhunderts*. München: Beck 2009.
Ottmann, Henning: Was ist neu im Denken Machiavellis? In: Herfried Münkler/Rüdiger Voigt u.a. (Hg.): *Demaskierung der Macht. Niccolò Machiavellis Staats- und Politikverständnis*. Baden-Baden: Nomos Verl.-Ges. 2004, S. 145–156.
Palumbo, Matteo: *Gli orizzonti della verità. Saggio su Guicciardini*. Napoli: Liguori 1984.
Paulinyi, Akos/Troitsch, Ulrich: Mechanisierung und Maschinisierung. 1600 bis 1840. In: Wolfgang König (Hg.): *Propyläen Technikgeschichte*. Dritter Band. Berlin: Propyläen 1997.
Payen, Jean Charles: *Le moyen âge I. Des origines à 1300*. Paris: Arthaud 1970.
Perler, Dominik: *René Descartes*. München: Beck ²2006.
Pertile, Lino: Paper and ink: The structure of unpredictability. In: Raymond C. La Charité (Hg.): *O un amy! Essays on Montaigne in honor of Donald M. Frame*. Lexington/Kentucky: French Forum 1977, S. 190–218.
Petronio, Giuseppe: Vorurteilslosigkeit und Weisheit (1935). In: Peter Brockmeier (Hg.): *Boccaccios Decameron*. Darmstadt: Wiss. Buchges. 1974, S. 45–68.
– La posizione del «Decameron». In: Natale Tedesco (Hg.): *La prosa del Boccaccio*. Caltanissetta/Roma: S. Sciascia 2002, S. 57–70.
Phillips, Mark: *Francesco Guicciardini: The historian's craft*. Manchester: Manch. Univ. Press 1977.
Platon: *Der Staat*. Übs. Otto Apelt. Hamburg: Meiner 1998.
Plessner, Helmuth: *Die Stufen des Organischen und der Mensch. Einleitung in die philosophische Anthropologie*. In: Ders.: Gesammelte Schriften IV. Frankfurt/M.: Suhrkamp 1981.
– *Lachen und Weinen. Eine Untersuchung der Grenzen des menschlichen Verhaltens* (1941). In: Ders.: Gesammelte Schriften VII. Frankfurt/M.: Suhrkamp 1982, S. 201–387.
Pohlenz, Max: *Die Stoa. Geschichte einer geistigen Bewegung*. Göttingen: Vandenhoeck & Ruprecht 1948.
Popplow, Marcus: Mechanik. In: Friedrich Jaeger (Hg.): *Enzyklopädie der Neuzeit*. Bd. 8. Stuttgart/Weimar: Metzler 2008, S. 188–200.
Poulet, Georges: Chamfort et Laclos. In: Ders.: *Etudes sur le temps humain*. T. 2. Paris: Plon 1952, S. 56–80.
Quinn OSA, John M.: *A companion to the Confessions of St. Augustine*. New York.: Lang 2002.
Rati, Giancarlo: L'itinerario Guicciardiniano e la critica più recente. In: *Cultura e scuola* 29 (1990), S. 29–42.
Reichert, Klaus: *Fortuna oder die Beständigkeit des Wechsels*. Frankfurt/M.: Suhrkamp 1985.
Remarque, Erich Maria: *Im Westen nichts Neues* (1929). Köln: Kiepenheuer u. Witsch ⁸2003.
Renn, Ludwig: *Krieg* (1928). Berlin/Weimar: Reclam 1979.
Rieu, Alain-Marc: La stratégie du sage libertin – Ethique et moralité au XVIIIe siècle. In: Ders./ Moureau, François (Hg.): *Eros. Philosophie. Discours libertins des lumières*. Genève/ Paris: Slatkine 1984, S. 57–69.
Rigolot, François: Montaigne et la poétique de la marge. In: Marcel Tetel (Hg.): *Montaigne (1580-1980)*. Paris: Nizet 1983, S. 140–174.
Rimbaud, Arthur: *Œuvres complètes*. Paris: Gallimard 1963.
Röd, Wolfgang: *Der Weg der Philosophie von den Anfängen bis ins 20. Jahrhundert*. Bd. 1. Altertum, Mittelalter, Renaissance. München: Beck 1994.
– *Descartes. Die Genese des cartesianischen Rationalismus*. München: Beck 1995.

Rohkrämer, Thomas: August 1914 – Kriegsmentalität und ihre Voraussetzungen. In: Wolfgang Michalka (Hg.): *Der Erste Weltkrieg. Wirkung, Wahrnehmung, Analyse.* München: Piper 1994, S. 759–777.
– Die Verzauberung der Schlange. Krieg, Technik und Zivilisationskritik beim frühen Ernst Jünger. In: Wolfgang Michalka (Hg.): *Der Erste Weltkrieg. Wirkung, Wahrnehmung, Analyse.* München: Piper 1994, S. 849–874.
Rohrwasser, Michael: *Coppelius, Cagliostro und Napoleon. Der verborgene politische Blick E.T.A. Hoffmanns. Ein Essay.* Basel/Frankfurt/M.: Stroemfeld/Roter Stern 1991.
Rosner, Ortwin: *Körper und Diskurs. Zur Thematisierung des Unbewussten in der Literatur anhand von E.T.A. Hoffmanns Der Sandmann.* Frankfurt/M.: Lang 2006.
Roth, Oskar: *Die Gesellschaft der Honnêtes Gens. Zur sozialethischen Grundlegung des Honnêteté-Ideals bei la Rochefoucauld.* Heidelberg: Winter 1981.
Rousseau, Jean-Jacques: *Œuvres complètes I.* Paris: Gallimard 1959.
– *Die Bekenntnisse.* Übs. Alfred Semerau. *Die Träumereien des einsamen Spaziergängers.* Übs. Dietrich Leube. München: Artemis & Winkler 1978.
Rusam, Anne Margret: Biographie, Funktion, Historie. Machiavellis *Vita di Castruccio Castracani.* In: *Italienische Studien* 16 (1995), S. 139–148.
Sanctis, Francesco de: Der Decamerone. In: Peter Brockmeier (Hg.): *Boccaccios Decameron.* Darmstadt: Wiss. Buchges. 1974, S. 17–44.
Sanders, Hans: *Institution Literatur und Roman. Zur Rekonstruktion der Literatursoziologie.* Frankfurt/M.: Suhrkamp 1981.
– Moralistik und höfische Institution Literatur: La Bruyère. In: *Romanistische Zeitschrift für Literaturgeschichte* 5 (1981), S. 193–214.
– *Das Subjekt der Moderne. Mentalitätswandel und literarische Evolution zwischen Klassik und Aufklärung.* Tübingen: Niemeyer 1987.
– Scharfsinn. Ein Trauma der Moderne: Gracián und La Rochefoucauld. In: *Iberoamericana* 13 (1989), S. 4–39.
– Über die Flüchtigkeit des Sinns in der Moderne: Baudelaire und Benjamin. In: *Romanistische Zeitschrift für Literaturgeschichte* 16 (1992), S. 141–151.
– Subjekt im Cinquecento. Autobiographie und Moralistik in der italienischen Renaissance. In: *Poetica* 26 (1994), S. 284–307.
– *Zeitgabe. Für eine Ästhetik der Lebenswelt.* Wien: Passagen 2001.
– Körper-, Selbst- und Weltbild in der romanischen Literatur der frühen Neuzeit. In: Henning Krauß u.a. (Hg.), *Psyche und Epochennorm. Festschrift für Heinz Thoma zum 60. Geburtstag.* Heidelberg: Winter 2005, S. 151–174.
– Subjekt – Objekt in der Fortuna-Welt: Montaigne. In: Heinz Thoma/Kathrin van der Meer (Hg.): *Epochale Psycheme und Menschenwissen. Von Montaigne bis Houellebecq.* Würzburg: Königshausen & Neumann 2007, S. 7–31.
– Der beobachtete Beobachter: Béroul und Boccaccio. In: Ekkehard Eggs/Ders. (Hg.): *Sprach- und Sinnstrukturen in Erzähltexten. Von Boccaccio bis Echenoz.* Frankfurt/M.: Lang 2008, S. 13–31.
– Die Welt als Intention und Ereignis. Zur Handlungsstruktur des *Decameron.* In: *Romanistische Zeitschrift für Literaturgeschichte* 33 (2009), S. 169–194.
– Die Zeichen des Körpers lesen – Zur Strategie der Verführung in Choderlos' *Les liaisons dangereuses.* In: Markus Dauss/Ralf Haekel (Hg.): *Leib/Seele – Geist/Buchstabe. Dualismen in der Ästhetik und den Künsten um 1800 und 1900.* Würzburg: Königshausen & Neumann 2009, S. 235–255.

Sarasin, Philipp: *Reizbare Maschinen. Eine Geschichte des Körpers. 1765–1914.* Frankfurt/M.: Suhrkamp 2001.
Sayce, Richard Anthony: *The Essays of Montaigne. A critical exploration.* London: Weidenfeld & Nicolson 1972.
Scheler, Max: *Die Stellung des Menschen im Kosmos.* in: Gesammelte Werke 9. Bern/ München: Francke 1976, S. 11–71.
Schiewek, Ingrid: Autobiographie und Fachtraktat. Bemerkungen zu Cellinis Selbstdarstellung. In: *Beiträge zur Romanischen Philologie* 16 (1977), S. 249–258.
Schnädelbach, Herbert: Descartes und das Projekt der Aufklärung. In: Wilhelm Friedrich Niebel/Ancelica Horn u.a. (Hg.): *Descartes im Diskurs der Neuzeit.* Frankfurt/M.: Suhrkamp 2000, S. 186–206.
Schneider, Bettina: *Nature und art in Montaignes Essais.* Paris/Seattle u.a.: Papers on French Seventeenth Century Literature 1996.
Schneider, Hans Julius: Nominalismus. In: Joachim Ritter/Karlfried Gründer (Hg.): *Historisches Wörterbuch der Philosophie.* Bd. 6. Darmstadt: Wiss. Buchges. 1984, S. 874–888.
Schneider, Rolf: Herr über Mund und Hand: Der Adel. In: Dieter Hägermann (Hg.): *Das Mittelalter. Die Welt der Bauern, Bürger, Ritter und Mönche.* München: RM-Buch-und-Medienvertrieb 2001, S. 274–337.
Schröder, Gerhart: Gracián und die spanische Moralistik. In: Klaus von See (Hg.): *Neues Handbuch der Literaturwissenschaft.* Bd. 10. Wiesbaden: Athenaion 1972, S. 257–279.
– *Logos und List. Zur Entwicklung der Ästhetik in der frühen Neuzeit.* Königstein/Ts.: Athenäum 1985.
Schröder, Peter: *Niccolò Machiavelli.* Frankfurt/M.: Campus 2004.
Schulz-Buschhaus, Ulrich: Griseldas «Magnificenzia» – Zur Interpretation von «Decameron» X,10. In: Dieter Messner/Wolfgang Pöckl (Hg.): *Romanisches Mittelalter. Festschrift zum 60. Geburtstag von Rudolf Baehr.* Göppingen: Kümmerle 1981, S. 285–303.
– Gracián, Machiavelli und die Personifikation der Fortuna: *Il principe* 25, *El Héroe* 10–11, *Oráculo manual* 36 (38). In: Sybille Große/Axel Schönberger (Hg.): *Dulce et decorum est philologiam colere. Festschrift für Dietrich Briesemeister zu seinem 65. Geburtstag.* Bd. 2. Berlin: Domus Ed. Europea 1999, S. 1741–1756.
Schwilk, Heimo: *Ernst Jünger. Ein Jahrhundertleben. Die Biografie.* München/Zürich: Piper 2007.
Seassau, Claude: *Emile Zola. Le réalisme symbolique.* Paris: Corti 1989.
Sedlay, David: Stoicism. In: Edward Craig (Hg.): *Routledge Encyclopedia of Philosophy.* Vol. 9. London/New York: Routledge 1998, S. 141–161.
Seneca, Lucius Annaeus: *Philosophische Schriften.* Lateinisch u. Deutsch. Übs. Manfred Rosenbach. Darmstadt: Wiss. Buchges. [6]1999.
Simmel, Georg: *Philosophie des Geldes.* In: Gesamtausgabe. Band 6. Frankfurt/M.: Suhrkamp [2]1991, S. 591–723.
– Das Geld in der modernen Cultur. In: Gesamtausgabe. Band 5. Frankfurt/M.: Suhrkamp 1992, S. 178–196.
Skinner, Quentin: *Machiavelli zur Einführung.* Hamburg: Junius [3]2001.
Snell, Bruno: *Die Entstehung des Geistes. Studien zur Entstehung des europäischen Denkens bei den Griechen.* Göttingen: Vandenhoeck & Ruprecht [4]1975.
Söntgen, Beate: Täuschungsmanöver. Kunstpuppe-Weiblichkeit-Malerei. In: Pia Müller Tamm/Katharina Sykora (Hg.): *Puppen, Körper, Automaten. Phantasmen der Moderne.* Düsseldorf: Oktagon 1999, S. 125–139.

Stackelberg, Jürgen von: *Französische Moralistik im europäischen Kontext*. Darmstadt: Wiss. Buchges. 1982, S. 38–55.
Starobinski, Jean: *Montaigne en mouvement*. Paris: Gallimard 1982.
Steinecke, Hartmut: *Die Kunst der Phantasie. E.T.A. Hoffmanns Leben und Werk*. Frankfurt/M./Leipzig: Insel 2004.
Stierle, Karlheinz: 'Die terra incognita' der Selbstverfallenheit. La Rochefoucaulds *Maximes et reflexions*. In: Fritz Nies/Ders. (Hg.): *Französische Klassik. Theorie, Literatur, Malerei*. München: Fink 1985, S. 91–98.
– Montaigne und die Erfahrung der Vielheit. In: Wolf-Dieter Stempel/Ders. (Hg.): *Die Pluralität der Welten. Aspekte der Renaissance in der Romania*. München: Fink 1987, S. 417–448.
Supple, James J.: *Les Essais de Montaigne. Méthode(s) et méthodologies*. Paris: Champion 2000.
Taylor, Charles: *Quellen des Selbst. Die Entstehung der neuzeitlichen Identität*. Frankfurt/M.: Suhrkamp ²1996.
Teske, Roland: Augustine's philosophy of memory. In: Eleonore Stump/Norman Kretzmann (Hg.): *The Cambridge companion to Augustine*. Cambridge: Cambridge Univ. Press 2001, S. 148–158.
Therrien, Madeleine B.: *Les liaisons dangereuses. Une interprétation psychologique*. Paris: Sedes 1973.
Todorov Tzvetan: *Grammaire du Décaméron*. The Hague/Paris: Mouton 1969.
– L'être et l'autre. In: *Yale French Studies* 64 (1983), S. 113–144.
Totok, Wilhelm: *Handbuch der Geschichte der Philosophie I. Altertum. Indische, chinesische, griechisch-römische Philosophie*. Frankfurt/M.: Klostermann 1997.
Ullrich, Volker: *Die nervöse Großmacht. Aufstieg und Untergang des deutschen Kaiserreichs 1871–1918*. Frankfurt/M.: Fischer ²2007.
Vernant, Jean-Pierre: *Mythe et société en Grèce ancienne*. Paris: Maspéro 1979.
Verne, Jules: *Autour de la lune*. Paris: Ed. Rencontre 1966.
– *Reise um den Mond*. Übs. Ute Haffmans. Zürich: Diogenes 1976.
– *Le tour du monde en quatre-vingts jours*. Paris: Garnier-Flammarion 1978.
– *Vingt mille lieues sous les mers*. Paris: Pocket ²2005.
– *Zwanzigtausend Meilen unter Meer*. Erster Teil. Übs. Peter Laneus. Zürich: Diogenes 1976.
– *Zwanzigtausend Meilen unter Meer*. Zweiter Teil. Übs. Peter G. Hubler. Zürich: Diogenes 1976.
Vierne, Simone: *Jules Verne. Mythe et modernité*. Paris: Presses Univ. De France 1989.
Villey, Pierre: *Les sources et l'évolution des Essais de Montaigne*. Réimpression de la 2ᵉ édition de 1933. Osnabrück: Zeller 1976.
Voegelin, Eric: Die Ordnung der Macht: Machiavelli. In: Peter J. Opitz (Hg.): *«Die spielerische Grausamkeit der Humanisten». Eric Voegelins Studien zu Niccolò Machiavelli und Thomas Morus*. München: Fink 1995.
Voelke, André-Jean: *L'idée de volonté dans le stoicisme*. Paris: Pr. Univ. de France 1973.
Walter, Philippe: *Chrétien de Troyes*. Paris: Pr. Univ. de France 1997.
Waltz, Matthias: *Ordnung der Namen. Die Entstehung der Moderne: Rousseau, Proust, Sartre*. Frankfurt/M.: Fischer 1993.
Warning, Rainer: Kompensatorische Bilder einer ‚Wilden Ontologie': Zolas Les Rougon-Macquart. In: Ders.: *Die Phantasie der Realisten*. München: Fink 1999, S. 240–268.
Wartburg, Walther v.: *Französisches etymologisches Wörterbuch*. Bd. 12. Basel: Zbinden 1966.

Weber, Max: *Die protestantische Ethik I (1920)*. Hamburg: Siebenstern ³1973.
Wehr, Christian: Von der platonischen zur rhetorischen Bewältigung der *varietas*: Überlegungen zur Kategorie des Scharfsinns bei Castiglione und Gracián. In: Mark Föcking/Bernhard Huss (Hg.): *Varietas und Ordo. Zur Dialektik von Vielfalt und Einheit in Renaissance und Barock*. Stuttgart: Steiner 2003, S. 227–238.
Westerwelle, Karin: *Montaigne. Die Imagination und die Kunst des Essays*. München: Fink 2002.
– Michel de Montaigne, Les Essais (1580, 1588). In: Joachim Leeker (Hg.): *Renaissance*. Tübingen: Stauffenburg 2003, S. 213–236.
Wicks, Ulrich: The nature of picaresque narrative: A modal approach. In: *Proceedings of the Modern Language Association* 89 (1974), S. 240–249.
Wittgenstein, Ludwig: *Tractatus logico-philosophicus. Logisch-philosophische Abhandlung*. Frankfurt/M.: Suhrkamp ⁶1969.
Wittig, Frank: *Maschinenmenschen. Zur Geschichte eines literarischen Motivs im Kontext von Philosophie, Naturwissenschaft und Technik*. Würzburg: Königshausen & Neumann 1997.
Wolf, Frieder O.: Kasuistik. In: Joachim Ritter/Karlfried Gründer (Hg.): *Historisches Wörterbuch der Philosophie*. Bd. 4. Darmstadt: Wiss. Buchges. 1976, S. 703–707.
Zola, Emile: *La bête humaine*. Paris: Garnier-Flammarion 1972.
– *Das Tier im Menschen*. Übs. Gerhard Krüger. München: Winkler 1977.
Zweig, Arnold: *Erziehung vor Verdun (1935)*. Berlin: Aufbau 2001.
Zwierlein, Cornel: *Discorso und Lex Dei. Die Entstehung neuer Denkrahmen im 16. Jahrhundert und die Wahrnehmung der französischen Religionskriege in Italien und Deutschland*. Göttingen: Vandenhoeck & Ruprecht 2006.
Zymner, Rüdiger: Aphorismus/Literarische Kleinformen. In: Ulfert Ricklefs (Hg.): *Fischer Lexikon Literatur*. Bd. 1. Frankfurt/M.: Fischer 1996, S. 80–106.

Register

Augustinus 29, 30, 31, 32, 33, 34, 35, 36, 37, 38, 40, 41, 42, 43, 44, 45, 186, 285, 286, 287, 288, 289, 290, 292, 309, 316, 318
Aurelius 151, 309

Balzac 257
Beethovens 9
Bloch 269
Blumenberg 18, 151, 154, 309
Boccaccio 7, 80, 83, 88, 89, 106, 109, 110, 198, 291, 299, 307, 309, 310, 318, 319, 320
Boccaccios 90, 93, 106, 110, 111, 290, 302, 310, 315, 316, 319, 320
Boethius 142, 143, 144, 310
Bohrer 274, 310
Bommert 307
Branca 106, 293, 310
Bretons 304
Bürger 40, 159, 307, 310

Cardano 33, 117, 118, 119, 120, 121, 124, 125, 126, 127, 129, 135, 173, 175, 189, 193, 299, 311, 314
Cardanos 117, 118, 119, 122, 124, 126, 127, 133, 134, 171, 293, 294, 310, 318
Cellini 33, 118, 127, 128, 129, 130, 132, 133, 135, 136, 137, 173, 175, 189, 193, 294, 295, 299, 311, 313, 314, 318
Cellinis 117, 118, 127, 128, 129, 130, 133, 134, 137, 171, 293, 294, 313, 318, 321
Choderlos 7, 213, 214, 223, 226, 258, 301, 302, 307, 316, 317, 320
Chrétien 7, 11, 45, 46, 54, 56, 58, 59, 63, 64, 66, 67, 68, 70, 72, 75, 77, 80, 83, 84, 193, 282, 287, 288, 290, 292, 296, 307, 309, 311, 312, 315, 316, 317, 322
Chrétiens 45, 50, 52, 55, 65, 67, 70, 73, 78, 80, 83, 85, 182, 289, 290, 296, 311

Derrida 54, 84, 311
Descartes 5, 159, 171, 184, 185, 186, 187, 188, 189, 190, 191, 192, 193, 196, 201, 203, 206, 213, 222, 258, 296, 298, 299, 300, 301, 304, 307, 311, 313, 315, 319, 321
Dumas 257

Eggs 4, 64, 76, 88, 228, 307, 312, 320
Elias 9, 55, 303, 312
Ette 1, 312

Flaubert 257, 312
Flauberts 279
Freud 63, 68, 207, 230, 233, 235, 284, 295, 312, 316
Fricke 209, 211, 312
Friedrich 117, 126, 127, 139, 144, 226, 313
Friedrichs 139

Galilei 2, 175, 189, 197, 244
Galileis 189, 204
Gennep van 281, 313
Goya 9
Gracián 7, 8, 9, 113, 136, 137, 156, 193, 194, 195, 197, 198, 201, 203, 204, 206, 208, 211, 213, 214, 222, 258, 299, 300, 301, 302, 304, 307, 309, 313, 317, 320, 321, 323
Graciáns 136, 156, 193, 194, 195, 196, 199, 201, 204, 206, 207, 222, 294, 300, 302, 316
Guicciardini 126, 133, 134, 135, 136, 138, 139, 140, 299, 313, 314, 317, 319
Guicciardinis 117, 135, 136, 137, 139, 140, 293, 294

Habermas 10, 67, 174, 314
Hegel 12, 14, 271, 284, 285, 303, 314
Hegels 111, 271, 316
Heidegger 155, 262, 314
Hoeges 150, 175, 179, 181, 248, 262, 307, 314, 317
Hoffmann 7, 233, 234, 235, 236, 240, 242, 243, 244, 247, 249, 254, 255, 256, 261, 303, 304, 311, 314
Hoffmanns 233, 235, 236, 241, 248, 249, 253, 272, 311, 320, 322

Homer 13, 20, 21, 23, 30, 286, 292, 313, 315, 317
Homers 23, 317
Husserl 1, 2, 3, 102, 189, 315
Husserls 189
Huysmans 304

Jünger 7, 8, 11, 261, 262, 267, 269, 270, 271, 272, 275, 276, 279, 280, 281, 303, 304, 307, 314, 315, 317, 320, 321
Jüngers 11, 261, 263, 267, 269, 270, 271, 272, 278, 309, 310, 316, 317

Kierkegaard 218, 316
Kindlein 307
Kojève 111, 316
Krauss 201, 316
Kresse 307
Krützfeldt 307

La Bruyère 136, 198, 211, 320
La Rochefoucauld 113, 136, 198, 211, 222, 258, 301, 303, 320
La Rochefoucaulds 136, 209, 223, 322
Liszt 9
Lotman 4, 294, 317
Lukács 12, 140, 247, 267, 284, 317

Machiavelli 7, 30, 106, 138, 171, 172, 173, 174, 175, 176, 177, 179, 181, 184, 190, 193, 208, 213, 222, 296, 297, 298, 299, 300, 301, 302, 304, 307, 312, 313, 314, 315, 317, 318, 321, 322
Machiavellis 5, 111, 172, 173, 174, 175, 177, 178, 180, 181, 189, 297, 298, 302, 314, 319, 320
Manns 3
Marc Aurels 151
March 307
Marinettis 304
Marx 12, 246, 317
Mauss 12, 14, 137, 317
Michelangelo 132
Montaigne 7, 9, 40, 79, 106, 110, 126, 127, 139, 141, 142, 144, 145, 146, 147, 148, 149, 151, 154, 155, 156, 157, 158, 159, 160, 163, 164, 165, 168, 171, 172, 173, 175, 189, 191, 192, 198, 294, 295, 297, 298, 299, 309, 310, 311, 312, 313,
314, 316, 317, 318, 319, 320, 321, 322, 323
Montaignes 110, 139, 144, 145, 148, 149, 150, 152, 153, 156, 157, 158, 159, 163, 173, 186, 203, 293, 314, 321

Nietzsche 10, 153, 318

Plessner 6, 27, 319
Proust 14, 304, 322
Pynchon 3

Racine 303
Rimbaud 150, 319
Rimbauds 21
Robbe-Grillet 6
Rousseau 14, 34, 41, 123, 129, 131, 132, 133, 158, 166, 204, 301, 320, 322
Rousseaus 41, 118, 159, 293

Schenk 307
Schneider 307
Seneca 141, 142, 143, 144, 145, 147, 153, 155, 157, 321
Senecas 147
Shelleys 250
Simmel 12, 14, 137, 140, 321
Simmels 14, 140
Stendhal 257
Sues 257

Taylor 35, 152, 192, 322
Taylors 35

Verne 3, 233, 236, 238, 241, 242, 243, 244, 248, 249, 250, 251, 253, 254, 255, 256, 303, 311, 322
Vernes 246, 247, 248, 249, 250, 251, 253, 257, 259, 304, 314
Vogelsang 307

Warning 252, 322
Weber 9, 257, 303, 323
Wittgenstein 153, 323
Woolfs 305

Zola 7, 233, 249, 250, 251, 252, 253, 254, 255, 256, 261, 303, 304, 310, 318, 321, 323
Zolas 252, 254, 322